新文科·普通高等教育人力资源管理专业系列教材

绩效管理

主编 行金玲 贾 隽 李育英

西安交通大学出版社
国家一级出版社
全国百佳图书出版单位

内容简介

本教材系统、全面地介绍了绩效管理的理论和方法以及实务应用,具体内容包括绩效管理概论、目标管理、标杆管理、关键绩效指标、平衡计分卡、360度考核、OKR考核法、非系统绩效考核技术、绩效计划、绩效实施、绩效评价以及绩效反馈与结果应用。本教材的特色主要体现在三个方面:①按照"基础理论—工具方法—实际操作与演练"的思路,有步骤、有层次地引入绩效管理的系统知识;②紧贴实践,全面系统;③突出制造企业绩效管理特色。

本教材既适用于普通高等院校管理类专业本科生和研究生教学,也可作为企业和公共部门人力资源管理者的阅读书籍。

图书在版编目(CIP)数据

绩效管理 / 行金玲,贾隽,李育英主编. — 西安:西安交通大学出版社,2022.11
ISBN 978-7-5693-2647-5

Ⅰ.①绩… Ⅱ.①行… ②贾… ③李… Ⅲ.①企业绩效-企业管理 Ⅳ.①F272.5

中国版本图书馆CIP数据核字(2022)第102818号

书　　名	绩效管理
	JIXIAO GUANLI
主　　编	行金玲　贾　隽　李育英
责任编辑	郭　剑
责任校对	李逢国
封面设计	任加盟
出版发行	西安交通大学出版社
	(西安市兴庆南路1号　邮政编码 710048)
网　　址	http://www.xjtupress.com
电　　话	(029)82668357　82667874(市场营销中心)
	(029)82668315(总编办)
传　　真	(029)82668280
印　　刷	西安日报社印务中心
开　　本	787mm×1092mm　1/16　　印张 18.375　　字数 461千字
版次印次	2022年11月第1版　2022年11月第1次印刷
书　　号	ISBN 978-7-5693-2647-5
定　　价	55.00元

如发现印装质量问题,请与本社市场营销中心联系。
订购热线:(029)82665248　(029)82667874
投稿热线:(029)82668133　(029)82665379
读者信箱:xj_rwjg@126.com

版权所有　侵权必究

前言

绩效管理作为人力资源管理的核心,对其他人力资源工作起着承前启后的重要作用。本教材的编写主要考虑以下三方面的需求。

首先,本教材是顺应科技和社会进步的需要编写的。随着科技进步、社会发展和环境变迁,人们逐步认识到无形资产在未来竞争中的作用,并且立足于战略的高度来审视人力资源作为第一资源的价值。作为人力资源管理的核心职能,绩效管理与组织战略相互匹配的趋势越发明显。这就需要我们站在战略高度重新审视绩效管理,编写的绩效管理教材应顺应这种时代特征。

其次,本教材是根据教学需要编写的。通过对绩效管理相关内容的系统梳理,本教材既有基础理论的系统阐释,又有工具方法和实务操作与演练的详细介绍,可帮助学习者系统地学习和掌握绩效管理理论,从而提高绩效管理的实际操作技能。

最后,本教材的编写是省级一流专业及国家级一流专业建设的需要。教材建设是学科建设的一个重要内容。本教材的编写是根据目前市场上人力资源管理教材同质性强、缺乏针对性和特色的实际情况,为体现人力资源管理专业特色的需要而提出的。教材编写团队由西安工业大学人力资源管理专业的核心教师组成,长期奋战在本专业教学科研一线,经验丰富,知识储备充分。编写本教材也是对团队教师多年专业领域知识积累的总结。

本教材系统、全面地介绍了绩效管理的理论和方法以及实务应用,具体内容包括绩效管理概述、目标管理、标杆管理、关键绩效指标、平衡计分卡、360度考核、OKR考核法、非系统绩效考核技术、绩效计划、绩效实施、绩效评价以及绩效反馈与结果应用。

本教材的特色主要体现在以下三个方面。

1. 按照"基础理论—工具方法—实际操作与演练"的思路，有步骤、有层次地引入绩效管理的系统知识。以理论为基础，引入工具方法的介绍，最后辅以大量的案例分析和讨论内容，使读者对绩效管理的理解更为透彻。

2. 紧贴实践，全面系统。坚持问题导向，通过深入分析绩效管理实践中的技术难点、实际情景和未来需要对绩效管理关键技术问题进行解释和说明。同时对主流绩效管理工具进行全面介绍和梳理，包括国内普通本科教材忽略的OKR等新型绩效管理工具的引入和介绍。

3. 突出制造企业绩效管理特色。本教材紧紧围绕"以制造业企业需求为导向，以人力资源管理职业能力为核心"的编写理念，吸收能够充分反应绩效管理领域新发展新要求的教学内容，同时，结合制造业企业的特点，力求突出制造业绩效管理职能的特色。

本教材既适用于普通高等院校管理类专业本科生和研究生教学，也可作为企业和公共部门人力资源管理者的阅读书籍。

本教材由西安工业大学经济管理学院的行金玲、贾隽和李育英担任主编。在编写过程中，我们参考引用了大量的文献和资料，在这里对其作者表示衷心的感谢。本教材的编写是一种新的尝试，有欠妥、遗漏甚至错误之处真诚地希望广大读者批评指正。

编 者

2022 年 6 月

目录

第一章　绩效管理概述 ……………………………………………（001）
　　第一节　绩效的基本概念 …………………………………………（002）
　　第二节　绩效管理概述 ……………………………………………（008）
　　第三节　战略性绩效管理系统 ……………………………………（012）
　　第四节　绩效管理的职责分工 ……………………………………（017）

第二章　目标管理 …………………………………………………（030）
　　第一节　目标管理概述 ……………………………………………（031）
　　第二节　目标管理的实施 …………………………………………（032）
　　第三节　目标管理的评价 …………………………………………（036）

第三章　标杆管理 …………………………………………………（042）
　　第一节　标杆管理概述 ……………………………………………（043）
　　第二节　标杆管理的实施 …………………………………………（046）
　　第三节　标杆管理评价 ……………………………………………（048）

第四章　关键绩效指标 ……………………………………………（054）
　　第一节　KPI概述 …………………………………………………（054）
　　第二节　KPI的设计流程与步骤 …………………………………（058）
　　第三节　对关键绩效指标法的评价 ………………………………（065）

第五章　平衡计分卡 ………………………………………………（074）
　　第一节　平衡计分卡概述 …………………………………………（075）
　　第二节　平衡计分卡系统 …………………………………………（078）
　　第三节　平衡计分卡的实施流程 …………………………………（085）
　　第四节　平衡计分卡的评价 ………………………………………（093）

第六章　360度考核 (099)

- 第一节　360度考核概述 (099)
- 第二节　360度考核的实施步骤及操作要点 (101)
- 第三节　360度考核的优缺点 (103)

第七章　OKR考核法 (111)

- 第一节　OKR的概念和特点 (112)
- 第二节　OKR的实施流程 (115)
- 第三节　OKR的实施意义与适用条件 (122)

第八章　非系统绩效考核技术 (128)

- 第一节　以业绩报告为基础的考核法 (129)
- 第二节　以员工比较系统为基础的考核法 (133)
- 第三节　以关注员工行为为基础的考核法 (136)
- 第四节　其他绩效考评方法 (149)
- 第五节　非系统绩效考评法的选用 (153)

第九章　绩效计划 (158)

- 第一节　绩效计划概述 (158)
- 第二节　绩效指标设计 (165)
- 第三节　绩效指标权重的确定 (174)
- 第四节　绩效标准的确定 (183)
- 第五节　绩效目标的确定 (190)

第十章　绩效实施 (199)

- 第一节　绩效实施概述 (199)
- 第二节　绩效沟通 (203)
- 第三节　绩效辅导 (213)
- 第四节　绩效信息的收集 (216)

第十一章　绩效评价 (221)

- 第一节　绩效评价概论 (221)
- 第二节　绩效评价主体的选择 (225)
- 第三节　绩效周期的确定 (233)
- 第四节　绩效评价中常见的问题及避免方法 (236)

第十二章 绩效反馈与结果应用 …………………………………………（242）

第一节 绩效反馈概述 ……………………………………………（243）

第二节 绩效反馈面谈 ……………………………………………（250）

第三节 绩效结果应用 ……………………………………………（261）

第四节 考核结果应用于薪酬 ……………………………………（267）

第五节 绩效诊断与改进 …………………………………………（274）

参考文献 …………………………………………………………………（285）

第一章
绩效管理概述

学习目标

1. 理解绩效的含义和特点
2. 理解绩效管理的含义和重要性
3. 区分绩效考核与绩效管理
4. 掌握绩效管理系统的构成
5. 了解绩效管理系统的战略地位

 开篇案例

"匆匆过客"般的绩效考核

王君最近情绪糟糕透了,坐在办公室,冲着墙上那张"年度销售统计表"不断叹气。这也难怪,全公司23个办事处,除自己负责的A办事处外,其他办事处的销售绩效全面看涨,唯独自己的办事处不但没升,反而有所下降。

在集团公司,王君是公认的销售状元,进入公司仅五年,除前两年打基础外,后几年荣获"三连冠",可谓"攻无不克、战无不胜",也正因为如此,王君从一般的销售工程师,发展到客户经理、三级客户经理、办事处副主任,最后到办事处主任,王君的发展同他的销售绩效一样,成了该公司不灭的神话。

王君担任A办事处主任后,深感责任的重大,上任伊始,身先士卒,带领20名同事摸爬滚打,决心再创佳绩。他把最困难的片区留给自己,经常给下属传授经验。但事与愿违,一年下来,绩效令自己非常失望!

烦心的事还真没完。临近年末,除了要做好销售总冲刺外,公司年中才开始推行的"绩效管理"还要做。

王君叹了一口气,自言自语道:"天天讲管理,天天谈管理,市场还做不做。管理是为市场服务,不以市场为主,这管理还有什么意义。又是规范化,又是考核,办事处哪有精力去抓市场。公司大了,花招也多了,人力资源部的人员多了,总得找点事来做。考来考去,考得主管精疲力竭,考得员工垂头丧气,销售业绩怎么可能不下滑。"

好在王君对绩效管理也是轻车熟路了,通过内部电子流系统,他给每位员工发送了一份考核表,要求他们尽快完成自评工作。同时自己根据员工一年来的总体表现,利用排队法将所有员工进行了排序。排序是件非常伤脑筋的工作,时间过去那么久了,下属又那么多,自己不可能一一都那么了解,谁好谁坏确实有些难以区分。不过,好在公司没有什么特别的比例控制,特别好与特别差的,自己还是可以把握的。

排完队,员工的自评差不多也结束了,王君随机选取 6 名下属进行了 5~10 分钟的考核沟通,OK!问题总算解决了,考核又是遥远的下个年度的事情了,每个人又回到"现实工作"中去。

第一节 绩效的基本概念

一、绩效的定义

绩效(performance)是企业管理过程中一个很重要的元素。如何有效地调动组织与个人的积极性和创造潜力,持续地提高他们的绩效水平,是任何组织都关心的问题。

《牛津现代高级英汉字典》对"Performance"的解释是"执行、履行、表现、成绩"。据此可以将绩效理解为完成、执行的行为,以完成某项任务或者某个目标。关于绩效的含义,学者从不同的学科研究视角出发,提出了不同的认识,概括起来主要有三种:

(1)从管理学的视角来看,绩效是组织期望的结果,是组织为实现其目标而展现在不同层面上的有效输出,包括个人绩效和组织绩效两个方面。组织绩效以个人绩效达成为基础,但个人绩效的达成未必能保证组织绩效的实现。当组织的绩效按照一定的逻辑关系被层层分解到每一个工作岗位及每个人时,如果每个人都按要求达到了目标,组织的绩效就实现了。需要注意的是,组织战略的失误可能造成个人的绩效目标偏离组织目标,从而导致组织目标不能达成。

(2)从经济学视角来看,绩效和薪酬是员工和组织之间的对等承诺关系。绩效是员工对组织的承诺,薪酬则是组织对员工的承诺。员工被企业雇佣,就必须承担一定的工作责任,创造一定的价值,对组织要求的绩效作出承诺。同时组织也需要满足员工的生存发展需求,兑现其对员工的承诺。这种对等承诺关系的本质体现了等价交换原则,而这一原则正是市场经济运行的基本规则。

(3)从社会学角度来看,绩效是每一个社会成员按照社会分工所确定的角色承担的一份职责,自己创造的绩效保证他人的生存权利,而自己的生存权利由其他人的绩效来保证。出色地完成自己的绩效是每一个社会成员的义务,受惠于社会的同时必须回馈社会。

随着管理实践和管理研究的不断深入,人们对绩效内涵的认知也在不断地发展和变化,对绩效的理解持有不同的理解。当前,在实践领域对于绩效主要有三种不同的观点。

(一)绩效的"结果观"

这一观点以结果或产出为导向,认为绩效就是组织期望的结果。伯纳丁(Bernardin)认为,因为工作结果与组织的战略目标、顾客满意度及所投资金的关系最为密切,所以"绩效"等同于"结果"或"产出",在企业中表现为完成工作的数量、质量、成本费用以及为企业做出的其他贡献等,如销售额、运用成本、收入、产量等。绩效结果观认为,在绩效管理过程中,采用以结果为核心的绩效方法较为可取,因为它是从顾客的角度出发的,而且可以使个人的努力与组织的目标联系在一起。

(二)绩效的"行为观"

这一观点认为绩效就是那些有助于组织目标实现的行为。由于绩效的结果观存在很多局限性,不能被所有人认可。影响结果的因素很多,并不一定都是个体行为所致,可能受到与工作无关的其他因素的影响。因此,单纯用结果来考核一个人的工作绩效并不科学。其次,员工没有平等参与工作的机会,并且在工作中的表现不一定都与工作任务和工作结果相关。最后,过分关注结果导致忽略重要的行为过程。鉴于以上原因,对绩效以行为为导向的解释逐步产生了。墨菲(Murphy)把绩效定义为"一套与组织或组织单位的目标相互关联的行为,而组织或组织单位则构成了个人工作的环境"。绩效行为观认为绩效是由个体控制下的与目标相关的行为组成,行为本身就是绩效。绩效是行为的观点日渐被人们重视并接受,但是,如何对行为进行界定同样是非常困难的事情。尽管绩效是行为,但不是所有的行为都是绩效,只有那些与组织目标实现有关的行为才是绩效。

(三)绩效的"综合观"

绩效综合观认为绩效是产出与行为的综合。这一观点不仅关注结果,也要关注实现结果的过程。绩效作为产出,即行为的结果,是评估行为有效性的重要方法。越来越多的研究认为,在绩效管理的具体实践中,应采用较为宽泛的绩效概念,即包括行为和结果两个方面,行为是达到绩效结果的条件之一。鲁姆巴(Brumbrach)认为"绩效指行为和结果。行为由从事工作的人表现出来,将工作任务付诸实施。行为不仅仅是结果的工具,其本身也是结果,是为完成工作任务所付出的脑力和体力的结果,并且能与结果分开进行判断"。这一定义告诉我们,当对个体的绩效进行管理时,既要考虑投入(行为),也要考虑产出(结果)。绩效包括应该做什么和如何做两个方面。

绩效综合观对于绩效的定义在目前比较通行,因为产出和行为本身越来越难以割裂开来。本书认同这一观点,把绩效定义为结果和行为的综合,即绩效是指组织、部门或员工控制下的与工作目标相关的行为及其产出。在人力资源管理实践中,我们需要一个更加具有可操作化的方法。简单来说,我们一般认为绩效指的是那些经过评价的工作行为、方式及其结果。从这个概念中我们可以看出,绩效包括了工作行为、方式以及工作行为的结果;另外,绩效必须是经过评价的工作行为、方式及其结果,没有经过评价的工作行为及其结果在这里不被视为绩效。

二、绩效的层次和特点

(一)绩效的层次

组织内的行为主体按照层次不同,可以分为组织、群体(部门或团队)和个人三个层次,三个不同层次的行为主体将产生不同的绩效,因此,按照衡量行为主体的多样性,绩效可以从组织架构层次角度划分为组织绩效、群体绩效和个人绩效三个层次。组织绩效,是组织的整体绩效,指的是组织任务在数量、质量、成本及效率等方面完成的情况。群体绩效,是组织中以团队或部门为单位的绩效,是群体任务在数量、质量、成本及效率等方面完成的情况。个人绩效,是个体表现出来的能够被评价的、与组织及群体目标相关的工作行为及其结果。

尽管组织绩效、群体绩效和个人绩效有所差异,但是三者又密切相关。组织绩效、群体绩效和个人绩效这三个层次是自上而下、层层分解的关系,组织绩效具有最高的战略价值,是绩效管理系统的最高目标。组织绩效和群体绩效是通过个人绩效实现的,离开个人绩效也就无

所谓组织绩效和群体绩效。个人绩效则是绩效管理系统的落脚点,是组织绩效的基础和保障,但是脱离了组织绩效和群体绩效的个人绩效是毫无意义的,个人绩效的价值只有通过群体绩效和组织绩效才能体现出来。

(二)绩效的特点

绩效具有以下三个性质。

1. 多因性

绩效的多因性是指一个员工绩效的优劣并不取决于单一因素,而是受组织内外部因素以及主客观多种因素的影响。让我们来看看影响秘书甲的绩效的因素都有哪些。首先,秘书甲的工作态度是影响其工作绩效的主观因素。假如他(她)昨天刚刚得到了一笔丰厚的年终加薪,他(她)的工作热情必然高涨,这将促进他(她)的绩效达成。此外,办公电脑及打印设备的工作状况、办公桌的高度等则是影响其工作绩效的客观因素。办公室员工关系、上司的领导风格等环境因素也会影响其工作绩效。由此可见,绩效受到以上这一系列因素的共同影响。在分析绩效差距时,要充分研究各种可能的影响因素,我们才能够找到问题所在,从而对症下药。在研究绩效问题时,应该抓住目前影响绩效的众多因素中的关键因素,这样才能更有效地对绩效进行管理。这就是绩效的多因性及其对管理的启示。

2. 多维性

绩效的多维性指的是需要从多个维度、多角度或多方面去分析与评价绩效。例如在考察一名生产线上的工人的绩效时,我们不仅要看产量指标完成的情况,还应该综合考虑产品的质量、原材料的消耗情况、该工人的出勤情况、协作精神、全局意识、纪律意识等,通过综合评价各种硬、软指标得出最终的评价结论。通常,我们在进行绩效评价时应综合考虑员工的工作能力、工作态度和工作业绩三个方面的情况(这三个维度分别包括许多具体的评价指标),例如对于工作业绩,我们一般会通过考察工作的质量、数量、效率以及费用节约这四个评价指标来作出评价。根据不同的评价目的,我们可能选择不同的维度和不同的评价指标,而且各个维度的权重也可能不同。因此,我们在设计绩效评价体系时往往要根据组织战略、文化以及岗位特征等方面的情况设计出一个由多重评价指标组成的评价指标体系。这个体系包括多个维度,要根据各种情况确定每个维度以及不同评价指标的不同权重。

3. 动态性

绩效的第三个特征是动态性。环境的动态性和复杂性造成员工的绩效会随着时间的推移而发生改变。原来较差的绩效有可能好转,而原来较好的绩效也可能变差。这就要求我们在评价一个人的绩效表现时充分注意绩效的动态性,而不能用一成不变的思维来对待有关绩效的问题。在确定绩效评价和绩效管理的周期时,应该考虑到绩效的动态性特征,具体情况具体分析,从而确定恰当的绩效周期,保证组织能够根据评价的目的及时充分地掌握员工的绩效情况,并减少不必要的管理成本。此外,在不同的环境下,组织对绩效的不同内容关注的程度不同,有时侧重于效率,有时侧重于效果,有时则统筹兼顾多个方面,无论是组织还是个人,都必须与系统和发展的眼光来认识和理解绩效。

三、绩效的影响因素

现代科学技术和心理学的研究表明,员工绩效的影响因素主要包括四个方面:技能(skill)、激励(motivation)、环境(environment)和机会(opportunity)。

（一）技能

技能指的是员工的工作技巧与能力水平。一般来说，影响员工技能的因素有天赋、智力、经历、教育、培训等。员工的技能不是一成不变的。组织为了提高其员工的整体技能水平，一方面可以在招聘录用阶段进行科学的甄选，合适的人进入适合的岗位，实现人尽其才；另一方面可以在员工进入组织之后提供各种类型的培训或依靠员工个人主动地进行各种类型的学习来提高其技能水平，使员工熟悉和适应岗位需要，激发潜能发挥。

（二）激励

激励作为影响员工工作绩效的因素，是通过改变员工的工作积极性来发挥作用的。为了使激励手段能够真正发挥作用，组织应根据员工个人的需求结构、个性等因素，选择适当的激励手段和方式。常见的激励包括物质激励和精神激励两种形式。物质激励通常表现为薪酬和福利，精神激励主要表现为口头表扬、授权以及职位升迁等。

（三）环境

影响工作绩效的环境因素可以分为组织内部的环境因素和组织外部的环境因素两类。

组织内部的客观环境因素一般包括：劳动场所的布局与物理条件，工作设计的质量及工作任务的性质，工具、设备、原材料的供应，上级的领导作风与监督方式，公司的组织结构与政策，工资福利水平，培训机会，企业文化和组织氛围等。组织外部的客观环境因素包括：社会政治、经济状况、市场的竞争强度等。

不论是组织的内部环境还是外部环境，都会通过影响员工的工作能力（技能）和工作态度（工作积极性等）而影响员工的工作绩效。

（四）机会

机会指的是一种偶然性，俗称"运气"。对任何一名员工来说，被分配到什么样的工作往往在客观必然性之外，还带有一定的偶然性。在特定的情况下，员工如果能够得到机会去完成特定的工作任务，则可能达到在原有岗位上无法实现的工作绩效，一个好的管理者应该善于为员工创造这样的机会。例如，一个操作工原本在生产线上工作，但他自学了很多自动化方面的先进技术。有一次，他得到一个额外的工作任务，要求他对生产线存在的问题提出改进意见。这时，这个机会给了他一个展示才华的舞台，他所提出的改进意见为企业节约了一大笔资金，因而他创造了在原有岗位上无法创造的工作绩效。显而易见，机会对他的工作绩效产生了重大的影响。

四、绩效的分类

按鲍曼（Borman）和穆特威德鲁（Motowidlo）的观点研究，绩效分为任务绩效和周边绩效。

（一）任务绩效

任务绩效是指与工作产出直接相关的，能够直接对其工作结果进行评价的这部分绩效指标，也是与具体职务的工作内容密切相关的，同时也和个体的能力、完成任务的熟练程度和工作知识密切相关的绩效。

任务绩效是相对一个人所承担的工作而言的，即按照其工作性质，员工完成工作的结果或履行职务的结果。换言之，绩效就是组织成员对组织的贡献，或对组织所具有的价值。在企业中,员工绩效具体表现为完成工作的数量、质量、成本费用以及为企业作出的其他贡献等。任务绩效应该是绩效考评最基本的组成部分。对任务绩效的考评通常可以用质量、数量、时效、成本、他人的反应等指标来进行考量评估。

任务绩效管理程序如下。

步骤一:准备阶段。

目标设定,目标设定应注重以下原则:

(1)简化性。目标项不宜过多,选择对公司利润/价值影响较大的目标,以3~5条为好,可视具体情况酌情增减。

(2)挑战性。目标值不宜过高或过低,应力求接近实际,在此基础上增加目标的挑战性。

(3)一致性。各层次的目标应保持一致,下级目标要以完成上级目标为基准。

考核者与被考核者就本考核期内的工作任务进行沟通,工作任务分常规和非常规工作任务两个部分。

考核者与被考核者在工作任务确认栏中共同签字确认。

步骤二:实施阶段。

考核者根据被考核者的工作表现、工作日志、工作周志和具体的考核标准,给出被考核者的工作业绩评价。

总结考核结果,形成本次考核的书面结论。

步骤三:反馈阶段。

与被考核者面谈,将最终考核结果通知被考核者。

主管领导与被考核者一起分析考核结果,帮助被考核者形成具体的工作业绩改进计划。主管领导根据下属的业绩改进计划,修正下一期业绩考核和工作的重点和内容。如被考核者对考核结果不满意,可以在规定时间内填写绩效管理申诉表,提出申诉。已签字确认的考核结果,集团综合办公室留存一份备案,同时被考核者所在部门做相应备案。对提出申诉的,集团综合办公室将申诉表及相关材料送交被考核者的直接上级进行复核。对于提出申诉者,集团综合办公室将考核者直接上级的复核结果通知申诉者,由申诉者在申诉及复核通知单上签字,并将该复核单一式两份分别交由申诉人所在部门和集团综合办公室留存。没有申诉的考核结果作为最后的考核结果。已申诉的,以申诉与复核通知单上的结果为最后考核结果。

步骤四:考核结果运用阶段。

(1)针对在考核中暴露出的企业管理中的问题,给出明确的分析。

(2)制定员工培训计划、薪金和职位升降计划。

(3)根据具体情况,修正考核标准、程序和内容。

(二)周边绩效

周边绩效又称为关系绩效(contextual performance),是指与周边行为有关的绩效,周边绩效对组织的技术核心没有直接贡献,但它却构成了组织的社会、心理背景,能够促进组织内的沟通,对人际或部门沟通起润滑作用。周边绩效可以营造良好的组织氛围,对工作任务的完成有促进和催化作用,有利于员工任务绩效的完成以及整个团队和组织绩效的提高。

1. 周边绩效管理的作用

不论管理水平多高的公司,都不可能把制度制定得很完善,把任务分配得天衣无缝,有时计划往往赶不上变化,每天总会有意想不到的事情发生。因此,公司必须把员工每天在计划外和职责外的付出以及贡献考虑到薪酬当中,即绩效考核不能单考虑任务绩效还要考核周边绩效。周边绩效管理的作用主要有以下几个方面:

(1)提高员工服务的自主性。单纯的任务绩效考核会使管理导向偏差,它引导公司员工只重视自己工作任务的完成,个人利益驱动明显,漠视他人与整个公司利益。当顾客询问非自己管辖区的商品或回扣少的商品时,商场的营业员往往表现出不耐烦或敷衍了事,甚至说"这产品不好,没什么人买"。因此,借鉴当代先进的绩效管理理论,推行"二维"管理,即将任务绩效、周边绩效有机组合,完善"二维"考核评价体系,把员工在"非自己职责"的工作上的付出在绩效考核中得到体现,激励员工主动关心整个商场的业绩。

(2)有利于企业文化的建设。周边绩效是在组织的工作情景中的绩效行为。这种情景性使得个体的这种行为可以影响到公司的工作气氛与形象。周边绩效的一些行为,如对公司工作的投入、严格遵守公司的规章制度、传播良好的意愿等都可以认为是企业文化的一个部分。周边绩效行为是在工作中的外显行为,也包括仪表、言行等内容,而企业鼓励的周边绩效行为可以表现企业的共享价值观与基本假设。建设人人自觉奉献的企业文化,形成人人自觉奉献的企业文化氛围,可以激发公司员工的工作热情与激情,不断推进经营创新和管理创新,最终实现员工和公司共同价值的创造。

(3)有利于团队学习,提高竞争力。随着市场的日益变化,公司受到越来越严峻的挑战,以市场为核心、学习型组织与自我管理团队越来越受到重视,因为这些方法能够适应市场的快速变化,具有相当的灵活性。与任务不直接挂钩会使周边绩效的评定非常具有弹性;鼓励员工的创新、提出建设性意见可以促进公司的不断创新与发展;员工的主动学习与发展使得员工更加具有适应能力与发展潜力,有利于员工职业生涯的发展。

2.周边绩效的特点

周边绩效所探讨的行为和职务描述是被传统考核方法遗漏的。此理论的提出就是为了弥补传统的绩效考核方法的不足,是被工作任务所遗漏的,或者这些行为是职务描述所没有能够预测到的。企业并不是一台精密的机器,人与人之间的配合工作也远比流水线的装配要复杂。在动态的工作情景中,预测到每一种活动是困难的。但是这些行为却对群体与组织的效能起到促进与催化的作用,没有这些行为,任何一个组织或者企业的长期存在与发展都会有问题。周边绩效的特点如下:

(1)周边绩效是工作情景中的绩效。周边绩效的概念提出了在组织中工作与一个人单独工作是不一样的,对于情景因素的考虑使得绩效评估融合更多的组织的社会特征。在组织中工作,除了对单独的工作任务要求以外,还有对于仪表、风度、言谈、举止等方面的要求。研究表明,上司对于下属绩效的评价不仅仅受到工作任务完成的数量与质量的影响,而且受到社会性因素的影响。下属所表现的助人、谦让、守时等方面的因素可以影响到上司对整体绩效的评估。个体的周边绩效行为所表现的有利于组织绩效的气氛,如主动、承诺、自豪、积极,可以影响到对整个群体与组织绩效的认识。

(2)周边绩效行为能够促进群体与组织的绩效。除了完成工作任务以外,企业员工之间会有相互联系、相互协调、相互合作的行为。大多数关于周边绩效的理论研究都涉及有关利他、助人、合作等行为的讨论。研究表明,这些行为可以减少部门内摩擦,辅助协调工作,帮助员工排除阻碍绩效的因素,提高组织绩效。在团队研究的理论中,有一类角色称为协调员。在部门中,这些人本身的绩效并不显著,而乐于协调他人的工作与部门间的活动,他们的介入会使团体绩效有显著提高。从绩效考评的角度来看，这类人的任务绩效并不突出，而周边绩效行为却很优秀，从而导致团队绩效的提高。周边绩效理论同时认为个体绩效已经不单单与个人有关，与组织有关的因素，如沟通能力、人际能力、领导能力等也应当是绩效考评的重要内容。

（3）周边绩效是一种过程导向与行为导向的绩效。理论表明，绩效标准已经从一些单纯的结果标准向综合行为与过程标准转化。在传统的人力资源管理中，绩效是可以考察的数量化标准，如产量、单位时间内生产件数、合格率、企业绩效、市场份额等一些"硬指标"。而周边绩效理论则提出，许多绩效行为只能在工作过程中体现出来，而不是能够单独考评的结果，如个人纪律、同事之间的勉励、自律行为等。绩效同时也包括许多动机因素的评价，如努力程度、尽责、成就取向、奖励偏好、依赖性等。

另外一些有助于组织发展与组织核心价值建立的行为，如自我发展与培养、开创与自发、公民美德、传播良好意愿、对组织目标的维护与承诺等，虽然与任务结果没有短期的直接联系，但有利于组织的远期战略性发展，也是绩效的一种。

3. 周边绩效的影响因素

以往对于绩效的考察重在任务绩效，与任务绩效关系最为密切的是能力指标。人事选拔的重点也在于构建测度能力的模型与对各种能力成分的测量。周边绩效的研究表明，与周边绩效关系最为密切的不是能力指标，而是个性因素。特别是工作情景中的个性理论提出后，大量的研究表明，责任意识、外向性等个性因素对于许多职业的绩效都有显著的预测力；特别是对于周边绩效，个性因素的加入可以显著地提高预测力。人事选拔的指标也应从重视单一的能力因素的评价转到多种心理特征的评价并重。

第二节 绩效管理概述

一、绩效管理的含义

所谓绩效管理（performance management，PM），是指各级管理者和员工为了达到组织目标，共同参与的绩效计划制定、绩效辅导沟通、绩效考核评价、绩效反馈、绩效结果应用、绩效目标提升的持续循环过程。绩效管理的目的是持续提升个人、部门和组织的绩效。

绩效管理作为一个完整的系统，是对绩效实现过程各要素的管理，是识别、衡量以及开发个人和团队绩效，并且使这些绩效与组织的战略目标保持一致的一个持续过程。在这个系统中，员工和团队以战略目标分解出来的分目标为努力方向，根据绩效考核反馈的信息和管理人员全过程的指导，最终实现公司战略目标。

二、绩效管理在人力资源管理中的地位

人力资源管理是指站在如何激励人、开发人的角度，以提高人力资源利用效率为目标的管理决策和管理实践活动。人力资源管理包括工作分析、招聘录用、培训开发、绩效管理、薪酬管理、职位变动管理六大模块，人们通常认为企业管理的核心是对"人"的管理，而人力资源管理的核心是绩效管理，因此，绩效管理在人力资源管理中处于核心地位。

图 1-1 向我们展示了人力资源管理职能中的各个环节与绩效评价之间的内在联系。绩效管理在人力资源管理职能系统中处于核心地位。从该图中我们可以看出，包括绩效管理在

内的任何人力资源管理职能都应该服务于企业的人力资源管理战略与规划,而且都要受到企业文化的影响。在此前提之下,企业的一系列人力资源管理职能相互影响、相互作用,形成了复杂的流程关系。下面将图1-1进行分解,对绩效管理与其他人力资源管理职能环节之间的关系逐一进行分析。

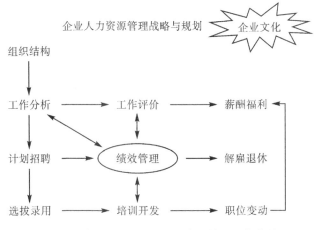

图1-1 绩效评价与其他人力资源管理职能的关系

1.绩效管理与工作分析的关系

工作分析的结果会影响绩效管理系统的设计方式;反之,绩效管理的结果也会对工作分析产生影响。

首先,工作分析的结果是设计绩效评价系统时的重要依据。在构建绩效管理系统时,无论是绩效目标的确定,还是考核指标的设计都要依据工作分析所确定的工作活动内容和具体任务与职责,使绩效目标与组织的目标相一致,考核指标与具体的工作任务及职责相对应。

同时,绩效管理系统也会对工作分析产生影响。绩效评价的结果可能反映出工作设计中存在的种种问题。例如,在较长一段时间内某一位公认的优秀员工在绩效评价中都得到较差的评价结果,在分析原因时,人们就应该考虑到可能是工作设计出现了问题。因此,绩效管理的结果成为验证工作分析是否合理的一种手段,影响企业是否需要重新进行工作分析,重新界定有关岗位的工作职责。

2.绩效管理与招聘录用的关系

(1)绩效管理的结果可能会促使企业做出进行招聘活动的决定。组织通过分析绩效评价的结果可能发现存在诸多问题。当问题体现在现有员工能力和态度上有所欠缺时,出于培训成本的考虑或者培训时效无法满足需要时,人力资源管理人员就可能要做出招聘决策。如果通过分析绩效评价的结果发现问题不在于现有员工的能力和态度,而是工作量过于饱和,人力资源管理人员也应该做出新的招聘计划。

(2)绩效管理对招聘录用的影响还表现在对招聘手段的影响上。人员招聘手段的有效性和可靠性,可以通过所录用的人员在日后的工作中能否做出令人满意的绩效表现来验证。换句话说就是,甄选手段的效度正体现在对员工未来绩效的预测效度中。因此,通过绩效管理,管理者能够加深对组织内各个岗位的合格、特别是优秀人员所应具备的品质与绩效特征之间关系的理解,从而对人员招募和甄选提供有益的参考。

3. 绩效管理与培训开发的关系

绩效评价与培训开发之间的关系也是双向的。实际上，不论是培训开发还是绩效评价，都是一种对员工的行为进行引导的机制，只是这两种机制发生作用的方式和时机不同。组织引导员工的行为，目的都是要使员工的行为能够符合组织实现其发展目标的需要。那么，这两种机制之间必然存在互动的关系。

人员开发是人力资源管理的重要部分。我们知道，人员开发并不是盲目地开发，而是有目标地开发。这种目标的确定在一定程度上是依据绩效评价的结果得以确定的。绩效评价中会发现员工中存在种种与能力和态度相关的问题。管理者通过与员工之间就绩效评价的结果进行绩效面谈，帮助员工了解到自身存在的问题，从而对员工的自我开发形成一种外部的激励和引导。与此同时，人力资源管理人员在设计培训开发计划时能够有的放矢，从而提高培训开发的成效。另外，人力资源管理人员往往通过对比受训者在培训前后的绩效表现对培训开发手段的效果进行评价，不断对培训方案进行调整，从而提高培训成效。

此外，培训开发也会对绩效评价产生影响。前面已经提到，正是由于在绩效评价中发现员工中存在的能力不足才进行相应的培训开发。因此，当员工这方面的技能有了充分的提高，绩效评价中相应的评价指标就可能不再有存在的必要或应当通过调整评价的权重引导员工努力提高其他的关键技能。绩效评价与培训开发作为整个人力资源管理系统中的两个重要的行为引导机制，应该向员工发出相同的"信号"，从而强化行为引导的效果。

4. 绩效管理与薪酬管理的关系

在人力资源管理活动中，绩效管理与薪酬管理相互联系、相互作用、相辅相成。绩效管理与薪酬管理都是调动员工工作积极性的重要因素。薪酬管理对绩效管理的影响体现在，如果薪酬福利结构与绩效相联系，会对员工努力取得优异绩效起到强大的促进作用。绩效管理对薪酬管理具有直接的影响，这种影响表现绩效评价的结果与薪酬体系中的动态工资部分相联系。我们一般将这种与绩效评价结果相联系的薪酬方案称为绩效薪酬方案。绩效管理理论认为，只有将绩效评价的结果与人们所获得的回报挂钩，才能使绩效管理真正发挥应有的作用。

5. 绩效管理与员工流动管理的关系

在组织中人员流动主要表现为晋升、解雇、退休等。绩效管理的结果可以影响职位变动和解雇退休方面的决策。当绩效评价中发现员工无法胜任现有的工作时，绩效评价的结果便可能成为职位变动或解雇、退休的重要依据之一。另外，绩效评价对职位变动的影响还表现在可以从绩效评价的结果中发现该员工的特长，可以通过岗位调整达到人尽其才的目的，并通过绩效评价的结果检验职位变动决策是否起到了预期的效果。

三、绩效考核与绩效管理

绩效管理是通过对员工的工作进行计划、考核、改进，最终使其工作活动和工作产出与组织目标相一致的过程。绩效考核通常被认为是绩效管理的一部分，即对各级部门和员工工作行为、表现及其结果是否符合管理者期望的评估环节。深入理解绩效考核，同样需要认识绩效考核的一些特点。

1. 绩效考核是人事管理系统不可缺少的正式制度

绩效考核是一种正式的员工评估制度,是人事管理系统的组成部分。它是通过系统的方法、原理来评定和测量员工在职务上的工作行为和工作成果。绩效考核是企业管理者与员工之间的一项管理沟通活动。绩效考核的结果可以直接影响到薪酬调整、奖金发放及职务升降等诸多员工的切身利益。绩效考核结果是薪酬管理的重要工具。薪酬与物质奖励仍是激励员工的重要工具。健全的绩效考核制度与措施,能使员工普遍感到公平与心服,从而也增强其工作满意感。绩效考核结果也是员工调迁、升降、淘汰的重要标准,因为通过绩效考核可以评估员工对现任职位的胜任程度及其发展潜力。

绩效考核的结果可提供给生产、供应、销售、财务等其他职能部门,供其在制定有关决策时作为参考依据。

2. 绩效考核通常被认为是绩效管理的一部分

比起绩效管理,更多的人可能更熟悉绩效考核的概念。所谓绩效考核就是评定员工个人工作绩效的过程和方法。绩效考核本身首先是一种绩效控制的手段,其核心的管理目标是通过了解和检核员工的绩效以及组织的绩效,并通过结果的反馈实现员工绩效的提升和企业管理的改善;其次,因为绩效考核也是对员工业绩的评定与认可,因此它具有激励功能,使员工体验到成就感、自豪感,从而增强其工作满意感。另一方面,考核的结果还可以用于确定员工的晋升、奖惩和各种利益的分配。绩效考核也是执行惩戒的依据之一,而惩戒也是提高工作效率、改善绩效不可少的措施。

很多企业都将考核定位于确定利益分配的依据和工具,这确实会给员工带来一定的激励,但势必使得考核在员工心目中的形象是一种负面的消极形象,从而产生心理上的压力。这是对考核形象的一种扭曲,我们必须将考核作为完整的绩效管理中的一个环节来看待,才能对考核进行正确的定位。因此,绩效考核首先是为了绩效的提升。绩效考核除了单纯的评价目的之外,一些组织通过绩效管理系统可以帮助员工管理他们的绩效,提高他们的工作能力,从而实现组织的目标。

所以,严格地讲,完整的绩效管理过程包括绩效目标的确定、绩效的产生、绩效的考核、绩效的提升与新的绩效目标的确定,构成一个循环。绩效考核仅成为以实现组织目标为目的的绩效管理过程的一个重要环节。但因为社会上普遍用绩效考核这个词来指所有跟绩效管理有关的工作,所以我们有时也扩充了它的内涵在整个绩效管理的范围上。绩效考核与绩效管理的主要区别详见表1-1。

表1-1 绩效考核与绩效管理的主要区别

区别	绩效考核与绩效管理	
	绩效考核	绩效管理
过程完整性	管理过程中的局部环节和手段	一个完整的管理过程
侧重点	侧重于判断和评估	侧重于信息沟通与绩效提高
评价时间	只出现在特定的时期——期末	伴随管理活动的全过程
着眼点	事后的评估	事先的沟通与承诺

第三节 战略性绩效管理系统

一、战略性绩效管理系统模型

战略性绩效管理(strategic performance management)是指对企业的长期战略制定实施过程及其结果采取一定的方法进行考核评价,并辅以相应激励机制的一种管理制度。战略性绩效管理是以战略为导向的绩效管理系统,并促使企业在计划、组织、控制等所有管理活动中全方位的发生联系并适时进行监控的体系,其活动内容主要包括两方面:一是根据企业战略,建立科学规范的绩效管理体系,以战略为中心牵引企业各项经营活动;二是依据相关绩效管理制度,对每一个绩效管理循环周期进行检讨,对经营团队或责任人进行绩效评价,并根据评价结果对其进行价值分配。

根据国内学者方振邦的研究,战略性绩效管理系统是由"三个目的、四个环节和五项关键决策"构成的有机整体(见图1-2)。我们需要在明确各自内涵和外延的基础上,全面系统地理解战略性绩效管理系统模型。

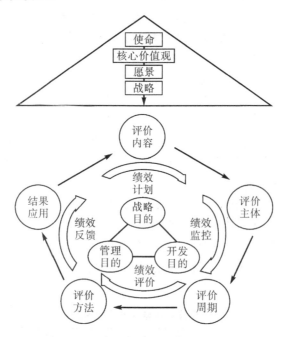

图1-2 战略性绩效管理系统模型

二、战略性绩效管理系统构建的影响因素

组织的使命、核心价值观、愿景和战略对战略性绩效管理具有规范和导向作用,是构建高效的战略性绩效管理系统的基础。因此,全面深入地理解组织的使命、核心价值观、愿景和战略对构建战略性绩效管理体系有决定性的作用和重要意义。

使命是组织存在的根本理由,概括了组织为人类所做出的贡献和创造的价值。使命是永远不可能完全实现的,可以延续上百年,永远激励着组织持续地追求。

核心价值观是指引组织决策和行动的永恒准则,体现在组织成员日复一日的行动中,反映了组织深层的信仰和价值准则。

三、战略性绩效管理系统的环节

绩效管理是一个封闭的循环系统,先进行绩效的计划,再到绩效的实施,即任务的执行,任务完成后产生绩效,然后就要进行绩效考核,并将考核结果反馈给员工,再结合前三个阶段的得失,改进、完善绩效管理系统,最后做出更合理的绩效计划,从而又开始新一轮的循环。而绩效管理作为一个系统是开放的,从资源和战略目标的输入,到目标绩效的实现和为薪酬的发放、培训等提供依据,是一个有投入有产出的开放系统,如图1-3所示。

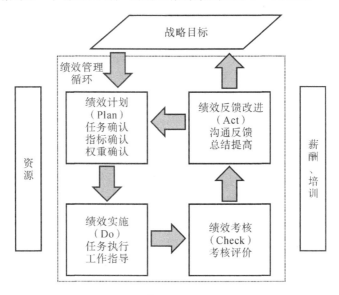

图1-3 绩效管理系统的环节

绩效管理系统的构件有以下几种:

构件一:绩效计划。

绩效计划即主管经理与员工合作,就员工下一年应该履行的工作职责、各项任务的重要性等级和授权水平、绩效的衡量、经理提供的帮助、可能遇到的障碍及解决的方法等一系列问题进行探讨并达成共识的过程,是整个绩效管理体系中最重要的环节。

在新的绩效周期开始时,各级管理者和员工就员工在该绩效周期内要做什么、需做到什么程度、为什么做、何时应做完、员工的决策权限等问题进行讨论,促进相互理解并达成协议,这就是绩效计划。绩效计划是绩效管理过程的起点,但并不是只有在绩效管理周期的开始才会进行绩效计划的工作。通常,绩效计划都是一年期的,但是一般在年中都会进行一定的修订。在绩效计划的过程结束之后,管理者和员工应该能够以相同的答案回答以下问题:

(1)员工在本绩效期间(一般是一年)的主要工作内容和职责是什么？应达到何种工作效果？

(2)员工在本绩效期间应如何分阶段地实现各种目标从而实现整个绩效期间的工作目标？

(3)员工在完成工作任务时拥有哪些权利,决策权限如何？

(4)员工从事该工作的目的和意义何在？哪些工作是最重要的？哪些是次要的？

(5)管理者和员工计划如何对工作的进展情况进行沟通,如何防止出现偏差？

(6)为了完成工作任务,员工是否有接受培训或自我开发某种工作技能的必要？

从以上问题我们可以看出,绩效计划绝不像完成一份工作计划那么简单。作为绩效管理系统的一个环节,绩效计划的过程更强调通过互动式的沟通手段使管理者与员工在如何实现预期绩效的问题上达成共识。因此,绩效计划的内容除了最终的个人绩效目标之外,还包括为了达到计划中的绩效结果双方应作出什么努力,应采取什么方式才能够顺利实现预期的绩效。

绩效管理系统中应该对绩效计划的步骤和方式进行明确的规定。由于绩效计划是绩效管理系统的一个构件,是通过实现个人的绩效期望促进组织目标实现的一个手段,因此,绩效计划必须在组织目标的大框架下进行。组织中必须有一个相关的团队(例如,有高层领导参加的专设的委员会,通常主要由人力资源管理部门的相关人员组成)对这项工作进行统筹安排。另外,由于绩效计划涉及如何控制实现预期绩效的整个过程方面的问题,员工的直线管理者和员工本人都必须参与到绩效计划的过程中。因此,绩效计划需要人力资源管理人员、员工的直接上级以及员工本人三方面共同承担。

在许多组织中,人力资源管理人员与直线管理人员一起设计一个符合各个部门情况的、有关绩效结果和绩效标准的框架,以指导直线管理者与员工针对每个岗位的情况制定具体的绩效计划。另外,人力资源管理人员还会开发出相关的培训材料,指导直线管理人员和员工进行绩效计划的工作。在整个过程中,人力资源管理人员有责任向管理者(有时包括普通员工)提供必要的指导和帮助,以确保整个组织内绩效计划中确定的绩效结果和绩效标准具有相对的稳定性,从而保证整个绩效管理系统的战略一致性。总的来说,人力资源管理人员的责任就是帮助相关人员确保绩效计划工作围绕如何更好地实现组织的目标顺利进行。

由于绩效计划过程要求掌握许多有关的职位信息,直线经理在整个过程中承担了十分重要的角色,并且是整个绩效计划工作的最终责任人。因为直线经理是最了解每个职位的工作职责和每个绩效周期应完成的各项工作的人,由他们设计下个绩效周期的计划能够使整个计划更符合现实的情况,更具有灵活性,更有利于部门内部人员之间的合作。例如,他们能够根据每个绩效周期的特定工作安排修订各个职位的工作职责和绩效标准,以确保本绩效周期工作任务得以顺利完成。

员工参与是提高绩效计划有效性的重要方式。目标设定理论认为,员工参与到制订计划的过程中有助于提高员工的工作绩效。另外,由于绩效计划不仅仅要确定员工的绩效目标,更重要的是要让员工了解如何才能更好地实现目标,员工应该通过绩效计划的互动过程了解组织内的绩效信息沟通渠道,了解如何才能得到来自管理者或相关人员的帮助等。从这个意义上讲,绩效计划的过程更离不开员工的参与。

构件二：监控绩效。

绩效管理的第二个重要的构件就是监控绩效。为了实现对员工绩效的监控，管理人员应该在整个绩效管理循环的实施过程中，通过各种手段了解员工的工作状况，与员工进行持续的绩效沟通，预防或解决绩效期间可能发生的各种问题，帮助员工更好地完成绩效计划。保持动态、持续的绩效沟通指导，即经理与员工双方在计划实施的全年随时保持联系，全程追踪计划进展情况，及时排除遇到的障碍，必要时修订计划。这是绩效管理体系的灵魂与核心。

首先，从监控绩效的手段看，我们认为，管理者与员工之间进行的双向沟通是实现绩效监控目的的一个非常重要的手段。为了实现对员工绩效的监控，绩效管理系统中应该包括一个管理者与员工相互交流绩效信息的沟通计划或模式，帮助管理者指导并鼓励下属员工提高工作绩效。通常，管理者会在绩效计划的同时就针对监控绩效的需要制订出一个结构化的绩效反馈计划，这就是通常所说的正式的绩效沟通。通过这个沟通的过程，管理人员定期（每季度或每月等）与员工就他们的绩效情况进行交流，以充分掌握员工的工作情况。另外，在绝大多数情况下，绩效沟通不一定是正式的。为了对员工的绩效情况进行更有效的监控，管理者应该在整个绩效管理周期内随时对员工进行非正式的绩效沟通。

其次，从监控绩效的目的来看，也有学者将监控绩效的过程称为绩效诊断和辅导。在这里，所谓绩效诊断就是分析引起各种绩效问题的原因，通过沟通寻求支持与了解的过程。在找出绩效低下的原因之后，管理者充当导师帮助员工克服障碍提高绩效的过程就是辅导。不同的情况下可能有不同的绩效诊断和辅导的方法。在很大程度上，绩效诊断与辅导就是通过管理者与员工之间的绩效沟通实现的。在一些组织中专门规定了结构化的绩效改进面谈。这种面谈实际上就是通过绩效沟通的方式实现绩效诊断和辅导，从而帮助落后（或没能按照绩效计划完成工作进度）的员工尽快改善绩效。许多管理者往往重视评价的工作而忽视了应该对员工进行充分的辅导。这种做法能够使员工了解到什么地方出了问题；至于该如何解决，就要靠员工自己了。实际上，改善绩效是大家的事情——改善一名员工的绩效，对于管理者、同事、部门乃至整个组织都是非常有益的。

构件三：评价绩效。

作为绩效管理系统模型中的一个构件，评价绩效特指在绩效期间结束时，由管理者和员工使用既定的合理的评价方法与衡量技术，对员工的工作绩效进行评价的过程。

绩效计划和绩效沟通工作若做得有效，则纳入绩效管理体系的考核可在融洽和谐的气氛中进行。原因有两个，一是在充分参与绩效计划和绩效沟通的基础上，员工能亲身感受和体验到绩效管理不是和他们作对，而是为了齐心协力提高绩效，他们因此会少些戒备，多些坦率；二是考核不会出乎意料，因为在平时动态、持续的沟通中，员工就自己的业绩情况和经理基本达成共识，此次绩效考核只是对平时讨论的一个复核和总结。此时，经理已从"考核者"转变为"帮助者"和"伙伴"。考核面谈的目的是鼓励员工自我评价，运用数据、事实来证明，经理同样也可用数据、事实来证明自己的观点。如果绩效计划和绩效沟通认真执行，则考核时产生严重分歧的可能性就会很小。

构件四：反馈绩效。

反馈绩效是指绩效期间结束时，在管理者和员工之间进行绩效评价面谈，使员工充分了解和接受绩效评价的结果，并由管理者指导员工如何改进绩效的过程。我们在谈到监控绩效时也提到了绩效反馈的概念。实际上，绩效反馈贯穿于整个绩效管理的周期，在绩效期间结束时进行的绩效反馈是一个正式的绩效沟通过程。我们之所以要将反馈绩效作为绩效管理循环的构件之一，就是要突出绩效反馈在绩效管理过程中的重要作用。绩效管理的目的绝不仅仅是为了得出一个评价等级，绩效管理的最终目的是要提高员工的绩效，确保员工的工作活动和工作产出与组织的目标保持一致，从而实现组织的目标。所以，绩效管理能否实现最初的目标，在很大程度上取决于管理者如何通过反馈绩效使员工充分了解如何对今后的绩效进行改进。

完成了上述四个构件之后，绩效管理又回到起点——绩效计划，新一轮的绩效管理工作又开始了。所以，绩效管理工作是一个循环的过程。

四、战略性绩效管理的目的

战略性绩效管理的目的一般有以下三个。

（一）战略目的

绩效管理系统将员工的工作活动与组织的战略目标联系在一起。在绩效管理系统的作用下，组织通过提高员工的个人绩效提高组织的整体绩效，从而实现组织的战略目标。从这一点看，绩效管理是与组织的战略密切相关的。组织战略的实现离不开绩效管理系统发挥出应有的作用；而绩效管理系统也必须与组织的战略目标密切联系才具有实际意义。

（二）管理目的

组织在多项管理决策中都要使用绩效管理信息（尤其是绩效评价的信息）。绩效管理的管理目的在于对员工的绩效表现给予评价，并给予相应的奖惩以激励员工。绩效管理中绩效评价的结果是企业进行薪资管理（调薪）决策、晋升决策、保留/解雇决策、临时解雇决策、承认个人绩效的决策等重要的人力资源管理决策时的重要依据。

（三）开发目的

绩效管理的过程能够让组织发现员工中存在的不足之处，以便对他们进行针对性培训，从而使他们能够更加有效地完成工作。当一名员工的工作完成情况没有达到预期的水平时，绩效管理就应该试图改善他的绩效。在绩效评价过程中所提供的反馈就是要指出雇员所存在的弱点和不足。然而，从比较理想的角度来说，绩效管理系统并不仅仅是要指出雇员绩效不佳的方面，同时还要找出导致这种绩效不佳的原因所在，比如说，该雇员存在某种技能缺陷、有不良动机或者是某些外在的障碍抑制了雇员提高绩效等。这样才能更有效地提高员工的知识、技能和素质，促进员工个人发展，实现绩效管理的开发目的。

从以上内容我们可以看出，一个完善而有效的绩效管理系统应该将雇员的活动与组织的战略目标联系在一起，并为组织对雇员所作的管理决策提供有效的信息，同时向雇员提供准确实用的绩效反馈以实现开发目的。企业要想通过人力资源管理获得竞争力，就必须通过利用绩效管理系统达到上述这三个目的。

五、战略性绩效管理的关键决策

一个科学有效的绩效管理系统，必须做好五项关键决策：确定评价内容、评价主体、评价周期、评价方法以及评价结果应用。

（1）确定评价内容，就是要解决"评价什么"的问题，也就是要确定绩效评价的项目、指标、指标权重及目标值等。绩效评价指标体系的战略导向和行为引导作用在很大程度上体现在绩效评价、指标的选择和设计上。首先,按照战略性绩效管理的思路,通过明晰组织的使命、核心价值观、愿景、战略以及明确组织的阶段性工作任务来设计组织层面绩效评价指标。其次,根据部门职责以及承接或分解组织的战略目标来制定部门层面绩效考评指标。最后根据员工职位职责以及承接或分解部门的绩效目标来确定个人层面绩效评价指标。最终在组织内部形成自上而下的一套绩效考评指标体系。

（2）评价主体,就是解决"谁来评价"的问题,也就是要确定对评价对象做出评价的人。评价主体一般可分为组织内部评价者和组织外部的评价者。在设计绩效评价体系时,选择正确的评价主体,确保评价主体和评价内容相匹配是一个非常重要的原则,即根据所要衡量的绩效目标以及具体的绩效评价指标来选择合适的评价主体。评价主体应当能够及时准确地掌握评价对象的绩效信息,对评价对象的工作职责和绩效目标、工作行为等有充分的了解才能确保评价结果的合理性和有效性。

（3）评价周期,回答的问题是"多长时间评价一次",也就是评价频率的问题。评价周期与评价指标类别、组织所在行业特征、职位类别等级以及绩效实施的时间等诸多因素有关。比如按照职位类别的不同,评价周期也应有所不同,如研发类、职能管理类评价周期相对较长,而生产类、销售类和服务类职位的评价周期稍短。又比如按照职位的等级不同,评价周期也应发生变化,如高层管理者职位评价周期较长。因此应按照评价者的实际情况以及绩效考评的目的,结合企业的具体情况,综合考虑各种相关影响因素,合理选择适当的绩效评价周期。

（4）评价方法,就是对员工的绩效进行评价时所使用的具体方法。评价方法有多种分类,如比较法、量表法、描述法等,每一类下又细分为若干具体的评价方法,且每一种具体的方法都各具特点,并没有绝对的优劣之分。同时考虑到设计、实施成本问题,在实际绩效评价当中,应该结合被考评对象的工作特点,以及所要衡量的绩效指标的特征,综合权衡各种评价方法的优缺点。

（5）评价结果应用,是绩效管理当中一个非常关键的环节,关系到整个绩效管理系统的成败,也极大地影响着人们对绩效管理的态度。绩效评价的结果应用主要是两个方面:一方面用于发展性评价,主要是通过分析绩效评价结果,诊断员工存在的绩效差距,寻找产生差距的原因,制定相应的绩效改进计划,以提高员工的工作绩效。另一方面是用于结果性评价,也就是将绩效评价结果作为各种人力资源管理决策的依据,比如职位晋升、培训开发、薪酬福利发放的依据。如果绩效评价结果没有得到应用,那么起不到对员工的激励作用,对绩效管理来讲,也失去了应有的效用。

第四节　绩效管理的职责分工

绩效管理作为社会组织的一个系统化管理工作,不只是单纯的工具和方法,它牵扯的工作面比较广泛,贯穿着全员参与的思想,所涉及的人员包括企业的全体员工,上至总经理等公司高层,下至普通一线员工。对各层面涉及的人员进行准确定位,明确其角色分工与具体的职责,真正做到各司其职,各负其责,对绩效管理的顺利推进和有效运行发挥着重要作用。

一、绩效考核委员会的组成与职责

为了顺利推进组织整体绩效管理系统的进行,促进绩效管理的目标和企业战略的实现,企业有必要成立绩效考核委员会。根据考核对象的不同,绩效考核委员会的人员组成不尽相同,本着公平、公正、公开的原则和360度考评反馈需要,以及企业的实际情况,可以由公司领导或通过公司领导与相关机构等协商而组成绩效考核委员会。一般而言,绩效考核委员会由公司领导班子成员各部门负责人以及外部聘请的专家等组成,有时也可以邀请二级子公司代表各部门员工代表等参加。绩效考核委员会主席一般由公司总裁担任。绩效考核委员会的主要职责有以下几个方面:

(1)讨论审定公司年度绩效考评指标及目标,并对绩效指标进行分解与沟通。

(2)审批和下达各子公司各部门的年度绩效考评指标和目标。

(3)定期对现有的绩效考核体系或制度进行审阅,根据现状对现有系统进行更新和调整。

(4)协调公司各部门组织进行定期的绩效考核评审,监督部门层面业绩考核的正常进行。

(5)协调处理员工关于绩效考核问题的申诉,协调各部门与人力资源部组织进行个人层面业绩考核的正常进行。

(6)讨论决定审批或调整修正绩效考核的最终结果。

(7)讨论决定绩效考核结果的应用。

在绩效考核委员会当中,各个成员的职责也不尽相同,比如委员会主席,主要负责提出绩效目标的总体要求,因为最了解公司战略的就是最高层。而外聘专家的主要职责是提供制度建议,因为他们处于公司内部政治之外,能够以比较客观公正的角度看待公司所面临的处境,因而可以提出更切合实际的、较为客观的建议。

二、高层管理人员的绩效管理职责

高层管理人员作为绩效考核委员会主要成员,他们的职责主要包括以下几个方面:明确公司层面的业绩指标;参与将公司目标分解至部门层面;监督部门考核的正常进行;对各部门的综合业绩及部门总经理的表现进行评估;与各部门负责人进行沟通,对各部门及部门总经理进行必要的奖励/惩戒,职位调整或业务/管理技能培训等。同时,高层管理人员是绩效管理的决策者、支持者和推动者。

首先,高层管理人员是绩效管理重大政策的制定者,并直接负责将公司的绩效目标分解到各部门,另外,企业导入绩效管理系统之后,整个绩效管理执行过程的督导工作也尤为重要。同时,高层管理人员还负责审批各部门负责人的绩效合约,并对员工个人的绩效申诉进行最终裁决。

其次,绩效管理作为企业战略目标得以有效落实的助推器,必须获得高层管理人员的大力支持和帮助,因为高层管理者的支持是最权威的支持,只有在高层的支持下,绩效管理系统才可能被广泛认识和理解,才能使人力资源部组织的绩效管理宣传、动员、培训等系列活动有效展开。

最后,绩效管理是一个复杂的系统,在设计实施时会花费大量的人力、物力和财力成本,如果缺乏高层管理者的持续关注和大力支持,各部门的直线经理对绩效管理的认识和处理就会敷衍了事,造成绩效管理工作的形式化、表面化。大量的管理实践表明,高层管理人员对绩效管理工作越重视,工作参与度越高,那么企业的绩效管理工作就会开展得越顺畅。

三、人力资源部的绩效管理职责

人力资源部作为绩效管理的主要组织、执行部门,在企业实施绩效管理的过程当中,更多的是扮演顾问或咨询师的角色。人力资源部在公司绩效管理当中的主要职责有以下几种:

(1)设计、宣传、试验、改进和完善绩效管理制度。

(2)督促、检查、协调绩效管理制度的执行。

(3)培训实施绩效管理的人员。

(4)受理和调查员工绩效申诉,并将调查结果提供给公司高层决策。

(5)收集各种考核信息,数据汇总并统计绩效考核结果,根据绩效管理的结果制定相应的人力资源开发计划,并提出相应的人力资源管理决策。

母公司、集团公司总部与子公司和分公司之间的人力资源系统在绩效考核上有以下几种职能分工:

集团公司人力资源部:

(1)提出公司统一要求的人事考核计划。

(2)负责职能部门人事考核的组织实施,并处理有关结果。

(3)负责公司任命干部的绩效考核及考核结果处理建议。

(4)指导事业部、分公司实施考核工作,并对考核结果进行备案。

子公司、分公司、各事业部人力资源部门或岗位:

(1)组织实施公司统一要求的人事考核工作。

(2)组织实施本单位内部自定的人事考核并进行结果处理。

(3)负责本单位内部任命干部的绩效考核及考核结果处理建议。

(4)将考核结果及处理情况报公司人力资源部备案。

四、直线经理在绩效管理中的角色与职责分工

根据绩效管理的流程及角色分工,直线经理在绩效管理实施过程中,要扮演好以下五个角色。

1. 员工的合作伙伴

直线经理与员工是绩效合作伙伴关系。直线经理的工作目标通过员工完成,因此,可以说直线经理的绩效是通过员工的绩效来体现的。绩效管理使直线经理与员工真正实现风险共担,利益共享,共同进步,共同发展。这也就意味着,在绩效管理过程中,直线经理有责任、有义务与员工一起制订绩效计划,帮助员工持续改进和提高绩效,促进员工实现绩效目标。

员工参与绩效计划的制订并对有关问题做出正式的承诺,会大大提高员工对绩效计划的可接受性,为接下来的绩效管理工作开一个好头。

2. 员工的辅导员

绩效计划制定以后,直线经理要做的工作就是帮助员工实现目标。在员工实现目标的过程中,直线经理扮演的是辅导员的角色。

合理的绩效目标,通常都会略高于员工的实际能力,员工需要跳一跳才能够得着。所以,难免在实现的过程中出现困难,遇到这样或那样的障碍和挫折。同时,由于市场环境的千变万

化,企业的经营方针、经营策略也会出现相应的调整,员工的绩效目标也将不得不做出调整。所有这些都需要直线经理发挥自己的作用和影响力,努力帮助员工排除障碍。此时,与员工做好沟通,不断辅导员工改进和提高业绩,变得必不可少。

需要注意的是,沟通不仅仅是在工作开始时,也不仅仅是在工作结束后,而应贯穿于绩效管理的全过程,需要持续不断地进行。

3.绩效信息记录(收集)员

记录是指以直线经理为主体,将员工的绩效行为记录下来;而收集则是由其他人员进行观察或记录,直线经理间接获取这些员工的绩效信息。

绩效管理需要达到的一个很重要的目标就是"没有意外",即在对员工进行绩效考核时,直线经理与其他员工对员工绩效表现或绩效结果的看法和判断应该是一致的。缺乏真凭实据的考核,极易造成争吵的局面,即使员工顾及领导的权威,没有争吵,也会滋生不满。为了避免这种情况的发生,直线经理有必要花时间花心思,认真当好员工绩效信息的记录(收集)员。记录员主要应侧重于围绕员工工作目标或任务的完成情况、来自客户的积极和消极的反馈情况、工作中存在的有代表性的(包括正面和负面的)行为表现,记录(收集)有关员工绩效表现的信息,形成绩效管理的文档,以作为考核时的依据。

4.员工绩效考核的公证员

在绩效管理过程中,一个倍受员工关注的环节就是绩效考核。考核结果往往和员工发展计划、培训开发、薪酬调整、奖金发放和人事变动等方面紧密联系,关系到员工的切身利益。同时,直线经理比其他人更了解下属员工的工作和行为表现,并对下属员工负有直接的管理责任。因此,在考核过程中,直线经理客观的评价显得至关重要。

此时,直线经理应扮演好"绩效考核公证员"的角色,即客观、公平、公正地评价员工的绩效表现,既要指出员工工作表现好的方面,也要指出员工需要改进的地方。

5.员工绩效问题的诊断专家

绩效改进是绩效管理过程中的一个重要环节。传统绩效考核的目的是通过对员工的工作业绩进行考核,将考核结果作为确定员工薪酬、奖惩、晋升或降级的依据。而现代企业绩效管理的目的不仅限于此,员工能力的不断提高以及绩效的持续改进,才是其根本目的。所以,绩效管理工作不仅要找出员工绩效不佳的方面,而且还要找出导致这种绩效不佳的原因所在,并指导和帮助员工采取针对性措施以加以改进和提高。

直线经理的绩效管理职责主要体现在以下几点:
(1)对部门目标的达成负责。
(2)与员工协商设定员工个人绩效目标。
(3)监督、指导、评价及反馈员工的绩效,协助员工改进绩效。
(4)协助人力资源部门绩效考评系统的执行运行。

五、员工在绩效管理中的角色与职责分工

员工是绩效管理的具体落实者。绩效管理的终极目标是提升员工的能力、激发员工的潜能。只有员工的绩效提高了,企业目标的实现才能成为可能。员工的绩效管理职责主要体现在以下几点:

(1)与部门主管就自身业绩目标或工作要求达成共识。
(2)绩效完成过程中与部门主管保持沟通和交流,及时解决工作中发生的问题。
(3)就绩效考核的结果与部门主管沟通,以利于改进绩效。

本章小结

本章主要阐述了绩效和绩效管理的相关内容,包括绩效的概念和特点,绩效管理的基本理论及其在人力资源管理中的重要地位,战略性绩效管理系统构成,以及绩效管理的职责分工等内容。

战略性绩效管理围绕着组织的战略目的、管理目的以及开发目的进行,通过绩效计划、绩效监控、绩效评价和绩效反馈四个环节的工作来实现三大目的。在此系统当中,有五个关键决策点,包括评价内容、评价主体、评价周期、评价方法以及结果应用。绩效管理作为一种系统性的管理工作必须自始至终贯穿着全员参与的思想。对各层面涉及的人员应明确其决策分工和具体的职责,做到全员参与、各司其职,以推动整个社会组织绩效管理工作的顺利进行。

 课后思考

1. 什么是绩效?它有哪些分类和特点?
2. 影响绩效的因素有哪些?
3. 绩效考核与绩效管理有何区别?
4. 简述绩效管理系统的构成。
5. 为什么说绩效管理在组织中是全员参与的工作?
6. 什么是绩效管理?它与人力资源管理其他职能具有什么样的关系?
7. 什么是战略性绩效管理?简述战略性绩效管理系统模型。

 案例分析

【案例1-1】　　　　A公司的绩效考核制度

A公司成立于五十年代初。经过近五十年的努力,在业内已具有较高的知名度并获得了较大的发展。目前公司有员工一千人左右。总公司本身没有业务部门,只设一些职能部门;总公司下设有若干子公司,分别从事不同的业务。在同行业内的国有企业中,该公司无论在对管理的重视程度上还是在业绩上,都是比较不错的。由于国家政策的变化,该公司面临着众多小企业的挑战。为此公司从前几年开始,一方面参加全国百家现代企业制度试点;另一方面着手从管理上进行突破。

绩效考核工作是公司重点投入的一项工作。公司的高层领导非常重视,人事部具体负责绩效考核制度的制定和实施。人事部是在原有的考核制度基础上制定出了《中层干部考核办法》。在每年年底正式进行考核之前,人事部又出台当年的具体考核方案,以使考核达到可操作化程度。

A公司的做法通常是由公司的高层领导与相关的职能部门人员组成考核小组。考核的方式和程序通常包括被考核者填写述职报告、在自己单位内召开全体职工大会进行述职、民意测评(范围涵盖全体职工)、向科级干部甚至全体职工征求意见(访谈)、考核小组进行汇总写出评价意见并征求主管副总的意见后报公司总经理。

考核的内部主要包含三个方面：被考核单位的经营管理情况，包括该单位的财务情况、经营情况、管理目标的实现等方面；被考核者的德、能、勤、绩及管理工作情况；下一步工作打算，重点努力的方向。具体的考核细目侧重于经营指标的完成、政治思想品德，对于能力的定义则比较抽象。各业务部门(子公司)都在年初与总公司对于自己部门的任务指标都进行了讨价还价的过程。

对中层干部的考核完成后，公司领导在年终总结会上进行说明，并将具体情况反馈给个人。尽管考核的方案中明确说明考核与人事的升迁、工资的升降等方面挂钩，但最后的结果总是不了了之，没有任何下文。

对于一般的员工的考核则由各部门的领导掌握。子公司的领导对于下属业务人员的考核通常是从经营指标的完成情况(该公司中所有子公司的业务员均有经营指标的任务)来进行的；对于非业务人员的考核，无论是总公司还是子公司均由各部门的领导自由进行。通常的做法，都是到了年度要分奖金了，部门领导才会对自己的下属做一个笼统的排序。

这种考核方法，使得员工的卷入程度较高，颇有点儿声势浩大、轰轰烈烈的感觉。公司在第一年进行操作时，获得了比较大的成功。由于被征求了意见，一般员工觉得受到了重视，感到非常满意。领导则觉得该方案得到了大多数人的支持，也觉得满意。但是，被考核者觉得自己的部门与其他部门相比，由于历史条件和现实条件不同，年初所定的指标不同，觉得相互之间无法平衡，心里还是不服。考核者尽管需访谈三百人次左右，忙得团团转，但由于大权在握，体会到考核者的权威，还是乐此不疲。

进行到第二年时，大家已经丧失了第一次时的热情。第三年、第四年进行考核时，员工考虑前几年考核的结果出来后，业绩差或好的领导并没有任何区别，自己还得在他手下干活，领导来找他谈话，他也只能敷衍了事。被考核者认为年年都是那套考核方式，没有新意，失去积极性，只不过是领导布置的事情，不得不应付。

案例点评

A公司的做法是相当多的国有企业在考核上的典型做法，带有一定的普遍性。这种做法在一定程度上确实发挥了其应有的作用，但是，这种做法从对考核的理解上和考核的实施上均存在许多误区。

误区之一：对考核定位的模糊与偏差。

考核的定位是绩效考核的核心问题。所谓考核的定位问题其实质就是通过绩效考核要解决什么问题，绩效考核工作的管理目标是什么。考核的定位直接影响到考核的实施，定位的不同必然带来实施方法上的差异。对绩效考核定位的模糊主要表现在考核缺乏明确的目的，仅仅是为了考核而进行考核，这样做的结果通常是考核流于形式，考核结束后，考核的结果不能被充分利用起来，耗费了大量的时间和人力物力，结果不了了之。考核定位的偏差主要体现在片面看待考核的管理目标，对考核目的的定位过于狭窄。例如，A公司的考核目的主要是为了年底分奖金。

根据现代管理的思想，考核的首要目的是对管理过程的一种控制，其核心的管理目标是通过了解和检核员工的绩效以及组织的绩效，并通过结果的反馈实现员工绩效的提升和企业管理的改善；其次考核的结果还可以用于确定员工的晋升、奖惩和各种利益的分配。很多企业都将考核定位于一种确定利益分配的依据和工具，这确实会给员工带来一定的激励，但势必使得考核在员工心目中的形象是一种负面的消极形象，从而产生心理上的压力。这是对考核形象的一种扭曲，将考核作为完整的绩效管理中的一个环节看待，才能对考核进行正确的定位。完整的绩效管理过程包括绩效目标的确定、绩效的产生、绩效的考核，构成了一个循环。因此，绩效考核首先是为了绩效的提升。

考核的定位问题是核心问题，直接影响到考核的其他方面特点。因此，关于考核的其他误区在很大程度上都与这个问题有关。

误区之二：绩效指标的确定缺乏科学性。

选择和确定什么样的绩效考核指标是考核中一个重要的同时也比较难于解决的问题。像A公司这样的许多公司所采用的绩效指标通常一方面是经营指标的完成情况，另一方面是工作态度、思想觉悟等一系列因素。能够从这样两方面去考核是很好的，但是对于如何科学确定绩效考核的指标体系以及如何使考核的指标具有可操作性，许多企业考虑得不是很周到。

一般来说，员工的绩效中可评价的指标一部分应该是与其工作产出直接相关的，也就是直接对其工作结果的评价，国外有的管理学家将这部分绩效指标称为任务绩效；另一部分绩效指标是对工作结果造成影响的因素，但并不是以结果的形式表现出来的，一般为工作过程中的一些表现，通常被称为周边绩效。对任务绩效的评价通常可以用质量、数量、时效、成本、他人的反应等指标来进行评价，对周边绩效的评价通常采用行为性的描述来进行评价。这样就使得绩效考核的指标形成了一套体系，同时也有利于操作化的评价。A公司的绩效指标中，在任务绩效方面仅仅从经营指标去衡量，过于单一化，很多指标没有囊括进去，尤其是对很多工作来说，并不仅仅是经营。在周边绩效中，所采用的评价指标多为评价性的描述，而不是行为性的描述，评价时多依赖评价者的主观感觉，缺乏客观性，如果是行为性的描述，则可以进行客观的评价。

误区之三：考核周期的设置不尽合理。

所谓考核的周期，就是指多长时间进行一次考核。多数企业者像A公司这样，一年进行一次考核。这与考核的目的有关系。如果考核的目的主要是为了分奖金，那么自然就会使得考核的周期与奖金分配的周期保持一致。事实上，从所考核的绩效指标来看，不同的绩效指标需要不同的考核周期。对于任务绩效的指标，可能需要较短的考核周期，例如一个月。这样做的好处是：一方面，在较短的时间内，考核者对被考核者在这些方面的工作产出有较清楚的记录和印象，如果都等到年底再进行考核，恐怕就只能凭借主观的感觉了；另一方面，对工作的产出及时进行评价和反馈，有利于及时地改进工作，避免将问题一起积攒到年底来处理。对于周边绩效的指标，则适合于在相对较长的时期内进行考核，例如半年或一年，因为这些关于人的表现的指标具有相对的稳定性，需较长时间才能得出结论，不过，在平时应进行一些简单的行为记录作为考核时的依据。

误区之四：考核关系不够合理。

要想使考核有效进行，必须确定好由谁来实施考核，也就是确定好考核者与被考核者的关系。A公司采用的方式是由考核小组来实施考核，这种方式有利于保证考核的客观、公正，但是也有一些不利的方面。

通常来说,获得不同绩效指标的信息需要从不同的主体处获得,应该让对某个绩效指标最有发言权的主体对该绩效指标进行评价。考核关系与管理关系保持一致是一种有效的方式,因为管理者对被管理者的绩效最有发言权。而考核小组可能在某种程度上并不能直接获得某些绩效指标,仅通过考核小组进行考核是片面的,当然,管理者也不可能得到关于被管理者的全部绩效指标,还需要从与被管理者有关的其他方面获得信息。所谓360度考核就是从与被考核者有关的各个方面获得对被管理者的评价。

误区之五:绩效考核与其前后的其他工作环节衔接不好。

要想做好绩效考核,还必须做好考核期开始时的工作目标和绩效指标确认工作和考核期结束时的结果反馈工作。这样做的前提是基于将绩效考核放在绩效管理的体系中考虑,孤立地看待考核,就不会重视考核前期与后期的相关工作。在考核之前,主管人员需要与员工沟通,共同确认工作的目标和应达成的绩效标准。在考核结束后,主管人员需要与员工进行绩效面谈,共同制定今后工作改进的方案。

以上五点指出了目前在许多企业的考核中经常会出现的一些误区。当然,考核仅仅是整个管理工作的一个环节。考核工作要想真正有效,还需要其他工作的共同配合,例如激励、培育手段等。

【案例1-2】　　某公司绩效考核管理制度

第一章　总则

第一条　目的

1. 客观公正评价员工的工作绩效和贡献,促使员工不断提高工作绩效和自身能力,提升企业的整体运行效率和经济效益。

2. 为员工的薪酬决策、培训规划、职位晋升、岗位轮换等人力资源管理工作提供决策依据。

3. 以正向激励为主,体现业绩和报酬对等的原则,拉开差距,奖优罚劣。

4. 通过绩效管理,发现员工自身优势与工作中存在的不足,促进各级管理者指导、帮助、约束与激励下属,有效提高员工的知识、技能和素质,开发员工潜能。

第二条　适用范围

适用于公司所有的正式员工。试用期员工参见试用期考核规定。

第三条　原则

1. 公开公平原则:考核应让被考核者了解考核流程、方法、标准和结果,提高透明度,考核应客观公平地考察和评价被考核人员,对于同一岗位的员工使用相同的考核标准。

2. 客观公正原则:考核应本着实事求是的态度,以事实为依据进行评价与考核,避免主管臆断和个人主观情绪因素的影响,尽量做到"用数据说话,用事实说话"。

3. 严格性原则:考核不严格,就会流于形式,形同虚设。要有明确的考核标准、严肃认真的考核态度、严格的考核制度和考核程序及方法。

4. 正激励原则:考核的目的在于促进组织和员工的共同发展与成长,注重绩效结果的应用,而不是单纯的奖罚。

5. 双向沟通原则:绩效指标的制定要做到上下沟通,考评的结果一定要反馈给被考评者本人,并同时与被考评者进行绩效沟通面谈,肯定其成绩和进步,指出不足之处,提出今后改进的方向和要求等。

第二章 考核组织和职责

第四条 考核组织

1. 公司绩效考核工作由人力资源部、各用人部门共同推进。

2. 人力资源部和各部门在绩效考核中承担不同的责任,各级主管均有对下属进行考核和监督管理的权利和义务。

3. 全体员工均有服从监督考核并提出建议、申诉的权利和义务。

第五条 工作权责

(一)人力资源部

人力资源部是公司绩效考评工作的建设和推动部门,在公司最高管理者领导下工作,负责组织、推进、协调和支持各部门开展绩效考核工作。其职能有:

1. 负责公司绩效考核管理体系的建立、修订和推动执行。

2. 负责监督和指导各部门绩效考核工作的开展。

3. 负责各用人部门绩效考核标准的审核工作,并提出修订意见。

4. 负责绩效管理思想的宣传、相关专业知识、工具的培训工作。

5. 负责受理、调研、处理和反馈员工绩效考核申诉和异议。

6. 负责对公司绩效考核结果或绩效考核情况的汇总与分析工作。

(二)用人部门

部门负责人作为各部门绩效考核的第一责任人和管理者,根据公司绩效考核政策,实施本部门和本部门员工的考核工作。职责有:

1. 负责根据公司经营目标和绩效考核政策,制定并提出本部门的绩效考核指标,并分解、落实到各岗位员工。

2. 注重部门绩效沟通工作,做好直接下级绩效指标的分解、提取、制定工作。

3. 在绩效实施过程中及时解决员工在实现绩效指标过程中遇到的问题并提供相应帮助或资源支持。

4. 负责本部门内员工绩效考核工作的组织、实施、督促和改善,做好本部门有关考核数据的收集与整理工作。

5. 负责本部门绩效考核结果或绩效考核情况的汇总、审核和总结分析工作。

6. 负责部门内员工绩效考核结果的反馈及解释工作。

第三章 绩效考核内容

第六条 考核周期

公司考核分为月度考核和年度考核两种。经理及以上人员实行年度考核,部门主管实行月度考核和年度考核,其他人员实行月度考核。如无特别说明,本文中的考核指月度绩效考核。

第七条 考核相关人员

考核相关人员由被考核人、考核人、审核人、批准人组成。

1. 被考核人即被考核的员工。

2. 考核人即员工的主管,一般指课级及以上主管。

3. 审核人一般包括考核人的上上级主管、人力资源部绩效专员、人力资源部经理。

4. 批准人指公司副总经理及以上领导。

第八条 绩效指标构成

绩效考核指标由关键业绩指标、综合指标、雷区、加分项等项目构成。根据岗位性质、重要性的不同,设置具体的绩效考核指标,并赋予相应的权重。具体见表1-2各岗位绩效考核标准。

表1-2 各岗位绩效考核标准

项目	关键业绩指标	综合指标	雷区	加分项
权重	60%~80%	20%~40%	—	

(一)关键业绩指标

关键业绩指标,即关键绩效指标,又称KPI,来自部门绩效指标的承接或分解及个人应该承担的岗位职责,是最能有效影响本人或部门价值创造的关键驱动因素。KPI需要量化或标准化,方便考核。

(二)综合指标

综合指标,即基本绩效指标,又称CPI,是要求个人必须做到的基本职责。CPI来源于公司业务流程、员工工作职责和其他规章制度。和KPI一样,CPI也需要量化或标准化,以方便考核。

(三)雷区

雷区,即员工不能触犯的绩效指标,一旦触犯则严重影响绩效得分,甚至否决当期绩效。雷区内容一般是指重大品质事故和安全事故、重大渎职行为、严重违纪等内容。

(四)加分项

加分项,即可以予以加分的绩效指标。加分项主要包括合理化建议和特殊贡献两类。

第九条 绩效指标设置的原则

在设置绩效目标时,应遵守SMART原则,即绩效指标是具体的、可衡量的、通过努力可能实现的、可以证明和观察的、有时限性的。

S代表具体(specific),指绩效考核要切中特定的工作指标,不能笼统。

M代表可度量(measurable),指绩效指标是数量化或者行为化的,验证这些绩效指标的数据或者信息是可以获得的。

A代表可实现(attainable),指绩效指标在付出努力的情况下可以实现,避免设立过高或过低的目标。

R代表现实性(realistic),指绩效指标是实实在在的,可以证明和观察。

T代表有时限(time bound),注重完成绩效指标的特定期限。

第四章 绩效考核实施

第十条 制订员工绩效计划

1.绩效计划制订需遵行自上而下、层层分解的原则,即由上级主管制订下属人员的绩效考核标准,绩效考核标准需参照公司目标、部门目标层层分解到员工个人。

2.各用人部门主管应根据公司经营目标、部门目标结合员工的岗位职责及工作要求,和下属员工充分沟通后,制订员工的绩效计划、评价标准。

3.人力资源部提供统一的绩效考核表格模板,对各部门的绩效考核标准进行审核,并在制订过程中提供必要的协助。

4. 经理及以上人员的绩效标准由人力资源部制定,其他人员的绩效标准由用人部门制定。

第十一条　绩效考核评分

1. 每月5—8日,各部门收集员工的绩效收据,按照绩效考核标准对员工进行考核评分。
2. 每月10日前各部门需将本部门员工的绩效考核表交人力资源部审核。

第十二条　绩效指标的修订

1. 在绩效考核实施过程中,如发现指标过高或过低,或存在设置不合理的情况,用人部门和人力资源部门均可提出绩效指标修订意见。
2. 用人部门对绩效指标提出修订的,由用人部门提报书面修订意见,经人力资源部负责人审批生效。
3. 人力资源部对用人部门绩效指标提出修订的,由人力资源部和用人部门进行有效沟通并达成一致意见后,由人力资源部负责人审批生效。

第十三条　绩效分析

1. 各部门需每季度一次对本部门的绩效考核情况进行分析和统计,并制订改进计划。
2. 人力资源部每半年对公司整体的绩效考核运行和绩效达成情况进行分析和总结。

第五章　绩效反馈

第十四条　考核反馈

绩效考核工作完成之后,各用人部门主管须对下属考核周期内的工作业绩及其工作表现进行回顾、总结评估和沟通反馈,并将考核结果反馈给员工,由员工在考核表上签字确认。

第十五条　绩效面谈

1. 根据"谁考核谁面谈"的原则,上级主管对以下两类人员必须安排绩效面谈:
① 绩效考核周期内绩效评定结果为优或差的人员。
② 本期绩效评定结果与上一个绩效考核周期差距较大的人员。
2. 人力资源部对用人部门的绩效面谈提供相应的支持,解决与协调绩效面谈中遇到的问题。

第十六条　绩效申诉

1. 在绩效考核过程中,员工如认为受不公平对待或对考核结果感到不满意,以实名形式书面或口头向人力资源部提出绩效申诉。
2. 收到员工绩效申诉后,人力资源部开展调查取证,并在3个工作日内将处理结果反馈给申诉人。
3. 人力资源部定期对各部门在考核过程中的公平公正性、数据真实性进行抽查,如果发现考核人在考核过程存在不公平行为或数据弄虚作假的,将采取相应的处罚措施。

第六章　结果应用

第十七条　绩效奖金

考核结果作为员工绩效奖金发放的直接依据。员工绩效奖金=绩效奖金标准×绩效系数。各分数段对应的绩效系数见表1-3。

表 1-3 绩效系数

绩效得分	≥110 分	100~109 分	90~99 分	80~89 分	70~79 分	60~69 分
区间范围		1.20~1.29	1.10~1.19	1.00~1.09	0.90~0.99	0.80~0.89

注:绩效得分为60~109分时,绩效系数按具体得分设置区间范围,以系数"1"举例说明:80分1.00,81分1.01,82分1.02,83分1.03……89分1.09,以此类推。

第十八条　岗位、薪资调整

连续3个月绩效得分低于60分的,予以调整岗位或降级降薪,合同期满不予以续签;连续3个月绩效得分高于90分者,工资予以增加一个薪资等级。

第十九条　晋升晋级

在一个考核年度内,连续6个月绩效得分达到90分的,予以晋升一个职位,无合适职位的,予以晋升一个职级,工资随之调整。

第二十条　培训发展

连续2个月绩效得分低于60分者,需制订绩效改善计划,在下一个考核周期予以观察;连续3个月绩效分数高于90分者,可选拔进入人才梯队,予以培训深造的机会。

第二十一条　其他应用

考核成绩在部门前10%的员工,自动获得公司"年度优秀员工"的评比候选人资格。

第七章　附则

第二十二条　本制度是公司绩效考核工作的指导性文件,由人力资源部负责修订和解释。

第二十三条　本制度从2021年1月1日起正式生效。

案例讨论

1. 该考核制度包含了哪些内容和考核要素?
2. 绩效考核之中各部门的责任是如何体现的?
3. 绩效考核结果的应用有哪些方面?

【案例1-3】　SWEETWATER州立大学的绩效评价系统

罗伯新近被任命为SWEETWATER州立大学行政事务副校长,校长要求他改进该校的秘书和勤杂人员的工作绩效评估系统。该校绩效评价系统的主要问题是,它将工作绩效评价结果与年底的工资晋级联系在一起。但是在进行评价时,却往往不是很注意保持评价的精确性,主要采用了加权选择量表方法。经常将其下属的秘书和勤杂人员都简单地评为"优秀",导致学校所有的辅助雇员每年都得到最高等级的工资晋级。但是目前学校的预算已经不具备在下一个年度为每一位事务工作人员都提升一级最高工资的能力了。此外,校长也认为,这不是一种正常的情况。因此,他希望罗伯能够对原有的工作绩效评价系统进行重新审查。罗伯向每一位行政管理人员下发一份备忘录,要求大家只能将其手下的一半人评为优秀。这份备忘录立刻得到行政管理人员和秘书勤杂人员的广泛抵制——管理人员害怕其手下人会到私营企业找更赚钱的工作;秘书人员认为新的工作绩效评价系统是不公正的,它剥夺了每一位秘书都能获得最高工资晋升的机会。

罗伯在这种情况下,找到了该校工商管理学院的几位绩效评价方面的专家讨论这个问题。

罗伯首先说到了他发现的问题：现有的工作绩效评价表格是在10年前由秘书委员会设计的。这种每年一次的工作绩效评价制度几乎一开始就陷入困境。因为，管理者对工作绩效标准的解释就大相径庭，同时他们在填写表格以及对下属进行监督时的负责程度也相差很大。问题还不仅仅如此，这种绩效评价方法的弊端在第一年底就已经变得显而易见，每一位秘书的工资提升实际上是直接与工作绩效评价联系在一起的。由于该校支付给秘书的工资比私营企业的低，因此，在第一年有些没有拿到优秀即没有得到最高工资晋升的秘书一怒而去。从那时起，很多行政管理人员为了降低离职率，就开始将下属的工资绩效定为优秀。这样可以确保他们得到最高一级的工资晋升。几位专家中有两位答应考虑这一问题，并在两周后提出如下建议：

（1）原有的评价表格基本上不起说明作用。比如，优秀和工作质量本身的含义是不清楚的。结果导致大多数管理者对每一项评价指标的理解不清楚，也有歧义。他建议换一种表格。

（2）同时，他还建议罗伯撤销其前一个备忘录，因为强制性地要求将秘书中的一半划为优秀是不公正的。并且，在考核时最好使用排序法。

（3）要想使得所有的管理人员认真对待工作绩效评价，就必须停止将工作绩效评价结果与工资晋升联系在一起。至于工资晋升，则应不仅仅以工作绩效评价为基础，还要考虑其他的一些因素，这样，管理人员在对其手下的工作绩效进行评价时，就不会再犹豫是否要诚实地对下属人员的实际工作绩效做出评价了。

案例讨论

1. 该学校产生绩效考核方面问题的主要原因是什么？
2. 为什么专家建议使用排序法？
3. 专家建议绩效考核不与工资晋升联系在一起。因为绩效评价如果与工资联系在一起就容易造成各行政主管不客观地评价其下属的工作绩效，但是，如果工资晋升不与绩效考核联系在一起，那么，薪酬又该与什么相联系呢？学校每年的工资晋升该怎样进行呢？

第二章 目标管理

学习目标

1. 了解目标管理的内涵和特点
2. 理解目标管理的实施流程
3. 掌握目标管理的优缺点

开篇案例

海尔集团的"OEC 管理法"

在我国企业管理的绩效评估管理中,海尔集团的"OEC 管理法",即"日事日毕,日清日高"的思路得到了众多学者和企业管理人员的赞赏。"OEC 管理法"是英文"overall every control and clear"的缩写,用"日事日毕,日清日高"来概括其含义为:每天的工作每天完成,每天工作要清理并要每天有所提高。"OEC 管理法"由三个体系构成:目标体系、日清体系、激励机制。首先确立目标;日清是完成目标的基础工作;日清的结果必须与正负激励挂钩才有效。

海尔的"日事日毕,日清日高"的绩效评估思路,包含一个核心、三个基本原则和四项控制活动。一个核心是指:市场不变的法则永远在变。三个基本原则包括:闭环原则——凡事要有始有终;比较分析原则——纵向和自己的过去比,横向和同行业比;不断优化原则——根据木桶理论,找出薄弱环节,并及时整改,提高整体水平。四项控制活动,即 PDCA(P:计划;D:实施;C:检查;A:总结)。

焊接工小金经过培训上岗,曾因在一次焊接比赛中成绩不理想而一度消沉,后经他的师傅开导,牢记"任何能力的提高都有一个过程,不要心急,如果日事日毕,日清日高,每天提高1%,长期坚持,必有几何级数的提高"。从此小金苦练基本功,终于在三年后的冰箱事业部举行的焊接大赛中一举夺魁。

还有一次,因运输公司的原因,运往洛杉矶的洗衣机零部件多放了一箱,这件事本来不影响工作,找机会调回来即可,但美国海尔贸易有限公司零部件经理丹先生说:"当天的日清中就定下了要调回来的内容,哪能往后拖呢?!"于是,丹先生冒着酷暑把这箱零部件及时调了回来。

海尔的绩效评估管理思路最接近于基于员工工作结果的考核方法。将每天的工作目标作为衡量每位员工工作绩效的标准,将实际工作结果与目标相比较,并通过不断调整、提高目标的高度来引导员工不断进步。

第一节 目标管理概述

一、目标管理的产生

目标管理(management by objectives,MBO),是1954年由美国著名的管理学家彼得·德鲁克在《管理的实践》(*The Practice of Management*)一书中提出的。德鲁克认为并不是有了工作才有目标,而是有了目标才能确定每个人的工作。所以"企业的使命和任务,必须转化为目标",如果一个领域没有目标,这个领域的工作必然被忽视。因此,管理者应该通过目标对下级进行管理,当组织最高管理者确定了组织目标后,必须对其进行有效分解,转变为各个部门以及各个人的分目标,管理者根据分目标的完成情况,对下级进行考核、评价和奖惩。

彼得·德鲁克还认为,目标管理就是先由企业制定在一定时期内期望达到的理想总目标,然后由各部门和全体员工根据总目标确定各自的分目标,并积极主动设法使之实现的一种方法。

目标管理提出以后,便在美国迅速流传。时值第二次世界大战后西方经济由恢复转向迅速发展,企业急需采用新的方法调动员工积极性以提高竞争能力,目标管理的出现可谓应运而生,遂被广泛应用,并很快为日本、西欧国家的企业所效仿,在世界企业界大行其道。20世纪70年代初,美国白宫引入目标管理,使这种新兴技术步入了公共管理领域。日本在20世纪60年代,原日本电信电话公社、十条制纸等企业就引入了这一管理制度。在经历了1965年、1975年两次目标管理热之后,1990年日本又掀起了目标管理的新热潮。中国认识目标管理的时间相对较晚,20世纪80年代,目标管理才被引入中国企业。

二、目标管理的定义

目标管理是以目标的设置和分解、目标的实施及完成情况的检查、奖惩为手段,通过员工的自我管理来实现企业的经营目的的一种科学的管理方法。

经典管理理论对目标管理的定义为:目标管理是以确定目标和实现目标为中心开展一系列管理活动,即以目标为导向,以人为中心,以成果为标准,从而使组织和个人取得最佳业绩的现代管理方法。其侧重于结果导向型考核,因此目标管理亦称"成果管理",是指在企业个体职工的积极参与下,自上而下地确定工作目标,并在工作中实行"自我控制",自下而上地保证目标实现的一种管理办法。具体来说,它有以下几层含义:①目标管理是组织中的上级与下级一起协商,根据组织的使命确定一定时期内组织的总目标;②目标管理将组织目标层层分解,落实到每个部门及个人;③目标管理最终与分解目标的完成情况作为考核组织、部门及个人业绩的依据;④目标管理是通过员工的自我管理来实现企业经营目标的一种管理方法。

三、目标管理的特点

目标管理与传统的企业目标设定的区别如下。

从内容上来看,传统的目标设定法的目标分解是单方向的、直线型的,目标分解主要由企业中负责计划的人员来完成,缺少反馈过程和横向协调;而目标管理法则是要求建立一种以企业总目标为中心、上下左右协调一致的目标体系,强调的是员工自主管理和自我控制。

从特点上来看,传统的目标设定由于是一个单向的过程,员工在执行中缺乏主动性,容易造成制定目标与执行目标上的差异,不利于其目标的实现;而目标管理则贯彻了全员参与的思想,目标的设定要靠一定的企业化做支持,因此实现了对员工行为的引导、激励和控制的有机统一。

与其他管理模式相比,目标管理法具有以下特征:

(1)目标管理法是参与管理与自我控制相结合的管理模式,在管理过程中,目标的实现者即目标的制定者,通过上下协商,制定出企业各个部门乃至每个员工的分目标,员工参与了目标制定过程,而且承诺实现目标的同时被授予了相应的权利,这无疑调动了员工的自我控制性和工作主动性。

(2)从目标管理法的整个实施过程来看,它要求注重"统一"。一方面它强调工作和人的统一。管理者要不断发掘员工本身所具有的自我实现的欲望,让员工从工作中获得生存的价值,更好的达成目标;另一方面,它强调个人目标与组织目标的统一。

(3)注重成果第一的方针。目标管理法注重以制定目标为起点,并且以目标实施的最终考核为终结,工作成果是评定目标完成情况的标准。由于目标管理法在一开始就制定了一套完整的目标考核体系,因此能够按照员工的工作成果如实地评价一个人。

第二节 目标管理的实施

一、目标管理的 SMART 原则

1. S(specific)——明确性

明确性是指目标应尽可能细化、具体化,使员工能够很清晰地看到计划期要做哪些事情,计划完成到什么样的程度。

实施要求:目标设置要有项目衡量标准,达成措施完成期限以及资源要求,使考核人能够很清晰地看到部门或科室计划要做哪些事情,计划完成到什么样的程度。

2. M(measurable)——衡量性

衡量性是指各项绩效目标应尽可能地量化,从而可以客观地衡量(能量化的量化,不能量化的细化或行为化)。

实施要求:目标的衡量标准遵循"能量化的量化,不能量化的质化",使制定人与考核人有一个统一的、标准的、清晰的、可衡量的标尺,杜绝在目标设置中使用形容词等概念模糊、无法衡量的描述。对目标的可衡量性应该首先从数量、质量、成本、时间、上级或客户的满意程度五个方面来进行,如果不能进行衡量,可考虑将目标细化,细化成分目标后再从以上五个方面衡量,如果仍然不能衡量,还可以将完成目标的工作进行流程化,通过流程化使目标可衡量。

3. A(attainable)——可实现性

可实现性是指目标通过努力可以实现。

实施要求:目标设置要坚持员工参与、上下左右沟通,使拟定的工作目标在组织和个人之间达成一致,既要使工作内容饱满,也要具有可达性,可以制定出跳出来"摘桃"的目标,不能制定出跳出来"摘星星"的目标。

4. R(relevant)——相关性

目标的相关性指实现此目标与其他目标的关联情况。

实施要求:目标设置要综合考虑,确定目标与其他目标之间的关系,在理清各级各类目标之间的相互关系的基础上,准确设置目标,才能形成相关联的有机目标体系,避免目标之间的相互矛盾或冲突。

5. T(time-based)——时限性

目标特性的时限性是指目标的完成有时间的限制。

实施要求:目标设置要具有时间限制,根据工作任务的权重、事情的轻重缓急,拟定出完成目标项目的时间要求,定期检查项目的完成进度,及时掌握项目进展的变化情况,以方便对下属进行及时的工作指导,以及根据工作计划的异常情况变化及时调整工作计划。

二、目标管理的实施流程

目标管理的实施过程主要有目标制定与分解、目标实施与监督、评价结果、反馈四个步骤。

1. 目标制定与分解

(1)制定目标。目标通常有三种分类方式:一是按照作用不同,可将目标分为经营目标和管理目标,其中经营目标通常包括销售额、费用和利润率等指标;管理目标则包含客户保有率、新产品开发计划完成率、产品合格率、安全事故控制次数等指标。二是按照组织结构的层级不同,可将目标分为组织目标和个人目标。三是按照评价方法的客观性分为定量指标和定性指标。定量指标包括销售收入、产量等;定性指标包括团队建设、团队合作等。

(2)对制定的目标进行纵向与横向分解,形成一个目标管理的网络。

企业目标按承担任务的业务部门数量以及按业务部门的职责来拆分;部门目标按岗位职责以及流程来拆分。目标自上而下层层分解见图2-1。

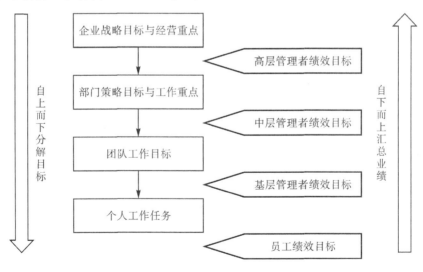

图2-1 目标自上而下层层分解

要确立每位被评价者所应达到的目标,这一过程是通过目标分解来实现的,通常是评价者与被评价者共同制定目标,在此需要明确的是,本部门的员工如何才能为部门目标的实现做出贡献。通过计划过程可以明确期望达到的结果,以及为达到这一结果所应采取的方式、方法和所需要的资源,同时还要明确时间框架,即当员工为这一目标努力时,了解自己目前在做什么,已经做了什么和下一步还要做什么以及合理安排时间。

在目标确定和分解阶段,需要注意的是:不光要制定目标,更重要的是制定目标实现的行动计划。因此我们可以将目标制定的三要素概括为:目标(指标加目标值)、策略(目标实现途径,考虑资源支持)及行动计划(具体可落地的工作计划)。

如企业级工作目标为:销售收入增加40%,通过头脑风暴,提出可能的策略有如下三种,见表2-1。

表2-1 企业级目标实现策略

策略	要求的资源支持
拓展销售区域	新设5个办事处,每个投入50万;寻找新的客户
组建外贸推广部	举办3个展会,各10万;新设一个经理,5名部下
推新产品	研发投入100万

工作计划(可视化工作看板)就是安排合适的人在合适的时间、地点做合适的事情。如以上的企业级目标实现工作计划见表2-2。

表2-2 企业级目标实现工作计划

具体工作	完成时间	具体要求	负责人	完成情况
五个办事处的筹备建设	2020年3月30日前	分别在武汉、成都、天津、合肥、厦门选择100平方米的办公室,简单装修,按公司标准置办办公设备	陈副总	
经销商开发	2020年4月15日前	开发10个地区级经销商,平均每个开发3个	销售部李副经理	

部门级工作目标制定也应包含三个要素,如生产部绩效目标为产品合格率由98%提高到99%。则可能做出的实现策略分析见表2-3。

表2-3 部门级目标实现策略

策略	要求的资源支持
建立上下工序的复检制度	人工投入
完善检验标准	开发费用(含时间、专家咨询费等)
改良设备	投入100万
全员品质意识培训	培训费(讲师费及场地费2万)

同样的道理,员工级工作目标制定三要素见表2-4。

表2-4 员工级目标实现策略及行动计划

招聘专员的绩效目标:人员招聘到位的及时率达到90%	策略分析	工作计划的主要内容
	开发招聘渠道	主动与落后地区劳动局签约
	建立外部人才库	上次未招聘到的人才的资料搜集
	人力资源规划体系的落实	熟悉计划,提前做好准备

上述目标制定分解过程最终可以体现在员工工作目标协议书的形式上,见表2-5。

表2-5 某企业员工工作目标协议书

××××年度工作目标协议书			
部门:		任职者:	
职位名称:		业务主管:	
工作期限:×年×月×日至×年×月×日			
目标序号	目标内容	所占比重	行动方式
1			
2			
……			
任职者签名:		业务主管签名:	
日期:×年×月×日		日期:×年×月×日	

2. 目标实施与监督

目标制定后,首先对各级目标的完成期限进行分解,定期检查各个节点上目标的执行情况。检查方式包括自我检查、相互检查,还可以设立专门的监督小组进行检查。主要关注完成各自目标的进度,可建立目标进展监督,如表2-6。

表2-6 某部门目标进展监督表

目标序号	目标名称	计划目标	完成日期	截至1月31日完成%	截至2月28日完成%	……	完成情况及反馈
1	产品A销售数量	100	5月31日	20%	37%	……	
2	产品B生产数量	200	4月30日	43%	87%	……	
3	新客户增加数量	300	6月30日	32%	56%	……	
……							

3. 评价结果

按照目标规定完成的日期与预先设定的绩效考核标准,对目标完成情况进行考核。评价结果是将实际达到的目标与预先设定的目标相比较,这样做的目的是使评价者能够找出未能

达到的目标,或实际达到的目标远远超出了预先设定的目标的原因,从而有助于管理者做出合理的决策。此处以某公司某部门工作目标考核表为例,如表2-7所示。

表2-7 某部门月度目标考核表

部门:			部门主管:				
直接上级:			考核时间:				
评估周期:			第__季度				
序号	目标管制项	预期目标	实际完成	达成率	评估结果	主要原因分析	应对策略

考核标准:
1. 单一目标管制项达成率高于95%以上为优秀
2. 单一目标管制项达成率高于80%低于95%为良好
3. 单一目标管制项达成率高于70%低于80%为一般
4. 单一目标管制项达成率低于70%以下为需改善

部门主管评价:
直接上级评价:

4. 反馈

反馈就是管理者和员工一起回顾整个周期,对预期目标的达成和进度进行讨论,从而为制定下一绩效周期的目标及战略制定或战略调整做好准备,凡是以成功实现目标的被评价者都可以而且愿意参与下一次新目标的设置过程。

目标管理理论特别重视员工对组织的贡献,在传统的绩效评价方法中,评价者的作用类似于法官的作用,而在目标管理的过程中,评价者起得是顾问和促进者的作用,而员工也从消极的旁观者转变成为积极的参与者。员工同他们的部门主管一起确定目标,然后再如何达到目标方面,管理者给予员工一定的自由度。参与目标确定使得员工成为该过程的一部分。在评价后期,员工和部门主管需要进行一次评价面谈。部门主管首先审查实现目标的程度,然后审查解决遗留问题需要采取的措施。在目标管理下,管理者在整个评价时期要保持联系渠道公开。在评价会见期间解决问题的讨论仅仅是另外一种形式的反馈面谈,其目的在于根据计划帮助员工进步。与此同时,就可以为下一个评价周期确立新的目标,并且开始重复评价过程再循环。

第三节 目标管理的评价

目标管理作为一种系统性的管理方法,已经在营利性和非营利性组织中被大量采用,并且确实产生了积极的效果。正如德鲁克所言,目标管理既是对目标进行管理,也是依据目标进行管理。因此,进行目标管理不仅可以保障目标的实现和绩效的提升,还可以提升员工能力、促使员工态度转变、增强组织沟通以及提高员工士气等。但是目标管理方法也并非完美无缺,在具体实施中也有一些缺陷和不足。因此必须客观地分析目标管理的优势和不足,扬长避短才能收到实效。

一、目标管理的优势

(1)目标管理在全世界被广泛应用。作为一种绩效评估工具,目标管理的有效性得到了广泛的认可。目标管理使各级部门及员工知道他们需要完成的目标是什么,从而可以把时间和精力投入到最大程度实现这些目标的行为当中去。由于确定了企业的努力方向和目标,可以有效地提高工作效率。目标一旦确定,就会成为部门和员工的努力方向,为了实现目标,大家会努力工作,想方设法促成目标的实现,一改以往的依靠领导安排开展工作的被动局面,因此工作效率会有很大提高。

(2)目标管理启发了自觉性,调动了员工的主动性、积极性和创造性。目标管理由于强调自我控制、自我调节,将个人利益和组织利益紧密联系起来,因而提高了士气。目标管理也能有效地激发员工的潜力,目标往往具有前瞻性,如何实现目标,也是对员工工作能力的考验,如果激励措施得当,完成目标对员工同时也具有诱惑力和挑战性,因此,在目标实现过程中,可以将员工的潜力调动起来,从而鼓舞员工的士气。

(3)消除部门的本位主义,扫除集权控制。目标管理法的实施,要求企业内各部门必须紧紧围绕企业目标的实现来开展工作,而不是各自为营,只追求部门利益的最大化。当部门目标与企业目标发生冲突时,部门必须无条件地服从企业目标的要求,有时甚至要牺牲部门的利益,因此,目标管理加强了部门之间的合作,对本位主义是一个冲击。

(4)目标管理有效地促进了组织内部的沟通,改善了企业内部人际关系。通过实施目标管理法,增强了员工之间、企业领导之间、领导与员工之间的相互沟通,培育了员工的团队意识,减少了相互猜疑和不信任,为组织目标的实现和任务的完成创造了良好的组织人际氛围。

二、目标管理的不足

(1)目标管理对人性的假设过于乐观,实际上人是有"机会主义行为"的,尤其是在监督不力的情况下。在多数情况下,目标管理所要求的承诺、自觉、自治气氛难以形成,因此,目标管理对组织内员工的素质、知识和能力提出了更高的要求。

(2)目标难以确定。从目标的形成过程来看,既需要企业领导的高瞻远瞩,也离不开上下级之间、部门之间、员工之间的充分沟通,因此该过程花费的时间较长。从工作质量来看,如果哪个环节有所激进或保留,都会使目标管理的绩效大打折扣。同时,本位主义不可能彻底根除,从而影响着目标的制定,时间一长,很容易流于形式,使得目标缺乏激励。

(3)重结果,轻过程。目标管理是以结果为导向的,缺少对执行过程的监督管理,这就使得许多员工在工作过程中为追求结果而采取不正当途径达到目标的现象出现。尽管目标管理使员工的注意力集中在目标上,但它没有具体指出达到目标所需要的行为,造成对员工缺乏必要的"行为指导",这对一些员工,尤其是那些需要更多指导的新员工来说,是一个比较严重的问题。

(4)强调短期效应而忽略长期的目标。目标管理方法的时效性很强,所设定的目标实现一般都很短,目标管理中的大部分目标都是一些短期目标,这就导致了一些短期效应的出现,不利于组织长期目标的达成。事实上,短期目标比较具体,易于分解,而长期目标比较抽象,难以分解,另一方面短期目标容易迅速见效,长期目标则不然。这使得组织似乎常常强调短期目标的实现而对长期目标关心不够。这种只重视短期效应的做法如果深入组织的各个方面和员工的脑海,将会给组织未来发展带来严重的负面影响。

本章小结

本章系统地介绍了目标管理的产生背景,目标管理的定义和特点,以及目标管理的实施流程。最后对目标管理的优势和不足进行了评价。

目标管理作为一种管理思想和管理手段,通常它是一个目标设定的过程,通过这个过程为组织部门及员工设立目标,并把这些目标作为组织衡量、评估和奖励每个单位和个人贡献的标准。目标管理强调目标的制定由上级和下级一起协商。主要特点是体现自我管理和参与式管理,是一种结果导向型的管理方式。

目标管理本身有一定的不足和局限性,在实际使用中也有很多问题。通常情况下单独使用目标管理的组织并不多,更主流的做法是将其与其他绩效管理工具结合起来使用,例如将目标管理与平衡计分卡相结合来使用。

课后思考

1. 什么是目标管理?
2. 目标管理有何特点?
3. 简述目标管理的实施流程。
4. 试述目标管理的 SMART 原则。
5. 结合实例说明怎样才能有效地实施目标管理。

案例分析

【案例 2-1】　　　　　湖北电信绩效考核

王向阳是某分公司集团客户部的经理。元旦假期一过,王向阳就接到了公司当年下达的集团客户目标任务。为了确保当年目标任务的完成,王向阳根据下属员工的职责分工将部门的目标任务分解给了客户经理 A 和客户经理 B,并与他们进行了沟通,就当年的目标任务达成了共识。客户经理 A 和客户经理 B 根据当年的目标任务制订了详细的工作计划和安排。客户经理 A 的团队协作意识较差,拒绝完成与自己目标任务关联不大的其他工作,于是王向阳只好将部门的一些临时性工作、阶段性工作以及跨部门的团队协作项目安排给客户经理 B,客户经理 B 在这些工作上花费了大量的时间,而且还经常加班加点。

到年底了,王向阳该对下属的两名客户经理进行绩效考核,王向阳非常苦恼,从主观上来说,客户经理 B 的工作量远远大于客户经理 A,那么客户经理 B 的绩效结果应该优于客户经理 A;但从年初下达的目标任务上来看,客户经理 A 的目标任务全面完成还超额 5%,而客户经理 B 的目标任务欠产 10%,连带导致整个部门的任务欠产 2%,客户经理 B 的客观绩效结果明显低于客户经理 A。

案例讨论

1. 王向阳应如何进行绩效评价?
2. 王向阳在整个绩效管理的过程中存在哪些问题?应如何进行改进?

【案例 2-2】　　　　　　　　**惠普公司的目标管理法**

惠普公司的目标管理是知易行难,主要是在工作过程中培养员工的领导力,其具体内容如下:

制定一个具有挑战性的销售目标,而具体的工作方法由业务经理自己决定,主管经理不直接干涉,但通过定期检查及沟通,及时发现问题,而在业务经理感到困惑时,主管经理不是告诉他应该怎么做,而是扮演教导者的角色。

注重下属领导力的培养,是职业经理人和企业家的主要区别之一。对于大多数企业家来说,只有他愿意并且做好全面准备,才会交出领导权职位。相比之下,职业经理人却需要时刻做好准备,随时完成工作交接。因此,对于优秀的企业和称职的职业经理人来说,接班人和领导力的培养,应该是日常工作中最重要的内容之一。

在下属中培养领导者,还是追随者?这是每个中高级职业经理人都面临的问题。在追求卓越和创新的高科技产业,领导者显然比追随者更符合企业长远利益。在普通员工中发现并培养领导者,惠普实行多年的"目标管理法"是最有效的方法之一。

1. 什么是"目标管理"

在惠普公司,"目标管理"包括 4 个主要内容:

(1) 设定目标(set objective),目标的内容要兼顾结果与过程,这是根据岗位职责和公司整体目标,由主管经理和当事者一起讨论确定的。

(2) 当事者要自己动手制订工作计划(business plan),其中最重要的内容就是设计阶段性目标(mile stone),提出达成阶段目标的策略和方法。在此过程中,主管者只是指导者和讨论对象,而不会越俎代庖。一个不能对终极目标进行阶段性分解、不能自己选择工作方法的员工,也就难以成长为合格的领导者。

(3) 定期进行"进展总结(review progress)",由主管经理、当事者和业务团队一起,分析现状预期与目标的差距,找到弥补差距、完成目标的具体措施。

(4) 在目标任务终止期,进行总体性的绩效评估(performance evaluation),如果没有达成目标,要检讨原因;如果超出预期,或者达成了当初看上去难以完成的目标,则要分析成功的原因,并与团队分享经验。分享成功经验(the best practice sharing)是惠普多年来实施的非常有效的一种管理实践。

目标管理这种方法能够最大限度地激发合格领导人所必需的两项基本素质:①永远要有主动达成甚至超越目标的自我要求;②能够创造一个环境,促使团队成员追求卓越并积极寻找解决问题的方法与途径。

按照目标管理方法,团队主管者需要足够的勇气给员工尝试的机会、创新的机会,同时也要有承担错误、承受风险的勇气。只有这样,才能够培养出企业需要的领导者。通过"目标管理"培养领导力,已经得到了企业管理界的共识。但是,正所谓"知易行难",在一个企业,特别是竞争激烈、商机稍纵即逝的高科技企业中,实行"目标管理"并不是一件容易的事情,它需要科学的方法,也需要一种对时机、风险、分寸把握和判断的能力。如何兼顾短期业务的压力及长期培养员工领导力的需要？在员工完成工作的过程中，经理人何时插手进来？如何插手？允许员工犯错误到什么程度？当发现员工使用创新的方法而又前途叵测时，你应不应该喊停？什么时候喊停？面临巨大的目标压力时，还要不要承担员工尝试失败的风险？

2. 如何设定目标

设定目标本身就是一件充满挑战的工作。关于这个问题，"SMART目标设定法"涉及的明晰、可评测、可实现、与工作相关和时间，仅仅是制定目标的几个最基本的原则。光有"SMART"是不够的，设定目标时还需要掌握以下几个要点：

(1) 目标要具有关联性。任何组织、团队和个人的目标，都不能孤立于公司总体目标之外，在一个企业内部，每一个目标都要具备上下关联性，从而为企业的整体目标服务。

(2) 目标要具备阶段性。一个终期目标需要由几个阶段性目标组成。这就好像驾驶飞机，需要把每一次长距离飞行任务，分解成几个航程，在每一个航程预定的结束时间检查飞机的位置、状态和航向。通过这种方式，可以及时发现问题，进而解决问题。

(3) 不能只设定结果目标，还要设定过程目标。我们乘坐民航客机，都希望不仅准时抵达，而且不能有剧烈颠簸，不能陡升陡降，还要有好的空乘服务和机上饮食。在这里，准时抵达是结果目标，避免颠簸等就是过程目标。对企业来说，这就意味着不能为了结果目标如财务指标，放弃对过程目标的管理，这些过程目标包括客户满意度、团队合作效率、创新、遵守公司政策等。

3. 管理目标

(1) 严谨、客观的数据采集系统，是目标管理法能否发挥作用的重要基础。就如同自由的前提是严谨的纪律，任何目标的实现，都需要配套的、有效的数据采集系统，用于说明过程目标的完成情况。如果没有这样的数据采集系统，就不能评价阶段性目标和过程目标。

(2) 定期的GAP检查与分析是实现目标管理法的一项利器。在企业管理中，任何一个结果，都不仅仅是期望的产物，而是期望加上检查的结果。

所谓差距分析法（GAP Analysis），就是站在未来某一时间节点上，分析计划目标和现实预期结果之间的差距，并且找到弥补差距的有效方法。在这个过程中，惠普的业务人员要在数据采集系统的帮助下，自己做出预测目标，给出严格的定量数据再分析为什么预计目标与最终目标会存在差距，进而提出完成最终目标的方案，并对这一方案的可行性和风险做出分析。

(3) 要借助检查的结果对员工的工作进行总结和指导。在这个环节里，如何把握机会提供教导是关键。有时候，我们的确必须手把手指导员工做事的方法，但更多时候，我们要激发员工的脑力及主动思考能力，表现出色的要给予奖励；对于没有完成好任务的员工，应帮助他/她分析原因，激励员工克服困难，迈开脚步更好地完成工作。

在这样的目标管理实践中，职业经理人可以放手激发员工的主动性和创造性，鼓励员工自己寻找达成目标的方法；同时，能够及时了解整个团队的工作进度，解决了在实施目标管理过程中，主管经理应该什么时候过问、什么时候插手的难题，有助于不折不扣地达成团队目标。这样一来，也就在更大程度上促进了员工的主动性，为在日常工作中提高员工领导力，提供了良性循环的基础。

案例讨论

1. 惠普公司是如何克服目标管理的缺点而发挥其优点的?
2. 惠普公司导入目标管理法的指导原则是什么?
3. 如何评价惠普公司实施目标管理法的过程和结果?

第三章 标杆管理

学习目标

1. 了解标杆管理的含义和起源
2. 理解标杆管理的分类及特点
3. 学会选择并实施不同类型的标杆管理
4. 掌握标杆管理的实施步骤

 开篇案例

复杂的问题简单化,简单的问题标准化

22岁的陈某曾在某中东国家的一家酒店打工,他把中式的烹饪方法融入西餐,做出的料理颇受欢迎。但他却常因炸薯条而挨骂,因为他总是难以把握炸薯条的软硬程度,撒盐量的多少。

麦当劳的炸薯条让他十分感慨:"看看人家炸的,每次效果都一样!"直到有一天他遇到麦当劳的一位高管。

"向您请教个问题行吗?"

"好呀,您说。"这位高管十分客气。

"麦当劳的薯条炸多久?"

"3分钟!"这位高管脱口而出,陈某很惊讶,"这么快?那油温是?""168摄氏度!"还是脱口而出!"这么精确!那这温度如何控制呢?"

"你控制它干吗?设备是恒温的,时间是定时的,2分45秒机器会叫,这时需要把薯条晃一晃,一会儿就拿出来了。"

麦当劳的炸鸡、物流、营销等各个环节全都这样科学量化,全部标杆化,就这样做到了世界500强。

有所思:正因其简单才得以成功——成功的标杆管理就是要把复杂问题简单化,简单问题标准化!

第一节 标杆管理概述

一、标杆管理的含义

(一)标杆管理的起源与发展

1979年,施乐公司最先提出了标杆管理(benchmarking)的概念,首创了标杆管理法。当时以高科技产品复印机主宰市场的施乐公司发现,有些日本企业以施乐公司制造成本的价格在出售类似的复印设备,致使施乐公司市场占有率在短短几年内由49%锐减到22%,这些日本企业借助产品质量和成本控制的优势,在世界范围内取得了举世瞩目的成就。在此背景下,为应付挑战,施乐公司最高管理层决定制定一系列改进产品质量和提高生产率的计划,一开始施乐公司只在公司内的几个部门做标杆管理工作,到1980年扩展到整个公司范围。公司派雇员到日本的合作伙伴——富士施乐及其他日本公司考察,详细了解竞争对手的情况,接着公司着手确定竞争对手是否领先、为什么领先、与对手存在的差距是什么以及怎样才能消除等。对比分析的结果使公司确信,从产品设计到销售、服务和员工参与等一系列环节都需要加以改变。最后,公司对这些环节确定了具体改进目标,并制定了实施这些目标的行动计划。

实施标杆管理后的效果是明显的。通过标杆管理,施乐公司使其制造成本降低了50%,产品开发周期缩短了25%,人均创收增加了20%,并使公司的产品开箱合格率从92%上升到99.5%,公司重新赢得了原先的市场占有率。随后,摩托罗拉、IBM、杜邦、通用等公司纷纷效仿,实施标杆管理,在全球范围内寻找业内经营实践最好的公司进行标杆比较和超越,成功地获取了竞争优势。后来经过美国生产力与质量中心系统化和规范化,标杆管理发展成为一种重要的支持企业不断改进和获得竞争优势的管理工具。

从我国企业来看,也有标杆管理的成功范例。比如宝钢是中国最大的现代化钢铁联合企业,在多年的建设与发展过程中着眼于提升企业的国际竞争力,始终坚持技术创新,形成了自己的鲜明特色和优势。为了跻身于世界第一流钢铁企业之林,宝钢在2000年引入了标杆管理作为技术创新管理工具,选定了164项生产经营指标作为进行标杆定位的具体内容,选择了45家世界先进钢铁企业作为标杆企业。宝钢将标杆管理运用到企业的各个方面,其管理成效也非常显著。标杆管理的引入和实施为宝钢的技术创新提供了一种可信、可行的奋斗目标,极大地增强了宝钢的技术创新体系对外部环境变化的反应能力。

另外,海尔的"OEC"管理不但以自身的先进管理为中国企业树立了学习标杆,而且提供了防止标杆管理中战略趋同的创新理念。这套管理系统方法学习先进企业的基本管理理念,以海尔文化和日清日高为基础,以订单信息为中心,带动物流和资金流运行,它激励员工创造并完成有价值的订单,使员工人人对用户负责,实现了企业管理的新飞跃。并且在学习标杆战略的基础上,突出其企业自身优势,利用海尔的文化创出本土化的世界名牌。在学习标杆技术的基础上,海尔进行自身技术创新。海尔以技术创新为本企业实力的坚强后盾,在策略上,着眼于利用全球科技资源,除在国内建立有独立经营能力的高科技开发公司外,还在国外建立了海外开发设计分部,并与一些世界著名公司建立了技术联盟。

综合标杆管理发展的历史,我们可以这样来描述标杆管理:标杆管理是通过不断寻找和研究业内外一流的、先进企业的最佳实践,并以此为标杆,将本企业的产品、服务和管理等方面的实际情况与这些标杆进行定量化考核与比较,分析这些标杆企业达到优秀水平的原因,结合自身实际加以创造性地学习和借鉴,并选取改进的最佳策略,从而达到超赶一流企业或者创造高绩效的不断循环提高的过程。

(二)标杆管理的概念与本质

标杆管理的概念可概括为:不断寻找和研究同行一流公司的最佳实践,并以此为基准与该企业进行比较、分析、判断,从而使自己的企业得到不断改进,以求进入赶超一流公司,创造优秀业绩的良性循环过程。其核心是向业内或业外的最优秀的企业学习。通过学习,企业重新思考和改进经营实践,创造自己的最佳实践,这实际上是模仿创新的过程。

标杆管理与企业再造、战略联盟并称为20世纪90年代三大管理方法。标杆管理本质是一种面向实践、面向过程的以方法为主的管理方式,它与流程重组、企业再造一样,基本思想是系统优化,不断完善和持续改进。

标杆管理是站在全行业,甚至更广阔的全球视野上寻找基准,突破了企业的职能分工界限和企业性质与行业局限,它重视实际经验,强调具体的环节、界面和流程,因而更具有特色。同时,标杆管理也是一种直接的、中断式的渐进的管理方法,其思想是企业的业务、流程、环节都可以解剖、分解和细化。企业可以根据需要,或者寻找整体最佳实践,或者发掘优秀"片断"进行标杆比较,或者先学习"片断"再学习"整体",或者先从"整体"把握方向,再从"片断"具体分步实施。

标杆管理是一种有目的、有目标的学习过程。通过学习,企业重新思考和设计经营模式,借鉴先进的模式和理念,再进行本土化改造,创造出适合自己的全新最佳经营模式。这实际上就是一个模仿和创新的过程。通过标杆管理,企业能够明确产品、服务或流程方面的最高标准,然后做必要的改进来达到这些标准。标杆管理是一种能引发新观点、激起创新的管理工具,它对大公司或小企业都同样有用。标杆管理为组织提供了一个清楚认识自我的工具,便于发现解决问题的途径,从而缩小自己与领先者的距离。

标杆管理具有渐进性,对标杆管理策略的贯彻落实是一个需要长期努力的渐进过程,需要在员工交流与培训上进行投资。企业可从初级到高级分阶段确立循序渐进的改善管理。此外,企业通过标杆管理,从与最佳实践企业的差距中找出自身不足,学习别人的符合市场规律的生产方式和组织模式,可以在寻找差异的过程中培育组织扩展型的思维模式,引导组织的管理水平和技术水平呈螺旋式上升发展,有时甚至可以激发创新变革,向学习型组织迈进。从知识管理角度看,标杆管理要求企业敏锐地挖掘外部市场和企业自身的知识,尤其是工作流程中隐性知识,为企业提供了获取应用外界知识的工具和手段,为管理和应用知识找到目标,因此,标杆管理成为推动管理进步和组织进化的阶梯。

二、标杆管理的分类及特点

标杆管理,按照标杆不同,可以分为内部标杆管理、竞争标杆管理、职能标杆管理以及流程标杆管理四种类别。每一个组织都应该根据自身的特点和自身发展的方向,选择适合自己需要的标杆对象和标杆目标。

1. 内部标杆管理(internal benchmarking)

内部标杆管理是以组织内部操作为基准的标杆管理,是最为简单易行的一种标杆管理方式。内部标杆管理通过辨识内部绩效标杆的标准,确立内部标杆管理的主要目标,辨识企业内部最佳职能或流程及其实践,然后实现组织内信息共享,把内部标杆推广到组织的其他部门。不过这种单独执行内部标杆管理的企业,因为内向视野的问题容易产生封闭思维。因此,在实践当中,内部标杆管理应该与外部标杆管理结合起来使用。

2. 竞争标杆管理(competitive benchmarking)

竞争标杆管理是以竞争对象为基准的标杆管理。竞争标杆管理的目标是与有着相同或相像市场的组织在产品、服务和工作流程等方面的绩效与实践进行比较,直接面对竞争者。这类标杆管理实施起来比较困难,主要原因在于除了公共领域的信息容易获取之外,其他有关竞争对手的信息,特别是一些内部信息是不容易获得的。

3. 职能标杆管理(functional benchmarking)

职能标杆管理是以行业领先者或某些企业的优秀职能操作为基准进行的标杆管理。这种职能标杆管理的合作者常常能相互分享技术和市场信息,标杆的基准是非竞争性外部企业及其职能或业务实践,由于没有直接的竞争者,因此,合作者比较愿意提供和分享技术与市场信息,不足之处是交易成本费用高,具体操作也有一定的难度。

4. 流程标杆管理(generic benchmarking)

流程标杆管理是以最佳工作流程为基准进行的标杆管理。流程标杆管理是从具有类似流程的组织中发掘出最有效的操作程序,使组织通过改进核心过程提高业绩。因此,流程标杆管理可以适用于不同类型组织,在通常情况下被认为是有效的,但有时在实施过程中也会遇到困难和问题,因为它要求组织对整个工作流程和操作有非常详细的了解。

另外,按照组织不同的管理目的和管理情境,标杆管理可分为战略性、操作性和国际性标杆管理三种。

1. 战略性标杆管理

战略性标杆管理,即在与同行业中最好公司进行比较的基础上,从总体上关注企业如何竞争发展,明确和改进公司战略,提高战略运作水平。战略性标杆管理是跨越行业界限寻求绩优公司成功的战略和优胜竞争模式的方法。

战略性标杆管理需要收集各竞争者的财务、市场状况进行相关分析,提出自己的最佳战略。一般情况下,很多公司可以通过标杆管理成功进行战略转变。

2. 操作性标杆管理

操作性标杆管理从内容上可分为业务标杆管理和流程标杆管理两种。业务标杆管理是通过比较产品和服务来评估自身的竞争地位;流程标杆管理是从具有类似流程的公司中发掘最有效的操作程序,使企业通过改进核心过程提高业绩。

操作性标杆管理从形式上可分为环节标杆管理、成本标杆管理和差异性标杆管理三种。环节标杆管理针对的是任何单独环节或一系列环节及其之间的相互作用。从目前大多数产业利润率很低这一状况来看,实现差异化和低成本是有一定难度的。

3. 国际性标杆管理

国际性标杆管理在以下三种情况下进行:

(1)要进入一个新的市场或一个新的领域。可通过标杆管理了解标杆成功的公司是怎样进入某一外国市场或产业的,以及进入新领域的困难与问题。

(2)公司与几家国内外公司的竞争陷入胶着状态。这时通过标杆管理,可帮助公司从竞争者和最好公司的运作中获得思路和经验,冲出竞争者包围,超越竞争对手。

(3)外国竞争者威胁企业或组织的传统优势市场。在经营运作中,一些公司会突然发现,相对于全球竞争对手自己已处于明显弱势位置。这时就需要进行标杆管理,迅速找出症结所在,实施防御和攻击战略。比如,柯达公司通过将规模经济应用到艺术胶卷的制造上而长期领先于世界摄影胶卷开发领域,但却从来都没有重视过胶卷制造的科学化。相反,富士公司在其胶卷生产中则运用了新的制造技术,生产更加稳定和可控,因而在成本和质量上形成了竞争优势,从而威胁到了柯达的市场。为了夺回原本属于自己的市场,柯达公司开展了标杆管理,弄清富士的优缺点后,改进公司生产流程并提高了革新速度,最终成功渡过危机。同时,接受危机的教训,柯达推出了革新性新胶卷,从而再一次击败富士,保住了领导地位。

三、标杆管理的作用

(1)通过标杆管理,企业可以选择标杆,确定企业中、长期发展战略;并与竞争对手对比分析,制定战略实施计划,并选择相应的策略与措施。

(2)标杆管理可以作为企业业绩提升与业绩评估的工具。标杆管理通过设定可达目标来改进和提高企业的经营业绩。目标有明确含义,有达到的途径,可行、可信,使企业可以坚信绩效完全有办法提高到最佳。而且,标杆管理是一种辨识世界上最好的企业实践并进行学习的过程。通过辨识行业内外最佳企业业绩及其实践途径,企业可以制定业绩评估标准;然后对其业绩进行评估,同时制定相应的改善措施。企业可以明确该企业所处的地位、管理运作以及需要改进的地方,从而制定适合该企业的有效的发展战略。

(3)标杆管理有助于企业建立学习型组织。学习型组织实质是一个能熟练地创造、获取和传递知识的组织,同时也要善于修正自身的行为,以适应新的知识和见解。而实施标杆管理后,有助于企业发现在产品、服务、生产流程以及管理模式方面存在哪些不足,并学习"标杆企业"的成功之处,再结合实际,将其充分运用到自己的企业当中。而且这种过程是一种持续往复的过程,主要基于三点考虑:企业所在的竞争环境持续改变;"标杆企业"不断升级与更新;企业业务范围和企业规模不断变化。

第二节 标杆管理的实施

一、标杆管理的流程模型

(1)决定向标杆学习什么。这是流程的第一阶段,是确认标杆学习资讯的使用者以及他们的需求,从而界定标杆学习的明确主题。一旦知道标杆学习的主题和需求以后,就可以确认并争取需要的资源(如时间、资金、人员),成功地完成标杆学习的调查工作。

(2)组成标杆学习团队。挑选、训练及管理标杆学习团队是流程的第二阶段。虽然个人也可以向标杆学习,但大多数标杆学习是团队行动。团队成员各有明确的角色以及责任,团队也引进专案管理工具,以确保每位参与者都清楚自己的任务,而且团队要制定出重要的阶段目标。

（3）选定标杆学习伙伴。这是流程的第三阶段，需要认定标杆学习的资讯来源。这些来源包括标杆组织的员工、管理顾问、分析人员、政府消息来源、商业及同业文献、产业报告以及电脑化的资料库等。这个阶段也包括选定产业及组织最佳作业典范。

（4）搜集、分析资讯。这是流程的第四阶段，团队必须选择明确的资讯搜集方法，而负责搜集资讯的人必须对这些方法很熟悉。团队在联络标杆伙伴之后，依据既定的规范搜集资讯，然后再将资讯摘要分析。接下来是依据最初的顾客需求，分析标杆学习资讯，从而提出行动建议。

（5）采取改革行动。这是流程的第五阶段，影响这个阶段的因素是顾客的需求及标杆学习资讯的用途。团队可能会采取的行动有很多种，从制作一份报告或发表成果，到提出一套建议，甚至根据调查搜集到的资讯具体落实一些变革。在这个阶段也要确认接下来是否有必要采取哪些步骤或适当的后续活动，如有必要，可以建议标杆学习活动继续下去。可以通过监测和评估，对革新所产生的长远结果进行定性和定量的评估。

二、标杆管理的具体步骤

标杆管理的规划实施有一整套逻辑严密的步骤，大致可分为以下五步。

1. 确立标杆管理的目标

详细了解企业关键业务流程与管理策略，从构成这些流程的关键节点切入，找出企业运营的瓶颈，从而确定企业需要确定标杆的内容与领域。因此从改进和提高绩效的角度出发，明确本企业或本部门的任务和产出是什么，因为它们是企业成功的关键因素，理所应当成为标杆，确定首先考虑的绩效指标，接着应对这些任务和产出的具体内容进行分解，以便于进行诸如成本、关键任务等问题的分析、量化和检查，从而最终确定标杆的具体内容。在实施标杆管理的过程中，首先要坚持系统优化的思想，不是追求组织某个局部的优化，而是着眼于总体的最优。其次，要制定有效的实践准则，以避免实施过程中的盲目性。

2. 确定比较目标

比较目标就是能够为组织提供值得借鉴信息的组织或部门。比较目标的规模和性质不一定与企业相似，但应在特定方面为组织提供良好的借鉴。这一步其实也是选择标杆的问题。选择与研究行业中几家领先企业的业绩，剖析行业领先者的共性特征，构建行业标杆的基本框架。选择基准化"标杆"有两个标准：①应具有卓越的业绩，尤其是在基准化的内容方面，即它们应该是行业中具有最佳实践的企业。②企业的被瞄准领域应与本企业需进行标杆管理的部门有相似的特点。选择标杆的范围首先是竞争对手及其他有潜力的公司，也可以是在同一行业或跨行业企业中一个相近的部门。标杆的选择标准是一定要具有可比性并且管理实践是可以模仿的。

3. 收集与分析数据，确定标杆

分析最佳实践和寻找标杆是一项比较烦琐的工作，但对于标杆管理的成效非常关键。标杆的寻找包括实地调查、数据收集、数据分析、与自身实践比较找出差距，确定标杆指标。收集资料和数据需要深入分析标杆企业的经营模式，从系统的角度剖析与归纳出竞争优势的来源，总结其成功的关键要领。资料和数据可以分为两类：一类是标杆企业的资料和数据。其中，主要包括标杆企业的绩效数据以及最佳管理实践，即标杆企业达到优良绩效的方法、措施和诀窍。另一类资料数据是开展标杆瞄准活动的企业或部门反映他们自己目前的绩效和管理现状。将标杆企业的业绩和实践与本企业的业绩和实践进行比较和分析，找出绩效水平上的差距，以

及在管理实践上的差距,借鉴其成功经验,确定适合本企业的能够赶上甚至超越标杆企业的关键业绩标准及其最佳实践。标杆的确定为企业找到了改进的目标。

4. 系统学习和改进

系统学习和改进是实施标杆管理的关键。标杆管理的精髓在于创造一种环境,使组织成员在战略愿景下工作,自觉地学习和变革,创造出一系列有效的计划和行动,以实现组织的目标。另外,标杆管理往往涉及业务流程的重组和行为方式的变化,这时组织就需要采用培训、宣讲等各种方式,真正调动员工的积极性。将标杆法的推进与员工的沟通与交流同步,并让全体员工理解标杆基准化的目的、目标与前景并争取获得他们的支持。在详细分析内外部资料的基础上,制定具体的行动方案,包括计划、安排、实施的方法和技术,以及阶段性的成绩评估,并在组织内部达成共识,推动方案的有效实施。在具体实施过程中,每一个实施阶段都要进行总结、提炼,以发现新的问题和情况并及时进行改进。

5. 将标杆管理作为一种持续的循环活动

最终将标杆基准融入企业日常管理工作之中,使之成为一项固定的绩效管理活动,并持续推进。标杆管理强调的是一种持续递进上升的绩效改进活动,最终它应该是一种经常性的制度化的工作。应当明确,评价与提高实施标杆管理不能一蹴而就,而是一个长期渐进的过程,每一轮完成之后都有一项重要的后续工作,即重新检查和审视标杆研究的假设、标杆管理的目标和实际打造的效果,分析差距,找到原因,为下一轮改进打下基础。

第三节　标杆管理评价

一、标杆管理的优点

1. 标杆管理有助于社会组织改善绩效

标杆管理作为一种管理工具,在绩效管理当中发挥了重要的作用,特别适合作为绩效改进的工具。在管理实践中,实施绩效管理的组织,首先通过辨识行业内外最优企业的绩效及实践流程、路径,确定需要超越的标杆,然后制定需要超越的绩效标准,同时制定相应的改善措施及行动计划,进而实施标杆追赶及超越,最后制定循环提升的超越机制,从而有助于组织绩效的持续提升。

2. 激发组织当中个人、团体以及整体组织的潜能

通过与竞争对手或同行业最具效率的企业比较,社会组织能够较清楚地了解到自己的差距。标杆管理给企业提供了一个很好的提高潜能潜力的机会,许多企业一旦达到一定绩效后,往往举步不前。然而,采用标杆管理的方法来设计绩效考核体系可以在一定程度上消除企业的自满心理,往往一个指标的差距会使企业看到自己还有改进的空间,这迫使企业以行业或跨行业的最优绩效水平为基准,通过居安思危,随时弄清企业内部从部门到流程与先进实践的差距,明确企业未来的发展方向,极大地克服企业内部经营短视近视现象。

3. 标杆管理有助于建立学习型组织

学习型组织,实际上是一个熟练的创造、获取和传递知识的组织。标杆管理的实施,有助于企业发现其在产品、服务、生产流程以及管理模式方面存在的不足,通过学习标杆企业的成功之处,结合实际情况,将其充分运用到自己的企业当中去,随着经营环境和标杆的变化,这个

过程也在持续更新。

二、标杆管理的缺陷

1. 标杆主体选择缺陷

作为标杆的组织,应在某一方面做的尤为出色,并因此形成竞争优势且实现持续增长。许多企业最初都会在本产业内寻找比较目标,这一做法在某些情况下非常有效,但在多数情况下,理想的比较目标应是完全不同产业的组织,因为同一产业的组织,除了信息难以获取外,也倾向于以同样的方式来做同样的工作,这样产业内部容易出现"行为趋同""近亲繁殖"现象。因此,应当积极寻找产业外的组织作为比较对象,通常可以得到更新、更实用的有价值的借鉴信息和做法。

2. 标杆瞄准的缺陷

标杆瞄准是指系统地界定优秀的经营机制和制度、优秀的运营运作流程与程序以及卓越的经营管理实践的活动。在锁定标杆时,一个不可忽视的问题是,最佳实践往往隐藏在员工头脑、组织制度、组织机构甚至企业文化当中,组织应重视这些因素的作用和影响,采取相应的措施挖掘学习这些隐性知识,并与自身的实际相结合,标杆管理才可能取得实效。

3. 忽视创新性的缺陷

单纯的标杆管理缺乏结合自己实际情况的创新,导致企业战略趋同。标杆管理的基本思想就是模仿,通过模仿、学习,然后实现超越。因此,在实行标杆管理的行业中,可能所有的企业都在模仿领先企业,这样必然采用相同或类似的手段,如提供更广泛的产品或服务以吸引所有的顾客,以细分市场等类似行为来改进绩效。标杆管理使得单个企业运作效率的绝对水平大幅度提高,而企业之间相对效率差距却日益缩小。普遍采用标杆管理的结果将是没有企业能够获得相对竞争优势,全行业平均利润率必然下降,导致这个行业内各个企业战略趋同,以及各个企业的流程、产品质量甚至运营的各个环节大同小异。

其次,只模仿不创新的错误做法,不仅与标杆管理的初衷背道而驰,而且不能从根本上提升组织的核心竞争力,只会使组织不可避免地陷入经营战略,日渐趋同的误区。许多组织将标杆管理视为获得竞争优势的关键性工具,因为当前组织竞争的主题是创新速度,是如何确保自身的创新速度超过竞争对手,而标杆管理恰恰围绕这个主题。在我国,许多组织在学习、运用标杆管理过程中往往忽视这一点。一些组织不顾实际,盲目攀高,只求形式,不求本质,把标杆管理简单地当成一种时髦的组织运动,有些组织甚至把摆脱经营困境,寄托于某种成功模式,忽视情境对最佳实践的影响。组织实施标杆管理,必须抓住学习创新的关键环节,以适应组织自身特点并促进组织战略实现为原则,既有组织又有创新,才能真正发挥标杆管理的价值。

本章小结

本章系统阐述了标杆管理的基本概念、特点、类别划分以及实施步骤,最后对标杆管理的优点和缺陷进行了分析。标杆管理的主要特点就是要寻找和研究业内外一流企业的最佳实践,并以此为标杆。将本企业的实际情况与这些标杆进行定量化的分析比较和考核,然后寻找形成差距的原因并且创造性地学习和借鉴。最后以赶超标杆企业作为目标,通过标杆管理使企业绩效得到不断提升。

标杆管理是促进企业进行业绩改善的有效工具。但是在实际操作中应注意选择更有价值的标杆企业。另外要突破模仿思维,避免趋同。要通过模仿和学习标杆,最终实现超越标杆企业。

课后思考

1. 什么是标杆管理?标杆管理有何特点?
2. 标杆管理与目标管理有何不同?标杆管理对管理实践的贡献是什么?
3. 简述标杆管理的实施步骤。

案例分析

【案例 3-1】　　　　　　宝钢集团的标杆管理

宝钢是我国最大的现代化钢铁联合企业,在 23 年的建设与发展过程中着眼于提升企业的国际竞争力,始终坚持技术创新,在技术创新的模式确立、体系建构、机制形成和管理深化等方面,也形成了自己的鲜明特色和优势,闯出了一条有中国特色的国有大企业技术创新之路。

为了跻身于世界一流钢铁企业之林,宝钢在 2000 年引入实施了标杆管理作为技术创新管理工具,选定了 164 项生产经营指标作为进行标杆定位的具体内容,选择了 45 家世界先进钢铁企业作为标杆企业。标杆管理的引入和实施为宝钢的技术创新提供了一种可信、可行的奋斗目标,极大地增强了宝钢的技术创新体系对外部环境变化的反应能力。

一、战略战术相统一

23 年来,上海宝钢引进国外成套的先进钢铁生产技术,坚持走"引进→消化→开发→创新"之路,把技术创新作为宝钢的主要发展战略。在企业的飞速发展中,技术创新已从借鉴学习创新向自主创新跨越,在这种情况下宝钢把标杆管理与技术创新跨越工作结合起来,在学习中寻找突破和超越,以期取得更大的进步。

以高起点的引进和后发优势为核心的模式是宝钢技术创新的基石,这是宝钢在创建之初就确立的技术引进战略思路。在这样的战略思路下,实施标杆管理成为与战略相统一的经营策略,标杆管理所发挥的作用恰恰是在对比、模仿中进行创新。

确定实施标杆管理之后,负责人同时在企业内广泛宣传与世界最先进的钢铁企业对标的意义,统一思想,形成标杆管理的预热过程。

二、多层次标杆管理

1. 技术创新专利技术对标。宝钢集团与世界 500 强中的 P 钢公司 2000 年技术专利成果数进行对标,借此找到了自己的差距,确定赶超目标。

宝钢集团研究院 2001 年开展技术创新标杆改进后,获国家受理专利比上年递增 17%,取得公司认可技术秘密比上年递增 28%,签订技术贸易合同比上年递增 340%;集团核心企业宝钢股份炼钢厂 2001 年开展标杆工作后,获国家授权专利比上年递增 100%,公司认可技术秘密比上年递增 52%;另外宝钢股份冷轧厂、宝信、五钢、梅山等子公司也开展技术创新标杆管理工作,专利和技术秘密都比标杆管理开展前有不同程度的增长。

2. 技术创新研发基地建设对标。宝钢集团通过与世界 500 强中 2 家钢铁公司在科研试验用的轧机、工艺模拟仿真等设施及基地方面进行标准参照后,找到了自己与国际先进钢铁企业在研发设备与基地上的差距,决心加速实施研发基地建设,不断进行改进和追赶。集团公司现已投入科技发展专项资金,加快集团公司冶炼、冷轧、热轧、薄带连铸等试验设备与基地的建设。

3. 逐步推进超前性的高新技术产品研发。在未来科技前沿性战略发展研究项目发展方面,宝钢集团也与世界500强同行先进企业进行对标,发现在此方面公司的计划已经远远落后,因此集团公司积极着手从事未来5~10年战略发展高新技术产品项目的研发。如宝钢核心企业宝钢股份公司技术中心在2001年已开始着手国际钢铁前沿性微分子金属材料、X系列管线钢牌号升级等一批科研产品项目研发,为宝钢集团未来高科技发展战略夯实基础。

4. 对钢铁子公司进行产业升级。通过与世界500强同行企业进行装备技术对标后,宝钢集团发现钢铁子公司的产业结构不够合理,亟待进行升级。因此集团投入资金对钢铁主业子公司装备技术进行更新改造,用以提高子公司核心竞争力。

集团核心企业宝钢股份在近2年先后对一二期工程高炉脱硅、富氧热风、2030冷轧的CAPL、彩涂机组、2050热轧自动化等几十个项目进行更新改造,并已建设宝钢股份后续发展竞争力项目1800冷轧系列工程项目;于2001年6月对一钢公司投资110亿元开始建设具有当今国际先进装备的不锈钢技术的工程项目;此外集团还对浦钢、五钢、二钢、梅山公司投入资金进行合作支持或技术改造,使宝钢集团钢铁产业装备技术不断升级。

5. 信息技术建设向前推进。宝钢集团的发展战略是在未来建成集实业、贸易、金融为一体的大型跨国公司,若没有信息技术产业作为支撑是难以和国际大型企业集团的地位相适应的。1996年宝钢集团在信息化管理方面就曾标杆借鉴日本综合商社、欧美钢铁、汽车跨国集团信息化管理经验和样式,逐步加快自己的信息化技术建设。

目前宝钢集团的核心企业宝钢股份公司经过7年建设,已初步建成公司物流供销、设备点检维修、质量控制、电子商务等生产与职能管理的信息集成系统;宝钢集团为加快集团内部信息化管理进程在2001年成立集团信息化工作领导小组,如今益昌薄板、宝钢国际等公司的ERP系统建设已在具体实施中,一钢、五钢、梅山公司的ERP系统管理在2002年已被列入下一步建设规划,信息化管理系统编码业务、项目集成工作及技术测试评估也在进行中。

案例点评

宝钢的标杆管理是比较成功的,其管理成效也非常显著,从中可以归纳以下几点:

(1)标杆管理可以运用到企业的各个方面。标杆管理并非只能运用到企业的战略定位、位次竞争等整体运行中,在企业的许多具体层面也可以使用,宝钢就是将其运用到了技术创新中。并且,标杆管理并非只能运用于宝钢这样的大型企业,小企业也可以结合自己的发展情况适当运用。

(2)对标企业应当选择某方面领先的企业。标杆管理不同于一般的学习或模仿,学习的对象只要比自己企业优秀即可,而标杆管理的对象应当是某行业或某方面的佼佼者。因为只有这些行业中优秀的领军者才能指引行业的发展方向,最大可能地为企业提供借鉴优势。

(3)进行标杆管理不能顾此失彼。每个企业都有自己的特点,无论是采取全方位对标还是局部对标,都应当考虑自身的特点。尤其是在局部对标中,不能为了追求某个目标而影响其他方面。比如在技术创新中,如果宝钢只是片面追求专利数量而不注重其转化,也将会为企业造成巨大的损失。因此标杆管理应当尽量系统,不可断章取义。

(4)可以借鉴其他行业经验。行业之间的管理具有不同特点。但管理的核心是相通的。某些行业先进企业的经验是不可复制的,但不同行业的经验有时却可以加以利用,比如许多行业曾经借鉴家电、百货等较成熟行业的销售经验。因此,标杆管理可以不局限于本行业内部,在特定方面可以引用"外援"。

【案例 3-2】　　　　　　　美孚石油公司的标杆管理

美孚石油(Mobil)公司是世界上最著名的公司之一。在1992年,它的年收入就高达670亿美元,这比世界上大部分的国家的收入还高,真正是富可敌国。不过,美孚的进取心是很强的,还想做得更好。于是他们在1992年初做了一个调查,来试图发现自己的新空间。当时美孚公司询问了服务站的4000位顾客什么对他们是重要的,结果发现仅有20%的被调查者认为价格是最重要的,其余的80%想要三件同样的东西:一是快捷的服务,二是能提供帮助的友好员工,三是对他们的消费忠诚予以一些认可。

美孚把这三样东西简称为速度、微笑和安抚。美孚的管理层认为:论综合实力,美孚在石油企业里已经独步江湖了,但要把这三项指标拆开看,美国国内一定还有做得更好的其他企业。美孚于是组建了速度、微笑和安抚三个小组,去找速度最快、微笑最甜和回头客最多的标杆,以标杆为榜样改造美孚遍布全美的8000个加油站。

经过一番认真地寻找,三个标杆都找到了。速度小组锁定了潘斯克(Penske)公司。世界上赛车运动的顶级赛事是一级方程式赛车,即F1赛车。但美国人不玩F1,它有自己的F1赛车,即"印地500汽车大赛"(Indy500)。而潘斯克公司就是给"印地500汽车大赛"提供加油服务的。在电视转播"印地500汽车大赛"时,观众都目睹到这样的景象:赛车风驰电掣般冲进加油站,潘斯克的加油员一拥而上,眨眼间赛车加满油绝尘而去。美孚的速度小组经过仔细观察,总结了潘斯克之所以能快速加油的绝招:这个团队身着统一的制服,分工细致,配合默契。而且潘斯克的成功,部分归功于电子头套耳机的使用,它使每个小组成员能及时地与同事联系。

于是,速度小组提出了几个有效的改革措施:首先是在加油站的外线上修建停靠点,设立快速通道,供紧急加油使用;加油站员工佩带耳机,形成一个团队,安全岛与便利店可以保持沟通,及时为顾客提供诸如汽水一类的商品;服务人员保持统一的制服,给顾客一个专业加油站的印象。"他们总把我们误认为是管理人员,因为我们看上去非常专业。"服务员阿尔比·达第茨说。

微笑小组锁定了丽嘉-卡尔顿酒店作为温馨服务的标杆。丽嘉-卡尔顿酒店号称全美最温馨的酒店,那里的服务人员总保持招牌般的甜蜜微笑,因此获得了不寻常的顾客满意度。美孚的微笑小组观察到,丽嘉-卡尔顿酒店对所有新员工进行了广泛的指导和培训,使员工们深深铭记:自己的使命就是照顾客人,使客人舒适。小组的斯威尼说:"丽嘉的确独一无二,因为我们在现场学习过程中实际上都变成了其中的一部分。在休息时,我准备帮助某位入住旅客提包。我实际上活在他们的信条中。这就是我们真正要应用到自己的业务中的东西,即那种在公司里,你能很好地服务你的客户而带来的自豪。那就是丽嘉真正给我们的魔力。在我们的服务站,没有任何理由可以解释为什么我们不能有同样的自豪,不能有与丽嘉-卡尔顿酒店一样的客户服务现象。"

微笑的标杆找到了。现在,用加油站服务生约翰的话说:"在顾客准备驶进的时候,我已经为他准备好了汽水和薯片,有时我在油泵旁边,准备好高级无铅汽油在那儿等着,他们都很高兴——因为你记住了他们的名字。"

全美公认的回头客大王是"家庭仓库"公司。安抚小组于是把它作为标杆。他们从"家庭仓库"公司学到：公司中最重要的人是直接与客户打交道的人。没有致力于工作的员工，你就不可能得到终身客户。这意味着要把时间和精力投入到如何雇佣和训练员工上。而过去在美孚公司，那些销售公司产品，与客户打交道的一线员工传统上被认为是公司里最无足轻重的人。

安抚小组的调查改变了美孚公司以往的观念，现在领导者认为自己的角色就是支持这些一线员工，使他们能够把出色的服务和微笑传递给公司的客户，传递到公司以外。

美孚在经过标杆管理之后，他们的顾客一到加油站，迎接他的是服务员真诚的微笑与问候。所有服务员都穿着整洁的制服，打着领带，配有电子头套耳机，以便能及时地将顾客的需求传递到便利店的出纳那里。希望得到快速服务的顾客可以开进站外的特设通道中，只需要几分钟，就可以完成洗车和收费的全部流程。这样做的结果是：加油站的平均年收入增长了10%。

案例点评

为取得最好的结果，实施标杆管理需要注意以下几个方面：

（1）团队成员应包括实际操作的人，如果没有这些人的参与，那么以改进流程为目的的任何主动措施都不会成功。

（2）需要一步步地勾勒出直接涉及顾客的流程。详尽地了解在那些以客户为中心的流程中从头到尾所发生的事情，能帮助公司在着手进行标杆管理时提出正确恰当的问题。

（3）选择作为标杆的公司应在某一方面做得尤为出色，并因之而持续增长，获得竞争优势。当考察一个公司时，要明确地认识到自己想学到些什么。有清晰的目标之后对最佳实践的广泛搜寻并不必花费大笔的开销和时间。Mobil小组成员只是在距己10分钟的一家丽嘉酒店待了一天时间，观察定向课程、提问以及后来打电话收集了一些细节性的信息。

（4）对作为标杆的公司进行标杆管理比较的最佳场所不是在公司总部，而是在生产服务的第一线。通过观察第一线员工是如何解决日常工作中的问题，以及如何满足顾客需求的，能获得有效工作流程、态度和行为的第一手资料。

（5）标杆管理策略的贯彻落实是一个需要长期努力的渐进过程，需要在员工交流与培训上进行大量投资。在Mobil开展其"友好服务"时，并没有指望成效能在一夜间显示出来，它征求从高层领导到现场作业员工的各种支持，向雇员们说明"怎样"和"为什么这样"工作，并花几个月的时间制定了一整套关于雇佣、培训和衡量顾客反馈的合理方法。

第四章 关键绩效指标

 学习目标

1. 了解 KPI 的含义和特点
2. 掌握确定 KPI 指标的设计途径和方法
3. 熟悉 KPI 的操作流程与步骤
4. 掌握 KPI 的优缺点

开篇案例

某公司中层管理人员的量化式考核

又是一年年底,公司中层管理人员年底述职,在述职过程中,中层管理人员都在强调自己做得好的方面,而且没有什么具体数据。本次考核流于形式,没有达到任何效果。总经理非常恼火,要求人力资源部在一月份完成关键绩效指标考核的准备工作,考核对象是部门经理,每个部门必须要采取量化式考核,要有 10~15 个指标,每个月都要考核,严格按照考核的数据进行奖金的分配。明知道这个工作很难做,人力资源部经理还是按照总经理的要求进行工作沟通,开始准备工作。但一时没有头绪,究竟应该如何提炼关键绩效指标,做好量化式考核呢?

第一节 KPI 概述

一、关键绩效指标的含义

关键绩效指标(key performance indicators,KPI)是指衡量企业战略实施效果的关键指标,它是企业战略目标经过层层分解产生的可操作性的指标体系。其目的是建立一种机制,将企业战略转化为内部过程和活动,不断增强企业的核心竞争力,使企业能够得到持续的发展。

KPI 的理论基础是二八法则。二八法则运用到绩效管理中,具体体现在 KPI 上,即一个企业在价值创造过程中,每个部门和每个员工 80% 的工作任务是由 20% 的关键行为完成的,抓住 20% 的关键,就抓住了主要部分。

广义的 KPI 指标体系包含 KPI 及 PI 指标。一般绩效指标 PI(performance indicators)源于公司制度/流程、部门职能和岗位职责的基本要求,体现对公司各层次的履行规定与职责的基础管理要求。PI 是 KPI 得以实现的保障(日常指标来支撑关键指标),也是考核依据。基于 KPI 的绩效指标体系见图 4-1。

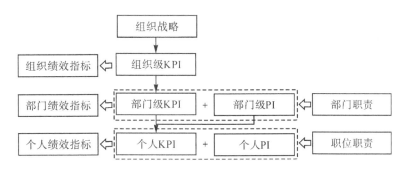

图 4-1 基于 KPI 的绩效指标体系

二、关键绩效指标的特点

1. 关键绩效指标是对组织战略目标的分解

组织战略目标的实现,需要制定出组织的业务重点,即组织未来成功的关键领域。而要使这些关键业务领域取得成功,就需要相应的 KPI 支持,这就初步形成了组织级的 KPI,再将这些指标按部门和岗位职责与分工分解落实,就形成了部门级的 KPI 和岗位的 KPI。由此可见,KPI 所体现的衡量内容最终取决于组织的战略目标,也就是说,KPI 是对组织战略目标的分解。

2. 体现的是对组织战略目标有增值作用的绩效指标

每个职位的工作内容都涉及不同的方面,高层管理者的工作任务更复杂,但 KPI 只对公司整体战略目标影响最大,对战略目标实现起着不可或缺作用的工作进行衡量。关键绩效指标重点是对驱动组织战略实现的关键领域和关键因素的深入挖掘,它给管理者提供了一种管理思路,那就是应该抓住关键绩效指标进行管理,通过关键绩效指标,把员工的行为引向组织的战略目标方向,其主要目的是引导管理者将精力集中在能对绩效产生最大驱动力的经营行为上,及时了解、判断和分析组织运营过程中出现的问题,并采取提高绩效水平的改进措施。

3. 反映的是最能有效影响企业价值创造的关键驱动因素

关键绩效指标是指对组织绩效起关键作用的指标,而不是与组织经营管理相关的所有指标。基于关键绩效指标的绩效管理是连接个人绩效与组织战略目标的桥梁,通过关键绩效指标可以落实组织的战略目标和业务重点,传递组织的价值导向,有效激励员工,确保对组织有贡献的行为受到鼓励,将员工行为引向组织目标方向,从而促使组织与员工绩效水平的整体改进与全面提升。KPI 是对重点经营活动的衡量,是对公司价值、利润影响很大的关键指标。

4. 用于评价和管理员工绩效的可量化的或可行为化的标准体系

关键绩效指标是对工作效果和工作行为的最直接的衡量方式,因此它必须是可量化或可行为化的。KPI 是一个标准体系,它必须是定量化的,如果难以定量化,那么也必须是可行为化的,如果定量化和可行为化这两个特征都无法满足,那么就不是符合要求的关键绩效指标。

5. 关键绩效指标是对绩效构成中可控部分的衡量

企业经营活动的效果是内因外因综合作用的结果,这其中的内因是各职位员工可控制和影响的部分,也是关键绩效指标所衡量的部分。关键绩效指标应尽量反映员工工作的直接可控效果,剔除他人或环境造成的其他方面影响。例如,销售量和市场份额都是衡量销售部门市场开发能力的标准,而销售量是市场总规模与市场份额相乘的结果,其中市场总规模是不可控变量,在这种情况下,两者比较市场份额更能体现职位绩效的核心内容,更适于作为关键绩效指标。同时,KPI 的选择必须有明确的定义和计算方法,易于取得可靠和公正的初始数据,同时指标还要能有效进行量化和比较。

基于 KPI 的绩效考核体系与一般绩效评估体系的区别如表 4-1 所示。

表 4-1 基于 KPI 的绩效考核体系与一般绩效评估体系的区别

区别	考核体系	
	基于 KPI 的绩效评估体系	一般绩效评估体系
假设前提	假定人们会采取一切积极的行动努力达到事先确定的目标	假定人们不会主动采取行动以实现目标,假定人们不清楚应采取什么行动来实现目标,假定制定与实施战略与一般员工无关
考核目的	以战略为中心,指标体系的设计与运用都为组织战略目标的达成服务	以控制为中心,指标体系的设计与运用来源于控制的意图,也是为更有效地控制个人的行为服务
指标产生	在组织内部自上而下对战略目标进行层层分解产生	通常是自下而上根据个人以往的绩效与目标产生
指标来源	基于组织战略目标与竞争要求的各项增值性工作产出	来源于特定的程序,即对过去行为与绩效的修改
指标构成及作用	通过财务与非财务指标相结合,体现关注短期效益,兼顾长期发展的原则,指标本身不仅传达了结果,也传递了产生结果的过程	以财务指标为主,非财务指标为辅,注重对过去绩效的评价,且指导绩效改进的出发点是过去的绩效存在的问题,绩效改进动与战略需要脱钩

三、KPI 指标类别

1. 按照关键绩效指标的层次划分

按照关键绩效指标的层次可划分为组织、部门和个人关键绩效指标。组织关键绩效指标来自对组织战略目标的分解,部门关键指标来自对组织关键绩效指标的承接和分解,个人关键绩效指标则来源于对部门关键绩效指标的承接和分解,这三个层面的指标共同构成了一个组织整体的关键绩效指标体系。一个组织完整的关键绩效指标体系,就是在组织战略规划和战略目标的牵引下,通过自上而下地层层分解,落实为组织部门和个人的关键绩效指标,并且通过组织内部的KPI指标的推行,将组织战略规划和目标转化为具体的内部管理活动和具体行动,从而确保组织战略目标能够有效达成。

2. 按照关键绩效指标的性质划分

按照关键绩效指标的性质可划分为财务指标、经营指标、服务指标、管理指标,见表4-2。

表4-2 关键绩效指标类别

类别	性质		
	目标	关键绩效指标范例	作用
财务指标	侧重于公司会计职责一致的价值创造	公司投资资本回报 业务单元损益	确保创造财务价值
经营指标	侧重在日常经营运作流程以及跨职能/跨业务辅助流程中的创造价值	新品收入占总收入的份额 细分的市场份额 新渠道的收入份额	确保近期和远期的侧重点
服务指标	提供客户对公司经营注意度/满意度的看法	客户满意度指数,例如服务质量、购买价值、公司形象	确保近期和远期的侧重点
管理指标	培养与保留人才	员工满意度指数 关键人才流失率 员工培训与发展	包括对公司业绩评判的内部和外部评判

3. 按照功能划分

按照关键绩效指标的功能可划分为发展性指标、改善性指标、监控性指标。

(1)发展性指标。此类指标是基于企业战略发展的关键绩效指标,以更为清晰和量化的标准阐述企业的战略意图,指明企业经营的方向和重点,与企业战略紧密相关。发展性指标的评价标准在于指标是否紧跟企业战略的变化,是否有效支撑企业战略的实现。严谨的战略分析、及时地合理调整是确保发展性指标效度的关键。

(2)改善性指标。该类指标是基于企业经营改善的关键绩效指标。很多社会组织在运营管理中存在一些"短板",有很大的改善空间,这些短板虽与企业战略无直接关系,但如不及时抬升,会制约企业战略的实现。企业必须针对自身"短板",阶段性地重点加以改善,具体选取改善性指标时,可以从指标的波动性程度切入,通过与外部标杆企业数据进行对照分析,发现那些波动性大,差距也大的指标,及时进行提升改进。

(3)监控性指标。此类指标是基于企业经营保障的关键绩效指标。该类指标是一种保健因素,即只能保持,不能恶化,若加以"改善",对企业运营起不到重要的推动作用;但如果发生"恶化",则必定严重影响企业的运营,从本质上说,这类指标对现实工作牵引性不强,像是一种"高压线",通常采用扣分的方式,即维持现状属于合格,出现"恶化"事件则扣分。

第二节　KPI 的设计流程与步骤

一、KPI 设计思路

关键绩效指标（KPI）的确定一般采用基于战略的成功关键因素分析法来建立，又称鱼骨图或鱼刺图法，需要结合访谈与头脑风暴法，在参考现有指标体系基础上逐步细化。

成功关键因素分析法的基本思想是分析企业获得成功或取得市场领先的关键成功领域（key result areas，KPA），再把关键成功领域层层分解为关键绩效要素（key performance factors，KPF），最后将要素细分为各项指标，即关键绩效指标（key performance indicators，KPI）。

二、关键绩效指标体系的设计流程

关键绩效指标体系的设计流程见图 4-2。

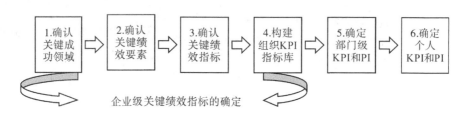

图 4-2　关键绩效指标体系的设计流程

（一）企业级关键绩效指标的确定

1. 确定关键成功领域（KPA）

某制造业企业关键成功领域的确定，是由企业的憧憬、价值观、使命和战略目标决定的。

回答的问题：企业成功靠的是什么？驱动战略目标实现的关键领域是哪些？企业成功的标志是什么？一般可以从平衡计分卡或德鲁克提出的企业关键业务领域（利润增长、技术创新、市场领先、产品品质、人员配备、客户服务以及 IT 领域）来分析。

在分析某制造业企业关键成功领域和关键绩效因素的时候，通常会用到鱼骨图。鱼骨图也叫石川图，最早是日本人石川馨发明的一种解决质量问题的方法。鱼骨图分析法，是一种透过现象看本质的分析方法，这种方法是用鱼刺图形的形式分析特定问题或状况，以及它产生的可能性原因，并把它按照一定的逻辑层次表示出来。鱼骨图的精髓在于利用头脑风暴法充分发挥集体的智慧，通过逻辑性很强的"剥洋葱"式的方式，逐步找到支撑分析主题的关键因素，是一种找到问题"根本原因"的方法。

如某制造企业的战略目标是"在同行业处于领先地位"，通过访谈和头脑风暴法确定了该企业能够有效驱动战略目标的关键成功因素，包括优质产品、领先技术、全面客户服务、优秀人才队伍，如图 4-3 所示。

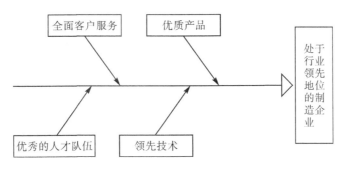

图4-3 某制造企业关键成功领域的确定

2. 确定关键绩效要素（KPF）

关键绩效要素的提炼是对关键绩效领域进行解析和细化，主要回答下列问题：每个关键成功领域包含的内容是什么？如何保证在该领域获得成功？达成该领域成功的关键措施和手段是什么？上述制造企业的关键绩效要素如图4-4所示。

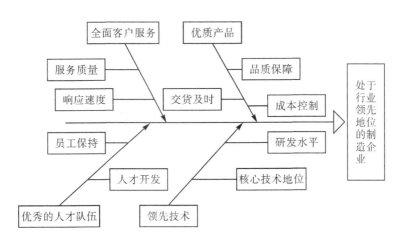

图4-4 某制造企业关键绩效要素

3. 确定关键绩效指标（KPI）

为了便于对绩效要素进行量化考核与分析，需进一步细化为KPI指标。关键绩效因素和指标可从完成质量、数量、成本、效率四个方面把握，也可按生产流程分解指标。

以上面某制造业企业优秀产品领域的关键绩效指标的确定为例来说明，如图4-5所示。

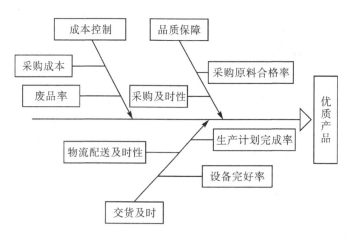

图 4-5　某制造企业关键绩效指标的确定

4. 构建组织关键绩效指标库

在以上三个步骤完成之后,可以得到一系列企业级的关键绩效指标,我们将之称为企业级的关键绩效指标库。某制造企业的组织级关键绩效指标汇总表如表 4-3 所示。

表 4-3　某制造企业的组织级关键绩效指标汇总表

关键成功领域	关键成功要素	关键成功指标
优质产品	品质保障	采购原料合格率
		采购及时性
	成本控制	采购成本
		废品率
	交货及时	生产计划完成率
		设备完好率
		物流配送及时性
领先技术	(略)	(略)
全面客户服务	(略)	(略)
优秀人才队伍	(略)	(略)

(二)部门级关键绩效指标的确定

部门绩效指标体系同样包括关键绩效指标和一般绩效指标两类指标。

1. 部门 KPI 的确定

部门 KPI 是根据企业关键绩效指标和组织结构、部门职责职能或按流程将企业级关键绩效指标分解。

表 4-4 是某公司按照平衡计分卡四个关键成功领域开发出来的企业级 KPI 按部门职责拆分的矩阵表。

表 4-4　某企业及关键绩效指标按部门拆分

BSC视角	策略性目标	财务部	研发部	工程部	质管部	生产部	物流部	市场部	销售部	行人部
财务	销售增长								—	
	市场增长							—		
	利润保证	—				—	—	—	—	—
	融资	—								
顾客	顾客满意				—			—	—	
	品牌建设							—	—	
	渠道建设						—	—	—	
	个性化服务		—					—	—	
内部运作	计量器具				—					
	财务控制	—								
	提升市场响应速度						—	—		
	新产品开发		—	—		—		—		
	降低成本	—	—	—		—	—			—
	扩大产能			—		—				
	仓储管理						—			
	安全生产				—	—				
	提高质量		—	—	—					
	管理体制规范									—
学习与创新	员工培训	—	—	—	—	—	—	—	—	—
	队伍建设									—
	核心员工管理									—
	绩效考核									—
	目标小计	5	5	5	5	6	6	8	6	7

首先,要确认这些指标能否直接被企业内的相关部门承担。如新产品立项数这个企业级KPI可以根据部门职责直接分配到相关部门成为该部门的KPI;不能由一个部门来承接的KPI,必须分解后才可以被分配到相应部门成为部门KPI。对关键绩效指标进行分解通常有两条主线:一是按照组织结构分解;二是按主要流程分解。例如,交货的及时率由采购部门的"采购囤货及时性"、设备部的"设备完好率"、制造部的"生产计划完成率"以及物流部的"物流配送及时率"共同构成。指标新产品销售占比由研发部的"新产品研发达成率"、制造部的"新产品制造达成率"以及销售部的"新产品销售占比"共同承担。

仍以上面公司为例,从公司策略性目标中分解出各部门KPI指标,通过公司中层会议用鱼骨图确定部门KPI目标(部门目标的分解与此类似),下面以研发部为例进行说明,见图4-6。

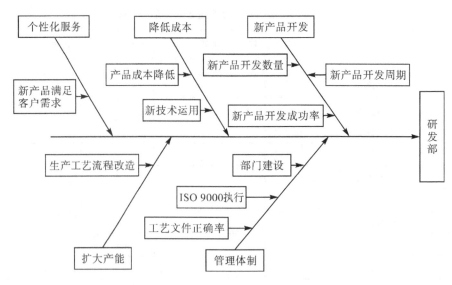

图 4-6 研发部门 KPI 的确定

2. 部门一般绩效指标的确定

一般绩效指标是对关键绩效指标的补充,事实上一般绩效指标的确定并不是一个独立的过程,而是与关键绩效指标的确定共同进行。

一般绩效指标的确定是从部门开始的,包括部门级一般绩效指标和个人一般绩效指标两部分。部门一般绩效指标来自部门职责和工作流程。

以上述研发部为例来说明广义的 KPI 指标体系。通过承接或分解组织关键绩效指标,确定了部门的关键绩效指标,补充来自部门职责和工作流程的一般绩效指标就得到了该部门的绩效指标体系。研发部 KPI 指标体系见表 4-5。

表 4-5 研发部 KPI 指标体系

序号	指标名称	指标类型	必须达成值	期望达成值
1	新产品满足客户需求	KPI	80%	100%
2	新产品开发数量	KPI	1	1
3	新产品开发成功率	KPI	50%	100%
4	新产品开发周期	KPI	半年	5 个月
5	产品运用新技术	KPI	2 项	4 项
6	产品成本降低(以目前克重为基础)	KPI	克重降低 2%	克重降低 3%
7	新生产工艺流程改进	KPI	8 月	7 月
8	部门建设	KPI	制度建立 4 个	制度建立 6 个
9	ISO 9000 执行	KPI	80%	90%
10	工艺文件正确率	KPI	98%	100%
11	定置管理	PI		
12	部门行政人员出勤率	PI		

(三)个人关键绩效指标的确定

个人关键绩效指标是由部门关键绩效指标落实到具体岗位的业绩衡量指标。将部门级关键绩效指标按岗位职责分解确定个人 KPI 和 PI。个人绩效指标体系同样包括关键绩效指标和一般绩效指标两类指标。

在企业级关键绩效指标和部门级关键绩效指标确定后,将部门级关键绩效指标进行分解或承接,形成个人关键绩效指标。如销售部门的销售计划完成率可以按销售人员的职位职责来进行拆分形成个人的销售计划完成指标。一般绩效指标通常来源于员工所承担职位的职责,也有部分来自对部门一般绩效指标的承接和分解。

三、KPI 设计中的常见问题

在企业实践中应用 KPI 遇到的一个最大的问题就是如何客观量化 KPI,对于生产或销售型的工作,比较容易设定客观量化的 KPI 指标,而对其他一些辅助部门、职能部门以及服务性部门来讲,进行 KPI 的量化设计就比较困难。其次,在 KPI 设计中,还会遇到一些其他的问题。

(一)KPI 指标数量过多或过少

在实践中,有些企业认为 KPI 指标数量越多越好,但是也有一些企业管理者认为越少越好,其实 KPI 指标应该抓住重点,而不应该是所有指标都成为关键绩效指标。一般来说,对公司级的 KPI 来讲,一般 26 个左右为宜,对个人岗位来讲,控制在 5~6 个比较合适,因为过多的指标无法突出关键和重点,让人无所适从,而过少的指标权重过大,往往使人们专注于这些个别指标,而忽略了其他应办的事宜。

(二)KPI 指标的设计不能抓住有效的关键

每位员工都可能会承担很多的工作目标和任务,有的重要,有的不重要,如果对所有的方面都进行考核,面面俱到,抓不住重点和关键,那么 KPI 的初衷就无法实现。绩效考核必须从员工的工作中提取出关键成功因素,然后才能发现哪些指标可以有效监控这些成功因素,从而确立有效量化的 KPI。

(三)有些企业的 KPI 与公司战略目标脱离

在设计 KPI 指标体系的时候,由于设计者自身的水平有限,或者是内外部专家对企业实际情况认识不足,再加上缺乏充分的沟通,就可能使 KPI 指标体系设计与组织的战略要求和战略目标相脱节,从而导致指标所衡量的职位的努力方向与公司战略目标的实现产生分歧,最终导致 KPI 指标不能有效支持战略目标的达成,这是绩效考评流于形式的一个重要因素。

(四)KPI 指标设定固化

通常 KPI 指标设定之后,应该具有一定的稳定性,不应轻易更改,否则整个 KPI 系统的操作将失去其系统的连续性和可比较性,但是这并不是说 KPI 指标设定之后就具有了刚性,不能改变。由于公司阶段性目标和工作中的重点不同,相应各个部门的目标也随之发生变化,在阶段性业绩的衡量上,重点也不同。其实 KPI 设计及绩效考核没有固定的模式,应该时刻保持管理优化的理念,重视 KPI 的创新,这是一个动态的管理过程,应根据战略和环境变化、时间的推移和被考核者职责能力的发展,适时适当地调整KPI。不同的企业、相同的企业在不同的时期关注的绩效目标极有可能是不同的,设计的KPI也有可能会不同。

当进行KPI系统设计时,设计者要遵循SMART原则。一般来讲,KPI的设计者对于SMART原则是很熟悉的,但是,在实际设计应用的时候,却往往陷入以下误区。

1. 对具体原则理解偏差带来的指标过分细化问题

具体原则的本意是指绩效考核要切中特定的工作指标,不能笼统。但是,不少设计者理解成指标不能笼统的话,就应尽量细化。然而,过分细化的指标可能导致指标不能成为影响企业价值创造的关键驱动因素。比如,天津某化工原料制造企业在其原来的KPI考核系统里,对办公室平日负责办公用品发放的文员也设定了一个考核指标:"办公用品发放态度",相关人员对这一指标的解释是,为了取得员工的理解以便操作,对每个员工的工作都设定了指标,并对每个指标都进行了细化,力求达到具体可行。而实际上,这个"办公用品发放态度"指标尽管可以用来衡量文员的工作效果,但它对企业的价值创造并非是"关键"的。因此,将该指标纳入KPI系统是不合适的。

2. 对可度量原则理解偏差带来的关键指标遗漏问题

可度量原则是指绩效指标是数量化或者行为化的,验证这些绩效指标的数据或信息是可以获得的。可度量原则是所有KPI设计者应注重的一个灵魂性的原则,因为考核的可行性往往与这个原则的遵循有最直接关系。然而,可度量并不是单纯指可量化,可度量原则并不要求所有的KPI指标都必须是量化指标。但是,在KPI系统实际设计中,一些设计者却过分追求量化,尽可能使所有的指标都可以量化。诚然,量化的指标更便于考核和对比,但过分追求指标的量化程度,往往会使一些不可量化的关键指标被遗漏在KPI系统之外。比如,销售部门的绝大多数指标是可以量化的,因此应尽量采用量化指标,而人力资源部门的某些工作是很难量化的。这时候,如果仍旧强调指标的可量化性,则会导致一些部门的KPI指标数量不足,不能反映其工作中的关键业绩。

3. 对可实现原则理解偏差带来的指标"中庸"问题

可实现原则是指绩效指标在付出努力的情况下可以实现,要避免设立过高或过低的目标。由于过高的目标可能导致员工和企业无论怎样努力都无法完成,这样指标就形同虚设,没有任何意义;而过低的目标设置又起不到激励作用,因此,KPI系统的设计者为避免目标设置的两极化,往往都趋于"中庸",通常爱选择均值作为指标。但是,并非所有"中庸"的目标都是合适的,指标的选择需要与行业的成长性、企业的成长性及产品的生命周期结合起来考虑。比如,厦门某软件公司是一个成长型企业,2020年的销售收入是800万元。在制定2021年KPI体系时,对于销售收入这一指标的确定,最初是定在1980万元。咨询公司介入KPI体系设计后,指出这一目标定得太高,很难实现,会丧失激励作用。而后,该企业又通过市场调查,重新估算了2021年的销售收入,认为应在900万元至1300万元之间,并准备将两者的平均数1100万元作为KPI考核指标。咨询公司在综合各方面因素,尤其是分析了公司的成长性后提出,1100万元这个看似"中庸"的目标对一个处在成长阶段的公司来说尽管高于上一年的销售收入,但与通过积极努力可以实现的1300万元相比,激励仍显不足。咨询公司建议选择1300万元作为KPI指标,该指标是在企业现有实力下,员工们经过努力,而且是巨大的努力可以实现的。因此,对于可实现这一原则的理解,指标不仅要可以实现,还必须是经过巨大努力才可以实现的,这样考核才可以起到激励作用。

4.对现实性原则回避而带来的考核偏离目标的问题

由于考核需要费用,而企业本身却是利益驱动性的,很多企业内部KPI体系设计者为了迎合企业希望尽量降低成本的想法,对于企业内部一些需要支付一定费用的关键业绩指标,采取了舍弃的做法,以便减少考核难度,降低考核成本,而他们的理由(或者说借口)往往是依据现实性这一原则,提出指标"不可观察和证明"。实际上,很多情况下,因这个借口被舍弃的指标对企业战略的达成是起到关键作用的。甚至,因这类指标被舍弃得过多导致KPI与公司战略目标脱离,它所衡量的职位的努力方向也将与公司战略目标的实现产生分歧。因此,如果由于企业内部的知识资源和技术水平有限暂时无法考核这一类指标,而这类指标又正是影响企业价值创造的关键驱动因素,那么,可以寻求外部帮助,比如聘请外部的专家或咨询公司进行KPI系统设计,不能因为费用问题阻止KPI指标的正确抉择。

5.对时限原则理解偏差带来的考核周期过短问题

时限原则是指注重完成绩效指标的特定期限,指标的完成不能遥遥无期。企业内部设计KPI系统时,有时会出现周期过短问题,有些KPI的设计者虽然是企业内的中高层管理人员,但是他们中一些人并没有接受过系统的绩效考核培训,对考核的规律性把握不足,对考核认识不够深入。他们往往认为,为了及时了解员工状况及工作动态,考核的周期是越短越好,这种认识较为偏颇。实践中,不同的指标应该有不同的考核周期,有些指标是可以短期看到成效的,可以每季度考核一次,而有些指标是需要长时间才可以看出效果的,则可能需要每年考核一次。但是,在一般情况下,KPI指标不推荐每月考核,因为这会浪费大量的人力和物力,打乱正常的工作计划,使考核成为企业的负担,长久以往,考核制度势必流于形式。

第三节　对关键绩效指标法的评价

任何一种绩效管理工具,都是既有优点又有缺点,KPI考核也不例外。

一、关键绩效指标法的优缺点

1.关键绩效指标法的优点

(1)服务于战略目标。KPI考核法目标明确,有利于组织战略目标的实现,KPI是企业战略目标的层层分解,通过KPI指标的整合和控制,使员工绩效行为与组织目标要求的行为相吻合,不至于出现偏差,有力地保证了公司战略目标的实现。

(2)有利于组织目标与个人目标的协调一致。KPI指标策略性的自上而下层层分解,使公司战略目标成了个人绩效目标的服务方向,员工个人在实现自身绩效目标的同时,也是在促进公司总体战略目标的达成,最终实现了公司与员工共赢的结局。

(3)有助于抓住关键工作。KPI考评法强调目标明确、重点突出、抓住关键的少数,能够有效克服指标庞杂、工作重点不明确、忽略关键的少数或执行不到位从而影响整体绩效的现象发生。

2.关键绩效指标法的不足

(1)KPI指标难界定。KPI更多的是倾向于定量化的指标,如果没有运用专业化的工具和手段,这些定量化的指标是否真正地对接绩效产生关键性的影响是很难界定的。

(2)关键成功领域相对独立,各个领域之间缺少明确的逻辑关系。关键成功领域是根据战略的需求确定的,对战略有贡献的相对独立的领域,这就会忽略领域间横向的协同与合作,导致相互之间没有逻辑关系,最终导致关键绩效指标间缺乏一定的逻辑关系。在管理实践中,关键成功领域没有数量的限制,不同的设计者可能提出不同的关键成功领域,最终会导出不同的关键绩效指标库。

(3)KPI考核会使考核者误入机械的考核方式,过分地依赖KPI指标,而没有考虑人为因素和弹性因素,会产生一些考核上的争端和异议。在实践中普遍存在一种假设,那就是只要KPI实现了,组织目标就能够实现;另外一种倾向就是单纯追求KPI,丧失了组织灵活性和活力,甚至背离了组织整体利益和初衷。

(4)关键绩效指标过多地关注结果,而忽视了对过程的监控。在KPI考核实施过程中,往往过于关注最终的结果而缺乏对实现路径的全面关注、过程监督和管理工作缺失,所以难以保障组织获得持续稳定的高绩效。

二、KPI考核的支持环境

有了关键绩效考核指标体系,也不能保证这些指标就能运用于绩效考核,达到预期的效果。要想真正达到效果,还取决于企业是否有关键绩效指标考核的支持环境。建立这种支持环境,同样是关键绩效指标设计时必须考虑的。

(1)以绩效为导向的企业文化的支持。建立绩效导向的组织氛围,通过企业文化化解绩效考核过程中的矛盾与冲突,形成追求优异绩效的核心价值观的企业文化。

(2)各级主管人员肩负着绩效管理任务。分解与制定关键绩效指标是各级主管应该也必须承担的责任,专业人员只是起技术支撑作用。

(3)重视绩效沟通制度建设。在关键绩效指标的分解与制定过程中,关键绩效指标建立与落实是一个自上而下、自下而上的制度化过程。没有良好的沟通制度作保证,关键绩效指标考核就不会具有实效性和挑战性。

(4)绩效考核结果与价值分配挂钩。实践表明,两者挂钩的程度紧密,以关键绩效指标为核心的绩效考核系统才能真正发挥作用。

本章小结

本章阐述了关键绩效指标(KPI)的基本概念、特点、类别划分以及设计流程和步骤,并对KPI指标法进行了评价。关键绩效指标是用于考评与管理被评估者的可量化的或可行为化的指标体系,体现的是对企业战略目标有增值作用的关键业务环节和员工关键行为的控制。

关键绩效指标法的理论基础是二八法则,即抓住少数的20%关键绩效指标就可以保障80%的业绩得以实现。建立关键绩效指标体系首先要明确企业的战略目标是什么,然后寻找企业关键成功领域,继而寻找关键绩效要素,最后确定关键绩效指标体系。

课后思考

1. 什么是关键绩效指标(KPI)？它有什么特点？
2. KPI的设计思路是什么？具体设计步骤有哪些？
3. KPI的优缺点是什么？

案例分析

【案例4-1】　　KPI绩效考核：樱桃好吃树难栽

广东奥爱公司是一家生产家庭娱乐产品的外商独资企业,前期主要业务是为母公司及其海外子公司代工产品,近年来开始进军国内市场。由于这家企业在本国是该行业的绝对领导品牌,因此形成了根深蒂固的"皇帝女儿不愁嫁"的思维定式,在中国市场的营销策略照搬原有模式,采用十分原始的营业机构,进行简单的贸易型销售。由于没有意识到其品牌在中国市场毕竟是个陌生的品牌,这一领域的产品在中国市场还很不成熟,经过两年时间的市场开拓,整体销售水平还是不尽人意,财务状况令公司高层很是不满意。

为了尽快扭转局面,这家公司决定让一直负责营业的外方副总经理来负责生产和物流,聘请一位具有深厚营销经验并熟悉中国市场的本土人士来做营业副总经理。经过严格筛选,公司最后聘请了一位名叫许某的人。

许某上任后研究了公司的营销历史资料和营销策略,分析了公司以往的经营模式和营业组织模式,提出了调整营销策略的方法和重新构建营销组织的方案,经过反复修改,方案最终获得了董事会的批准。

许某认为公司原有的营业组织比较简单,人员素质也很不理想,根本不能适应规范化、专业化营销模式的需要,因此他辞退了销售经理和上海营业所所长,留下了一些基层营销人员。同时,他认为公司的薪酬体系也极不合理,代之以目前管理界盛行的绩效考评体系。

上任后不久,根据组织结构调整的需要,他又设立了广州、北京两个营业所,这两个营业所所长由他过去的老部下担任,而上海营业所所长由原来的一位营业员担任。随后,他又陆续地从社会上招聘人员,尤其注重招募自己的老部下。

为了凝聚优秀人才和自己一起打拼,许某开出了看似优厚的条件,但是果子毕竟是挂在树上的,现实通向理想的桥梁就是他寄予厚望的KPI绩效考核。

许某具有在跨国公司、民营企业等各类公司工作的经历,他在制定人员激励机制时,本着一个基本原则:队伍扩大,待遇降低,成本不变。

在他的绩效考评体系里,营销人员的收入由四部分组成:中高层员工收入:底薪＋福利＋月度绩效工资＋年底绩效工资,即年薪制;中低层员工收入:底薪＋福利＋月度绩效工资＋销售提成。

其月度绩效考评的指标分为四大项,即财务、客户、执行、学习。并在每个项目下设定细化项目,其中财务指标是定量指标,包括销量目标、市场开拓目标、整体推广效益、费用控制四个方面。其他各项指标为定性指标,如执行力包括计划执行管理、总结修正跟进、品项布局落实、计划定性任务、临时指令任务、专案执行效果、政策贯彻程度、部门协调障碍、流程制度违规等几个方面。每个考核项目以及下面的细化项目根据重要性和不同岗位的特点,其权重不同。

如果员工当月的绩效考评分数能够达到平均数,那么就能拿到该职位的平均绩效工资;如果超出或者低于平均数,那么绩效工资根据相应比例发生变化。员工如果能够拿到平均绩效工资,其收入相当于当地大型民营企业同等职位收入,但与正规外企相比差距明显。

但是,在相当长的一段时间里,许某也许是无意,也许是另有考虑,一直没有就年薪的绩效考核办法与公司达成一致明确下来。

对于许某的新政,营销组织成员大多数保持沉默。老员工明显感觉自己的收入降低了,即使考核能够顺利地拿到平均分,仍然不如过去的工资高,心里颇有怨言;新员工也感觉自己的收入和公司当初承诺的相差甚远,公司开的是空头支票,发现上当了。大家唯一的希望寄托在能够创造营销奇迹上,在开始的几个月里,由于忙于培训和招聘等事务,尽管营销业绩不尽如人意,外方给予谅解,整个营销团队的绩效考核分数按照平均数计发。但是随后由于业绩没有达到计划目标,整个营销团队的考核问题变得复杂起来。由于公司人力资源部没有介入营销团队的绩效考核,营销团队的绩效考核工作就由许某一个人来做。由于营销团队的个人业绩半斤八两,定量指标基本一致,而定性指标则弹性很大,因此,许某的老部下凭借个人关系考核分数还过得去,一些善于处理人际关系的营销人员也马虎过关,而大多数员工的考核分数则越来越难看。员工开始抱怨营销目标制定的不合理,认为公司通过绩效考核把公司应该承担的损失转嫁到员工身上。此外,由于公司的产品市场处于幼稚阶段,市场规模有限,基层员工个人的销量始终徘徊在一个比较低的水平线上,而提成系数又定得很低,所谓提成就如同镜中花、水中月。

绩效考核分数低导致员工收入下降,基层员工开始感觉到生活的压力,中高层员工也有捉襟见肘之感,他们都在心里抱怨是绩效考核把员工变成了"民工"。不堪忍受工作的残酷压力,一些基层员工辞职,至此公司人员开始大规模流动。由于公司的产品专业性比较强,公司需要对新员工进行比较细致的培训,营销高层在这一方面消耗了相当大的精力。

当公历新年到来时,由于几个长期跟进的大客户大举进货,公司的业绩十分喜人,大家都破天荒地得到了满意的绩效考核分数,大家以为春节时一定会得到一个梦寐以求的、鼓鼓囊囊的大红包。然而销售业绩很快又降下来了,结果春节前的考核每个人都被扣掉一大块绩效工资。接下来的事情更让人难堪,按照惯例,春节期间,公司会给每个员工两个月的工资作为年终奖。然而,许某却以营销人员的收入是根据绩效考核来确定的为由,拒绝给营销团队发年终奖(拿年薪的人还没有做满一年)。大家对公司彻底绝望了。

春节过后,许某上班的第二天就收到了两份辞职报告,辞职的是北京和广州营业所的所长。这是他比较看重的两个人,他们的辞职让他觉得很没面子。尽管碍于情面,他勉强签字同意了,但是在计算年薪时他却设置了障碍。

这时人们惊异地发现,在整个营销部门的薪酬激励文件里,对于年薪的规定除了基数外,完全没有任何具体的发放办法,比如发放的系数如何确定,发放的时间如何确定,等等。辞职员工认为,系数应该以平时的绩效考核分数作为年底考核的系数,而许某却说系数是按照销售目标完成率来确定的;员工认为计算年底部分绩效工资的时间是进入公司后的实际工作时间,而许某说试用期不计算在内。这样一算,两位辞职员工年底部分的绩效工资就所得寥寥。

气愤之余,两位经理人按照人们能够接受的游戏规则,把能够拿到桌面上的东西全都拿到了桌面上,公开倒戈。此时,许某进入公司后那些受到压抑的保守派,包括原来的外方副总经理和其他部门的负责人,以及营销团队的老员工,配合两位辞职者一起发难,许某终于招架不住了,提前结束了这段职业生涯,他始终不明白,为什么自己精心设计的绩效考核体系没有带来自己所期望的市场业绩。

案例点评

欧蓓兰(中国)个人护理用品有限公司副总经理、营销总监冯建军:案例所折射出来的,是作为企业营销负责人的许某,在整个项目的组织和管理方面存在以下几个致命的硬伤。

(1)目标管理操之过急。

许某走马上任之初,首先应该明确自己所处的不利环境,因为企业对营销高层人事进行调整,目的就是希望能够快速解决企业所面临的问题。所以许某一定要明白,只有全面了解和掌握了企业的经营现状、内部管理以及市场症结等问题后,才能向投资方提交"市场营销年度预算"和"目标管理执行方案"。许某在正式接管业务管理工作后,明确目标管理是非常重要的,然而他在目标管理中却犯了一个错误——操之过急。

(2)工作分不清主次。

许某没有摆正自己的位置,自己是营销副总经理,而不是销售部经理。作为企业首席营销负责人,其职责就是要肩负起销售和市场两大块管理工作。

许某应该根据原有产品的市场反馈情况以及历史销售数据进行类比分析,适时导入新产品发展规划和项目提案,以及作业时间表。这样,一方面可以激励营销员工的士气,增加他们的收入,另一方面,可以让投资方以及其他部门对于品牌建设、市场战略规划有一个了解和认识的过程。

(3)团队建设大权独揽。

许某对营销团队的管理概念是不清晰的,既然要"举贤不避亲",那自己就一定要对整个团队负责,除了业绩的提升和促进外,更应该在团队管理上力求规范化、标准化、程序化,建立透明的作业机制,为市场人员争取最佳的工作环境、作业资源配置和市场支持。而许某却大权独揽,甚至甩开人力资源部门擅自行事,这种做法是非常不妥当的。

(4)制度建设有缺陷。

作为首席营销负责人,许某在制度建设方面有很大的失误。如果从一开始许某就建立完备的营销干部考评体系,将激励制度和约束制度公开,在考评过程减少主观因素,让营销人员知道考核指标,有问题及时进行沟通,事情的结局就不会那么糟糕。

【案例 4-2】　　　　　　华为 KPI 管理系统

子公司 KPI 管理是一项系统工程,实际操作面临诸多问题,且理论层面难以解决。21 世纪初华为践行平衡计分卡的理念,在子公司(地区部)KPI 管理工作中有较成功的经验。

基于信息不对称,母公司对子公司 KPI 设计与考核是比较复杂的问题,复杂的原因在于:①选择哪些 KPI;②KPI 的权重如何设置;③KPI 目标的确定;④KPI 绩效考核。

KPI 选择与权重设置会体现上级特定时期对特定目标的偏好,"艺术成分"和强压原则随处可见。实际工作中,有时好的思路受制于客观条件(如数据支持),不能落地;有些思路定性易,量化难;有些思路即便落地,能否经得住检验也有诸多未知。有如此多主、客观的制约,自然不会存在完全科学的 KPI 考评体系。本文旨在将子公司 KPI 选取、权重设置、目标制定、绩效考核时出现的典型问题抽象出来,结合华为实践,给出相应的建议和对策。

一、KPI 的选取

1. 根据平衡计分卡选择 KPI

平衡记计卡的理念在 21 世纪初引入中国后,在一些大企业集团得以践行。图 4-7 是华为运用平衡计分卡提取的案例。华为在对下属子公司、地区部设计 KPI 时运用了平衡计分卡的理念,追求平衡、综合的评价。

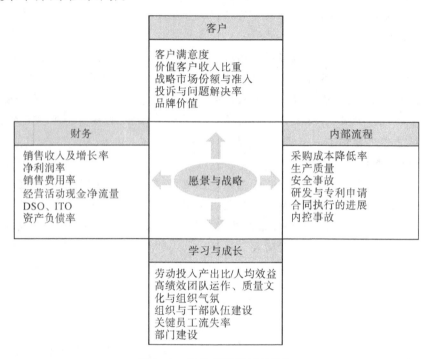

图 4-7 华为 KPI 指标的选取

2. 根据财务金三角选择财务 KPI

财务指标仅仅是子公司 KPI 的一部分。我们需戒备过度关注财务指标,轻视非财务指标的心理。财务 KPI 的选取依据是什么呢? 财务管理的目的是企业价值最大化,企业健康体现为增长性、盈利性、流动性三者(俗称财务金三角)的平衡。

财务 KPI 的选取应围绕财务金三角,每个角度都应选取切合子公司实际的指标,而不应偏颇于单一方面。另外,"三角"自身构成要尽可能多元、细化。增长性、盈利性、流动性指标的选择要有代表性、总括性、典型性,需体现公司价值增长点和管理改进的方向。以华为为例,某地区部选定的财务 KPI 如下表 4-6 所示。

表 4-6 华为财务 KPI 结构比率一览表

	KPI 指标	权重
增长性	合同额	10
	收入	20
	服务收入	5
	小计	35

续表

KPI指标		权重
盈利性	销售毛利率	10
	净利润	15
	销售费用率	3
	内部运作费用率	2
	小计	30
流动性	回款	15
	DSO	5
	ITO	10
	超长期应收账款占比	5
	小计	35
总计		100

需说明的是,华为对地区部KPI的选取并非一成不变,根据董事会战略意图,总部每年会重新审视KPI并有所增减。如2005年要求地区部由销售机关向利润中心转变,KPI增加了"净利润";2006年加强应收账款管理,KPI增加"DSO(应收账款周转天数)";2008年为加强库存管理,KPI增加了"ITO(库存周转率)"。KPI的遴选对于华为管理改进的作用是明显的,譬如,CN地区部2006年DSO下降了62天,2008年ITO下降了97天,资金周转效率显著提升,节省了大量的资金成本。

二、KPI指标权重的设置

1. 财务金三角的权重设置

选定KPI后,需要给KPI赋予权重。KPI权重设置需考虑两个因素:子公司发展的薄弱点和母公司的业绩期望。如,华为近年来发展迅猛,对现金流的需求日趋迫切,因此近年来华为总部相继增加了DSO、ITO等KPI,并加大了流动性考核权重。从表4-6中不难看出华为地区部KPI架构中增长性、盈利性、流动性权重比为3.5∶3∶3.5。这一权重结构不难解读华为考核牵引意图:实现有利润、现金流支撑的规模增长。

根据子公司发展阶段不同,KPI权重设置建议如下(按增长性、盈利性、流动性排序):

新成立的公司:5∶3∶2;

稳定发展的公司:4∶3∶3;

现金流紧张的公司:4∶2∶4;

亏损或微利企业:4∶4∶2。

KPI选取、权重设置是母、子公司绩效评价的基础。KPI选取体现母公司的牵引意图,权重设置反映母公司的着力重点,二者实质意义重于形式,对权重设置尤不可马虎,否则,同样的绩效可能得出相去甚远的考核结果。

2. 总额指标与比率指标的权重设置

从数理角度看,KPI大致可分为:总额指标(绝对数)、比率指标(相对数)。总额指标如收入、回款、总利润,比率指标如销售毛利率、净利润率、销售费用率。一般来说,总额指标考核幅度小,偏刚性;比率指标考核幅度宽,如销售费用率指标低可能同时要做到费用绝对额下降、销售规模上升。

曾有一个典型案例,"要利润不要收入":某子公司收入完成较好,为了不拖累利润率,对低毛利产品的销售有抵触。从经济人视角看,子公司的做法无可厚非,但这种做派有损集团利益。问题出在比率指标设置上,完全用比率指标评价盈利是片面的,结合利润额这样的总额指标就能规避此问题。一般来说,结果类指标如收入、回款、利润宜采用总额指标作为KPI,过程类指标如成本费用、资产流转等适合采用比率指标。KPI权重设置时建议以总额指标为主,比率指标为辅。比率指标的考核权重宜控制在25%～35%,尽量不要突破40%。

三、KPI目标制定时常见的问题

KPI选定及权重设置后,母公司需制定目标并下发给子公司。母公司是绩效评价的主体,子公司是客体,客体对信息的占有比主体更充分。目标须经足够努力方能实现,"跳起来够得着"才是目标,但把目标下在"天花板"的位置是不易的。一方面由于信息不对称,另一方面在于目标博弈中双方谈判能力的高低。在KPI目标下达时,常见以下四类问题:

(1)会哭的孩子有奶喝。母公司下目标的基准是将自身承接的目标放大(如加成20%),按子公司上年绩效扩张性分派,特殊情况个别调整。但每次目标博弈,总有子公司能找出种种理由把目标再压低点。

(2)鞭打快牛。对上年绩效好的子公司,目标层层加码。曾有子公司高管戏言:三季度ITO 76天,四季度目标成了70天,为了避免来年目标更"苛刻",只有四季度认栽,把ITO做到90天了。

(3)同情"弱者"。某些子公司上年考核较差,未见经营管理有显著改进,本年绩效却明显好转。虽非绝对但不可否认,上级会尽量不让同一子公司连续完不成目标。

(4)打埋伏。吃不透子公司的"家底",目标未能锁定子公司实际能力。年末留"余粮"多,来年自然能轻松斩获"战果"。

给子公司下目标要客观,同时做到子公司之间公正,一方面需要目标制定者有开放的心态,另一方面需要母公司加强子公司监控,力求降低信息不对称。

四、子公司KPI的考核

1.考核标的应相对细化

很多人碰到过这类问题,某子公司各产品毛利率都居前列,但整体销售毛利率却是后进水平。原因出在销售结构,低毛利产品销售权重过大。从商务能力看,该子公司是出色的,我们是评价它盈利好还是差呢?如果能将毛利率按产品(线/族)考核,这种尴尬就不会有了,评价将会更客观。

这一案例也说明,不同的KPI考核角度是有差异的,如净利润额着眼于综合盈利能力,销售毛利率则着眼商务谈判水平,对盈利评价反倒是次要功能。对于多事业部、多产品线、多客户群的子公司,如果KPI笼统为之,考核效果会大打折扣。将考核标的细化到各独立业务单元,考核的牵引作用会更有效。

2.开放式的评分标准

KPI考评自然要打分量化,打分有开放式和收敛式两种。完成目标给满分,超额部分不予考虑的打分方式是收敛式的,反之是开放式的。华为CN地区部在2008年四季度的ITO考核使用了"开放评分法",以 80 天为基准,兼顾子公司的努力——参照改进率打分,执行后子公司反响热烈。实际上其他过程指标如 DSO、超长期欠款率都可以尝试此思路。

当 ITO≤80 天,得分=5+0.1×(80−ITO),6 分封顶;

当 ITO>80 天,得分=取大[5+0.1×(80−ITO),改进率×12.5],5 分封顶;

改进率=1−Q4ITO÷Q3ITO。

结果类指标(合同额、收入等)须兼顾格局、增长、人均,如已有效(有盈利、有现金流)占领了绝对优势的市场,能保持格局考评就应是满分,继续上升还要加分。格局平平时看增长,包括市场占有率的增长和绝对额的增长。市场萎缩了,子公司绝对量虽下降,但格局提升,仍应给它一个好的评价。发展平稳的子公司考察人均效率,格局没有改进,人员精简了,也是进步。

3. 竞争式的考核方式

KPI 考核不能满足于达成目标,华为的"末位淘汰制"值得借鉴。实际经营成果往往介于目标和理论极限之间(见图 4−8),各子公司居其间各有高下。母公司自然希望子公司发挥最大潜力,相应地,考核时就要看好超目标更多的子公司。得分靠后的子公司即便完成了目标,也要受到相应的处罚。这就是末位淘汰制的精髓,这种方法的优越性在于不间断的压力传递,可杜绝 60 分万岁的心理,规避子公司在完成目标后息工。

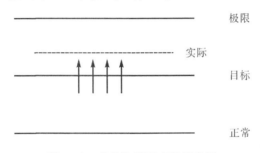

图 4−8 竞争性 KPI 考核示意图

4. 子公司 KPI 与子公司总经理 KPI 分开设定

子公司 KPI 与子公司总经理 KPI 要分开设定,子公司 KPI 可以是总经理 KPI 的构成部分,但不宜等同。否则,可能会因子公司绩效差,埋没总经理在经营管理上的努力,如推行精细化管理,费用下降明显,但因市场未打开,费用率考核时反倒较差。

案例讨论

1. 华为公司实施关键绩效指标管理的主要做法有哪些?
2. 你认为他们的成功之处在哪里?

第五章 平衡计分卡

学习目标

1. 了解平衡计分卡(BSC)的内涵和功能定位
2. 熟悉平衡计分卡系统的四个层面的内容及其相关关系
3. 掌握平衡计分卡的设计流程与步骤
4. 理解战略地图在管理实践中的价值
5. 理解平衡计分卡的优缺点及使用条件

开篇案例

BSC在可口可乐公司业绩评估中的运用

可口可乐在19世纪80年代的雏形是一剂为病人止痛的药物,由一种名叫古柯碱的物质配制而成,当时此药水为深绿色取名"古柯柯拉",后来,在1886年经美国亚特兰大州药剂师约翰彭伯顿博士经三个月的调试,变为了清凉可口、风靡世界的深红色饮料"Coca-Colar",由此可口可乐的辉煌时代正式开启了。可口可乐公司如今已成为有500家子公司的全球顶尖的跨国公司之一,经历了百年的发展,成为全世界无可撼动的最大的饮料公司,旗下产品也由可口可乐变成如今的汽水、运动饮料、乳类饮品、果汁、茶和咖啡等各种饮品。

可口可乐公司BSC四大层面的关键成功因素:①财务层面的关键成功因素。财务层面的关键成功因素中与财务层面的业绩评估息息相关,其中销售额、流动性、获利能力、市值是财务层面中较为关键的四个成功因素。可口可乐公司的成功还因为其有着最低廉的成本,最高的生产效率,平民化的价格让其迅速在市场推广,这大大增加了资产的利用和投资战略的提升。②客户层面的关键成功因素。提高消费者的品牌忠诚度、满意度和接受度是可口可乐一切长期发展的根本。在实际的销售渠道中,可口可乐唯一渠道的标准是消费者行为及其特征,这一特征,先是在各个地方展开调查问卷,通过调查问卷将客户分为四个群体,还对其进行了不同领域的划分,通过层层调查锁定销售最主要的群体为年轻人。③内部业务流程层面的关键成功因素。内部业务流程将成功因素加以确定,其为生产率、质量、安全性等。在大量的调研中,可口可乐公司确认了客户的多元化需求,发现了现有的饮料已无法满足当今崇尚健康的饮食习惯。通过内部业务的变革,可口可乐公司出台了果蔬型饮料、乳制品饮料、茶饮等多种形式的饮品,丰富了其自身的结构,也打开了更大的市场,又一次引领了潮流,满足了客户多元化的需求。④学习和成长层面的关键成功因素。注重市场的需求,注重对员工的培养,提高员工的知识与素质,激励员工团结有组织性,在激烈的竞争中发现不足,填补缺点。可口可乐公司凭借傲人的学习和成长能力,发展成为历史悠久的世界著名的大公司。

第一节 平衡计分卡概述

在平衡计分卡理论提出以前,欧美国家的大部分企业都在沿袭传统的单一财务指标对组织绩效进行评价。20世纪80年代,各国的大公司都发现传统的考核指标体系存在重大的缺陷,例如传统的以财务为单一衡量指标考核企业与个人经营绩效的方法已经不能适应现代社会竞争日益剧烈的环境的需要。在某些方面,传统的财务指标已经妨碍了企业的进步,依靠传统的财务指标,已不能向高层管理者提供切实可靠的信息,另外,无形资产的地位提升和日益受重视,大大削减了单一财务指标作为衡量企业绩效的代表性。随着企业全球化竞争步伐的加速,越来越多的企业高层管理者开始意识到传统的财务性评价存在的缺陷,也开始对只依靠财务指标对绩效进行评价的合理性提出质疑。直到20世纪90年代,全新的绩效评价体系——平衡计分卡(balanced score card,BSC)的提出才从根本上扭转了传统的组织绩效评价体系缺乏全面性、动态性的不足,形成了组织战略目标与组织绩效驱动因素、财务指标与非财务指标相结合的系统的绩效评价体系。目前平衡计分卡已在全球的管理实践中得到了广泛的应用,据称全球500强企业中,已有90%以上的企业因为使用平衡计分卡而获得企业"突破性的变革收益"。平衡计分卡也因此被《哈佛商业评论》评价为21世纪最杰出的管理工具之一。

一、平衡计分卡的形成和发展

(一)平衡计分卡的理论研究

美国哈佛商学院教授罗伯特·卡普兰(Robert Kaplan)和复兴全球战略集团的创始人兼总裁大卫·诺顿(David Norton)于1992年在《哈佛商业评论》上发表了一篇论文《平衡计分卡——驱动业绩的衡量体系》(The Balanced Scorecard:Measures that Drive Performance),标志着最初衡量组织绩效的平衡计分卡正式问世。在这个阶段,卡普兰和诺顿建立了平衡计分卡的逻辑框架,即从财务指标和非财务指标两个方面来综合衡量绩效,该方法从四个角度关注企业绩效:财务角度(financial)、顾客角度(customer)、内部流程角度(internal business process)、学习和发展角度(learning and growth)。该方法不但完全改变了企业传统的绩效考核思想,还推动了企业自觉去建立实现战略的目标体系,在产品、流程、客户和开发市场等关键领域使企业获得突破性进展。随后卡普兰和诺顿又总结了近三年的经验,并于1996年出版了他们的第一本平衡计分卡专著:《平衡计分卡——化战略为行动》(The Balanced Scorecard:Translating Strategy into Action),标志着平衡计分卡从绩效衡量工具转变为战略实施的工具,标志着平衡计分卡理论体系的初步形成。2000年两位创始人又推出了《战略中心型组织——如何利用平衡计分卡使企业在新的商业环境中保持繁荣》(Strategy-focused Organization:How Balanced Companies Thrive in the New Business Environment),系统阐述了建立中心型组织的五个基本原则,为该理论的继续发展找到了新的支点。2004年,两位创始者出版了平衡计分卡系列的第三部著作《战略地图——化无形资产为有形成果》(Strategy Maps:Converting Intangible Assets into Tangible Outcomes),创造性地解决了化无形资产为有形成果的技术路径问题,廓清了传统战略管理理论中存在与战略制定和战略执行之间的模糊地带。2006年卡普兰和诺顿推出了第四本平衡计分卡系列专著《组织协同——运用平衡计分卡创造企业合力》(Alignment:Using the Balanced Scorecard to Create Corporate Synergies)。该书是平

衡计分卡理论的又一重要成果,它为组织的高层管理者提供了一整套与战略地图和平衡计分卡为工具的治理框架,并为他们深入挖掘组织协同所产生的衍生价值提供了技术指导。2008年他们又推出了平衡计分卡系列的第五本著作《平衡计分卡战略实践》(The Execution Premium),描述了公司怎样在战略和运营之间建立强有力的连接,使得员工的日常工作能够支持战略目标。

(二)平衡计分卡的推广应用

1993年卡普兰和诺顿将平衡计分卡延伸到企业的战略管理系统之后,平衡计分卡开始广泛得到全球企业界的接受与认同,越来越多的企业在平衡计分卡的实践项目中受益,同时平衡计分卡还延伸到非营利性的组织机构中。

以美国为例,有关统计数字显示,到1997年,美国财富500强企业已有60%左右实施了绩效管理,而在银行、保险公司等所谓财务服务行业,这一比例则更高,这与美国企业在20世纪90年代整体的优秀表现不能说毫无关系。再看一看政府方面,平衡计分卡在20世纪90年代初提出,到了1993年美国政府就通过了《政府绩效与结果法案》(The Government Performance and Result Act)。现今,美国联邦政府的几乎所有部门、各兵种及大部分州政府都已建立和实施了绩效管理,目前的重心已转入在城市及县一级的政府推行绩效管理。

平衡计分卡现今已经推广到多家企业,全球各个行业的企业(甚至包括一些非营利性机构),同时对平衡计分卡需求每年也以成倍的速度增长。2003年Balanced Scorecard Collaborative Pty Ltd的调查统计显示:在全世界范围内有73%的受访企业正在或计划在不久的将来实施平衡计分卡;有21%的企业对平衡计分卡保持观望态度;只有6%的企业不打算实施平衡计分卡。

至此,平衡计分卡理论发生了根本变化,已完全由组织绩效评价转为组织战略管理。经过两位创始人20余年锲而不舍的努力,平衡计分卡不断推陈出新,逐渐发展成为系统完备的战略管理理论体系,广泛应用于企业、政府、军队、非营利机构等各类组织的管理实践。

二、平衡计分卡的定义与特点

(一)BSC、KPA、KPI和KRA的关系

BSC(balanced score card)意为平衡计分卡,是绩效管理中的一种新思路,适用于对部门的团队考核。平衡计分卡的核心思想就是通过财务、客户、内部流程及学习与发展四个方面的指标之间的相互驱动的因果关系展现组织的战略轨迹,是实现绩效考核—绩效改进以及战略实施—战略修正的战略目标过程。它把绩效考核的地位上升到组织的战略层面,使之成为组织战略的实施工具。

KPA(key process area)意为关键过程领域,这些关键过程领域指出了企业需要集中力量改进和解决问题的过程。同时,这些关键过程领域指明了为了要达到该能力成熟度等级所需要解决的具体问题。每个KPA都明确地列出一个或多个目标,并且指明了一组相关联的关键实践。实施这些关键实践就能实现这个关键过程领域的目标,从而达到增加过程能力的效果。我们也可以从人力资源管理角度将KPA意为关键绩效行动,可以简单叫做关键行为指标。当一件任务暂时没有找到可衡量的KPI或一时难以量化的时候,可以对完成任务关键的几个分解动作进行要求,形成多个目标,对多个目标进行检查,达到考量的结果。

KPA 是做好周计划和日计划的常用工具,通过 KPA 的检查考量统计可以将一个任务的 KPI 梳理出来。

KRA(key result areas)意为关键结果领域,它是为实现企业整体目标不可或缺的、必须取得满意结果的领域,是企业关键成功要素的聚集地。

KPI(key performance indicators)意为关键绩效指标,是通过对组织内部流程的输入端、输出端的关键参数进行设置、取样、计算、分析,衡量流程绩效的一种目标式量化管理指标,是对企业运作过程中关键成功要素的提炼和归纳。每个 KRA 都涵盖了几个 KPI。KRA 和 KPI 是把企业的战略目标分解为可操作的工作目标的工具,是企业绩效管理的基础,建立明确的切实可行的 KPI 体系是做好绩效管理的关键。

我们把 KPA KPI KRA BSC 系统联系起来,就会发现 KPA 是指标量化执行阶段,KPI 是指标量化考核阶段,KRA 是指标必要达成的结构性目标管理阶段,BSC 是指标的战略管理阶段,这四个名词是绩效量化管理不断升级的关键词,也是企业实施绩效量化管理发展的四个阶段。

(二)平衡计分卡的特点

平衡计分卡包括财务和非财务的指标。从财务角度、客户角度、内部营运角度、学习与发展角度四个方面分别设定有助于达到战略目标的绩效管理指标。

1. 平衡计分卡是一种绩效考核系统

平衡计分卡是根据组织的战略而设计的系统的绩效评价指标体系,是一套完整的企业绩效考核系统。作为一种新的绩效管理工具,平衡计分卡不仅克服了传统财务绩效衡量模式的片面性和滞后性,而且相对目标管理、关键绩效指标等绩效管理工具在目标制定、行为引导、绩效提升等方面具有明显的管理优势,能够为组织绩效目标的达成提供有力的帮助。

2. 平衡计分卡是一种战略实现工具

平衡计分卡始终以战略为核心,以提升战略执行力为出发点,结合时代背景和环境特征针砭了当前组织在战略管理中的纰漏之处,先后探讨了如何对战略进行衡量和管理、描述协同以及如何实现战略管理与运营管理的有效结合等难题。平衡计分卡自提出和发展以来,对战略管理至少有三个方面的突破性贡献:一是开发出了战略地图这一管理工具,从而实现了对战略的可视化描述。二是通过战略地图和平衡计分卡建立了战略协同的机制。可以说,以战略为中心实现密切合作与协同作战,填补了传统战略管理过程中战略规划和战略实施之间的模糊地带。三是尝试通过战略地图、平衡计分卡以及仪表盘等工具将战略和运营进行连接,这是平衡计分卡的最新理论成果。从上述贡献可见,平衡计分卡是一种真正意义上的战略管理工具。

3. 平衡计分卡是一种沟通工具

传统的绩效考核系统强调控制,而平衡计分卡则注重沟通。平衡计分卡用来阐述企业战略,并帮助个人部门和企业之间建立一致的目标系统,将企业的全部资源加以整合,为实现一个共同的战略目标而努力。为了实现这个目标,平衡计分卡通过宣讲和传播,使管理者和员工真正了解企业战略和愿景,管理者和员工共同开发各个层次的平衡计分卡,明确自己的奋斗目标,并努力达成既定目标。这样,平衡计分卡的开发过程本身就是一个沟通的过程,平衡计分卡也就是管理者和员工沟通的工具。

4. 平衡计分卡强调因果关系的重要性

平衡计分卡不是指标的简单混合,而是根据组织战略和愿景,由一系列因果链条贯穿起来的有效整体。四个层面的目标通过因果关系联系在一起,从顶部开始的假设是:只有目标客户满意了,财务成果才能实现;客户价值主张描述了如何创造来自目标客户的销售额和忠诚度;内部流程创造并传达了客户价值主张;支持内部流程的无形资产为战略提供了基础。这四个层面目标的协调一致是价值创造的关键。

5. 平衡计分卡强调有效平衡

平衡计分卡非常强调平衡的重要性,但这种平衡不是平均主义,不是为了平衡而平衡,而是一种有效的平衡,在这里"有效平衡"是指在战略的指导下,通过平衡计分卡各层面内部以及各层面之间的目标组合和目标因果关系链,合理设计和组合财务与非财务、长期与短期、内部群体与外部群体、客观与主观判断、前置与滞后等不同类型的目标和指标,实现组织内外部各方力量和利益的有效平衡。

第二节 平衡计分卡系统

一、平衡计分卡的内在逻辑

平衡计分卡系统主要是由财务维度、客户维度、内部流程维度、学习与成长维度四个相互联系、相互影响的子系统构成,而这四个子系统又都受制于组织愿景和战略。

平衡计分卡的四个维度不是毫不相关的四个维度,而是具有紧密的内在逻辑关系的,如图5-1所示,这些逻辑关系主要表现为前后呼应、因果相照的关系。

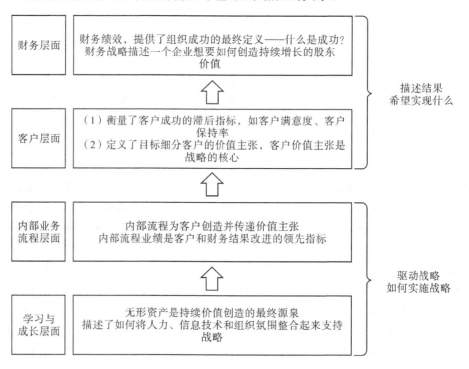

图5-1 战略地图四个层面之间的关系

要达到既定的财务目标,我们寻找其最直接的原因,什么是利润实现的关键?不是产品质量、人员素质,而是客户。客户的每一次购买等于是对企业生产及利润的认可。只有客户满意了,企业的财务目标才能实现,这样一个滞后性的指标(财务指标)就可以转变为一个前向性的指标(客户指标),从而企业可以更好地把握目标,所有财务目标的直接原因是客户的满意。

接下来要是客户满意,就要能将适合客户的产品及时地送到客户手里,并提供良好的售后服务,这就是企业的整个内部流程管理。优质流程的每一个环节,其质量的保障靠的是每一个员工良好的素质,所以系统地提高员工的素质对于支撑优质的流程是至关重要的,这表现为企业的学习与成长。

二、战略地图的构成要素及平衡计分卡系统的内容

平衡计分卡有广义和狭义之分,广义的平衡计分卡包括战略地图(strategy maps)和狭义的平衡计分卡。狭义的平衡计分卡是与战略地图并列的一种管理表格。平衡计分卡四个层面及其目标之间在纵向上因果关系与战略地图是一致的。本教材从广义的角度出发,对平衡计分卡的内部构件及其组合原理进行全面的考察,即通过对战略地图和狭义的平衡计分卡的构成和逻辑结构的全面理解,系统理解平衡计分卡化战略为行动的全过程。

战略地图是对组织战略要素之间因果关系的可视化表示方法。战略地图是平衡计分卡的发展和升华,提供了可视化的表述方法,即在一张图中说明了这四个层面的目标如何被集成在一起描述战略。战略地图的作用体现在三个方面:①阐明客户与财务层面的期望成果和卓越的内部关键流程之间的因果关系;②明确创造价值的关键内部流程以及支持关键流程所需的无形资产;③便于将战略目标转化为指标和目标值,能够为每一目标制定行动方案。

战略地图的核心内容包括:组织通过运用人力资本、信息资本和组织资本等无形资产(学习与成长层面),才能创新和建立战略优势和效率(内部业务流程层面),进而使组织把特定价值带给市场(客户层面),从而实现股东价值(财务层面)。平衡计分卡四个层面之间的目标关系,再加上每个层面内部的因果关系,就构成了战略地图的基本框架。如果把战略地图比作一座四层楼房,则房顶部分由使命、核心价值观、愿景和战略构成,主体部分从最高层到最低层依次是财务层面、客户层面、内部业务流程层面、学习与成长层面。其中财务层面包括收入增长战略和生产率提升战略;客户层面包括总成本最低战略、产品领先战略、全面客户解决方案和系统锁定战略;内部业务流程层面包括运营管理流程、客户管理流程、创新流程以及法规与社会流程;学习与成长层面包括三种无形资产及人力资本、信息资本和组织资本。战略地图的框架见图5-2。

1. 使命和核心价值观

(1)使命。使命是指组织存在的根本价值和追求的终极目标,回答了"组织为人类作出什么样的贡献和创造什么样的价值"这一首要问题。

(2)核心价值观。核心价值观是指组织中指导决策和行动的永恒原则,回答了"组织长期奉守的坚定信仰是什么"这一基本问题。

2. 愿景和战略

(1)愿景。愿景是指组织的发展蓝图,反映了组织对未来的期望,回答了"组织的中长期目标是什么"这一关键问题。表述形式通常为:挑战性目标+市场定位+时间期限。

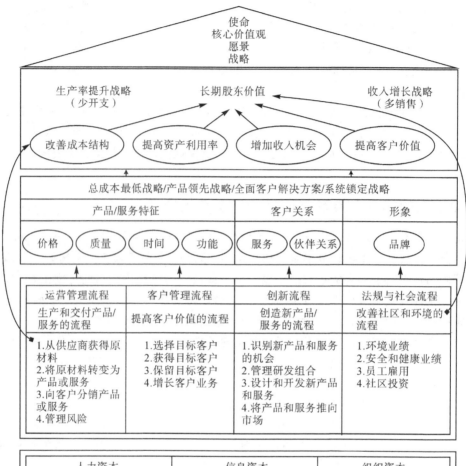

图 5-2 战略地图的框架

(2) 战略。战略是一种假设,是关于为或不为的选择,是组织在认识其经营环境和实现使命过程中所接受的显著优先权和优先发展方向,描述了组织近一段时期内要抓的重点工作及其实现的路径是什么。

3. 战略地图的四个层面

(1) 财务维度。财务维度是股东最关心的部分,是企业各种目标的最终落脚点。组织的管理者在设定这个维度的指标必须考虑如下问题:我们如何满足我们的股东?企业营利是生存和发展的基础,财务指标主要考察的是企业的营利能力和营利情况。

财务指标作为企业目标的最终落脚点,必然要反映企业的战略目标。因为企业战略是在分析了企业内外部的形势和结合企业自身的能力之后制定出来的,所以企业的财务指标只有严格按照战略目标进行设定才有可能顺利得以实现。财务层面用传统财务术语(如投资报酬率、收入增长和单位成本等)描述了战略的有形成果,提供了组织成功的最终定义(针对企业而言)。财务战略包括以下两种:收入增长(开源)和生产率改进(节流)。

①收入增长是财务战略的一个维度,它也可以通过两种方式发生。

a.增加收入机会。例如通过销售全新的产品;企业可以向新的市场销售来扩大收入,如从国内销售扩展到国际销售。

b.提高客户价值。通过加深与现有客户的关系,企业能够创造营利性收入增长。

②生产率改进是财务战略的另一个维度,它也可以通过两种方式发生。

a.改善成本结构。企业通过降低直接和间接成本来削减成本。

b.提高资产利用率。通过更有效地利用财务和实物资产,企业可以减少支持既定业务量水平所必需的营运和固定资本。

(2)客户维度。客户层面由组织在市场上的预期绩效成果和驱动绩效达成的客户价值主张构成。预期绩效成果代表了组织希望在既定的细分市场上所取得的最终业绩,通常表现为组织针对预期成长和获利能力最大的目标客户群确定的概括性目标和指标。驱动绩效达成的客户价值主张描述了如何创造来自客户的销售额和忠诚,是一种针对竞争对手的战略模式,是企业经过战略分析,在界定细分市场与目标客户的基础上,为客户提供的一整套有关产品与服务特征、关系和形象等方面的独特组合。客户价值主张的通用模式见图5-3。

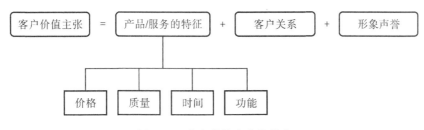

图5-3 客户价值主张的维度

卡普兰和诺顿在前人研究的基础上,总结出了四种通用的客户价值主张:总成本最低、产品领先、全面客户解决方案以及系统锁定(见表5-1)。每一个社会组织应该在综合分析内外部环境因素及自身状况的基础上,选择一种合适的客户价值主张,并将其转化为特定的目标和指标,以及目标值和行动方案,以便使每一个组织成员能够更深入地认识、更准确地把握体现差异化的战略要素,从而把客户价值主张落实到每一个人的具体工作当中去。

表5-1 四种客户价值主张

价值主张	特点	典范
总成本最低	在各自的行业中都十分成功地向他们的客户提供了最佳购物或总成本最低的价值主张。总成本最低价值主张的目标应该强调有吸引力的价格、卓越而一致的质量、较短的交货期、方便的购物和良好的选择	如西南航空、戴尔、沃尔玛、麦当劳和丰田等公司

续表

价值主张	特点	典范
产品领先	他们强调产品创新和领导。这些公司统率着高于各自行业平均水平之上的高价格领域，因为他们提供性能出众的产品。他们的价值主张目标将强调独特的产品特征和性能，这些特征和性能是最前卫的客户所看重并愿意付出高价得到的	如索尼、奔驰和英特尔等公司
全面客户解决方案	对于这个价值主张，客户应该感受到公司通过了解他们并能提供定制化的、满足他们需要的产品和服务	提供这种价值主张的成功典范当属 IBM 公司和高盛（GoldmanSachs）公司
系统锁定	为客户提供高额转换成本的标准化的产品、服务和交流平台。拥有专利、许可协议或是专有知识，能够创建行业标准并持续创新	如微软、苹果、美国运通、eBay 和黄页等公司

（3）内部流程维度。内部流程维度是指一系列活动的组合，这一组合接受各种投入要素，包括信息、资金、人员、技术等，最后产生客户所期望的结果，包括产品、服务或某种决策结果。

如何使企业向顾客提供的要素能符合客户的需求？特别是在竞争如此激烈的环境当中，这个问题对企业来讲提出来的要求更高，需要本企业比其他企业在某一或某些方面更加优秀，平衡计分卡在这个维度中向我们提出来的问题是"我们必须擅长什么？"，企业如何通过自身有效率的生产与管理流程，向客户提供差异化的产品和完善的服务并使之符合客户的期望和需求，打造企业的核心竞争力。根据创造价值时间的长短，内部业务流程又划分为四类：运营管理流程、客户管理流程、创新流程、法规与社会流程，每个流程由若干个子流程构成，如表 5-2 所示。

表 5-2 四类创造价值的内部业务流程

运营管理流程	客户管理流程	创新流程	法规与社会流程
生产和交付产品/服务的流程	提高客户价值的流程	创造新产品/服务的流程	改善社区和环境的流程
生产并向客户提供产品和服务	建立并利用客户关系	开发新产品、服务、流程和关系	遵纪守法 满足社会的期望 建立繁荣的社区
1. 从供应商处获得原材料 2. 将原材料转变为产品或服务 3. 向客户分销产品或提供服务 4. 管理风险	1. 选择目标客户 2. 获得目标客户 3. 保留目标客户 4. 增长客户业务	1. 识别新产品和服务的机会 2. 管理研发组合 3. 设计和开发新产品和服务 4. 将产品和服务推向市场	1. 环境业绩 2. 安全和健康业绩 3. 员工雇用 4. 社区投资

(4)学习和成长维度。内部流程的创造与实施、优秀的客户服务质量、良好的财务表现归根到底都是企业所有素质的支撑,这些素质不仅包括员工的素质,还包括企业的信息管理技能以及平台的构建,另外还包括企业的制度环境支持等。

也可以说学习和成长维度描述了组织的无形资产及其在战略中的作用。所谓无形资产,是指没有实物形态,但能被所有者占有、使用并带来经济效益的非货币性长期资产。经过大量实践案例的分析和总结,卡普兰和诺顿将无形资产划分为三种类型,即人力资本、信息资本和组织资本,如表5-3所示。

表5-3 三种无形资产

人力资本	信息资本	组织资本
执行战略所需要的知识、技能和才干等	支持战略所需的信息系统、数据库、网络和技术基础设施	执行战略所需的动员和维持变革流程的组织能力
有用性(战略能力)	有用性(战略信息)	有用性(变革议程)
1. 知识 2. 技能 3. 价值	1. 信息系统 2. 数据库 3. 网络和技术基础设施	1. 文化 2. 领导力 3. 协调一致 4. 团队工作

卡普兰和诺顿基于战略地图的因果关系,开发出了规划战略的六步骤流程:

第一步,确定利益相关者的价值差距。设定挑战性目标值和必须缩小的差距,主要包括:确定高层的财务(或使命)目标或指标;确定目标值和价值差距;把价值差距分配到收入增长和生产率目标上。

第二步,调整客户价值主张。确定能提供客户新价值来源的目标客户群和价值主张,主要包括:阐明目标细分客户;阐明客户价值主张;选择指标;使客户目标和财务增长目标协调。成本和生产率改善计划相对容易确定和进行计划,比较困难的是如何实现收入增长目标。收入增长要求明确关注目标客户群,包括向现有客户销售更多产品和向全新客户销售产品,企业必须明确目标客户以及如何为目标客户创造差异化、可持续的价值。

第三步,确定价值提升时间表。在规划范围内说明如何缩小价值差距,主要包括:确定实现成果的时间表;把价值差距分配给不同的主题。财务目标值本身很难内在化和产生激励作用。只有当财务目标值被分解为内部流程和战略主题的目标值,并与具体的时间框架相联系时,总目标的可行性才能在企业内部得到认同。

第四步,确定战略主题。把价值差距分配到各个战略主题,主要包括:确定影响最大的少数关键流程(战略主题)、设定目标和目标值。

第五步,提升战略资产准备度。这一步主要包括:确定支持战略流程所要求的人力、信息和组织资本;评估支持战略的资产准备度;确定指标和目标值。管理团队可以针对第四步中确定的价值,创造内部流程,提出以下几个问题:哪个工作组群对这一流程是关键的?哪些信息系统对改进这一流程是关键的?什么样的组织资本对改进这一流程是关键的?对这些问题的思考确定了需要开发的人力、信息和组织资本并使它们与战略协调一致。

第六步,确定战略行动计划并安排预算。这一步主要包括:确定支持流程和开发无形资产的具体行动计划;阐明和保障预算需求。

4. 平衡计分卡的框架及构成要素

狭义的平衡计分卡与战略地图一样,由财务、客户、内部业务流程以及学习与发展四个层面构成,是通过将战略地图四个层面的目标转化为衡量指标和目标值,并制定行动方案和预算计划的管理工具。需要特别注意的是,战略地图所制定的目标与平衡计分卡中的目标需要完全保持一致,这是平衡计分卡体系化战略为行动的重要体现。

战略地图描述了战略的逻辑,清晰地显示了价值创造的关键流程及支持关键流程的无形资产,平衡计分卡为战略地图的每一个目标确定了指标和目标值。对于平衡计分卡的每个指标,管理者必须确定实现目标所需的战略行动计划,并为每个计划提供资源(员工、资金和能力)。行动计划是缩小目标业绩与当前业绩之间差距所必需的行动,他们是变革的最终驱动要素。平衡计分卡框架见图5-4。

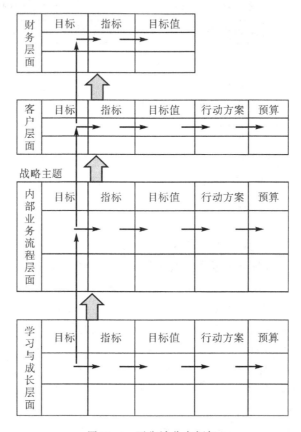

图5-4　平衡计分卡框架

平衡计分卡的逻辑关系包括两个方面:一是四个层面及其目标之间在纵向上的因果关系与战略地图是一致的;二是目标、指标、目标值、行动方案和预算之间的横向推导关系,见表5-4。

表 5-4 平衡计分卡(样表)

层面	要素				
	目标	指标	目标值	行动方案	预算
财务					
客户					
内部业务流程					
学习与成长					

具体来说,目标是战略与绩效指标之间的桥梁,它说明了战略期望达成什么,即要想实现战略在各层面中要做好哪些事情;指标则紧随目标,用于衡量该目标的实现程度;目标值是针对指标而言的,说明了该目标在特定指标上的期望绩效水平;行动方案说明了怎么做才能实现预定的战略目标,制定行动方案要综合考虑目标、指标和目标值;预算则说明了实施行动方案所需要的人、财、物等资源。由于指标总是由目标推导出来的,而目标之间具有因果关系,因此指标之间也形成了一定的关联关系。从整体上看,平衡计分卡的逻辑关系呈现为一个由纵向因果关系、横向推导关系以及指标关联关系构成的网状结构。

卡普兰认为,合适的企业级指标数目是 23~25 个(控制和选取的是有关键影响或是有重大问题的流程以及可以直接影响的环节),其中财务指标 5 个,客户指标 5 个,内部流程指标 8~10 个,学习和成长指标 5 个。

第三节 平衡计分卡的实施流程

一、平衡计分卡的实施步骤

平衡计分卡的实施是一个系统的过程,需要组织综合考虑所处的行业环境、自身的优势与劣势以及所处的发展阶段、自身的规模与实力等。总结成功实施平衡计分卡的企业经验,平衡计分卡实施的一般步骤可概括如下。

(1)制定企业战略目标与企业战略重点。平衡计分卡对企业的远景目标和战略规划有一定要求,企业应在符合并保证实现企业战略目标的条件下,充分发挥企业内外部环境中的各种资源优势,正确规划企业从事经营范围、成长方向和竞争对策,合理分析企业的内部优势、劣势,充分调动企业的各种资源提升企业的核心竞争力,从而使企业获得竞争优势,制定出适合企业自身发展的远景目标和企业战略重点。

（2）分解组织战略目标，设计战略地图。组织首先需要将组织目标分解为各个部门的目标，组织高层管理者及中层管理者通过协商，再从财务、顾客、内部业务流程、学习和发展四个维度，对组织目标和部门目标进行分解，同时要理清这四个层面的目标之间的相互逻辑关系，设计出反映平衡计分卡各个层面逻辑关系的"战略地图"。战略地图为建立与组织战略相联系的平衡计分卡绩效评价系统设计提供了基础。由于战略地图采用的是一种自上而下的战略描述方式，为了实现经营单位的远景和战略，高层管理者必须对组织有一个明确的符合自身特点的并能够带来长期竞争优势的战略定位，并根据这个定位来建立各项关键绩效指标，从而把战略转化为有形的目标和评价指标。

（3）构建平衡计分卡指标体系。组织目标确定以后，接下来的任务就是判断这些目标究竟完成得怎么样，这就需要设定各种绩效评价指标来帮助我们判断行动是否满足目标的要求并迈向成功的战略实施。这个步骤是实施平衡计分卡作为绩效评价系统的核心。平衡计分卡中的目标与衡量指标是相互联系的，这种联系不仅包括因果关系，同时将结果的衡量和引起结果的过程的衡量相结合，最终反映组织战略。绩效考核指标选定后，需要确定每一个指标所对应的具体目标，协调不同部门、不同个体之间的具体目标。合理避免出现企业战略目标、业务部门目标、个人绩效考核目标之间的矛盾，在必要的时候对企业战略进行分解、细化，将企业战略同部门战略与个人绩效相联系。

（4）战略的实施与动态调整、完善考核体系。当企业绩效考评指标和战略目标确定之后，系统性的绩效考评内容体系便逐步形成了。在战略的具体实施过程中，随时注意监督和控制，及时发现战略实施过程中存在的规划误差，及时对目标体系进行调整，疏通信息反馈渠道，完善信息反馈机制，根据企业的内外部环境变化作出合理的调整方案，最终建立一套完备的考核体系，充分发挥平衡计分卡的横梁作用，提升企业的竞争力。

（5）评价与反馈。完成平衡计分卡评价指标体系构建之后，经过组织同意，各个部门即可按照相应的评价周期对组织和部门绩效进行评价。根据各级管理人员对数据的观察记录以及管理信息系统的监控，收集他们的绩效执行信息情况，汇总成以数据为主的绩效管理报告上交给组织总部，从而开展月度和季度考察。通过现实绩效与平衡计分卡目标的比较，组织部门和个人一起从四个维度分析讨论成功以及失败的真实原因，查找达不到预期绩效目标的原因。企业通过原因分析，可以发现行动或结果是否与指标相符，是战略有缺陷，还是组织的执行效果达不到要求，从而做出及时地调整。同时根据企业内部各部门以及各员工的具体表现，企业制定相应的惩罚措施，还可为员工提供必要的培训方案，通过不断地学习积累，提高企业的创新能力。

二、平衡计分卡在某制造企业的应用设计

某制造企业是某集团公司下属的子公司，主要致力于高档木门的生产与销售。依据集团公司的使命、核心价值观和愿景等基础，我们确定了该公司的使命、核心价值观和愿景，并据此制定了每个层面的目标，得到了如图5-5所示的战略地图。

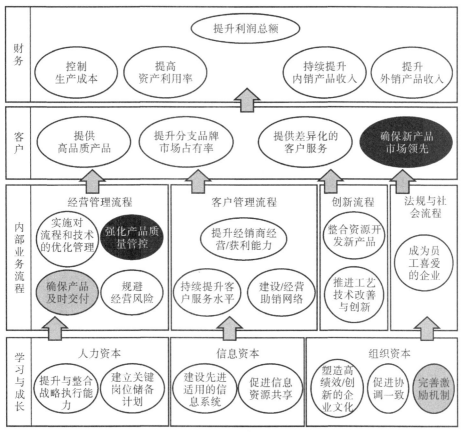

图 5-5 某公司战略地图

根据平衡计分卡的组织协同原则,不仅每个层面的目标相互之间具有一定的因果关系,而且该子系统以集团公司的目标及其他子公司的目标在集团公司使命与愿景的指引下应该实现战略协同,以产生协同效应。基于此,该子公司目标分为三类:①集团和子公司之间需要协同的目标,主要通过纵向的承接或分解来实现;②各子公司之间需要协同的目标,主要通过横向的共享和分享来实现;③该子公司独有的目标。

此外,由于该子公司实施的是产品领先的客户价值主张,因此在客户层面强调高品质的产品与确保新产品市场领先等,在内部业务流程层面则强调产品质量监控、开发新产品以及推进工艺技术改善与创新等,而不仅仅是成本最低。

根据公司战略地图及每个层面的目标,经过多轮沟通,依次确定每个目标的指标、目标值和行动计划,得到与图 5-5 相配套的子公司平衡计分卡,见表 5-5。

表 5-5 某制造企业的平衡计分卡

层面	目标		指标	目标值	行动计划
财务	提升利润总额		利润增长率	×××	
	控制生产成本		材料成本降低率	×××	
			制造费用降低率	×××	
			期间费用降低率	×××	
	提高资产利用率		流动资产周转率	×××	
	持续提升内销产品收入	提升新产品收入	×××	×××	
		提升现有产品收入	×××	×××	
	提升外销产品收入		外销产品销售额	×××	
客户	提供高品质产品		无缺陷订单交付率	×××	×××
	提升分支品牌市场占有率		目标市场覆盖率	×××	
	提供差异化的客户服务		客户满意度	×××	
	确保新产品市场领先		新产品上市提前期	×××	×××
			新产品铺货率	×××	
内部业务流程	实现对流程和技术的优化管理		优化的流程数量	×××	×××
			技术标准化目标达成率	×××	×××
	强化产品质量管控		完工产品合格率	×××	
			内部故障成本损失率	×××	
			外部故障成本损失率	×××	
	确保产品及时到付		订单履约率	×××	
	规避经营风险		应收账款按期回收率	×××	
	提升经销商经营/获利能力		战略性市场销售目标达成率	×××	×××
			经销商平均销售额增长率	×××	
			业绩提升的经销商比率	×××	
	持续提升客户服务水平		客服信息及时处置率	×××	
			客服项目达标率	×××	
	建设/经营助销网络		来自助销网络的订单金额	×××	
			有效注销网络覆盖率	×××	
	整合资源开发新产品		开发的新产品数量	×××	×××
			新增专利数量	×××	×××
	推进工艺技术改善与创新		创新成果数量	×××	×××
学习与成长	成为员工喜欢的企业		员工满意度	×××	
	提升与整合战略执行能力		人力资本准备度	×××	
	建立关键岗位储备计划		已储备人员的岗位比率	×××	
	建设先进适用的信息系统		信息资本准备度	×××	
			综合评价指数	×××	
	促进信息资源共享		信息共享项目数量	×××	
	塑造高绩效创新的企业文化		文化认知度	×××	
	促进协调一致		部门协作满意度	×××	×××
	完善激励机制		激励政策覆盖率	×××	×××

说明：企业平衡计分卡财务层面的目标没有行动计划，此外目标值和行动方案等具体内容从略。

从总公司到子公司、子公司各部门到个人,从上到下层层分解或承接目标,再通过多次与相关部门管理者及员工沟通,得到子公司各部门平衡计分卡、各部门管理者及员工个人平衡计分卡。这里以技术研发部门的平衡计分卡及主管个人的平衡计分卡为例加以说明,如表5-6、表5-7所示。

表5-6 某制造企业研发部的平衡计分卡

部门名称		技术研发部	部门编号	×××	
部门主管		×××	所属公司	某制造企业	
层面	目标		指标	目标值	行动计划
财务	控制产品研发成本		产品研发周期成本	×××	
	降低产品成本		技改收益	×××	
	提升新产品收入		新产品销售额	×××	
客户	确保新产品市场领先		新产品上市提前期	×××	×××
	提供良好技术指导和服务		新产品铺货率	×××	×××
			相关部门满意度	×××	×××
内部业务流程	整合资源开发新产品		开发的新产品数量	×××	
			新增专利个数	×××	×××
	实现对流程和技术的优化管理		技术标准化目标达成率	×××	×××
			研发流程是否优化	×××	×××
	确保产品设计质量		设计差错率	×××	×××
			工艺技术文件规范性	×××	
	开展技术指导与检查		工艺纪律检查次数	×××	
	推进工艺技术改善与创新		创新成果数量	×××	
	加强技术资料管理		技术资料的完好性	×××	
	提升国内外大项目技术支持		技术支持的及时性	×××	×××
			报价的及时准确性	×××	×××
学习与成长	提升与整合战略执行能力		员工胜任度	×××	
			组织培训的次数	×××	×××
	建设先进适用的信息系统		综合评价指数	×××	×××
	促进信息资源共享		信息共享项目个数	×××	
	塑造高绩效/创新的企业文化		文化认知度	×××	
	促进协调一致		部门内部协作满意度	×××	×××
主管签字		×××	上级签字	×××	
行政人事部签章		×××	签字日期	×××	

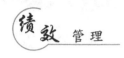

表 5-7 某制造企业研发部技术主管的平衡计分卡

职位名称	技术主管	职位编号	×××	
姓名	×××	所属部门	技术研发部	
层面	目标	指标	目标值	行动计划
财务	控制产品研发成本	产品研发周期成本	×××	
	降低产品成本	技改收益	×××	
	提升新产品收入	新产品销售额	×××	
客户	确保新产品市场领先	新产品上市提前期	×××	×××
	提供良好技术指导和服务	新产品铺货率	×××	×××
		相关部门满意度	×××	×××
内部业务流程	整合资源开发新产品	开发的新产品数量	×××	×××
		新增专利数量	×××	×××
	实现对流程和技术的优化管理	技术标准化目标达成率	×××	×××
		研发流程是否优化	×××	×××
	确保产品设计质量	设计差错率	×××	×××
		工艺技术文件规范性	×××	×××
	开展技术指导与检查	工艺纪律检查次数	×××	×××
	推进工艺技术改善与创新	创新成果数量	×××	×××
	加强技术资料管理	技术资料的完好性	×××	×××
	提升国内外大项目技术支持	技术支持的及时性	×××	×××
		报价的及时准确性	×××	×××
学习与成长	提升与整合战略执行能力	员工胜任度	×××	×××
		参加培训的次数	×××	×××
	建设先进适用的信息系统	综合评价指数	×××	×××
	促进信息资源共享	信息共享项目数目	×××	×××
	塑造高绩效/创新的企业文化	文化认知度	×××	×××
	促进协调一致	伙伴需求响应及时率	×××	×××
主管签字	×××	上级签字	×××	
行政人事部签章	×××	签字日期	×××	

此外,为了便于认识与沟通指标,平衡计分卡的每个指标都应该有一张对应的指标卡,指标卡通常包含指标名称、责任部门、衡量目标、计算公式、指标衡量、行动方案等内容,如表5-8所示。

表 5-8　指标卡示例

指标描述					
指标名称	新产品上市提前期		责任部门/人		技术研发部
所在层面	客户层面		衡量目标		确保新产品市场领先
指标	解释评价新产品上市时间相对于主要竞争对手同类产品的提前天数				
计算公式	无				
指标衡量					
评价周期	年度	评价主体	技术主管	数据来源	营销管理部
基数	80	目标值	90~120	单位	天
评分标准		等级描述		分值(100分为满分)	
	S:120 天以上			90 分以上	
	A:90 到 120 天			80~89 分	
	B:60 到 90 天			70~79 分	
	C:30 到 60 天			60~69 分	
	D:30 天以下			59 分以下	
备注	在每一个绩效等级内,绩效区间和分值区间按级差平均分配并对应				
行动方案					
1. 开展市场调研和竞争对手情报分析					
2. 召开新产品市场分析会议					
3. 编制新产品开发计划并按计划组织实施					

从公司平衡计分卡到部门平衡计分卡,再到个人平衡计分卡,其目标之间呈现出一种非常明显的逻辑关系。

(1)部门的目标有些是直接承接公司的目标,个人的目标则大多是承担部门的目标,也就是说,部门所承担的目标最终要落到每位员工的头上,以实现战略落地。例如,技术研发部财务层面的目标"提高新产品收入"是由公司财务层面的目标直接承接过来的,而内部业务流程层面的目标"整合资源开发新产品""实现对流程和技术的优化管理""推进工艺技术改善与创新"也都是从公司内部业务流程层面直接承接而来的。又如,技术主管的个人目标基本都是直接承接技术研发部门的目标而来的。

(2)部门的目标有些是由公司目标分解而来的。例如技术研发部内部业务流程层面的目标"确保产品设计质量"是由内部业务流程层面的目标"强化产品质量管控"分解而来的。总而言之,为了实现公司层面的"强化产品质量管控"这个整体目标,技术研发部必须实现"保证产品设计质量"这个分解目标,其他部门也必须在各自领域为"强化产品质量管控"这个整体目标做出贡献,这样各个部门齐心协力,促进公司整体目标的顺利实现。

此外,由于指标跟着目标"走",进而确定目标值,而行动计划也主要针对目标而非指标加以确定,因此,伴随目标的承接或分解,指标、目标值和行动计划等,也要视情况进行相应的承接或拆分。

三、实施平衡计分卡的障碍

1. 沟通与共识上的障碍

根据 Renaissance 与 CFO magazine 的合作调查,企业中少于十分之一的员工了解企业的战略及战略与其自身工作的关系。尽管高层管理者清楚地认识到达成战略共识的重要性,但却少有企业将战略有效地转化成被基本员工能够理解且必须理解的内涵,并使其成为员工的最高指导原则。

2. 组织与管理系统方面的障碍

据调查,企业的管理层在例行的管理会议上花费近 85% 的时间,以处理业务运作的改善问题,却以少于 15% 的时间关注于战略及其执行问题。管理层过于关注各部门的职能,却没能使组织的运作、业务流程及资源的分配围绕着战略而进行。

3. 信息交流方面的障碍

平衡计分卡的编制和实施涉及大量的绩效指标的取得和分析,是一个复杂的过程,因此,企业对信息的管理及信息基础设施的建设不完善,将会成为企业实施平衡计分卡的又一障碍。这一点在中国的企业尤为突出。中国企业的管理层已经意识到信息的重要性,并对此给予了充分的重视,但在实施的过程中,信息基础设施的建设受到部门的制约,部门间的信息难以共享,只是在信息的海洋中建起了座座岛屿。这不仅影响到了业务流程,也是实施平衡计分卡的障碍。

4. 对绩效考核认识方面的障碍

如果企业的管理层没有认识到现行的绩效考核的观念、方式有不妥当之处,平衡计分卡就很难被接纳。长期以来企业的管理层已习惯于仅从财务的角度来测评企业的绩效,并没有思考这样的测评方式是否与企业的发展战略联系在一起、是否能有效地测评企业的战略实施情况。平衡计分卡的实施不仅要得到高层管理层的支持,也要得到各自然业务单元管理层的认同。

四、实施平衡计分卡的影响因素

平衡计分卡不仅强调短期目标与长期目标间的平衡、内部因素与外部因素间的平衡,也强调结果的驱动因素,因此平衡计分卡是一个十分复杂的系统。其实施的过程中一定会遇到困难。

(1)指标的创建和量化方面。财务指标创立与量化是比较容易的,客户、内部经营过程、学习和成长这三个方面的指标就需要企业的管理层根据企业的战略及运营的主要业务、外部环境加以仔细斟酌。列出的指标有些是不易收集的,这就需要企业在不断探索中总结。有些重要指标很难量化,如员工受激励程度方面的指标,需要收集大量信息,并且要经过充分的加工后才有实用价值,这就对企业信息传递和反馈系统提出了很高的要求。

(2)平衡计分卡要确定结果与驱动因素间的关系,而大多数情况下结果与驱动因素间的关系并不明显或并不容易量化。这也是企业实施平衡计分卡所遇到的又一个困难。企业要花很大的力量去寻找、明确业绩结果与驱动因素间的关系。

(3)实施的成本方面。平衡计分卡要求企业从财务、客户、内部经营过程、学习和成长四个方面考虑战略目标的实施,并为每个方面制定详细而明确的目标和指标。它需要全体成员参加,使每个部门、每个人都有自己的平衡计分卡,企业要付出较大的代价。

五、平衡计分卡的构建和成功实施的条件

我们通过理论探索与实践检验,要运用平衡计分卡构建企业的绩效管理系统,一般应具备以下条件:

(1)企业的战略目标非常明确,并能够层层分解,并能够与部门、班组、个人的目标达成一致,其中个人利益能够服从组织的整体利益。平衡计分卡的设计是从战略目标开始,如果战略目标不能分解或者企业没有能力分解,则无法利用平衡计分卡这一工具。

(2)战略目标的合理分解。企业对战略目标的合理分解,是平衡计分卡成功实施的关键。企业在明确战略基础上,要对战略进行层层分解,转化成一系列可衡量、可实施的具体目标,并在实施过程中做合理动态的调整与修正。

(3)平衡计分卡所揭示的四个方面的指标(财务、客户、内部流程、学习与成长)之间存在明确的因果驱动关系。因为这四个方面并不是孤立存在的,如果企业找不到它们之间的关系,只是简单僵硬地把企业目标分为四类,则发挥不了应有的效果。

(4)企业内部与实施平衡计分卡相配套的其他制度比较健全,包括财务核算体系的运作、企业管理信息化建设、基础数据的收集与统计、岗位权责划分、业务流程管理以及与绩效考评相配套的人力资源管理的其他环节等。

(5)企业管理能力和管理水平高。实施平衡计分卡对企业管理质量要求较高,管理应达到程序化、规范化、精细化,使企业战略的每一个层面都能得到有效的实施,最终达到预期的目标。

(6)企业信息化程度高。企业应提供自动化的方法,针对纳入平衡计分卡解决方案中的所有数据能够加以有效、及时地收集,提取并运用现有的运营分析和通信工具,使信息流通能够准确、可靠、及时、高效。

(7)员工素质水平高。员工整体的素质水平要高,特别是对高层和中层员工的素质水平要求更高。员工能够接受、理解并执行平衡计分卡,会在很大程度上影响平衡计分卡实施的效果。

第四节 平衡计分卡的评价

平衡计分卡作为一种集大成的绩效管理工具,具有非常明显的优势,但是也带有一定的局限性和不足,对平衡计分卡的优缺点分析如下。

一、平衡计分卡的优点

(1)作为一种战略性绩效管理工具,平衡计分卡促使整个组织行动一致。平衡计分卡强调绩效管理与组织战略目标之间的紧密关系,提出了一整套具体完整的指标框架体系,很好地将部门绩效与企业组织整体绩效有效地联系起来,使各部门工作努力方向同企业战略目标的实现紧密结合起来。

(2)平衡计分卡有效地弥补了单一财务指标作为绩效评价工具的不足,能够全面反映企业的综合实力。平衡计分卡符合财务评价和非财务评价并重的业绩评价指标体系的设置原则,

为了弥补单一财务指标在客户、员工、供应商、业务程序、技术创新等方面的不足，增加了客户、内部流程、学习与成长三个层面的非财务指标，因此，平衡计分卡很好地实现了财务指标与非财务指标的结合，在此基础上形成了一套完整的组织绩效评价指标体系。

（3）平衡计分卡兼顾长期和短期的收益，能够有效地避免企业的短期行为。财务指标往往以过去的信息为依据，无法评价企业未来成长的潜力，而非财务评价指标能够很好地衡量公司未来的财务业绩。如对顾客满意度的投资能够增加收入、培养顾客对公司的忠诚度、吸引新的顾客、减少交易成本，从而提高公司未来的业绩。平衡计分卡从战略目标和竞争需要的角度出发，实现了公司长期战略与短期行动有效的结合。

二、平衡计分卡的缺点

平衡计分卡的缺点与不足体现在以下几个方面。

（1）实施难度大。首先，平衡计分卡的实施要求企业有明确的组织战略，高层管理者具备分解和沟通战略的能力和意愿，另外，中高层管理者具有指标创新的能力和意愿。因此对管理基础比较差的企业来讲，是不建议直接引入平衡计分卡的，首先必须要提高企业管理自身的管理素质和管理水平，才能循序渐进地引入平衡计分卡。

（2）非财务指标体系的构建比较困难。对于平衡计分卡来讲，最大的突破就在于它引入了非财务指标，克服了单纯依赖财务指标进行绩效评价的局限性，但是这也带来了另外一个问题，就是如何构建合理的非财务指标体系，以及如何确立非财务指标的评价标准问题。非财务指标的构建需要企业进行长期探索和总结，要求企业的管理层根据企业的战略运营的主要业务和内外部环境加以仔细斟酌，才能甄选出适合企业的有效的非财务指标。另外，对于那些比较抽象的非财务指标的量化工作也非常困难，如客户指标中的客户满意度和客户保持程度如何量化，再如员工的学习和发展指标以及员工对工作满意度如何量化的问题，这些都使得企业在构建指标体系以及对评价标准设置的时候必须要考虑的问题。

（3）指标数量过多以及权重分配困难的问题。由于平衡计分卡涉及财务、顾客、内部流程、学习和成长四个层面，所以不可避免地涉及了指标数量过多的问题。因此，对企业来讲，应该选择哪些指标作为评价的指标体系，舍掉哪些指标不会导致业绩评价的不完整性，这都是在应用平衡计分卡时不可避免要遇到的问题。除了评价指标体系的筛选困难问题，其次就是权重分配的问题，企业不但要在不同层面之间分配权重，而且要在同一层面的不同指标之间分配权重，不同的层面及同一层面的不同指标分配的权重不同，将可能会导致不同的评价结果，而且对于财务、非财务指标权重的分配并没有一个客观标准，这就不可避免地使权重的分配带有浓厚的主观色彩。

（4）实施成本大。平衡计分卡要求组织从财务、客户、内部流程、学习和成长四个层面考虑战略目标的实施，并为每个方面制定详细而明确的目标和指标，在对战略的深刻理解外，还需要消耗大量的精力和时间把它分解到各部门，并找到恰当的指标，落实到最后指标可能会多达15到20个。另外，企业在考核与数据分析时，也有不小的负担。平衡计分卡的执行也是一个耗费资源的过程，还需要管理者和员工进行不断的沟通，一份典型的平衡计分卡，需要3~6个月去执行，另外还需要几个月去调整结构使其规范化，因此总的开发时间需要一年甚至更长的时间。

本章小结

本章系统地阐述了平衡计分卡的形成和发展历史,以及平衡计分卡的含义、特点、系统构成、实施流程等。平衡计分卡是一种以公司战略为基础的绩效考核管理系统。

本文通过绘制战略地图,将组织的战略以可视化的形式出现,然后以平衡计分卡的四个层面的目标为核心,通过分析这四个层面之间的关系,绘制出企业的战略因果关系图,以因果关系为主线,从财务、客户、内部流程及学习和发展四个层面构建绩效评价指标体系。平衡计分卡实现了财务与非财务、定量与定性、客观评价与主观评价以及企业短期增长与长期发展之间的平衡。因此,人们通常称平衡计分卡是加强组织战略执行力的最有效的战略管理工具。

课后思考

1. 什么是平衡计分卡?
2. 如何理解平衡计分卡的价值和意义?
3. 请阐述平衡计分卡理论的产生与发展。
4. 什么是战略地图?请阐述如何利用战略地图来规划战略。
5. 在组织中如何推行平衡计分卡?推行过程中需要注意哪些问题?

案例分析

【案例 5-1】 可口可乐的平衡计分卡的推广和实施

可口可乐公司以前在瑞典的业务是通过许可协议由瑞典最具优势的啤酒公司普里普斯公司代理的。该许可协议在 1996 年到期终止后,可口可乐公司已经在瑞典市场上建立了新的生产与分销渠道。1997 年春季,新公司承担了销售责任,并从 1998 年年初开始全面负责生产任务。

可口可乐瑞典饮料公司(CCBS)正在其不断发展的公司中推广平衡计分卡的概念。若干年来,可口可乐公司的其他子公司已经在做这项工作了,但是,总公司并没有要求所有的子公司都用这种方式来进行报告和管理控制。

CCBS 采纳了卡普兰和诺顿的建议,从财务层面、客户和消费者层面、内部经营流程层面以及组织学习与成长四个方面来测量其战略行动。

作为推广平衡计分卡概念的第一步,CCBS 的高层管理人员开了 3 天会议。把公司的综合业务计划作为讨论的基础。在此期间每一位管理人员都要履行下面的步骤:

(1)定义远景。
(2)设定长期目标(大致的时间范围为 3 年)。
(3)描述当前的形势。
(4)描述将要采取的战略计划。
(5)为不同的体系和测量程序定义参数。

由于 CCBS 刚刚成立,讨论的结果是它需要大量的措施。由于公司处于发展时期,管理层决定形成一种文化和一种连续的体系,在此范围内所有主要的参数都要进行测量。在不同的水平上,大家把关注的焦点放在与战略行动有关的关键测量上。

在构造公司的平衡计分卡时,高层管理人员已经设法强调了保持各方面平衡的重要性。为了达到该目的,CCBS 使用的是一种循序渐进的过程。第一步是阐明与战略计划相关的财务措施,然后以这些措施为基础,设定财务目标并且确定为实现这些目标而应当采取的适当行动。

第二步,在客户和消费者方面也重复该过程,在此阶段,初步的问题是"如果我们打算完成我们的财务目标,我们的客户必须怎样看待我们?"

第三步,CCBS 明确了向客户和消费者转移价值所必需的内部过程。然后 CCBS 的管理层问自己的问题是:自己是否具备足够的创新精神、自己是否愿意为了让公司以一种合适的方式发展而变革。经过这些过程,CCBS 能够确保各个方面达到了平衡,并且所有的参数和行动都会导致向同一个方向的变化。但是,CCBS 认为在各方达到完全平衡之前有必要把不同的步骤再重复几次。

CCBS 已经把平衡计分卡的概念分解到个人层面上了。在 CCBS,很重要的一点就是,只依靠那些个人能够影响到的计量因素来评估个人业绩。这样做的目的是,通过测量与他的具体职责相关联的一系列确定目标来考察他的业绩。根据员工在几个指标上的得分而建立奖金制度,公司就控制或者聚焦于各种战略计划上。

在 CCBS 强调的既不是商业计划,也不是预算安排,而且也不把平衡计分卡看成是一成不变的;相反,对所有问题的考虑都是动态的,并且每年都要不断地进行检查和修正。按照 CCBS 的说法,在推广平衡计分卡概念过程中最大的挑战是,既要寻找各层面的不同测量方法之间的适当平衡,又要确保能够获得所有将该概念推广下去所需要的信息系统。此外,要获得成功,重要的一点是每个人都要确保及时提交所有的信息。信息的提交也要考虑在业绩表现里。

案例讨论

1. 可口可乐公司是如何推广实施平衡计分卡的?
2. 谈一谈平衡计分卡在公司战略绩效管理中的重要性。

【案例 5-2】　　　　光明乳业平衡计分卡应用案例

光明乳业是中国著名乳制品公司,其业务在近几年中不断增长。企业的规模和经营效益也不断提高。企业的最高决策者逐步感受到如何管理和评价管理团队的重要性。之前,决策层制定了利用经营业绩指标来管理和控制管理团队,并确定了其他业绩指标,且与管理团队签订了业绩合同。但是,管理的效果受到一定的影响,特别是决策层感到自己制定的指标缺乏一定的内在联系,考核指标不能够与其职责相匹配;另一方面,自己设计这样的体系要耗费管理层大量的时间和精力。因此,决策层决定聘请外部的咨询公司协助制定绩效考核体系。以下是本案例作者与光明乳业负责此次绩效管理改进项目的人力资源总监张大瑞先生所作的一次对话,从中可以详细了解光明乳业成功实施绩效管理的经验。

问:公司在制定绩效管理体系时是以什么为切入点的?

答:在这次绩效管理体系优化的项目中,在咨询公司的协助下,我们引入了战略性的绩效管理体系——平衡计分卡。平衡计分卡的设立是为了在公司内部有效沟通公司战略目标、引导公司实现流程最佳组合并控制流程风险和引导员工行为以求实现公司战略。因此,这次我们在制定绩效管理体系时是以企业战略为切入点。而我们原先虽然有自己明确的发展战略,但并没有制定相应的考核指标,或者是指标并没有与战略相匹配。因此设计指标时,我们首先对公司的战略目标与发展方向等重新进行理解、分析与归纳。基于对公司整体战略的理解,明确公司整体优化的关键成功要素。而管理人员普遍反映通过战略导出的绩效指标比以前更能体现公司和事业部发展的方向。

问:在设计绩效指标的过程中你们采用了哪些设计原则?

答:正如前所说,在绩效指标设计过程中,首先应当全面反映企业战略的要求。而由于我们公司是多个不同事业部组成的,那么绩效指标也应根据各事业部自身的业务特点及战略要求而确定。以平衡计分卡的思想作为绩效指标体系建立的基础,指标不仅包括财务面的结果性指标,也包括客户面、内部运营面和学习成长面的过程性指标。同时,指标体系中针对前期诊断工作中发现需解决的重要问题设计了相应指标。如发现财务部门财务分析的工作做得不够,而这个工作对企业很重要,就对相关的财务人员设立了财务分析管理报告数量和提交及时性的指标。

职能部门的指标我们尽可能选择该部门能直接影响的指标,如取消了原来对人力资源部门考核不可控的销售额和净利润的指标。

不同指标对一个岗位来讲,其重要度是不一样的,这就是所谓指标的权重。相对而言,上级较下级的财务性指标的权重高一些、非财务性指标的权重低一些;较面向市场的岗位(如销售经理等)相对内部管理的岗位(如人事经理等)的财务性指标的权重高一些、非财务性指标的权重低一些。基于以上这些原则设计出来的绩效指标,各级管理人员普遍认为比以前更合理,在签订绩效合同时,减少了争议,非常顺利。

问:当一套指标体系设计好以后,你们如何来评价绩效指标是否完善呢?

答:绩效指标体系的评价从三个方面来进行,即对指标结构完备性、指标内容完整性和指标操作可行性三方面进行核查。

(1)结构完备性主要考察指标是否从财务、客户、内部运营和学习成长四个角度来衡量,是否与实现企业战略所需的关键成功要素相对应,对岗位的考核指标是否与该岗位的职责与权限相对应,是否对岗位重复考核,或者是否遗漏考核。

(2)内容完整性主要考察指标是否有明确的名称、具体的计算方法,是否说明数据来源、考核频度,是否合理确定权重以及是否有明确、合理的目标值。

(3)操作可行性主要考察指标是否具有可评价性,支持数据是否具有可获取性,数据来源是否具有可靠性,目标值是否具有可实现性。

问:绩效指标设定好以后,是否可以在执行过程中进行调整?

答:这一直是困扰我们的问题。为了维护指标的严肃性,原则上来讲,我们不考虑进行所谓的年中指标调整。只有在一些特殊情况下,当市场上发生了行业性的不可抗因素,而且这个不可抗因素的影响对整个行业来讲是长期的,可以相应地调整相关指标的目标值。但企业在做这项调整工作时要非常慎重,处理不好,容易引发其他相似岗位的意见。

问:根据你们的经验,企业在做绩效评估的过程中应该注意什么?

答:绩效评估确实是一个相当关键的环节,而且是整个过程中时间最长、贯穿于日常工作中的每一个环节。从绩效评估的步骤来讲,主要有以下工作:①收集并审核有关绩效数据。②对每一个KPI在绩效合同上进行打分并可写下注解,也可由你的下属先做自我评估。③和你的下属进行一次正式的交流,并作必要的解释和讨论。如你的下属有异议,可给予他一定时间去核实绩效数据,如有偏差之处应纠正。④与你的下属讨论哪些领域是需要提高和改善的。⑤与你的下属讨论其个人技能提高及职业成长的需求。⑥与你的下属达成共识。

而在绩效评估过程中应当注意:①评估应针对预先制定的KPI及其标准进行,而不是与其他人或部门的评估结果相比。②阶段性的评估和沟通应在一年内多次进行。③绩效考核的数据应定期收集。④相似的岗位应有可比较的绩效标准和评分,如不同部门的秘书。

问:作为一个主管,除了为下属设定和评估绩效指标以外,还可以做哪些工作?

答:当然,指标的设定并不只是为了年底的评估有据可依。作为一个主管,更应该在日常工作中对下属给以支持,帮助下属完成指标,这就是所谓的绩效支持工作。以前我们并没有意识到有哪些工作可以做,其实绩效支持工作可以包括很多内容,如实践中指导,实践机会,能力、知识的培训,提供有效工具,工作环境,团队气氛,授权和下放工作,制定个人发展计划,信息分享,处理矛盾和冲突等。

问:其实有很多企业也在实施类似的考核,以此作为年终奖发放的依据,是不是绩效评估的结果还可以作为其他工作的依据?

答:确实,绩效评估的结果不仅可以用于年终奖发放工作,还有其他的工作可以做,这就是绩效结果管理的工作。一般来讲,绩效评估结果可以作为奖金发放、年度加薪、员工晋升、员工培训、聘用与否、职业发展规划和企业/部门明年目标设定的依据。

问:在绩效管理实施过程中,是不是主要由人力资源部门来进行?其他部门该扮演什么样的角色?

答:以前人们一直认为绩效管理是人力资源部门的事情,但实际上在实施绩效管理的过程中,人力资源部只是作为变革管理者来推动实施工作的进行,而企业的总经理是绩效管理体系的源动力和带头人,各职能部门负责人是主角,财务部是数据供应商。

问:中国许多企业现在正处于快速发展的阶段,组织结构和人员时有调整,一些基础数据也相当不完整,业务流程还不尽完善,那在实施平衡计分卡时应该注意些什么呢?

答:确实,中国经济目前正处于高速发展的阶段,就像我们公司一样许多企业的管理还是处于逐步完善的过程之中,基础数据不完整,业务流程不完善,组织结构和人员时常变动。但我们不可能等到管理完善以后,才去采用更先进的管理方法。而且,实施平衡计分卡的过程既是帮助企业完善管理的过程,也是帮助企业发现问题的过程。在这次项目实施过程中,我们就对许多业务流程和组织架构不合理的地方进行了调整。另外,平衡计分卡的实施本身也需要不断完善,企业需要在实施的过程中积累经验和教训,找到符合企业自身特点的绩效指标,使目标值的设定更趋合理。

总之,以平衡计分卡为核心的绩效管理体系是推动变革的工具,企业进步的衡量尺度,主管的管理手段,是对员工的投资。

案例讨论

1. 结合案例,说说光明乳业能够成功实施平衡计分卡的原因是什么?公司有哪些宝贵的经验是值得其他社会组织借鉴和学习的?

2. 请结合案例,谈谈如何设计公司级、部门级以及个人层面平衡计分卡的评价指标体系。

第六章
360度考核

 学习目标

1. 了解360度考核法的含义和特点
2. 理解360度考核法的实施步骤及操作要点
3. 掌握360度考核法的优缺点和适用条件

开篇案例

普渡资源管理公司的360度绩效评估应用

　　美国普渡资源管理公司有员工近千人,旧的绩效考核系统缺乏明确的考核标准,实施中也未能保证公正与公平,在旧的考核过程中,员工也不知道公司对他们的期望是什么。通过考核来发现绩效优异的员工并给予他们相应的报酬,这是任何一个有效激励体系的内在组成竞争。许多公司实施绩效考核的目的就是为了激励员工。然而,总有经理或雇员认为绩效考核是一个虽然必要,但却毫无结果和令人讨厌的过程。普渡公司在1994年改革之前就处于这种情形之中。改革的结果是,绩效考核不再仅仅是一种对员工"打分"的制度,更是给员工以重要信息反馈的来源。每年,所有的员工都同他们的上级坐到一起讨论今年的个人目标。为此,绩效考核系统实际上成了一种重要的协调工具。

　　比如,在普渡公司中,团队工作变得越来越重要。为促进员工相互间的合作,公司制定了一项政策,要求所有员工以一名团队成员的身份来分别回答一系列问题。同样,在绩效考核中,不仅由上级进行考核,同事和下级也要对其进行考核。仅由上级考核也许成本更低、更节省时间,但360度绩效评估对于团队运作很重要的公司来说非常有价值。此外,增加考核者的人数会提高考核的准确性。许多公司也曾用过类似的考核技术。比如,处于激烈变化环境中的公司为其员工确定第二年的目标,这是一项非常有效的政策。但同样的措施如果运用于一个处于稳定环境中的公司就显得浪费。事实上,这类公司完全可以将这些目标转化成固定的职务说明书。相反,处于动态环境中的公司,其员工和他们的经理最了解发生了什么变化以及应当如何调整目标以适应新的环境。

第一节　360度考核概述

一、360度考核的概念

　　从20世纪40年代开始,人们就开始将360度考核方法用于组织和个人职业发展评价中,当时主要是用于对组织的绩效和发展变化等方面进行评价。到了二十世纪五六十年代，360度考核法开始用于对领导能力的评价与筛选以及工作评价，20世纪70年代以后主要用于经理人员的筛选、项目的评价与定位。20世纪80年代，美国学者爱德华（Edward）和尤恩（Ewen）总结、发展、完善了360度考核法，目前已成为多数企业组织采用的一种绩效评价方法。据报道，在《财富》世界1000强中，90％以上的公司在职业开发和绩效考核当中应用了360度考核反馈。而据一项对美国企业较大规模的调查显示，超过65％以上的美国公司在2000年以后采用了这种多角度全方位评价体系，比1995年的40％的调查结果提高了许多。

360度考核法又称全视角考核法，其是通过上级主管、同级人员、下级以及客户担任评价者，从不同角度，全方位地考核员工绩效的方法。这种方法的思想就是从所有的渠道收集考评的信息(上司、下属、客户、同事和供应商)，而不仅仅是上司一个人，如图6-1所示。

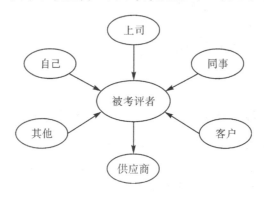

图6-1　360度考核示意图

360度考核法的各主体评价侧重的内容不同，主要表现在：①主管评估的项目内容侧重于员工的业绩表现、工作态度、工作能力、学习能力等。②同级评估的项目内容侧重于被考评者的专业知识水平、业务操作水平、与同事之间的关系、沟通协调的能力等。③下级评估的项目内容侧重于上级的辅导能力、沟通能力、培养下属的能力、民主作风等。④客户评估的项目内容侧重于被评估者工作积极主动性、责任心、解决客户疑难的耐心、承诺的可信度、对产品和业务的熟悉程度等。

二、360度考核法的特点

1. 全方位

360度考核法的评价者是来自不同层面的群体，这样对被考评者的了解更深入更全面，得到的信息更准确。其原因在于，我们从任何一个方面去观察别人所做出的判断都难免片面，运用多侧面的反馈评价则可以减少个人偏见及评分误差，评价的结果更加准确。同时，员工对管理者的直接评价实际上促进了员工参与管理。

2. 基于胜任特征

胜任特征是指能将某一工作中表现优秀者与表现平平者区分开来的个体潜在的深层次特征，它是工作行为设计的依据。这是因为在绩效考评中，仅仅强调工作结果的评价是不全面的，因为它实际上并没有涵盖绩效的全部内容。而我们又很难做到将工作行为指标量化。要解决这一问题，我们不可能、也没有必要把对管理者的工作行为的评价做得面面俱到，而应抓住关键性的工作行为要素,即把影响工作绩效表现的深层次的东西揭示出来。这里的界定标准不是合格,而是能区分表现优异者和表现平平者的胜任特征。360度考核要素的设计依据就是各职位的胜任特征评价模型。

3. 多侧度反馈

有人说自己最了解自己,但事实并不完全如此,如何让员工心悦诚服地接受负面信息,是人力资源管理者进行绩效考评的难点之一。许多研究表明,员工对自身的了解并不全面,自我感知通常是不准确的。不过,多侧度的反馈能够帮助个体调整自我意识、提高自我管理效能。360度考核强调及时、客观的反馈能够促使被评价者正确认识自我,改善自己的工作行为表现。

4. 促进发展

一般来说,在360度考核的结果反馈中,均设有个人发展计划和指导,这些咨询意见和建议一旦被评价者接受,就能够促进个人的职业生涯的发展。同时,360度考核还能够增强组织的竞争优势,有助于强化组织的核心价值观,通过加强双向沟通和信息交流,建立更为和谐的工作关系,这样既能增加员工的参与度,也能帮助管理者发现并解决问题,提高组织的整体绩效。

第二节　360度考核的实施步骤及操作要点

一、360度考核的实施步骤

一般而言,为了保证360度考核达到预期的目的,必须根据组织的实际情况和需要,认真设计正规的、有针对性的360度考核方案和实施过程。

1. 项目设计

首先决定是否采用360度评价模式,需要进行需求分析和可行性分析,在确定实施该评价模式后,应编制基于职位胜任特征模型的调查问卷,这些问卷可以针对本企业的特殊要求来编制,也可以向咨询公司购买成型的问卷,但不能简单搬用基于异国文化、不同行业的问卷,最好做一些需求调查,再决定采用什么评价问卷。

2. 实施评价

360度考核的实施包括六个环节:

(1)组建360度考核队伍。此处应注意的是对于评价者的选择,无论是由被考评人自己选择还是由上级指定,都应该得到被考评者的同意,这样才能保证被评价者对结果的认同和接受。

(2)对评价者训练和指导。对被选拔的评价者进行如何向他人提供反馈和评估方法的训练和指导。

(3)实施360度考核。在这个阶段需要对具体实测过程加强监控和质量管理。比如,从问卷的开封、发放、宣读指导语到疑问解答、收卷和加封保密的过程,实施标准化管理。如果实施过程未能做好,则整个结果可能是无效的。

(4)统计评分数据并报告结果。目前,已有专门的360度考核软件用于对统计评分和报告结果的支持,包括多种统计图表的绘制和及时呈现,使用起来相当方便。

(5)让被评价人认识到360度考核的目的。对被评价人进行如何接受他人的反馈的训练,可以采用讲座和个别辅导的方法进行,关键在于建立对于评价目的和方法的可靠性的认同。与奖励、薪酬挂钩只是一个方面,更要让被评价者体会到,360度考核结果主要是用于管理者、员工改进工作和为未来发展提供咨询建议的。

(6)针对反馈问题制订计划。企业管理部门针对反馈的问题制订行动计划,这一环节也可以由咨询公司协助实施,由他们独立进行数据处理和结果报告,其优越性在于报告的结果比较客观,并能提供通用的解决方案和发展计划指南。但是,企业的人力资源管理部门应当尽可能在评价实施中起主导作用,因为任何企业都有自己特有的问题,而且企业的发展战略与关键管理者的工作行为息息相关,涉及市场竞争的策略,多方面的专家结合,评价效果会更好。

3. 效果评价

这里主要是指现场评价和反馈工作完成后需要进行的工作,主要包括两个方面:

(1)确认执行过程的安全性。由于360度考核中包括了上司、同事及其他人员的评价,要检查数据收集过程是否符合测试要求;此外,在数据处理时,还应当考虑不同侧度评价准确性的差异。

(2)评价应用效果。客观评价这种方法的效果,此外还应当总结评价过程中的经验和不足,找出存在的问题,不断完善整个评价系统。

二、360度考核的关键点

1. 评价目的

360度考核的主要目的应该是服务于员工的发展,而不是对员工进行行政管理,如提升、工资确定或奖惩等。实践证明,当用于不同的目的时,同一评价者对同一被评价者的评价会不一样;反过来,同样的被评价者对同样的评价结果也会有不同的反应。当360度考核的主要目的是服务于员工的发展时,评价者所做出的评价会更客观和公正,被评价者也更愿意接受评价的结果。当360度考核的主要目的是进行行政管理时,评价者就会考虑到个人的利益得失,所作的评价相对来说难以客观公正;而被评价者也会怀疑评价者评价的准确性和公正性。

这并不是说360度考核不能用于员工的行政管理,而是我们在把360度考核用于对员工的行政管理时,要注意在开始评价的时候,事先向员工如实讲清楚。不要在开始评价的时候,告诉员工评价结果将用于员工的发展,而在评价过程中或者评价之后再告诉员工评价结果将用于对员工的行政管理。否则就会使员工对管理层的信任大打折扣。

在实行360度考核时,要调查了解公司的内部员工之间的信任程度。若公司的内部员工相互信任程度比较低,最好不要引进360度考核法对员工个体进行评价;也许公司可以考虑引进360度考核法对公司的组织文化、组织气氛进行评价,以帮助提高内部员工的信任程度。

2. 评价者

在360度考核的过程中,受到信息层面、认知层面和情感层面因素的影响,可能会导致所获得的评价结果是不准确的、不公正的。

(1)从信息层面来说,评价者对被评价者所承担的职位角色可能并不是非常了解,也有可能不知道应该对被评价者的哪些行为表现进行评价,也可能没有或者很少有机会观察被评价者的行为表现。由于没有掌握相应的信息,或者了解的信息不够全面,会使评价结果出现误差。

(2)从认知层面来讲,由于对人的评价是一项复杂的活动,需要评价者获取、储存、提取并集成不同时间段与被评价者所担任的职位、工作业绩有关的信息,来对被评价者做出评价。而评价者可能会简化这项活动,只是根据他们对被评价者的整体印象,而不是具体的行为表现来对被评价者进行评价。

(3)从情感层面来说,评价者可能会无意识或有意识地歪曲对被评价者的评价。

因此,在进行360度考核之前,应对评价者进行选择、指导和培训。让评价者对被评价者的职位角色有所了解,让评价者知道如何作出正确的评价。

3. 结果反馈

360度考核最后能不能改善被评价者的绩效,在很大程度上取决于评价结果的反馈。评价结果的反馈应该是一个双向的反馈。

(1)应就评价的准确性、公正性向评价者提供反馈,指出他们在评价过程中所犯的错误,以帮助他们提高评价技能。

(2)应向被评价者提供反馈,以帮助被评价者提高能力水平和业绩水平。

在评价完成之后,应该及时提供反馈。360度考核方法的价值不在于取得那些被填好的表格,而是在于通过这些信息发现员工的长处和不足,以帮助员工提高绩效,它最终的成功取决于人的因素,即人与人之间的沟通。

三、360度考核实施的注意事项

为了确保360度考核的顺利实施,在具体的实施过程中还必须注意以下问题:

(1)获得高层领导者的支持。本来人们对评价就抱有一种防御的态度,实施新的评价方法更容易受到怀疑和阻力,获得高层领导的支持,自上而下地推行,将有利于实施过程的顺利进行。

(2)进行充分的信息沟通。要在组织中事先进行充分的信息沟通,使全体员工认可调查的重要性和优越性,建立相互信任,这也是顺利实施360度考核的前提之一。

(3)提高员工的参与度。在实施的过程中,要尽量使全体员工都参与其中。全员参与有助于共同推进评价工作、结果反馈,达到组织的预期目标。

(4)及时提供反馈。评价后应及时向被评价者提供反馈结果,并提供解决问题的方案和资源支持。

第三节 360度考核的优缺点

一、360度考核的优点

360度考核法与传统的考评方法相比有如下优点。

(1)具有更多的信息渠道。与传统的考评方法相比,可能更容易发现员工工作中存在的问题或员工的优点。

(2)增加了信息的可信度。在传统的反馈方法中,只有经理一个人评估,员工有可能对反馈的信息持怀疑态度,因为它只是来自一个人的信息,而这个人可能对自己有偏见。在360度考核法中,如果从上司、同事和客户都得到同样的信息,那么这个信息是很难怀疑的。比如,客

户、经理和同事都说小王的沟通能力有问题，或许小王就更可能接受这条反馈意见，因为它是来自不同渠道的信息。

二、360度考核的缺点

（1）收集信息的成本较高。360度考核法涉及的数据和信息比单渠道反馈法要多得多。这个优点本身就可能是个问题，因为收集和处理数据的成本很高。同时，由于有大量的信息要汇总，这种方法有变成机械和追逐文字材料的趋向，即从两人的直接沟通变成表格和印刷材料的沟通。

（2）由于360度考核法侧重于被考核者各方面的综合考核，属定性考核，主观评价有时候占主导地位，缺少定量的业绩考核。当公司根据这些信息采取奖惩行动时，它也可能由于不够客观和具体而起不到有效作用。

（3）当各种渠道的评分和信息不一致时，理解这些评分和信息就会变得困难，因为这些渠道并非总是一致。例如，对同一员工的团队合作能力问题，经理评为优，同事评为中，而客户评为差，这时应该怎么办？

（4）在使用360度考核来提取员工绩效信息时，由于参与考核的主体较为复杂，因此，需要采取相应的措施来保证考核信息的质量。当英特尔公司建立了360度考核体系后，它还建立了以下保障措施以使考核信息的质量达到最优和可接受程度达到最大：①确保匿名，确保员工不知道其他任何人对他的考核，不包括上级；②信息反馈者负有责任感，上级应该与每个参与考核的人员进行讨论，让每个人知道自己是否正确使用了考核标准，自己是否做出了可靠考核以及其他人是如何参与考核的；③防止对系统"开玩笑"，有些人试图通过打超高分或超低分来帮助或伤害某个员工，上司应该查处这些明显的"作弊"行为；④使用统计程序，使用加权平均或其他数量方法来综合考核，上级应该慎用主观的方法，因为这有可能对系统造成破坏；⑤辨认和鉴别偏见，如检查是否存在年龄、性别、种族或其他方面的偏见。

三、360度考核的适用条件

360度考核法虽然在实践中效果显著，但是也存在明显的不足，因而并非适用于所有的社会组织，它的适用条件具体包括以下几点。

1. 针对中高层管理人员

360度考核法主要针对中高层管理人员的绩效考核，对组织中管理层级低的众多基层人员并不适应。因为360度考核方法操作流程相对比较复杂，在这种条件下一方面大面积的使用会造成企业成本过高，另外一方面在管理上也会造成一定的困难。

2. 考核内容侧重于发展因素

360度考核的重心在于发展，目的是通过考核，使被考核者能够正确认识自身的不足以及工作成效，继而获得具体改善的方向。对于社会组织而言，360度考评的结果可用于指导员工的培训、调配、晋升及任免，获得组织人员管理上的成功。所以在设置考核内容时，项目多为与被考核的自身素质以及与企业发展相关的内容。

3. 必须以稳定的组织环境为前提

组织必须在战略上、架构上以及人员流动上具有相对的稳定性，360度考核法是基于被考核者周围的人员对其在一定程度上的认识。一个动荡不安的组织环境无法有效保障360度考核法的实施,考核结果也没有参考意义。例如一些快速成长的企业、战略转型中的企业、组织结构和人员变动频繁的企业,360度考核法都是不适用的。

4. 必须以优秀的企业文化为依托

在360度考核的过程中,五个主要的评价主体在评价的过程中,主观因素占了很大一部分。虽然考核主体的多元化在一定程度上使评价更趋于全面化,更贴近事实,更能保障考核结果的公平性,但是在另外一方面,如果企业没有优秀的文化做依托,很容易滋生诸如私自泄愤以及拉帮结派等不良的风气。因此,在一个企业,如果没有信任、开放的文化,那么360度考核法也是不适用的。

本章小结

本章主要介绍了360度考核的基本内涵、特点及适用条件,阐明了360度考核的具体实施步骤和操作要点,并对360度考核的优缺点进行了分析。

360度考核法是一种全视角考核法、多源评价法。最终的目的在于促进组织与个人的共同成长,促进组织的变革和绩效的改进。如果企业能够通过360度考核法或者自下而上的反馈评价来强化管理者的自我意识,那么这个社会组织的文化将会变得更加开放和富有参与性,能够更快对内外部客户的需求做出反应。这将大大提升组织的竞争能力。

课后思考

1. 简述360度考核法的含义和特点。
2. 360度考核法实施步骤及操作要点有哪些?
3. 试述360度考核法优缺点和适用条件。

案例分析

【案例6-1】　　　　360度考核如何执行

上个月的季度考核结果下来了,市场部李主管气冲冲地跑到人力资源部,跟小张投诉:同部门个别同事给他穿小鞋,在360度考核反馈时,有故意打低分的行为,导致他的考核与往月相比差很多。投诉完后,他还撂下狠话:绝不接受这次考核结果,如果不还给他公平,就不干了。

小张听完后头都蒙了,要是因为一次360度考核,导致李主管辞职,这个锅她可背不起。但事实是,李主管在过去两个月与部门多位同事发生过不愉快的争执,这次他的考核结果偏低,与他们肯定脱不了干系。

但问题是,这两件事是否有必然联系,小张也无从查证。总不能直接找那些打低分的同事直接问。而且,绩效考核结果一旦出来,再重新改肯定不合适,总不能为了一个李主管惹得众怒。

一、执行过程中的问题分析

从这个案例中可以看出360度考核的缺点非常明显,特别是在同事的反馈评估过程中,很容易出现偏差。

关系好的分就打高点,有时候碍于情面或者为了以后更好地相处,明明表现得很差,也会打个中等的分数。甚至有些中层领导,在给下属打分的时候也会很犹豫,毕竟人是自己招来的,打得太低自己颜面也挂不住。或者,涉及下属晋升的时候,为保全自己部门的实力,打低分不放行。

尽管360度考核不尽如人意,但问到小张是否用其他考核工具来替代的时候,她坚决地否定了,在没有更好的工具之前,它是最合适的。毕竟相对于传统的考核工具来说,360度考核对员工绩效有一个更为全面的了解。

从上面案例中可以看出,很多HR在运用360度考核的时候存在着很多难题,除了得到被扭曲的反馈效果外,还有该工具的反馈结果强调惩罚性作用,容易打击员工积极性。美国资深HR研究专家Toegel和Conger曾经提出,360度考核应该分为两个方向,一个是专业发展,另一个是针对绩效评估。

但是国内很多企业的HR不认同这种观点,在他们的思维定式中认为,专业发展和绩效评估都是融合在一起的,绩效考核的终极目的是发展,而发展是以现实的业绩表现为基础。

所以,小张采取的做法就是在现有基础上做些改进。比如,在公布360度绩效考核结果之前,对打分异常的同事做一个私下沟通,了解一下到底是因为私人原因,还是确实工作上出现了问题,再决定考核结果。

这样做的好处是,能留给人力部门回旋的余地,不至于陷入员工对考核结果不满而闹情绪的困境。

二、360度考核应遵循的4大原则

其实,我们应该以开阔的思维来做360度考核,在执行之前我们是否遵循了以下几个原则。

1. 为反馈做出详细明确的标准

在360度考核过程中,最难的就是量化标准。可以参考联邦快递的做法,上司的反馈来自传统的年度绩效评估过程,直接下属的反馈是来自雇员对他们的管理人员的领导能力的调查,同事的反馈则来自"内部客户"的调查,所有的数据都会被汇总整理,最后与薪酬紧密挂钩。

制定360度考核量化的标准有很多,在此基础模型上根据公司实际情况做出相应调整,才能找到最适合自己的方法。

2. 重视组织外的反馈

有时候组织外的反馈会更有效真实些,某物流公司鼓励员工接受来自客户、企业合作伙伴、供应商和其他外部顾客的反馈。与此同时,他们还适度提高外部反馈占考核的比例,将员工的关注点引到外部反馈中去,降低了内部客户的一些不确定性。

3. 明确360度考核工具的目标和结构

比如,我们把360度考核的目标定为"帮助发现员工需要改善的地方,而不是直接决定薪酬"。这样做的好处是让员工知道,360度考核是用于员工发展的,而不是决定他们的薪酬、晋升与职业方向,在填写反馈的时候也就"敢说实话",减少顾虑。

4. 培养直率信任的企业文化

有经验的HR都认为,360度考核必须以信任与直率为基础,培养这种企业文化在实际执行过程中能省不少事情。在福特欧洲公司,360度反馈被评估人可以点名要求谁来评估。

在这个过程中,很多评估者与被评估者之间,甚至会彼此讨论评估过程,由此可想象其结果的真实程度。

【案例6-2】 360度考评在Z公司绩效考核中的成功应用

"听起来很有道理,实施起来很难"这是众多人力资源管理人员在具体的绩效考核工作中,运用360度考评反馈时做出的评价。但是只要运用得当,完全可以充分发挥360度考评反馈的作用,获得预期的效果。实践也证明了这一点,目前Z公司在中层管理人员试用期满考核、内部竞聘上岗、员工年度考核等方面均采用了此方法,都取得了非常好的效果。本案例分析将以Z公司中层管理人员试用期满考核为例,分析如何成功地将360度考核反馈用于绩效管理工作实践,供人力资源管理人员参考。

一、绩效考核背景

Z公司为南京地区一家拥有多家控股子公司和参股子公司的国有控股上市公司,主要从事市政基础设施、房地产、优质股权投资等业务,其股票目前已入选上证180指数样本股、上证红利指数样本股、上证180价值指数样本股。公司去年任用的一批中层管理人员的试用期将满,现在希望通过考核决定是否正式聘用。为此,要求人力资源部拿出具体的实施方案并组织实施考核工作,为公司进行人事决策提供参考。

二、考核方案设计分析

公司中层管理人员试用期满考核工作,是建设一支高素质、高水平中层干部队伍的需要,是满足公司不断发展的战略需要。这项工作的开展直接关系到被考核人的切身利益,关系到公司人力资源效能的发挥,关系到公司的可持续发展。做好这项工作需要采取360度考核法综合被考核人同级、上级、下级等多方面的意见,对被考核人进行全面、客观、公正的评价。为了达到这一目的,人力资源部在考核内容、民主测评表设计、考核程序、考核组织、考核责任等五个方面进行了仔细设计。

(一)考核内容

围绕被考核人的岗位职责和所承担的工作任务,以履行职责和完成目标任务情况为主要依据,全面考核德、能、勤、绩、廉,重点考核工作实绩。这些考核内容在下文即将提到的《Z公司中层干部试用期满考核民主测评表》《Z公司中层干部考核表》以及组织考核中进行了统一,以确保考核内容的一致性。

(二)民主测评表设计

民主测评表的设计主要有四个要点:

(1)权重的分配。首先,在考核人的权重分配上,考虑到中层管理人员直接向高管汇报工作,中层管理人员之间存在协作关系,中层管理人员在一般员工中起团队领导的作用,基于此,在考核人的权重分配上,设计高管、中层干部、一般员工的权重分别为0.4、0.3、0.3。其次,在考核内容的权重分配上,按公司对中层管理人员的要求,设计德、能、勤、绩、廉各项的分值分别为25分、20分、15分、30分和10分。再次,在优秀、称职、基本称职、不称职四级量表的权重分配上,为了让被考核人的民主测评得分分布在一个合理的区间,确保民主测评结果的精确性,设计优秀、称职、基本称职、不称职的权重分别为0.95、0.7、0.6、0.5。

Z公司中层干部试用期满考核民主测评表如表6-1所示。

表 6-1　Z 公司中层干部试用期满考核民主测评表

1. 请先注明您的身份,在相应括号中打"√"。
高管(　)　中层干部(　)　一般员工(　)
2. 请您根据被考核人的实际情况,在相应栏目中打"√"。
3. 权重:高管 0.4,中层干部 0.3,一般员工 0.3。
4. 德,指思想政治素质及个人品德、职业道德、社会公德等方面的表现;能,指履行职责的业务素质和能力;勤,指责任心、工作态度、工作作风等方面的表现;绩,指完成工作的数量、质量效率和所产生的效益;廉,指廉洁自律等方面的表现。

考核内容			被考核人姓名					
			张三	李四	……	……	……	……
德	优秀	0.95						
	称职	0.7						
	基本称职	0.6						
	不称职	0.5						
能	优秀	0.95						
	称职	0.7						
	基本称职	0.6						
	不称职	0.5						
勤	优秀	0.95						
	称职	0.7						
	基本称职	0.6						
	不称职	0.5						
绩	优秀	0.95						
	称职	0.7						
	基本称职	0.6						
	不称职	0.5						
廉	优秀	0.95						
	称职	0.7						
	基本称职	0.6						
	不称职	0.5						
综合评价	优秀	0.95						
	称职	0.7						
	基本称职	0.6						
	不称职	0.5						

(2)考核人身份的区分。因为不同考核人的权重不同,所以,为了区分考核人,需要设计考核人身份选项。

(3)测评方式。为了保证测评结果的客观性,采取无记名的方式。为了简化测评,方便考核人,测评时用选择的方式代替了常用的打分方式。

(4)民主测评结果。民主测评以百分制计分,满分100分,结果分为优秀、称职、基本称职、不称职四个等次。优秀:90≤综合评价≤100,称职:70≤综合评价<90,基本称职:60≤综合评价<70,不称职:0≤综合评价<60。

(三)考核程序

考核按个人总结与自我评价、述职与民主测评、组织考核、撰写考核报告、确定考核结果、应用考核结果的次序进行。

(1)个人总结与自我评价。要求被考核人围绕德、能、勤、绩、廉五个方面认真地进行个人总结,填写"Z公司中层干部考核表",并做出自我评价,在试用期满前一个月将表格交至人力资源部。要求总结既要肯定成绩,又要找出存在的不足之处并提出改进措施,内容力求翔实,避免空洞。这是为了尽可能地减少个人小结与民主测评出现背离的现象,对被考核人也是一种监督手段。

(2)述职与民主测评。召开述职与民主测评大会,首先由考核工作小组宣布大会议程和考核有关事项,要求考核工作必须严格执行考核程序,按步骤实施,实现考核工作的规范化,要求所有考核人本着对公司负责、对他人负责、对自己负责的态度,结合被考核人的实际情况对被考核人员进行客观、公正地评价,正确行使自己的权利,切忌主观片面或感情用事。再由被考核人进行述职,之后由有关考核人对被考核人进行民主测评。测评之前的被考核人述职,一方面是为了让所有被考核人对考核人有一个更加全面、深入的了解,另一方面也是对被考核人人品的一个很好的检验。

(3)组织考核。组织考核由考核工作小组安排进行,主要向被考核人的同级、上级、下级进一步了解情况,并做好笔录。这里有两点特别需要注意的地方,一是组织考核的环境要有一定的私密性,让被考核人有安全感,进而敢于客观地对被考核人进行评价;二是具体访谈对象要由考核工作小组抽取,避免访谈对象是经过刻意安排的,影响访谈效果。组织考核、个人小结以及民主测评三者可以起到相互验证的作用。

(4)撰写考核报告。考核工作小组根据民主测评结果,结合被考核人的个人小结以及组织考核记录,撰写"考核情况报告",对被考核人的考核情况进行客观描述,并对民主测评结果的可靠性进行分析,同时提出任免建议。这首先要求报告撰写人员必须全程参与考核,其次要求报告撰写人员在撰写报告时能够做到客观、公平、公正,再要求报告撰写人员有很强的判断能力、逻辑思维能力和文字功底。

(5)确定考核结果。考核工作小组将"考核情况报告""Z公司中层干部考核表"连同民主测评结果,依次送呈人力资源部、人力资源分管副总裁签署考核意见,最终由考核领导小组审议并确定考核结果。

(6)应用考核结果。根据被考核人考核结果,经公司总裁办公会研究后直接任免或向有关控股子公司董事会提出任免建议。考核结果为称职以上(含称职)等次的人员,续任现职;考核结果为基本称职等次的人员,进行诫勉谈话后提出任免建议;考核结果为不称职等次的人员,免去其现职,组织另行安排。

(四)考核组织

考核设考核领导小组和考核工作小组,考核领导小组组长由公司总裁担任,副组长由公司副总裁担任;考核工作小组组长由公司分管人力资源副总裁担任,副组长由人力资源部总经理担任,组员由人力资源部有关工作人员组成。这是为了让考核工作得到公司领导的支持,引起大家的重视,对考核工作的有效开展能起到很好的组织保证作用。

(五)考核责任

要求被考核人要把考核视为全面总结自己,提升自身素质的一次机会,给予高度重视,不得弄虚作假或给考核工作小组设置障碍,否则一经查实将取消其考核资格,免去现职。考核责任的落实是为了尽可能地消除被考核人的干扰,打消考核人的顾忌,营造一个宽松的考核环境。

案例讨论

1. Z公司是如何在绩效考核中应用360度考核法的?
2. Z公司应用360度考核体系成功的关键是什么?

第七章 OKR考核法

学习目标

1. 了解OKR考核法的含义和特点
2. 清楚把握OKR考核法使用条件和实施流程
3. 能辨析OKR考核法与KPI法的区别

开篇案例

Facebook的OKR

脸书(facebook)的目标与关键结果(objectives and key results,OKR)绩效管理主要有四个特点：

1. 关注对团队与个人有重大影响的事项

在Facebook,OKR制定员工个人的目标、团队的目标以及公司的目标时,要关注对团队和个人有重大影响的事项,在目标制定的时候是以结果为导向或者以影响力为导向。Facebook的OKR会在每个季度开始之前让员工进行思考,有哪些事情从影响力的角度来说是值得做的,有哪些事情是你想做的,然后取两者之间的交集,再列举若干有一定概率(通常建议是2/3)能达成目标的手段。

2. Facebook的OKR制度更为宽松

Facebook没有强制要求全公司上下执行OKR,在实际执行时其思想是目标驱动的,只是大多数团队都不使用专用OKR工具来管理目标,而是随便找个Wiki之类的列举目标和以不是那么严谨的方式来跟踪目标。实际上,Facebook执行的是非常宽松的OKR制度。

3. 使用同事评审(peer review)来进行绩效考核

Facebook同样把绩效考核的事情交给同事评审(peer review)来做,一般每6个月做一次,主要是分成四个部分:自评、同事评价、直属上司评价和老板评价。员工可以决定这个考核是否对外开放,考核结果能被谁看到。在Facebook,一般有85%左右的员工会选择开放,这是很恐怖的一个数据,可以说大家基本上互相之间都是开放的。

4. 绩效考核结果与奖金、股票激励挂钩

虽然索玛立方块实验告诉我们,管理者在人才管理和激励问题上,需要避免犯的最大错误之一:夸大并依赖于物质激励的作用。考核和奖励像是咖啡因,能带来短期效应爆发,却难以持续,从而破坏人才工作的长期积极性。但是这样就能表明企业和员工就不需要咖啡因的刺激了吗？答案绝对是否定的。

第一节　OKR 的概念和特点

一、OKR 的概念

目标与关键成果法(objectives and key results,OKR)是由安迪·格鲁夫(Andy Grove)构建的基本框架,它是根据管理大师彼得·德鲁克(Peter Drucker)管理英特尔公司时用的目标体系发展来的。之后,约翰·杜尔(John Doerr))开始在他投资的创业公司中推广并使用OKR。简而言之,OKR起源于英特尔公司,后来谷歌、领英等公司使用后,公司业绩都实现了持续高速的增长。

"OKR"中的 O 表示目标(objective),KR 表示关键结果(key results)。目标就是你想做什么事情(如上线一款电商平台),关键结果就是如何确认你做到了这件事(如一天1万浏览量或一天5万元订单)。KRS 是产出导向,而不是做事导向(所谓产出导向就是关注做事情的成果,而不是仅仅关注事情做了没有)。OKR 要求公司、部门、团队和员工不但要设置目标,而且要明确完成目标的具体行动。按照年度、季度设置 OKR 都可以,但一定要关联上公司的愿景、使命。

二、OKR 的特点

与传统的绩效管理工具相比,OKR 工具在操作层面有着以下几个方面的特点。

1. OKR 特别强调适应互联网时代的外部环境变化

互联网时代的信息互联技术首先彻底打破了沟通壁垒,从而加快了外部市场、消费者需求等环境的演进与变化速度;同时外部环境变化频率的加速,不仅仅体现在市场信息互换上,还体现在沟通方式甚至科学技术上(例如信息技术与物理技术的融合)。外部环境的这一特性,要求互联网时代的战略绩效管理必须能够提高针对外部环境快速变化的适应能力,在战略目标与绩效指标设定上要做好长、中、短期的平衡。OKR 根据公司中长期战略分解年度目标(O),首先实现长期、中期目标的联动,同时为了确保年度目标(O)的实现,OKR 可以结合外部环境的短期变化,以季度为单位调整季度目标(O)并讨论支持季度目标(O)实现关键工作成果(KR)。

2. O 必须是具有挑战性的,根据不同组织层级设计年度、季度 OKR

在 OKR 的操作规程中,无论是年度目标(O)还是季度目标(O),目标务必是具体的、可衡量的,具体到时间段、数量、金额等,最好是可量化的,可以用计算公式计算的数字。

同时目标是要有野心的,有一些挑战的。如果能够顺理成章或没有太大挑战即可达成的目标是不能作为 O 的。这种具体的、可衡量的、有野心的、有挑战的目标可以分解在组织的各个层级,包括公司、部门、主管及基层员工级的 OKR,如前所述目标(O)的设定一般是年度、季度分解,关键工作成果(KR)则以每季度研讨设定。

3. 60%的 O 来自底层,每个组织层级5个 O,4个 KR

OKR 认为60%的 O 最初应当来源于底层:下面员工的声音应该被听到,这样大家工作会更有动力。因此在制定战略目标,分解年度目标(O)、季度目标(O)的时候要集思广益,广泛收集广大员工的意见,在实践中还可以尝试召开OKR的底层员工座谈会。一旦60%的目标设定得到了底层员工的广泛理解、认可,在执行过程中也很容易实施。同时为确保目标的聚焦,OKR认为每个组织层级的O最多5个,每个O最多对应4个KR。

4. KR强调创新,一般不会保留在下个周期

KR是实现目标(O)的关键驱动因素,以产出或成果为基础。同时KR不是常规的、不变的、重复性的工作任务,而是特别强调创新,每个季度需重新定义、确认KR。在实际操作中,要根据季度目标(O)重新分析支持目标实现的KR,上一季度的KR即使没有完成也不能延期保留到下一季度实施,而是抱着清零的心态重新根据下一季度目标(O)讨论关键驱动因素,根据关键驱动因素推导不超过4个的KR。

5. 年度、季度都为相应的OKR打分

OKR的打分周期一般以季度、半年或年度为周期进行操作。

6. OKR并不是与BSC、KPI等工具非此即彼、水火不容

任何一个公司,都可以运用BSC实现战略解码,一部分员工使用OKR,一部分员工使用KPI。但是我们应该看到,BSC、KPI的思路是自上而下,首先确定组织目标,然后对组织目标进行分解直到个人目标,然后对个人目标进行量化。而OKR的思路是一定程度上的自下而上,个人提出目标,然后汇总成公司的目标。因此操作中要做好自上而下、自下而上的结合。

7. OKR对员工能力素质提出更高的要求

在很多企业的日常工作中,绝大多数员工并不具备OKR所要求的主动、客观地提出自身目标的能力素质。所以BSC分解KPI式的自上而下管理,对绝大多数企业、常规性的普通岗位更有效。佐佳咨询在实践中发现,很多企业推进OKR自下而上设定目标的愿望是美好的,但是实践价值并不大,尤其是目标(O)的设定,有些企业让员工自己提出目标(O),结果令人失望甚至让人哭笑不得。但是OKR让员工参与的思想却是好的,我们可以在战略制定、目标分解、KR制定等环节让员工充分参与进来;同时实践也表明OKR对于研发、IT等强调创造性及项目运行制的部门似乎更加有效。

8. OKR强调基层群策群力,重视员工主观能动性、创造性

OKR体系下的目标,是由个人提出,然后由组织确定,这点与常规的KPI自上而下的方式不同。这种思想与目标管理法十分类似。1954年,德鲁克提出了"目标管理和自我控制"的主张。德鲁克认为,并不是有了工作才有了目标,而是相反,有了目标才能确定每个人的工作。

三、制定OKR原则

1. OKR要能支撑战略

OKR是为战略服务的,要时时记得它的目的是什么。要做到支撑战略,就需要我们确定出正确的OKR。

2. OKR的典型特征是在精不在多

因为OKR是用来明确工作重心的,公司在一个时间段只能有一个目标。这是少而精的原则,是基于聚焦的考虑。往往决定一件事成败的因素就那么几个,我们要找出这几个关键指标,然后集中优势资源完成关键指标。

3. 把握OKR目标难度

从完成目标的把握性来看,能完成目标的把握大概在5成以上,6~7成为最佳,当然前提是执行是没问题的。如果能完成目标的把握性小于5成,很可能目标定的太难了,这样容易让人受挫。如果完成目标的把握性有10成的话,目标就定得太简单了,起不到目标的拉动作用。最佳的OKR应该是既有挑战性,还要切合实际。

4. OKR一定要可以衡量

完备的OKR不仅要制定大的"目标",也要确立易于衡量的"关键成果"。不可衡量的目标,不能叫目标,最多叫方向。像"提高团队士气"这种就是不合格的。像"使产品从访客到留存的转化比率提高到百分之多少"这种,到季度结束,完成与否,完成程度是非常明确清晰的。在实际实施过程中,是允许目标适度模糊的,但关键结果必须可量化。

5. OKR一定要有截止时间

不设截止时间的目标,也不是目标,起码是不完整的目标,在执行时往往会造成一拖再拖,变得拖拉不堪。

6. 要有60%以上的目标是自下而上提出的

一件自己认为重要并提出要做的事,和上级分配的任务,做起来的动力是不一样的。给予员工一些自主(要做什么,什么时候做,什么方式做),总是能很好地激发自我驱动力。

7. 目标必须100%的都是经过协商并同意的

如果做不到自主的提出,而战略又需要更高的目标,领导就可以跟负责的员工协商定出目标,但一定不能是命令,否则很容易毁掉员工的自我驱动力。

四、对OKR设定的基本要求

(1)O值设定必须是具体可量化的,具有一定挑战性的。

(2)O的数量每季度设定4~5个。

(3)每个O的KR不超过4个,指向实现目标,以产出或成果为基础,可衡量,且不是常规的(要求创新)。

(4)OKR一旦制定,将进行公开,以保证透明度和公平性。

(5)每季度进行一次考评。

第二节　OKR的实施流程

一、实施标准步骤

1. 明确企业的使命

在实施OKR前,先应明确企业的使命。一个好的公司使命应该简洁到每个员工都能牢牢记住,而一个绝好的使命更是直接而又极具鼓舞性。谷歌公司的使命便是"整合全球信息,使人人皆可访问和受益"。亚马逊公司的使命是"成为地球上最以客户为中心的公司,客户可以在亚马逊找到并发现他们想在线购买的任何东西,并努力为客户提供最低的价格"。即使你忘记了其他的使命,但你依然可以记住"以客户为中心"的核心使命。使命的描述要简短,并且容易记忆。当你在工作中遇到问题的时候,这个使命就会一下子从脑海里蹦出来指引你找到答案。

可以用格式描述公司的使命:我们通过"什么样的价值主张"在"什么领域或行业"改善人们的生活或减少人们的痛苦,写出来后再进一步调整。把改变行业市场、商业模式这些内容都加入公司使命里,先试着去描述一个你能坚持最少5年的使命。在很多方面,使命和目标在OKR模型里有很多共同之处,它们都极具启发性和易于记忆;关键区别在于时间的跨度:目标对应的只是一年或者一个季度,使命对应的时间则要长一些。

使命让你保持正确的方向,OKR给你明确的里程碑,让你更专注。实行OKR却没有使命,就好像有了汽油却没有飞机一样,不仅会让公司管理混乱、方向不明确,甚至还有潜在的危机。当你有了使命,再去确定某个季度的目标,指向性就会明确得多。你再也不会觉得什么事情都需要做,你会知道自己什么时候应该做什么事情,一切都在计划之中,这时你可以做一些更有挑战的事情,因为你已经有明确的方向了。

2. 设定目标O

目标务必是具体的、可衡量的,具体到时间段、数量、金额等,最好是量化数字。目标更像一个使命宣言,只是周期更短一些。好的目标能够激励团队斗志,它看起来会比较难以实现,但是仍然有希望在设定的时间内由指定的团队独立达成。

以下是几个好的目标:

(1)拿下南湾地区的咖啡直销零售市场!

(2)推出一个很棒的最小化可行产品(MVP)。

(3)改变帕洛阿尔托地区的优惠券使用习惯!

(4)完成一轮融资。

下面则是几个不太好的目标:

(1)销售额提升30%。

(2)用户增加一倍。

(3)B系列产品收入增加到500万美元。

为什么这些是不太好的目标？因为它们实质上是关键结果。目标是要有野心的，有一些挑战的，有些让你不舒服的。如果能够顺理成章或没有太大挑战即可达成的目标是不能作为目标 O 的。

3. 明确每个目标的 KR

所谓 KR 就是为了完成这个目标我们必须做什么？也就是所有的目标都是通过行动来实现的，那么这个行动是什么？简单地说，为了达到这个目标 O，你打算怎么做？

关键结果要使用那些振奋人心的语言并且需要量化。可以通过问一个简单的问题来确立它们，即"如何确定目标是否达成"，这也会让你定义出"真棒""干掉它""拿下它"的真正含义。通常有三个关键结果，它们基于可以量化的任何条件，包括用户增长、用户激活、收入增长、产品性能、产品质量。如果明智地选择出关键结果，可以使增长与性能、收入与质量这样的结果得到平衡。

目标：推出一个很棒的 MVP。

关键结果 1：40% 的用户在一周以内访问量增加两倍。

关键结果 2：净推荐值达到 8 分。

关键结果 3：15% 的转化率。

实现关键结果应该比较困难，但并非不可能。

OKR 设定的目标都是有难度的。起初可以给 OKR 设定一个 5/10 的信心指数，这表示"我有 50% 的把握达成目标"；1/10 表示"一点戏都没有"；10/10 表示"这个能搞定"，但同时也意味着这个目标设定得太低了。将 OKR 在每周的团队会议中分享，每周调整信心指数，讨论他们上升或下降的原因。不要在季度的中途更改 OKR，不要让团队分散注意力。团队能保持对目标和关键结果的聚焦，这才是 OKR 的关键点。

4. 检查 OKR 是否自上而下关联

公司应该设定公司的 OKR，然后每个部门都要思考如何设定自己的 OKR，这样公司的 OKR 才会实现。一个团队可以将自己的 OKR 集中在单个关键结果上，也可以支持整个 OKR。举例来说，技术部可能认为客户满意度与网站加载速度紧密相关（事实的确如此），所以他们可以这样设定 OKR：

目标：产品性能达到知名公司的标准。

关键结果 1：99.8% 的产品正常运行率。

关键结果 2：小于 1 秒的响应时间。

关键结果 3：在用户看来，产品加载都是瞬间完成的（由调查来决定，90% 的用户表示页面加载为"立即"）。

你可以想象一些团队，比如产品部门，可以很容易地将他们的 OKR 与公司的 OKR 关联在一条线上，其他部门可能需要多费些力气才能做到。

OKR 很大一部分的价值就是沟通，沟通哪些事情是重要的、沟通我们能做什么程度，以及和已经偏离公司目标的执行团队沟通应该做哪些对的事情。

此外，每个人都应设定单独的 OKR，以反映个人成长以及明确如何支持公司目标。如果公司的OKR是围绕获取用户的,那么产品经理可能会把自己的目标定为"让销售变得厉害",然后他就会设定一个关键结果,即完成销售培训并让销售人员都拿到培训高分;另一个关键结果,即提高所负责产品的转化率。

个人的OKR可以让工作变得更有方向感,也能帮助公司变得更好,同时还是一个管理"问题"下属的好办法。在个人OKR设定的过程中,我们可以与"问题"下属一起设定目标,在这些"问题"出现之前纠正它们。通过设定可量化的关键结果,即使问题没有改善,我们也可以避免一些因个人偏见而受到的指责。

5. 检查追踪结果

检查追踪的目的不是监视下属工作,也不是严厉控制,而是帮助下属修正偏差,引导其进入工作的正轨。检查追踪的注意力要放在下属各个阶段的工作成果和工作进度上,视野也不应仅仅局限于他们短期的工作成果,还应看到他们付出的努力,看到他们长期的、将会取得的成绩。检查追踪的时间和精力重点不在"评",而应该在改进、解决,重点在培养出团队成员自我目标追踪及自我管理的态度。

(1)检查追踪结果的内容包括进度、实施质量、实施的均衡情况、协作情况、对策的落实情况、协商确定改进方法。具体如下:

①实绩是否达到要求的水准?偏差率多大?
②已采取的行动有效性。
③对出现的问题点所采取的对策有效性。
④发生什么障碍?
⑤无法克服的障碍因素是什么?
⑥无法控制的客观因素有哪些?
⑦实绩是否受到其他偶然因素的影响?
⑧用何种方法解决这些障碍?

在目标检查追踪过程中,管理者的态度或行为,会降低或增加追踪工作的效率,如果一直坚持事先预定的计划,下属就会养成自行培养出完成工作目标所需要的工作习惯,提高他们的工作素质和工作能力,发挥个人的才智。如果计划内的某些标准及目标,管理者自身都不热衷进行追踪,那么下属就不会去重视这件工作,计划、目标则成为一纸空文,从而造成下属各行其是的混乱后果,这给团队带来的负面效果会大大增加。

(2)检查追踪结果的方法。

①全面检查和抽样检查。
②自检和互检。
③定期检查与不定期检查。对于不能量化的目标或目标期较长的目标,检查期可以长一些,每季度或半年检查一次都可以。可量化的指标,通常可每月检查一次,有的甚至按月份下达目标,月初明确目标,月末检查完成情况,逐月检查。
④单项检查。单项检查是只检查目标实施的某一方面的情况,如只检查目标执行的进度,或者只检查目标执行中的协作情况等。

6. 定期回顾

每个员工在每个季度初需要确定自己本季度的OKR，并在本季度结束后需要根据自己这个季度的工作完成情况给OKR打分。每半年公司会进行一次绩效审核，主要是检查员工过去半年的绩效，并根据绩效审核的结果变更业务职级和薪酬。

每周做回顾和考评。要敢于承认关键结果没有达成或敢于承认关键结果设置的标准太低，从而吸取教训，做好下次的OKR设置。

OKR就是要通过实践、总结，不断发现、挑战团队的潜力，而不是把这个过程当作汇报、考核结果。因此，假如团队真的没有完成任何一个关键结果，就要一起思考一下为什么会这样、怎么改进。如果所有的目标都达成了，那就设置更有挑战的目标。

二、季度OKR会议流程

如果团队已经做好实施OKR的准备，怎么做好具体的时间安排也很重要。假设团队已经研究过OKR或者做过专门的训练，并且所有人都准确理解OKR的意义，那就可以按照下面的方法去实施。

（1）所有员工提交他们认为这个季度公司需要实现的目标。这能让这套方法顺利地执行下去，员工能直接参与公司目标的制定，会给企业文化注入一些有趣的东西。

（2）管理层用半天的时间讨论OKR。选择一个目标，需要通过争论、妥协的过程，这个过程值得多花些时间。然后继续给目标设置关键结果，作为目标更精确的补充说明。

（3）管理层作业。向各自主管的部门介绍公司季度OKR，并完成每个部门的OKR设置。部门经理和成员通过两个小时左右的会议，通过自由列举目标、归类分组关键结果、投票排序，做出最后的选择。

（4）总经理确认部门OKR。部门OKR设置完成后，总经理再确认一次，如果发现有的部门对公司OKR的理解有偏差，再通过一小时的会议继续和这个部门讨论。

（5）自上而下关联。部门经理在把公司和部门的OKR传达给下级子部门时，再用同样的方法制定各自的OKR。

（6）个人OKR（可选）。个人OKR需要上级领导确认，可以采用一对一的沟通方式，千万不要用邮件完成。

（7）全体会议。总经理向全员解释这个季度的OKR是什么，为什么是这样设置的，然后对其中几个进行示范性的任务拆解。解释的时候也要涵盖上个季度的OKR总结，指出上个季度的成果。整个会议要创造积极的气氛，并且让员工明白会议后就要立即付诸行动了。

三、实施方式

为方便理解，以目前月销售额不超过8万元的蛋糕店为例，演示OKR具体制定及考评过程。

1. 计划表

每季度初，由蛋糕店老板发起，逐级向下制定OKR项目，并对每项O涉及的KR进行权重。蛋糕店老板本季度的OKR如表7-1所示。

表 7-1 蛋糕店老板本季度的 OKR

序号	目标(O)	关键成果(KR)	KR 权重	O 分值
1	本季度总销售额达到 40 万元	4 月,达到 10 万元	20%	100
		5 月,达到 14 万元	30%	
		6 月,达到 16 万元	50%	
2	本季度官网得到不低于 12000 人的点击率	4—6 月不低于 5000 人的促销广告点击率	30%	100
		5 月,直接访问官网达到 2000 人	20%	
		儿童节活动得到 5000 人的点击率	50%	
3	本季度确保打造 5 款畅销蛋糕	4 月推出 10 款备选蛋糕	50%	100
		6 月,确定销量前 5 位的蛋糕,并在本月重点销售,总销售量达到 8 万元	50%	
4	略	略		100
		略		
		略		
		略		

注:每个 O 的分值是独立的,不进行总分合计。

根据老板的 OKR 计划表,可列出销售经理和产品经理的 OKR,见表 7-2、表 7-3。

表 7-2 销售经理的 OKR

序号	目标(O)	关键成果(KR)	KR 权重	O 分值
1	本季度销售额每月实现 40% 的上涨	4 月,通过店铺促销,销售库存抽空包装蛋卷、蛋糕 8000 份,实现增长 2 万元收入	20%	100
		5 月,新品销售旺季,拓展附近 3 家酒店后厨,销售所产小蛋糕、糕点,在确保销售收入基础上再提高 4 万元	30%	
		6 月,儿童节活动,推广新式儿童点心蛋糕,确保月销售额再增长 3 万元	30%	
		本季度推出会员计分模式,带动预存销售收入,季度结算增加 3 万元	20%	
2	本季度在 5 家网络媒体投放广告,确保不低于 5000 人的广告点击	略		100
		略		
		略		
		略		

续表

序号	目标(O)	关键成果(KR)	KR权重	O分值
3	略	略		100
		略		
		略		
		略		
4	略	略		100
		略		
		略		
		略		

注:每个O的分值是独立的,不进行总分合计。

表7-3 产品经理的OKR

序号	目标(O)	关键成果(KR)	KR权重	O分值
1	本季度推出5款畅销蛋糕	4月20日前,在现有蛋糕品种基础上筛选优秀品种蛋糕5款,并研发5款新品蛋糕	40%	100
		5月根据市场情况,优化10款蛋糕品相并跟踪其销量不低于5万元	30%	
		6月底前确认最高销售量的5款蛋糕作为畅销蛋糕,销售达到8万元	30%	
2	本季度减少库存面粉、奶油、罐头等原材料,缩减成本3万元	略		100
		略		
		略		
		略		
3	略	略		100
		略		
		略		
		略		
4	略	略		100
		略		
		略		
		略		

注:每个O的分值是独立的,不进行总分合计。

经理以下的店面销售、面包师、蛋糕师、采购等人员的OKR以上述两个经理的OKR为基础进行设置,在此不赘述。

2.考评表

每季度末,各参评人须将自己的 KR 执行情况上报直属上级,由上级领导针对执行情况进行打分,并按照季度初设定的权重进行换算(满分 100 分),得出每个 O 值实际得分。蛋糕店老板的 OKR 考评如表 7-4 所示。

打分规则:①单项 KR 完成百分比即为其单项 KR 的得分;②单项 O 的得分需将 KR 得分乘以权重后相加得到。原则上,O 得分在 60~80 分表明项目运作良好,60 分以下为需要改进;③若单项 O 得分达到 100 分,则我们需要回顾最初制定 OKR 的时候该目标 O 设置是否符合基本要求,即很可能目标设置太低,太容易,不具有挑战性。

表 7-4 蛋糕店老板的 OKR 考评

序号	计划 KR	权重	KR 完成	KR 得分	O 得分
1	4 月底,达到 10 万元	20%	4 月底 8 万元	80	64.3
	5 月底,达到 14 万元	30%	5 月底 8 万元	57	
	6 月底,达到 16 万元	50%	6 月底 10 万元	62.5	
2	4—6 月不低于 5000 人的促销广告点击率	30%	促销广告点击率 3000 人	60	40
	5 月,直接访问官网达到 2000 人	20%	访问达到 600 人	30	
	儿童节活动得到 5000 人的点击率	50%	点击率 1600 人	32	
3	4 月推出 10 款备选蛋糕	50%	推出备选 6 款	60	67.5
	6 月,确定销量前 5 位的蛋糕,并在本月重点销售,总销售量达到 8 万元	50%	5 款蛋糕销售量达到 6 万元	75	
4					

市场部经理和产品部经理的 OKR 考评表的填写方法与上述总经理的 OKR 考评表填写方法一致。

每季度末进行 OKR 考评后,需认真进行本季度 OKR 执行情况的分析总结,单项 O 达到 60 分是不错的表现,如果分数低于 60,你就该思考,那个项目究竟是不是应该继续进行下去。

如上述例子,从蛋糕店老板仅有的 OKR 考评表信息来看,下属市场部和产品部经理应该是努力过的,因为销售额的确得到了一定的提升,同时也推出了一定数量的畅销产品,但其在网络市场的投放则不尽如人意,下一步就该思考:"到底还需要继续在网络市场项目上进行下去吗?或者是:要继续拓展网络市场是否还需要一些新的方式方法?"

当然,60 分以下并不意味着失败,而是明确什么东西不重要及发现问题的方式。分数永远不是最重要的,而是作为一个直接的引导作用。

第三节　OKR 的实施意义与适用条件

一、实施 OKR 的意义

（1）OKR 的实施改变了监督下属工作的传统方式，使管理人员与员工共同协商具体的工作目标和每个具体行动，放手让员工努力去达成结果。重点在于尊重员工及小组设定目标和具体行动的自发性，充分发挥员工的能力。这样每位参与者的主动性、自主性、创造力、积极性就能得到更好的激发。

（2）OKR 的实施使各职能组织为实现各自设定的结果和行动，彼此密切协同，将全部绩效型目标系统地连在一起，能发挥团体的最大力量。每个人自己的目标也同企业总目标息息相关，更体现个人的贡献度和价值。

（3）OKR 与 KPI。

①OKR 考核的是"我要做的事"，KPI 考核的是"要我做的事"，理解不同，但二者都强调有目标，同时也需要有执行力。OKR 的思路是先制定目标，然后明确目标的结果，再对结果进行量化，最后考核完成情况。KPI 的思路也是先确定组织目标，然后对组织目标进行分解直到个人目标，然后对个人目标进行量化。

②OKR 与绩效考核分离，不直接与薪酬、晋升关联，强调 KR（关键结果）的量化而非 O（目标）的量化，并且 KR（关键结果）必须服从 O（目标），可以将 KR（关键结果）看作达成 O（目标）的一系列手段。员工、团队、公司可以在执行过程中更改 KR（关键结果），甚至鼓励这样的思考，以确保 KR（关键结果）始终服务于 O（目标）。这样就有效避免了执行过程与目标愿景的背离，也解决了 KPI 目标无法制定和测量的问题。

③OKR 致力于如何更有效地完成一个有野心的项目，是"监控我要做的事"。而 KPI 则强调如何保质保量地完成预定目标，是"要我做的事"。KPI 类似流水线式的制造，需要制定者对于流程及产能完全了解。OKR 类似自由团体的群起响应，需要流程的参与者与组织同心同德。

④OKR 主要强调的是对于项目的推进，而 KPI 主要强调的是对人事的高效组织，前者要求的是如何更有效地完成一个有野心的项目，而后者则强调的是如何保质保量地完成预定目标。OKR 相对于 KPI 而言，不是一个考核工具，而是一个更具有指导性的工具，它存在的主要目的不是考核某个团队或者员工，而是时刻提醒每一个人当前的任务是什么。

OKR 和 KPI 两者谁都无法真正替代对方，因此谁取代谁并不重要，找到适合的绩效评估方法才是重要的。

二、实施 OKR 的环境要求与适用对象

OKR 具有传统绩效管理所具有的许多优点，但并不是所有企业都适合选用这种绩效管理工具，因此它对企业的环境有一定的要求。

OKR 需要一个比较开放和相对宽松的绩效管理环境，绩效实施者的自由度相对来说比传统绩效管理中要大。因此，绩效实施者更难管理和协调。宽松意味着结果不好预测，这就需要管理者必须具备较强的管理能力，甚至要具备一定的领导能力，这样才能让绩效实施者在宽松

的环境中发挥各自的特长,完成各自的绩效目标,因此,OKR 的实施对管理者的要求更高。

此外,从 OKR 的特点可以看出,整个绩效管理体系更强调绩效实施者的主动性和创造性,因为绩效实施者需要根据不同的目标来设计相应的关键结果指标,在这样的绩效管理体系下,绩效实施者往往凭借自己的能力不断地解决各种各样的问题,所以 OKR 更适合需要不断提出创意和创新的企业。

一般来说,OKR 主要适用于以下类型的企业。

1. 产品迭代型——IT 类

IT 类企业属于高度技术密集型行业,尤其是伙伴协同等新兴的互联网企业,产品更新迭代快,需要不断地进行技术创新来快速地适应市场环境的变化。这样的快节奏使得员工必须拥有敏锐的产品嗅觉,并且能够充分发挥内在创造力,OKR 鼓励冒险,鼓励自己解决问题,这种管理方式更符合 IT 类企业需求。反之,目标固定、时间冗长的定额指标,只会让公司获得耗时耗力的"淘汰品"。

2. 头脑风暴型——广告公关类

广告公关创意型企业的工作岗位往往标新立异,它绝不会需要一成不变的氛围,反而鼓励大胆的想法与创新。在企业管理上,过于僵硬的量化指标只会让其束手束脚,对灰度空间、容错能力的高度包容性,使其更适合采用 OKR 的方法。

3. 项目主导型企业

适合使用 OKR 的企业,往往内部更偏向于扁平化的管理,3~4 个层级足矣。在项目为主导的企业中,以项目进行产品运作的作业团队往往规模不会特别大,如果业务过大,凭借 OKR 的集成效果,也可进行横向裂变,使组织更加趋向独立运作、自我管理、扁平高效的方向发展。项目管理目标不会因为层层分级而过于分散,反而会因为不断修订而逐步收紧,再通过对过程的量化与公开,实现项目运作的落地。

4. 创业型公司

创业初期的公司,尤其是互联网相关行业,往往战略目标并不是非常清晰、需要不停地探索来确认企业的发展战略。OKR 将目标与结果相关联,强化了企业的目标牵引作用,同时,又通过阶段性的复盘修正,保证了大方向的正确性。另外,OKR 的集成模式将优势资源聚焦在最重要的事上,很大程度上减少了资源的浪费与内耗,这对创业企业尤为重要。

5. 转型中的传统企业

在外界的快速变化下,许多大型企业开始谋求转型变革,而变革的最直接目标便是实现从存量市场到增量市场的突破。在立则变,变则强的号角下,这种巨大动荡必须要有"上下同欲"的整体配合,OKR 更能引导团队思考,在目标公开透明的情况下,员工更清楚让自己的工作与企业战略相一致,相互协调寻找业务的突破点和创新点,带动整体资源实现转型变革。

此外,公司的规模大小也会成为考量 OKR 管理的因素,如果规模不大,领导者对企业的战略决策把控强,员工对目标决断清晰,那么对 OKR 需求便不大,反之,OKR 的存在会更加吸引决策外围人员的目光。

不管是哪类企业,都需要满足绩效文化,都需要高素质的员工队伍。当然,有明确的目标、倡导团队协作、强调个人能力、不断总结经验,这些都是 OKR 发挥优势的关键因素。

本章小结

本章重点阐述了OKR的概念、特点及制定原则,并且阐明了OKR的实施流程及适用条件。

OKR全称为目标和关键成果考核法,是企业进行目标管理的一个简单有效的系统,能够将目标管理自上而下贯穿到基层。OKR是一套定义和跟踪目标及其完成情况的管理工具和方法,其核心目的是建立通过关键结果来考核员工的工作模式。

OKR有利于团队合作。根据团队目标每个人都设置自己的OKR,以帮助实现公司范围内的目标。目标和关键结果确保每个人都朝着同一方向前进。另外,实施OKR灵活性较强,与传统的长期战略规划不同,OKR倾向于较短的目标周期,这可以使团队进行调整和适应变化,从而减少风险和浪费。

课后思考

1. 什么是OKR考核法?有何特点?
2. OKR与KPI有何不同?实施OKR考核法有何意义?
3. 简述OKR考核法的实施步骤。

案例分析

【案例7-1】 某公司技术研发部门OKR考核方案

1. 目的

提升对于公司技术研发部门的激励效果,提高员工的工作积极性,提升人才凝聚力,建立更加合理有效的绩效考核机制。

2. 适应范围

公司技术研发部门各团队。

3. 考核周期

以季度为周期进行考核。

4. 考核方式

(1)根据考核评分确定各团队评级;团队内部根据考核得分进行排名,排名结果对应部门评级所对应的考核等级比例,见表7-5。

(2)考核评分组成:OKR考核与CPI考核。

表7-5 OKR考核与CPI考核

指标	考核方式	
	OKR考核	CPI考核
权重	70%	30%
数据来源	评审委员会评分	公司制度/流程和部门/岗位职能

公式：绩效得分＝OKR考核得分×70％＋CPI考核×30％。

(3) OKR考核。

①定义：由技术研发团队根据考核周期内的项目任务设置目标并向下逐级分解，由直接上下级(考核人与被考核人)沟通后设定部门/岗位OKR考核内容，见表7－6。

②评估基准：OKR项目考核结果。

表7－6 OKR考核

评分标准	OKR结果	绩效评分
优	0.7(含)以上	120分及以上(不超150分)
良	0.6(含)～0.7	100分及以上
及格	0.4(含)～0.6	80分及以上
不及格	0.4以下	60分以下

③计分方式：被考核人每月复盘OKR考核结果，评审委员会委员审核OKR考核结果并评分。

④OKR考核得分＝评审委员评分总分÷评委人数。

(4) CPI考核。

①定义：CPI，基于公司制度/流程和部门/岗位职能，影响公司基础管理，体现公司各部门/岗位的履职基础管理要求的一般业绩指标，见表7－7。

②评估基准：评分维度从以下方面进行。

表7－7 CPI考核

评分维度	权重	优	良	及格	不及格
	100%	81～100分	61～80分	41～60分	40分以下

注：CPI指标，不统一制定，由被考核人与考核人根据考核人的部门/岗位职责沟通确定。

③计分方式：由被考核人根据考核人的表现进行评分。

④CPI考核得分＝各评分维度得分×权重。

5. 绩效等级

(1) 技术研发部门根据各团队的考核得分确定各团队评级，见表7－8。

表7－8 绩效等级

绩效等级	等级定义	分值范围
S	工作显著超过预期计划/目标，各方面均表现突出，在团队中名列前茅	100＜分数
A	工作大多数方面都超过预期计划/目标或岗位职责	90≤分数＜100
B	工作符合预期计划/目标或岗位职责	80≤分数＜90
C	部分工作未能完成既定目标，需要采取一定措施进行改进	60≤分数＜80
D	工作未能达标，与目标存在显著差距，基本不适合本岗位	分数＜60

(2)绩效等级按照技术研发团队内部各组各岗位得分进行排序,见表7-9。

表7-9 绩效等级排序

部门绩效标准	个人标准的内部名额				
	S	A	B	C	D
	2.5倍奖金基数	1.5倍奖金基数	1倍奖金基数	0.5倍奖金基数	0倍奖金基数
	工作显著超过预期计划/目标,各方面均表现突出,在团队中名列前茅	工作大多数方面都超过预期计划/目标或岗位职责	工作符合预期计划/目标或岗位职责	部分工作未能完成既定目标,需要采取一定措施进行改进	工作未能达标,与目标存在显著差距,基本不适合本岗位
S	15%	15%	70%	—	
A	10%	10%	75%	5%	
B	5%	5%	80%	10%	
C	—	5%	80%	15%	
D		—	80%		20%

(3)对于考核等级为C的员工,各中心给予绩效警示及提出改进建议,如连续两期考核等级均为C,公司则有权与员工解除劳动关系。

(4)对于考核等级为D的员工,公司有权与员工解除劳动关系。

6.考核流程

(1)考核周期结束后次月第一周的周五上午,技术研发部门组织评审委员会对各团队OKR完成情况进行评分,技术研发部门负责人对各组CPI考核进行打分,根据得分确定各团队评级。

(2)考核周期结束后次月第二周周一下午,各团队内部组织绩效评审会,对被考核人的OKR完成结果及CPI考核进行评分及评级,并提交部门评审委员会及部门负责人进行审核确认。

(3)确认后,各部门统一将考核结果提交人力资源中心。

7.绩效面谈及申诉

(1)在完成绩效审批后,考核人对被考核人进行绩效面谈。

(2)绩效面谈的内容包括往期表现的回顾、绩效结果的评分理由、未来工作安排等。

(3)如果被考核人对考核结果有异议,可以向人力资源中心绩效岗提出绩效申诉,人力资源中心绩效岗在接到绩效申诉的三个工作日以书面形式答复申诉人。

8.其他

(1)因经营环境或组织架构等因素致使考核环境发生变化,人力资源中心将依实际情况另行修订本考核方案。

(2)本通知自2021年01月01日起生效执行,并全员公示。

(3)本基准施行后,凡有类似规章制度自行终止,与本基准有抵触的以本基准为准。

案例讨论

1. 简述这套团队OKR考核方案的关键操作点。
2. 该团队考核法与其他团队绩效考核方式相比有何优势?

【案例7-2】　　　　**谷歌的内部员工考核系统OKR**

美国科技博客BusinessInsider揭秘了谷歌的内部员工考核系统OKR。在该考核系统下,员工们不但明确自己的任务,同时也能了解他人在做什么,这套系统由英特尔公司制定,在谷歌成立不到一年的时间,被投资者约翰·都尔引入谷歌并一直沿用。

谷歌对OKR考核按照季度和年度进行,季度OKR考核不会变化,但是年度考核目标会随着业务的进行作出调整。OKR的设定涵盖多个层面,包括公司层面、团队层面、高管层面和普通员工层面,其目的是确保公司平稳运行。

通常,员工每个季度接受4个到6个OKR考核。如果考核数量超过该数目,表明这位员工有可能被解雇。每个季度末期将对OKR考核进行打分,分值从0到1。一般的分值为0.6至0.7,如果获得1分,可能是目标制定得太简单;如果低于0.4,员工可能就要反省自己哪里做错了。

包括CEO拉里·佩奇在内,所有员工的OKR评分都公开,可以在员工资料库查看自己或同事的OKR目标和得分。需要指出的是,该得分并不作为谷歌晋升员工的依据。

有业内人士称,OKR系统似乎会给谷歌员工们带来压力,但同时也有助于员工了解其他人在忙些什么。

案例讨论

1. 谷歌是如何实施OKR的?
2. 谷歌的案例带给我们什么启示?

第八章 非系统绩效考核技术

学习目标

1. 了解各类非系统考核方法的含义和特点,并对各种方法进行比较和评价
2. 清楚把握各种评价技术方法的使用条件和实施流程
3. 掌握各类非系统考核方法的优缺点

开篇案例

某公司的强制分布考核方法

某公司又到了年终绩效考核的时候了,从主管人员到员工每个人都忐忑不安。公司采用强迫分布式的末位淘汰法,到年底,根据员工的表现,将每个部门的员工划分为A、B、C、D、E五个等级,分别占10%、20%、40%、20%、10%,如果员工有一次被排在最后一级,工资降一级,如果有两次排在最后一级,则下岗进行培训,培训后根据考察的结果再决定是否上岗,如果上岗后再被排在最后10%,则被淘汰,培训期间只领取基本生活费。

主管人员与员工对这种绩效考核方法都很有意见。财务部主管老高每年都为此煞费苦心,该部门是职能部门,大家都没有什么错误,工作都完成得很好,把谁评为E档都不合适。去年,小田因家里有事,请了几天假,有几次迟到了,但是也没耽误工作。老高没办法只好把小田报上去了。为此,小田到现在还耿耿于怀。今年又该把谁报上去呢?

系统的绩效评价方法是整个组织自上而下各层面绩效考核的技术和方法,包括从组织战略目标到部门组织目标以及个人绩效目标逐级进行系统评价的方法。如前面章节提到的目标管理法、标杆管理法、关键绩效指标法和平衡计分卡都是系统的绩效评价方法。事实上,系统的绩效评价方法已经不再是简单的绩效评价方法,而是一种系统的绩效管理工具,或者是绩效管理思想。而非系统的绩效评价方法,也被称为一般性的绩效评价方法,是指针对具体的工作任务,对员工个人层面的绩效进行评价的方法,本章将会对各种主要的非系统评价方法及其应用进行深入研究和探讨。

针对员工个体绩效评价的非系统考核方法非常多,在这里我们做一个总结和分类,如表8-1所示。

表 8-1 非系统绩效考评技术方法的分类

以业绩报告为基础的考核法	以员工比较系统为基础的考核法	以关注员工行为为基础的考核法	其他绩效考评方法
自我报告法 业绩评定表法 图示量表法	排序法 配对比较法 强制分配法	关键事件法 行为锚定量表法 行为观察量表法 行为对照表法 混合标准量表法	绩效合约考核法 工作标准法 短文法 态度记录法 工作业绩记录法

第一节 以业绩报告为基础的考核法

一、自我报告法

自我报告法是指报告人员利用书面形式对自己的工作进行总结及考核的一种方法。这种考核法一般适用于对管理人员的绩效考核,并且测评的人数不宜太多,主要是通过自我评估的方式,对自己一段时期的工作结果进行总结,让被考核者主动对自己的表现加以反省评估,为自己的绩效作出评价。

自我报告法一般在年终进行,通常让被考核人填写一份员工自我鉴定表,对照其岗位要求,回顾一定时期内自身的工作状况及列出将来的打算,并指出在这段时间内1~3件重大成功事例及1~3件失败事例,给出相应的原因,并对不足提出有待改进的建议。自我鉴定表如表 8-2 所示。

表 8-2 自我鉴定表

姓名		职称		工作部门	
出生年月		职位		学历	
入职日期		工资		任职时间	
项目					
目前工作	本月(年)你所实际担任的工作是什么? 在执行工作时,你曾感到有什么困难?				
工作目标	本月(年)你的工作目标是什么?				
目标实现	本月(年)你的工作目标实现程度				
原因	你的工作目标实现(或者是不能实现)的原因				
贡献	你认为本月(年)对公司较有贡献的工作是什么?你做到了什么程度?				
工作构想	在你担任的工作中,你有什么更好的构想,请具体说明				

自我报告法的优点:这种方法只适用于一些重要人员在对比自己过去一段时间的业绩基础上,在企业管理层会议上作出自我分析和规划,因此自我报告法对于管理人员的自我认知和反省有一定效果。

自我报告法的缺点:此种方法适用的人员比较少,而且对有关变量难以控制且不容易客观评价。

二、业绩评定表法

业绩评定表法又称等级量表法,是最古老的也是被广泛采用的一种考核法。它根据所限定的因素对员工进行考核,考核者通常使用一种事先印好的表格进行考核工作,如表8-3、表8-4所示。

表8-3 业绩评定表

员工姓名:	评估等级说明:
工作职位:	A 卓越:工作绩效表现突出,能完全胜任岗位要求,受到公司内部一致好评
	B 优秀:工作质量较高,大部分方面超出绩效标准要求
部门:	C 良好:基本能完成岗位要求,较为称职
	D 需改进:在绩效标准的某一方面存在不足,需要进行改进
考核日期:	E 不做考核:无可利用的标准,会因时间太短而无法得出结论

考核项目	评估等级					评语
	A	B	C	D	E	
工作量:完成的工作量和生产率是否达到可接受的水平?						
工作质量:在工作任务达成时,要考虑到准确、精准完成质量情况						
积极性:是否积极主动愿意承担责任?						
适应能力:是否具备对需求变化和条件变化的反应能力?						
合作精神:与他人共同工作的能力						
最后评估等级:						
员工签字:				考核者签字:		

表 8-4　一线员工工作态度考核指标表

指标维度	二级指标	考核标准及等级赋分			
		较差 10~50 分	合格 60~70 分	良好 80~90 分	优秀 100 分
工作态度	积极性	工作不主动，缺乏激情，需要上级不断监督	工作具有一定的主动性，但仍需上级监督	有工作热情，能主动考虑问题，对边缘职责范围之事不扯皮	有积极持久的工作热情，对份内外的事都能积极去做
	责任感	缺乏责任感，工作不够细致，经常推卸责任	稍欠责任感，但尚能承担分内职责	能够认识到自己的职责，能负责完成本职工作	有很强责任感，充分认识本职工作的重要性，积极履行本职责任
	团队合作	一意孤行，不能认真对待合作者，保守固执，不与他人合作	有一定的合作意识，但仅在必要时与人合作	爱护团体，常与人合作，协助他人	团队意识强烈，且经常主动协助他人

业绩评定表法通常表现为在表格中列举许多与工作有关的因素和与个人特征相关的因素，与工作有关的因素是工作质量和工作数量，而涉及个人的因素有诸如可靠性、团队合作性、创新能力等特征。

业绩评定表法是通过一个等级表对业绩进行判断，并评出所对应的等级，而等级常常被分为几类，可以用数字来表示，也可以用诸如优秀、一般、较差等这样的形容词来表示。

量度表中每一个特质可用连续计分法或不连续计分法予以权衡。使用连续计分法时，考核者需在一连续尺度上给予一个最能代表被考核人实际情况的分数。若采用不连续计分法，则在既定的等级中选定一个最接近实际情况的等级。业绩评定表受到欢迎的原因之一就是它简单、迅速、便于采用。

业绩评定表法为考评人对给定的每一个因素作出评价提供了一定灵活运用的空间。但是在使用过程中，当评价者作出最高或最低评价时，一般要求应注明理由，如对一名员工的工作积极性评价为不满意时，评价者需提供这种较低评价结论的书面意见。这种书面意见的目的在于避免出现武断或草率的判断。

业绩评定表法的优点体现在三个方面：①简单、迅速、便于采用；②可依据所得的分数做统计分析，诸如求取其集中趋势、差异量数及偏态量数等；③由于分数本身被假设足以衡量每一个被评价者的绩效，故可借分数之高低对被评价人进行比较。

业绩评定表法存在的不足表现在：①分数的高低未必能衡量出绩效的高低，例如员工甲得分 80，员工乙得分 77，但是两者之间的实际工作绩效并不一定如分数所显示的那样；②业绩评价表有一基本假设，即某一性质所获得的高分数可用以补偿另一性质所获得的低分数，这一假设并不切合实际，例如某人在工作量方面获得低分数，但在出勤率、合作程度、工作态度等方面获得高分数,这样是不是可以相互抵消呢?显而易见,这是值得怀疑的,在评定员工综合素质方面存在缺陷。

三、图示量表法

图示量表法就是在示意图的基础上使用非定义式的评价尺度的一种量表法。表8-5是最常见的图示量表。我们从得分中看出,不同的评价指标被赋予了不同的权重。

表8-5 图示量表法样表

评价要素	得分情况	事实依据
业务知识	30　24　18　12　6 s　a　b　c　d	(略)
创新能力	15　12　9　6　3 s　a　b　c　d	(略)
协作能力	10　8　6　4　2 s　a　b　c　d	(略)
……	……	……
s:极优 a:优 b:良 c:中 d:差	最终得分:62分 最终档次:b	档次划分　s:80分以上 a:65~80分 b:49~64分 c:33~48分 d:16~32分

有时,图示量表法的"图示"还可能是图8-1的这种形式。

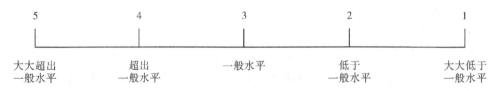

图8-1 图示量表法样图

一般情况下,在使用图示量表法时会随量表附有各个评价因素的定义。例如,某个组织将沟通能力定义为:在个人以及群体背景下,以书面和口头的方式清晰、明确地表达思想、观念或者事实的能力。另外如表8-5所示,这种量表法中经常有一个项目是关于事实依据的。这种情况就是描述法与其他评价方法之间的综合运用。

第二节 以员工比较系统为基础的考核法

虽然大部分绩效考核工具要求评价者依据某些客观的优胜标准来评价被考核者的绩效水平,但是也有使用员工比较系统,即员工的绩效是通过与其他员工的相对比较来进行评价的。换句话说,员工比较系统适用于排序,而不适用于评分。

此类比较法具有显而易见的弱点:首先,由于评价的基础是整体的印象,而不是具体的比较因素,很难发现问题存在的领域,故不适合用来对员工提供建议、反馈和辅导。其次,当员工提出异议时,评价者很难为自己的结论提出有力的证据,故在为奖金分配提供依据方面的作用是有限的。特别是当评价的结果与薪酬支付相关时,如果评价者无法为评价结果提供有力的依据,这将会引发很大的争议。另外,比较法容易对员工造成心理压力,在感情上也不容易接受。但是,由于比较法是最方便的评价方法,评价结果也一目了然,作为各类管理决策的根据时十分方便,因此还是得到了广泛的运用。在实践中,比较法往往与描述法和量表法结合使用。

一、排序法

排序法(ranking method)主要有两种类型:直接排序法和交替排序法。

1. 直接排序法

直接排序法是最简单的排序法。评价者经过通盘考虑后,结合自己的经验认识和主观判断,简单地把一组中所有员工按照总业绩的顺序排列起来即可,也可以按照某一评价要素,将部门中业绩最好的员工排在最前头,最差的员工排到最后头。这种方法的主要问题是当个人的业绩水平相近时,难以进行准确排序。

表8-6是直接排序法的一个简单例子。

表8-6 直接排序法

顺序	等级	要素1排序	要素2排序	总业绩排序
1	最好	赵××	王××	王××
2	较好	钱××	赵××	钱××
3	一般	王××	钱××	赵××
4	较差	张××	李××	张××
5	最差	李××	张××	李××

2. 交替排序法

根据心理学的观点,人们比较容易发现极端的情况,而不容易发现中间的情况,于是,人们利用这种心理学原理,提出了交替排序法来克服直接排序法的缺点。交替排序法的操作方法是:评价者经过通盘考虑后,先从所有的评价对象中选出最好和最差的两名,然后在余下的人中再选出最好和最差的两名,依此类推,直至全部人员的顺序排定。此法在人数不多时简单、迅速。表8-7是使用交替排序法进行评价时所使用的评价表格。

表8-7 交替排序法

顺序	等级	员工姓名
1	最好	王××
2	较好	钱××
3	一般	赵××
4	差	张××
5	较差	李××
6	最差	胡××
备注	请将工作业绩评价最高的员工列在编号1后，将评价最低的员工列在编号6后，然后将次好的员工列在编号2后，将次差的员工列在编号5后，依次交替排序下去，直到所有员工都被编排出来	

二、配对比较法

配对比较法亦称一一对比法、平行比较法、成对比较法。这种比较方式比排序法的简单排序方式更为科学、可靠，基本做法是将每一位员工，按照所有的评价要素（工作数量、工作质量等）与其他员工逐一进行比较，并将每一次比较中的优胜者选出，最后根据每一员工获胜次数的多少进行排序。这一方法的比较标准，往往比较笼统，不是具体的工作行为和工作结果，而是评价者对被评价员工的整体印象。假定我们要对五名员工进行绩效评价，在运用配对比较法时，我们应先设计出如表8-8所示的表格，表中标明了所预备评价的员工姓名。当评价不是针对整体印象而是某个确定的评价要素时还要注明所要评价的要素。表中"0"表示两者绩效水平一致，"＋"表示横栏上的人比纵栏上的人绩效水平高，"－"的含义与"＋"的相反。将每一名员工得到的"＋"相加，得到的"＋"越多，对该员工的评价越高。

表8-8 配对一一对比法

员工姓名	赵××	钱××	孙××	李××	王××
赵××	0	＋	＋	－	－
钱××	－	0	－	－	－
孙××	－	＋	0	＋	－
李××	＋	＋	－	0	＋
王××	＋	＋	＋	－	0
对比结果	中	最好	中	差	差

从上面的例子可以看出，钱××的绩效表现比其余四个人都好，共得到了四个"＋"。因此，他（她）是最好的一个。赵××和孙××的情况相同：比两人的绩效好，比一人的绩效差。他们都处于中等水平。而剩下的李××和王××都是只得到一个"＋"，均处于差的等级上。

配对比较法的特点是设计和使用容易，能够有效地避免宽大化倾向、中心化倾向以及严格化倾向。但这种方法对管理者来说是一项很花时间的评价方法,工作量比较大,因而这种方法适用于对少量人员的评估。另外评价主要依靠评价者的主观判断,主观性强,没有客观凭据。

三、强制分配法

强制分配法需要考核者将被考核者按照绩效考核结果分配到一种类似于正态分布的标准中去。这种方法是基于一个有争议的假设——凡是有人的地方,就有左、中、右之分。即所有小组中都有同样优秀、一般、较差的员工分布,必须对员工进行绩效优劣区分。强制分配法的使用方法是:将评价对象分成几类(最好、较好、中等、较差、最差),每一类强制规定一个百分比,按员工的绩效情况将他(她)归入某一类中。最简单的强制分配法就是由评价者通过主观判断将评价对象归于特定的等级。实际上,强制分配法往往与各种各样的绩效评价方法结合使用。表8-9是一个简单的强制分配法,在表中绩效极优的占10%,绩效较好的占20%,绩效表现中等的占40%,绩效较差的占20%,绩效极差的占10%。正态分布如图8-2所示。

表8-9 强制分配法

等级	最好	较好	中等	较差	最差
比例	10%	20%	40%	20%	10%
员工姓名	赵××	钱××	刘××	李××	王××
		孙××	孔××	孟××	
			周××		
			郑××		

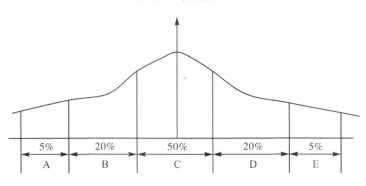

图8-2 正态分布图

强制分配法有避免考评者出现过于严厉或者过分宽容的评估偏差,克服平均主义倾向和中心化倾向,设计和使用成本很低的优点。在使用强制分配法时应根据部门业绩决定部门员工的绩效等级分配比例,而不是平均分配给每个部门相同的比例。绩效评价不仅仅是为了在部门内部进行评价,绩效评价应反映出部门对组织绩效的贡献程度。因此,应该在确定部门员工绩效等级分配比例时,充分考虑该部门的绩效情况。强制分配法广泛运用于大企业的年终

考核,其缺点是不适合在小范围内使用,因为如果一个部门只有三五个人,每个人都很努力,工作表现也不错,强行排序会造成不公平的现象,员工也会不认可,认为不仅没有如实反映绩效,还会使员工之间关系紧张。

第三节 以关注员工行为为基础的考核法

行为导向绩效考核方法重点在于甄别与评价员工在工作中的行为表现,即工作是如何完成的,关注其行为方式是否与预定目标相一致。行为导向型绩效考核方法是通过对与工作目标相关的行为事件进行分析,提取关键绩效行为并评定绩效高低的绩效考评手段。

一、关键事件法

关键事件法(critical incident method,CIM)是由美国学者福莱诺格(Flanagan)和伯恩斯(Baras)在1954年共同创立的。所谓关键事件指那些会对部门的整体工作绩效产生积极或消极的重大影响事件。关键事件一般被分为有效行为和无效行为。比如一个制衣厂的巡逻人员在工厂下班后发现了一个没有断电的熨斗,他将熨斗断电,避免了可能引发的一场火灾,这就是一件对所在部门或组织具有重大积极影响的关键事件。又比如负责收发快件的秘书忘了将一份紧急文件及时发出,对后续工作造成了重大影响,这就是一件对工作具有特别消极影响的关键事件。关键事件法要求评价者平时通过观察,及时记录下员工的各种有效行为和无效行为。因此,关键事件法是一种最为常见的典型的描述法。

关键事件法的优势体现在绩效反馈的环节中。评价者根据所记录的事实及各类评价标准进行绩效评价,最后把评价结果反馈给被评价者。由于使用关键事件法是以事实为依据进行评价,而不是以抽象的"行为特征"为依据进行评价的,因此评价者要依据所记录的事实对被评价者说:"××先生,在'协作性'上,我给你的评价等级较低,这是因为在过去的三个月中,你至少有三次表现出对同事或上级的不协作态度。"如果这位员工觉得事出有因,或误解了上司的意图,或有其他理由为其"不协作"作辩解,可在与上级协商与沟通之后达成共识。关键事件法帮助评价者根据客观事实实事求是地进行绩效评价,不容易挫伤员工的积极性。因为对被评价者来说,低评价不是针对他的人格,而是针对他的工作行为,而且是可以明确指出的特定行为,比较容易得到被评价者的认同。更重要的是,通过使用关键事件法,评价者通过绩效反馈能够更清晰地使被评价员工明白要想在下一期获得高评价,应该如何去行动。

美国通用汽车公司在1955年运用了关键事件法并获得了成功。通用汽车公司首先成立一个委员会,专门领导这项工作。该委员会根据公司的实际情况,制定了"体制条件""身体协调性""算术运算能力""了解和维护机器设备的情况""生产率""与他人相处的能力""协调性工作""积极性""理解力"等考核目标,然后要求工厂的一线领班根据下列要求对各自部门最近工作行为的关键事件进行描述:①事件发生的背景;②发生时的环境;③行为的有效或无效事实;④事实后果受员工个人控制的程度。

通用汽车公司一位一线领班对他部下杰克的工作"协作性"的记录如下:
(1)有效行为。虽然今天没有轮到杰克加班,但他还是主动留下加班到深夜,协助其他同事完成了一份计划书,使公司在第二天能顺利地与客户签订合同。

(2)无效行为。总经理今天来视察,杰克为了表现自己,当众指出了约翰和查理的错误,致使同事之间关系紧张。

通用汽车公司采用关键事件法后出现了令人吃惊的效果,员工的有效行为越来越多,公司的效益也直线上升。正如委员会主任所说:"大多数员工并不愿意做错事,如果领班能不厌其烦地指出员工的不足之处,员工就会设法纠正。"

根据福莱诺格和伯恩斯的主张,关键事件法的操作包含了三个重点:第一是观察;第二是书面记录员工所做的事情;第三是提供有关工作成败的关键性事实。我们也可以把关键事件法的操作步骤归纳成 STAR 法——situation(情景)、target(目标)、action(行动)、result(结果)。

(1)情境——这件事情发生时的情境是怎么样的。
(2)目标——他为什么要做这件事情。
(3)行动——他当时采取了什么行动。
(4)结果——他采取这个行动获得了什么结果。

这四个方面也被称为 STAR 法和星星法,构成了关键事件所要记录的主要内容。

关键事件法的优点:设计成本很低;大多以工作分析为基础,所衡量的行为有效;可以帮助确认考核者的长处和不足,真实可信,员工参与性强,容易被接受;因为关键事件总是在较长的时间内积累起来的,避免了考核中存在的近期效应;能够向员工提供指导和信息反馈,为工作改进提供依据。

需要着重指出的是,关键事件法往往是其他评价方法,特别是各种量表法的补充。关键事件法在认定员工的良好表现和不良表现方面十分有效,而且对于制定改善不良绩效的规划也是十分方便的。但是,如果单纯运用关键事件法,会有以下问题:

(1)关键事件法适用于行为要求比较稳定、不太复杂的工作。对比较复杂的工作,记录下评价期间所有的关键事件是不现实的。
(2)运用关键事件法无法在员工之间进行横向比较,无法为员工的奖金分配提供依据。
(3)记录关键事件是一件非常烦琐的事,需要大量时间。尤其是当一名基层主管要对许多员工进行评价时将会耗费很多的时间。因此,关键事件法的应用成本很高。
(4)容易造成上级对下级的过分监视,从而导致上下级关系紧张。
(5)关键事件法局限于对工作绩效显著有效或无效的事件,这就遗漏了平均绩效水平,所以利用关键事件法对中等平均绩效的员工就很少涉及,而这部分员工一般是企业的主体。

近年来,有学者开发了一套以关键事件方法为主要工具、以举证法为主要形式和程序针对职能类员工的绩效考核方法。

一直以来,职能类员工的绩效考核都是令人头疼的问题,要么流于形式起不到激励作用,要么"用力过猛"投入产出比太低。之所以出现左右为难的局面,主要是与职能类工作特征相关。职能类员工是指企业职能部门和业务部门从事职能工作的员工。这类员工虽然不直接从事业务工作,但他们的绩效在很大程度上影响企业的管理效率,尤其对于传统直线职能式结构或集团化企业的总部结构,这类人员占比较大,如何对他们有效开展绩效考核的问题更为突出。

关键事件技术虽然更多应用于工作分析领域,但是它通过关注一段时间内发生的关键事件来说明杰出的任职者和不称职的任职者在这些典型事件中会如何处事,有利于评价者在平凡、琐碎的工作中寻找被评价者绩效"好"与"坏"的依据,而不是一些笼统、概括性评价意见。因此关键事件方法也非常适合作为职能类员工的绩效评价工具。

(一) 关键事件分级

结合一般企业对职能类员工的绩效要求,选择比较容易判断的、代表性的极限行为作为绩效考核的关键事件,即"头部"和"尾部"事件,并且进行三级判定,见图8-3。

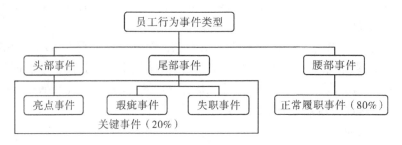

图8-3 CIM结构

(1) 亮点事件:在履职过程中表现出超出一般职责要求和远超上级期待的亮点行为,为所在部门和企业目标实现带来显著积极影响的行为事件(如主动搜寻到优秀人才、发现安全质量重大漏洞并修补、重大的成本节约、组织一次值得赞赏的活动等行为)。

(2) 瑕疵事件:基本履行某项工作职责,但是工作质量或者工作结果存在明显瑕疵,没有达到应有期待的行为事件(如提交不合乎质量的报告、账务的低级错误、差旅行程安排差错等行为)。

(3) 失职事件:未履行某项工作职责或者在职责履行过程中存在重大人为错误,对所在部门或企业的目标实现或者正常工作造成明显负面影响的行为事件(如安保重大失职、固定资产台账未建立、重要物品丢失、招聘需求未响应、违反纪检监察程序等行为)。

亮点事件是职能类员工中"雷锋"的标签,关注亮点事件可以引导职能类员工"对准目标,以客户为导向",结合自己的工作职责领域,努力寻找能实现自身价值最大化、展现自身特长同时又和部门目标、企业目标高度相关的任务突破点,超越自我,超出领导期待,实现"平凡中见卓越"的目标。而对于"落后分子",则关注两类关键事件:瑕疵事件和失职事件。对于明显的工作瑕疵,要找出来并且着重进行纠偏,达到绩效改善的目的。对于明显的失职行为,要有充分的事实作为人事决策依据,确保团队内部公平。对于未产生上述三类事件的员工行为,可称为"腰部"事件,即正常履职行为,无须在绩效管理中投入注意力。

(二) 关键事件举证

为了在职能类员工绩效考核领域更好地应用关键事件法,可借鉴法律诉讼领域的举证程序,对考核周期内被考核者所发生的关键事件进行举证并判定级别。

关键事件举证要求考核者和被考核者采用事件记录或回顾性报告的形式对被考核者实际发生的关键事件进行具体描述,并按照一定程序提交相关机构审议,最后作为判定被考核者绩效表现的事实依据。

关键事件举证流程由两个大的关键步骤组成:关键事件记录和关键事件确认与判定,如图8-4所示。

1. 关键事件记录

(1) 记录人。在一个绩效考核周期内,考核人(直接上级)承担对被考核人(下级)所发生的三类关键事件的记录责任,如整个周期内未发生上述三类事件则无须进行任何记录。其中瑕疵事件和失职事件可由上级直接记录备案,亮点事件可考虑管理者的管理幅度大小分两种方式记录。如管理幅度较大,可由员工按要求自行记录并交直接上级确认备案;如管理幅度较小,则由管理者按要求直接记录备案。

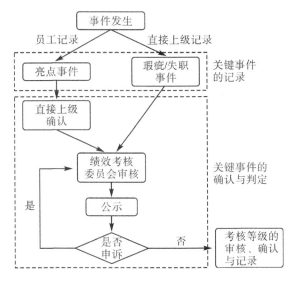

图 8-4 关键事件举证程序

(2)记录时间。在考核周期内,建议当时发生的事件当时记录,避免出现记忆偏差。如果确实由于事件发生时工作繁忙无暇详细记录,可以先做一个简单备忘,然后尽快利用空闲时间补充详细记录。一般不建议间隔太长时间或者绩效考核周期结束前通过回顾的方式来记录。

(3)记录形式。对于瑕疵事件和失职事件,记录形式要求比较简单(描述时间、地点、人物、简单经过、主要问题或负面影响),尽量减轻管理者的管控压力。为确保亮点事件的真实性和极限性,要求对亮点事件的记录遵循 STAR 原则,从结构上分成四个关键点进行描述。S(情境),即关键事件发生时的情境(时间、地点、人物、环境等);T(目标),即为什么要做这件事或者做这件事的目的是什么;A(行动),即为了达成亮点事件,员工采取了什么行动;R(结果),即员工采取了行动之后获得了怎样的结果。

2. 关键事件确认与判定

关键事件记录提交公司绩效考核委员会前需考核人即直接上级签字确认,通常不需要被考核人签字,避免被考核人对负面事件的扯皮推脱。若被考核人对关键事件记录存在异议,可在之后的公示期向绩效考核委员会提起申诉。

对职能类员工采用关键事件举证法进行绩效考核初期,为确保各级管理者对关键事件认定尺度的一致性,保证结果和程序的公平性,建议公司绩效考核委员会对关键事件确立明确的判定标准,并进行集中审议和判定。审议和判定标准可参考三个要素:①相关性标准,即从本人的职责范围出发,该事件与企业、部门的总体目标和绩效要求的相关性程度和价值高低。②极限标准,包括正负面极限,足够亮眼或者负面影响显著,亮点事件一定是足够超出对员工职责期待的,失职事件是确实严重伤害组织目标和绩效的。③描述性标准,即举证事件确实存在,有结果、有记录、可查询,亮点事件记录描述能满足描述事件时的 STAR 原则。

关键事件可以设计一个三要素四级量表进行判定,见表 8-10。

表 8-10　关键事件判定标准表

1.价值性标准：是否与企业、上级的总体目标和绩效相关，是否产生足够价值			
①价值较低	②价值性一般	③有较高的价值	④非常有价值
2.极限标准：事件的影响是否足够显著，相对于日常工作期待具有突出性和典型性			
①普通	②有一定典型性	③比较突出	④非常典型、突出
3.描述性标准：事件确实存在且通过举证形式记录（亮点事件能够通过 STAR 原则记录）			
①描述性不清	②描述性一般	③描述极为清晰	④描述非常清晰

瑕疵事件和失职事件判定需要满足的条件是：价值性标准和极限标准在二级及以上且描述性标准在第三级及以上。亮点事件判定需要满足的条件是：价值性标准在三级及以上且极限标准和描述性标准均在第四级。这种设定方式对亮点事件判定标准要求更严格，更强调亮点事件的先进性和价值性。不同企业也可考虑企业绩效文化和发展阶段对尺度进行相应的个性化调整，当各级管理者通过一段时间参与，已经对关键事件标准基本达成一致而且高度认同的时候，可以放松甚至取消这种集中量化判定和确认的环节。

经绩效考核委员会判定和审核，所有的关键事件记录都必须在全公司范围内公示，如果被考核人员和公司各级员工对关键事件存在疑问，可在公示期内提起申诉，被申诉关键事件将由绩效考核委员会成员重新讨论审议。未引起申诉的关键事件在通过公示期后将作为考核评价依据。同时要求管理者在每个考核周期的绩效说明会上向公司领导和全体管理者对于下属的关键（亮点）事件进行宣讲，阐述判定为亮点事件的理由，接受管理层的监督和质询，一方面形成群体压力，防止放松亮点事件的标准，另一方面也是在企业层面树立职能类员工的榜样。

（三）关键事件考核

通过建立关键事件发生状态与绩效评价等级的对应关系，将关键事件举证结果作为职能类员工该考核周期职责履行绩效的评价依据，确定员工该考核周期的职责履行绩效考核等级，见表 8-11。

表 8-11　职责履行绩效考核记录表

职责履行绩效考核记录表				
部门			被考核人姓名	
考核日期			被考核人职位	
关键事件类型	相关职责领域	事件描述	证明人	证明材料
正向：亮点事件				
负向：瑕疵事件				
负向：失职事件				
CIM 状态	按要求履行职责且出现亮点事件	按要求履行职责	出现瑕疵事件	出现失职事件
对应考核等级	A	B	C	D
绩效考核等级				
考核人签字确认				

在一个考核周期内,员工存在亮点事件且无负面事件发生,评价为 A(优秀)。员工按要求履行职责且没有任何关键事件发生,评价为 B(良好,即某员工未出现任何关键事件,表 8-11 中关键事件栏空白,该员工的职责履行绩效考核等级为 B 级)。如出现瑕疵事件,评价等级就是 C(较差)。如出现失职事件评价等级为 D,意味着该员工可能会进入末位管理。绩效考核结果会影响公司的薪酬、晋升、流动等人事决策和激励措施,员工想获得优秀绩效就必须有大家公认的亮点事件存在。

通过对关键事件记录、分类判定并与绩效考核等级挂钩,在很大程度上破解了职能类员工绩效考核的困局:突出性的亮点事件和负面事件的设定,能有效区分例行性强、工作结果不易衡量的职能类员工的优劣。即使是与企业绩效非直接相关或者是临时性工作也可以纳入关键事件举证的范畴。同时,传统 KPI 考核指标分解难以解决基层员工职责边界模糊的问题,而关键事件考核既可以举证日常工作中的个人独立行为事件,也可以举证团队合作过程中的行为事件。此外,基于二八法则,通常大部分员工可能处于既没有负面关键事件也没有亮点事件的状态,这种正常履职不需要关键事件举证,也无须填写各种表格,大大降低了职能类人员考核的工作量和管理成本。最后,关键事件举证的考核方法也是一种有效的组织文化建设工具。

(四)关键事件举证考核的应用建议

(1)不可忽略目标管理的指挥棒,可与传统目标管理和 KPI 考核配套。关键事件举证的考核方法更适合对常规、例行的静态职责的评价,但是对于某些职能部门和职能职位,如果有明确的分解指标或者重点工作任务,那么关键事件举证考核结果只能作为该类工作静态职责考核结果,计入一定权重。

(2)强化管理者的绩效管理责任,落实关键事件的记录和举证机制。关键事件记录必须具备及时性和翔实性,以防事件细节错漏。通过上文设计的审核流程,形成群体压力,确保形成正向的绩效文化。

(3)人力资源管理部门做好关键事件的存档分类工作。企业可以通过长期的关键事件考核,不断沉淀迭代,筛选出代表性事件,形成案例库,为后期的考核树立标准。

(4)管理层和员工保持良好的沟通是不可或缺的条件。对关键事件结果定期复盘和持续评估,把关键事件举证过程作为不断改善绩效、追求卓越的沟通工具。对于这套方法论来说,真正的成本不是存在于举证过程而是管理沟通过程。

(5)关键事件举证不仅是一种考核工具,也是一种衡量职业发展成就的标准。可以将关键事件尤其是亮点事件出现的频率、影响度等作为职能类员工任职资格、职级晋升的一个显性化考量要素。

二、行为锚定量表法

行为锚定量表法(behaviorally anchored rating scale,BARS)是由美国学者史密斯(Smith)和肯德尔(Kendall)于 1963 年在美国"全国护士联合会"的资助下研究提出的。BARS 是一种利用特定行为锚定量表上不同的点的图形测评方法,由传统的绩效评定表演变而来,是图示量表法与关键事件法的结合。这种评价法是行为导向型量表法的最典型代表。在这种评价方法中,每一水平的绩效均用某一标准行为来加以界定。行为锚定法实际上是运用量表评分的方法对关键事件进行考核打分,但重点不在绩效的结果上,而是落在员工的职能行为上。行为锚定法的前提是假设员工的职能行为将产生有效的工作绩效。建立行为锚定量表法通常按照以下五个步骤进行：

(1) 确定关键事件。由一组对工作内容较为了解的人(员工本人或其直接上级)找出一些代表各个等级绩效水平的关键事件。

(2) 初步建立绩效评价指标。将确定的关键事件合并为几个(通常是5～10个)绩效评价指标，并对这些绩效评价要素和指标的内容加以界定或给出定义。

(3) 重新分配关键事件，确定相应的绩效评价指标。向另外一组同样熟悉工作内容的人展示确定的评价指标和所有的关键事件，要求他们对关键事件进行重新排列，将这些关键事件分别归入他们认为合适的绩效要素中。如果第二组中一定比例的人(通常是50%～80%)将某一关键事件归入的评价要素与前一组相同，那么就能够确认这一关键事件应归入的评价要素。

(4) 确定各关键事件的评价等级。第二组人对关键事件中描述的行为进行评定，以判别它们是否能够有效地代表某一工作绩效要素所要求的绩效水平，评定各关键事件的等级(一般是七点或九点的尺度，可能是连续尺度的，也可能是非连续尺度的)，就确定了每个评价要素的"锚定物"。

(5) 建立最终的行为锚定评价体系，形成最终的行为锚定评价表。对于每一个工作绩效要素，都将有一组关键事件(通常每组中有6个至7个关键事件)来作为其"行为锚"。

表8-12、表8-13是两个行为锚定量表法的例子。

表8-12　行为锚定量表法：对舍监老师的评价

员工姓名：		工作部门：	评价者：	评价日期：
评价指标：关心学生				
指标定义：积极结识住宿的学生，发现他们的需要并真诚地对他们的需要做出反应				
评价等级	(1) 最好	当学生面有难色时上前询问是否有问题需要一起商量		
	(2) 较好	为住宿学生提供一些关于所修课程的学习方法上的建议		
	(3) 一般	发现住宿学生，上前打招呼		
	(4) 较差	友好地对待住宿学生，与他们讨论困难，但随后不能跟踪解决困难		
	(5) 最差	批评住宿学生不能解决自己遇到的困难		
评价结果：				

表8-13　行为锚定量表法：对教师行为的评价

评价要素	课堂教学技巧
定义	课堂教学技巧主要是教师在课堂上有效地向学生传授教学内容的技巧
1	使用多样化教学方式，提高学生的自我学习能力
2	鼓励学生提出不同的见解，引导学生进行创造性思考
3	能将具有关联性的问题前后联系起来讲解，使学生形成完整的知识体系
4	讲解某些问题时，使用恰当的例子
5	讲解问题时重点突出
6	使用清楚容易理解的语言讲课
7	对稍有难度的问题讲不清楚，并且不接纳学生的意见
8	讲课乏味枯燥，照本宣科
9	经常讲错一些基本概念

行为锚定量表法是量表法与关键事件评价法综合运用的产物。BARS与一般量表法最大的区别在于它使用特殊的行为锚定的方式规定评价指标的尺度。为了进一步说明行为锚定量表法的特点,我们将它与图示量表法进行对比后可以看出:行为锚定量表法和图示量表法都要求评价者根据个人特征评定员工。但是,行为锚定量表法使用的评价尺度与图示量表法不同。它没有使用数目或一系列的形容词表示不同绩效水平,而使用反映不同绩效水平的具体工作行为的例子来锚定每一个评价指标的标志。

1. 行为锚定量表法的优点

(1) 评价指标之间的独立性较高。在设计过程中,设计人员将众多的关键事件归纳为5～8种绩效评价指标,使得各绩效要素之间的相对独立性较强。例如,对于用关键事件加以界定的"服务态度"和"工作积极性",人们不太容易将这两种评价要素混同起来。

(2) 评价尺度更加精确。不论是从设计的过程还是所使用的尺度类型来说,行为锚定量表法中使用的评价尺度相对于其他各类评价方法来得更为精确。首先,由于是那些对工作最为熟悉的人来编制"锚定物",即相对于某个特定标志的关键事件的,因而能够更加确切地找出最适合某个特定岗位的评价尺度。另外,评价尺度的确定以工作分析为基础,依据的是员工的客观行为,有利于评价者更加清楚地理解各个评价等级的含义,避免发生各类评价误差。

(3) 具有良好的反馈功能。这种方法能够将企业战略和它所期望的行为有效地结合起来,能够向员工提供指导和信息反馈,指出行为缺欠,有助于实现各类绩效管理目的。

(4) 具有良好的连贯性和较高的信度。使用本方法时,对考评者使用同样的量表,对同一个对象进行不同时间段的考评,能够明显提高考核的连贯性和可靠性。

2. 行为锚定量表法的缺点

行为锚定量表法的主要缺点是设计和实施成本比较高,经常需要聘请人力资源管理专家帮忙设计,而且在实施以前要进行多次测试和修改,因此需要耗费时间和财力资本。另一方面,典型行为的文字描述数量总是有限的,不可能涵盖到被考核者实际工作中的各方面行为表现,而且文字描述常常不能与现实行为表现完全吻合,从而导致考核者对既定的行为锚定评价表持有异议。除此之外,行为锚定评价法的最大问题可能在于评价者在尝试从量表中选择一种代表某员工绩效水平的行为时会有困难。因为有时一个员工的行为表现可能出现在量表的两端,科学的设计过程有助于尽量避免这种情况,但实践中难免会有这种情况发生。我们针对前面的用于评价舍监老师的例子来说明。如果某个舍监老师有时能够主动帮助有困难的学生,也就是达到了"最好"一级的水平,有时也会批评学生不能自行解决困难,也就是处于"最差"的等级上。人的行为往往会受到各种内外因素的干扰,因此会呈现出并不稳定的状态。

鉴于以上优缺点的分析,我们可以大致知道行为锚定量表法的适用范围,首先就岗位而言,它适宜于评价那些对工作行为的正确性以及准确性要求较高的岗位,比如生产操作岗位、行政事务岗位、部分销售岗位,尤其适合考评服务类岗位和后勤岗位。而诸如管理岗位和研发岗位,由于这些岗位工作的不确定性比较高、行为重复频率比较低以及劳动产出主要为无形产品,所以对这类岗位人员的考核行为锚定量表法就不太合适。

其次,就指标而言,行为锚定量表法适宜于考核工作态度以及一些工作能力,对于工作业绩的指标相对就不适用。

最后,由于行为锚定量表法的设计对企业工作分析的水平提出很高的要求,所以行为锚定量表法能否使用还取决于企业的工作分析水平。如果工作分析的战略化程度越高,那么行为锚定量表法当中的工作行为对员工的行为导向与企业战略目标的一致性就越高,反之则可能偏离企业的战略目标;工作分析的标准化程度越高,那么行为锚定量表法当中的工作行为就越有助于员工迅速提高绩效并长期保持;工作分析的时效性越高,锚定法当中的工作行为就越能不断适应企业部门岗位的变化。

三、行为观察量表法

行为观察量表法(behavioral observation scale,BOS)是由美国的人力资源专家拉萨姆和瓦克斯雷(Latham & Wexley)在对行为锚定量表法和传统绩效评定表法进行不断发展和演变的基础上提出的一种评价方法。这种方法使用统计分析(因素分析或项目分析)选出评价指标,再据此将建立在事件基础上的行为清单进行汇总,评价者有时只要把那些表示员工具体行为发生频率的数字简单相加就可以得到评价结果。

在使用行为观察量表时,评价者通过指出员工表现各种行为的频率来评价他的工作绩效。如下面的例子所示,一个5分的量表被分为"几乎没有"到"几乎总是"五个等级。通过将员工在每一种行为上的得分相加得到各个评价项目上的得分,最后根据各项目的权重得出员工的总得分。行为量表法实际上是图示量表法和行为导向量表法的结合。只是在行为观察量表法中我们需要找出有效行为,并通过有效行为的发生频率对评价对象的绩效做出评价。前面谈到的行为锚定量表法有一个很重要的问题就是评价者在尝试从量表中选择一种代表某员工绩效水平的行为时往往会有困难。因为有时一个员工的行为表现可能出现在量表的两端。在行为观察量表法中,这一问题得到了有效解决。以下是两个例子:

例一:评价项目——工作的可靠性
(1)有效地管理工作时间。
几乎没有 1 2 3 4 5 几乎总是
(2)能够及时地满足项目的截止期限要求。
几乎没有 1 2 3 4 5 几乎总是
(3)必要时帮助其他员工的工作以符合项目的期限要求。
几乎没有 1 2 3 4 5 几乎总是
(4)必要时情愿推迟下班并在周末加班工作。
几乎没有 1 2 3 4 5 几乎总是
(5)预测并试图解决可能阻碍项目按期完成的问题。
几乎没有 1 2 3 4 5 几乎总是
总分:
注:0~13 很差,14~16 差,17~19 一般,20~22 好,23~25 很好。
例二:评价项目——管理人员在企业改革中克服阻力或障碍的能力
(1)向群众说明变革的细节。
几乎从来不 1 2 3 4 5 常常如此
(2)解释进行变革的必要性。
几乎从来不 1 2 3 4 5 常常如此
(3)与下属讨论变革会带来何种影响。
几乎从来不 1 2 3 4 5 常常如此

(4)倾听群众的意见或建议。
几乎从来不 1 2 3 4 5 常常如此
(5)在使变革成功的过程中请求员工的帮助。
几乎从来不 1 2 3 4 5 常常如此
(6)勇于承担领导责任。
几乎从来不 1 2 3 4 5 常常如此
总分：
注：6~10很差，11~15尚可，16~20良好，21~25优秀，26~30出色。

1. 行为观察量表法的优点

(1)行为观察量表使用简单，员工参与性强，容易被接受，行为观察量表明确说明了给定工作岗位上的员工的行为要求，所以其本身可以单独作为职位说明书，或者作为职位说明书的补充。

(2)该方法也有助于减少评价者的偏见，使评价者对评价对象做出更为全面的评价。行为观察量表是用使用者提供的数据，针对使用者而开发的，计量表的理解和使用比较便利。调查表明，使用行为观察量表之后，管理者与下属抱怨考评工具中的考核指标太模糊、不能理解或者完全不适合考评员工的情况大大减少了。

(3)行为观察量表有利于进行清晰的绩效反馈，它鼓励在管理者和员工之间就员工的优缺点进行有意义的讨论。清晰的绩效反馈结合明确的目标设定，可以促进产生和保持积极的行为变化。

2. 行为观察量表法的缺点

(1)评价者需要投入大量的时间和精力用于开发此种量表，而且岗位和工作不同，所需要开发的行为观察量表也不同。

(2)行为观察量表法主要适用于行为比较稳定、不太复杂的工作，只有这类工作才能够准确详细地找出相关的有效行为，从而设计出相应的量表。

(3)行为观察量表在使用中受评价者主观性影响较大，不同的评价者对"几乎没有、几乎总是"的理解有差异，结果导致绩效评价的稳定性下降。

(4)五级频率标度在实际把握上有很大的困难，它要求管理者弄清一个人到底是在95%的情况下，还是94%的情况下会做某件事，从而确定4分还是5分，是不切合实际的。对于这一点的改进方案是：不要以同样的标准评价每一行为，有些行为50%情况下发生则可接受，而有些行为必须100%发生才可接受。

四、行为对照表法

行为对照表法，亦称普洛夫斯特法，是由美国圣保罗人事局的普洛夫斯特在1920年创立的一种评价方法。运用这种方法时，评价者只要根据人力资源部门提供的描述员工行为的量表，将员工的实际工作行为与表中的描述进行对照，找出准确描述员工行为的陈述（即评价者只要做出"符合、不符合"二选一的决定），评价者选定的项目不论多少都不会影响评价的结果。这种方法能够在很大程度上避免因评价者对评价指标的理解不同而出现评价偏差。

制作行为对照表是一项十分繁杂的工作。由于行为对照表中列举的内容与评价对象的工作内容密切相关，因而必须由熟悉评价对象工作内容的人逐项进行核定。行为对照表法的例子如表8-14所示。

表 8-14　行为对照表法

评价	评价项目	项目计分（不公开）
✓	工作懈怠	-2
☐	对自己的工作十分熟练	1
☐	行动拖延	-1/-2
✓	值得信赖	1
☐	态度粗暴	-1/-2
☐	语言温和	1
✓	人际关系良好	1
……	……	……

在上述例子中，左边的"评价"一栏中打钩的项目就是评价者认为被评价者的行为与项目描述一致。右边的"项目计分"栏在实际的评价表中是不公开的。这是为了避免评价者由于了解评价项目的加分或减分情况影响了他们的判断。

1. 行为对照表法的优点

行为对照表法操作简单，执行成本很小，只需要对项目和事实一一进行核实，并且可以回避评价者不清楚的情况；不易发生晕轮效应等评价误差，评价标准与工作内容高度相关，评价误差小，有利于进行行为引导。此外，行为对照表法可以进行员工之间的横向比较，较好地为发放奖金提供依据。

2. 行为对照表法的缺点

首先，评价因素项目所列举的都是员工日常工作中的具体行为。这种列举不可能涵盖工作中的所有行为。其次，设计难度大，成本高。在拟定各个项目、确定排列方式、确定各项目的分数比重时，都需要高度的专业知识，必须借助专家的力量才能完成。再次，由于评价者无法对最终结果做出预测，因而可能降低评价者的评价意愿。最后，行为对照表法能够发现一般性问题，但无法对今后员工工作绩效的改进提供具体明确的指导，故不是特别适合用来对员工提供建议、反馈、指导。

总之，行为对照表法的设计重点是通过简单易行的评价过程防止评价者的主观与草率。但是，如果不能科学地进行设计并谨慎地控制评价过程，很可能会导致不良后果的发生，在使用中须加留意。

五、混合标准量表法

混合标准量表法（mixed standard scales，MSS）又称混合标准尺度法，简称混合量表法，是美国学者布兰兹（Blanz）和吉赛利（Ghiselli）于 1972 年在传统的评价量表的基础上提出的，是与工作标准相对照的一种绩效考评方法，主要目的是减少诸如晕轮效应和过宽、过紧误差。这种评价方法也属于行为导向型量表法。

混合标准量表法最主要的特征在于，所有评价指标的各级标度被混在一起随机排列，而不是按照评价指标的一定顺序进行排列，因此对每一个行为锚定物都做出"高于""等于"或者"低于"的评价，而不是在一个指标选出某一个水平作为最终的评价。

混合标准量表法的具体做法是：在确定绩效评价指标之后，分别对每一个维度内代表好、中、差绩效的标度用行为和结果描述相结合的方式加以阐明，最后在实际评价表格中将所有指标的三个标度混合在一起供评价者选择。这种量表不让考评者知道所评价的标准是什么，考评者只需要根据行为指标评价员工的表现是"高于""等于"或者"低于"行为指标描述的内容即可。

表8-15是一个混合标准评价量表的示例。为了更好地了解量表的内容，在示例（一）的左侧我们给出了描述对应的评价指标，这在正式的表格中是不必给出的。另外，我们可以从示例（二）中看到赋分的标准以及计算最后得分的过程。

表8-15 混合标准评价量表示例（一）

被评价的三个维度			绩效等级说明
主动性；智力水平；人际关系			高；中；低
说明：雇员的绩效高于陈述水平的填"+"、相当于陈述水平的填"0"，低于陈述水平的填"-"			
主动性	高	1.该雇员确实是个工作主动的人。个人一贯都是积极主动地做事，因此从来不需要上级来督促	+
智力水平	中	2.尽管这位雇员可能不是一个天才，但是他/她确实比我认识的许多人都更聪明	+
人际关系	低	3.这位雇员有与别人发生不必要冲突的倾向	0
主动性	中	4.通常来说工作还是积极主动的，但是有时候也需要由上级来督促其完成工作	+
智力水平	低	5.这位雇员在理解问题的速度方面比某些人要慢一点，在学习新东西方面也比别人要花更长的时间，他/她具有一般的智力水平	+
人际关系	高	6.这位雇员与每一个人的关系都不错，即使是与别人意见相左的时候，他/她也能够与其他人友好相处	-
主动性	低	7.这位雇员有点儿坐等指挥的倾向	+
智力水平	高	8.这位雇员非常聪明，他/她学东西的速度非常快	0
人际关系	中	9.这位雇员与大多数人相处都比较好。只是在少数情况下偶尔会与他人在工作上产生冲突，这些冲突很可能是要受到监督的	-

混合标准评价量表示例(二)

赋分标准:				
	陈述			得分
	高	中	低	
	＋	＋	＋	7
	0	＋	＋	6
	－	＋	＋	5
	－	0	＋	4
	－	－	＋	3
	－	－	0	2
	－	－	－	1

根据上述评价等级确定分数的过程举例:				
	陈述			得分
	高	中	低	
主动性	＋	＋	＋	7
智力水平	0	＋	＋	6
人际关系	－	－	0	2

混合标准量表法与行为锚定量表法相比具有两个最突出的特点。

(1)混合标准量表法打散各评价指标的各级标度。这种方式能够避免人们受到等级规定的影响而不能客观地根据标度的描述进行评价。在大多数评价方法中,评价者往往需要与评价尺度对应的等级打交道。就以行为锚定量表法为例,评价者在评价的时候可以看到每个锚定物都对应着特定的等级,这样容易发生诸如宽大化倾向之类的主观误差。混合标准量表法则避免了这种情况的发生。

(2)混合标准量表法采用了特殊的"评分"方式。在合理编制标度的前提下,可以通过寻找评价结果中是否有自相矛盾的情况来判断评价者是否认真地进行了评价。例如,在上面例子中,量表中的第1项和第7项分别代表了主动性这一评价指标的高水平和低水平。如果评价者在评价同一名雇员时,在第1项画"0",而在第7项也画"0",则说明评价结果是非逻辑性的。这种情况如果在多个评价者身上发生,就应该考虑重新设计混合标准量表的标度了。

1.混合标准量表法的优点

该方法易于操作,适应性强。混合标准量表法的操作步骤简单,而且一旦制定出该混合标准量表,今后的考评都可以依此操作。所谓适应性,就是该考评方法的适用范围。混合标准量表法既适用于一般工作人员的考评,也适用于对管理人员的考评,因此其适应性较强。

2.混合标准量表法的缺点

混合标准量表法的不足之处,主要体现在两个方面:①这种评价方法常常只有模糊的评价标准,因而可能会导致不同的评价者对绩效标准做出不同的解释。正因为如此,不同的评价者有时会得出差异非常大的评价等级和绩效排序。②有限的几个维度描述难以表达被考核者所有的现实行为。在实际工作过程中,有各种复杂性因素左右着员工的行为,环境的急剧变化导致了员工行为的多样化。这些不足之处还需结合其他评价方法加以弥补。

第四节 其他绩效考评方法

一、绩效合约考核法

(一)绩效合约的定义

绩效合约又称个人绩效合同,简单来讲,绩效合约是指员工与上级主管签订的书面协议,记录在一段具体的时间内必须达成的业绩目标,而这个绩效目标应该是对员工个人和组织都有利。不同于传统的绩效考评方法当中业绩考核目标都是由上级管理层制定的,员工绩效合约则是要充分发挥员工的主观参与性和能动性,员工个人可以为自己设置较低的业绩目标,也可以为自己设置较高的具有挑战性的业绩目标,但需要与直接上级进行沟通以后,签订个人合约。

绩效合约中制定的绩效目标必须符合以下标准:①有足够的重要性,能产生兴奋感或热情以刺激员工付出额外的努力;②有足够的挑战性,使实现目标所带来的回报大大超过为实现目标而付出的努力;③涵盖足够长的时间,以消除小范围的挫折和失败带来的影响。

(二)绩效合约的特点与优点

1. 绩效合约的特点

它主要是从员工个人及其上级两个维度考虑对员工工作的评估,是一种将员工精力长期集中在预定目标上的一种方式,更加关注必须解决的问题或困难,也是确定行动责任的一种手段,使绩效的奖惩有更为科学合理的依据。

2. 绩效合约的优点

(1)从员工角度看,个人明确个人的工作职责,工作目的性更强;绩效目标更加明确,对工作的改进更有针对性;使个人的绩效得到科学合理的评价,避免以往好、差不加区分的情况;避免与上级因考核的不透明、不公平而产生争议;更有利于提高个人的工作主动性、积极性。

(2)从公司角度看,有利于企业目标分解的子目标能顺利完成;有助于调动员工工作积极性和主动性;有利于科学合理地考量员工的绩效,有利于绩效与奖金、工资的挂钩;有利于对员工实现更有针对性的绩效辅导;考核制度日趋规范化。

(三)绩效合约设计实施的步骤

(1)将组织绩效目标自上而下地层层分解,确定不同员工的主要绩效范围。
(2)设定相应的绩效目标并确定具体的考核指标。
(3)员工在与其直接上级进行沟通后签订个人绩效合约。
(4)员工的直接上级负责监督绩效合约的完成,如在每周的例会上,向员工通报合约的完成情况,并负责根据绩效合约的具体要求,对员工进行绩效考核。

绩效合约的范例见表8-16。

表 8-16　某年度员工绩效考核合约

公司：　　　部门：　　　岗位：　　　姓名：　　　　　　签约时间：　　年　　月

工作目标	评价指标及指标值	完成情况				权重/%	备注	合约双方意见
		第一季度	第二季度	第三季度	第四季度			
1."产权销售"方案的组织实施	一年内完成可销售面积70%的销售；上半年完成30%的销售额，下半年完成40%的销售额；销售款项经集团批准后偿还部分银行贷款或债务	上半年完成30%		下半年完成40%		50		
2.协助总经理做好经营及各项基础工作，使公司内部管理、战略管理、品牌建设等方面有大幅度提高	1.做好经营，在经营规模档次及人气方面有所提升，使税后净利润再上一个台阶 2.做好安全管理，杜绝火灾及重大投诉现象发生 3.加强战略管理、危机管理及企业文化建设 4.加强品牌建设，使品牌深入人心 5.增强客户关系管理意识，构建以客户为中心的经营体系 6.业务流程4R管理模式的组织实施工作		1. CRM客户管理模式理论培训及结合情况拟订初步方案 2.业务流程4R管理模式的督导实施	进行CRM系统初步的导入实施，初步实现客户投诉上系统		30		
3.协助副总经理做好新项目的考察定位及项目可行性分析工作	1.考察范围为西安地区，以咸阳为中心，辐射周边二、三线城市 2.对新项目的定位可行性分析论证 3.在新项目报集团审批后拟定项目的经营方案报集团批准					10		
4.附加考核项目						10		

说明：1.工作目标，即将部门的任务目标分解到每个员工，形成岗位的工作目标。2.评价指标及指标值中评价指标是指衡量工作目标是否完成涉及的项目内容，可采用数量、质量、时效、成本等要素进行衡量；指标值指衡量是否达到目标标准的具体数值。3.完成情况，即各项工作目标规定的完成时间，跨季度完成的工作目标需在各个季度注明阶段性的成果点。

二、工作标准法

（一）工作标准法的定义

工作标准法(working standard)，又称劳动标准法或劳动定额法，是通过制定工作标准、劳动标准或劳动定额，然后把员工的实际工作和工作标准相比较以考核员工工作绩效的一种方法。这是绩效考核的常用方法之一。

（二）操作步骤

工作标准确定了员工在某一工作岗位上正常的或平均的劳动产出。工作标准一般是以确定每小时生产多少产品或生产单位产品所需要的时间。这种工作标准使企业可以以计件工资的形式支付员工工资。但是制定工作标准不是一件简单的事情，需要进行细致的调查和研究。一个企业内如果有上千种甚至更多种工作需要制定工作标准，那将会花费大量的时间和成本，在这种情况下可以使用标准要素法。标准要素法的操作步骤如下：

(1) 把新工作分成基本作业。
(2) 在表中找出每一个相似作业的时间，为这些作业设定时间。
(3) 根据新工作特殊特征调整每一作业操作时间（如金属切割中根据切割的金属种类不一样、切割工具的尺寸以及切割厚度等用一个相应的公式对需要的时间进行调整）。
(4) 对给定的工作，把作业操作时间相加，并加宽放时间。

（三）评价

工作标准法具有以下优点：①可以大量减少对时间研究的工作量；②为工作单元建立的数据库可用来制定新上马的生产线的工作标准，从而可预先估计产品的成本、价格及制定生产计划；③当单位的工作方法改变时，也很容易决定新的正常时间。总而言之，这样的数据库一旦建立，就可以方便容易地为每一项包括这些单元的工作制定工作标准。

但是需要注意的是，现在组织一般很少单独使用工作标准法进行绩效考核，在许多情况下，工作标准只是作为绩效考核程序的一部分。因为劳动定额或产品生产数量仅仅是工作绩效的一部分，随着社会经济的发展，特别是由制造业时代逐渐过渡到现代服务业和知识经济时代，工作产出或结果性指标以外的过程性、行为性指标越来越重要，其他一方面的标准也应该考虑到。此外，能够单独用个人的生产水平来衡量的工作越来越少，团队之间的协作变得越来越重要，并且严重影响着员工的个人绩效水平高低。

三、短文法

短文法主要适用于以员工开发为目标的绩效考核。

（一）短文法的定义

短文法亦称书面短文法或描述法。关于这种方法，主要有两种解释：①该方法是由被考核者在考评期末撰写一篇短文，对考核期内所取得的重要突出业绩作出描述，以此作为上级主管对其进行考评的重要依据；②该方法是由考评者写一篇短文，以描述被考核员工的绩效，并特别列举出突出的长处或短处的事实依据。

（二）评价

短文法的优点是，如果由考评者撰写绩效考评的报告，那么就会迫使考评者关注绩效的特殊事实事例，从而能减少考评的主观偏见和晕轮效应。由于考评者需要用事实事例来说明被考核者的实际表现，在一定程度上可以减少考评的趋中和过宽的评价误差。

但是这里存在一个最大的问题是：考评者为每个员工写一篇独立的短文，其所花费的时间和精力是可想而知的，所以在下属员工众多的情况下，推行此种方法有较大的问题。另外，由于短文法仅适用于激发员工的表现，开发其技能，而不能用于员工之间的比较以及

重要的人事决策,因而它的使用范围有限。如果由被考核者自己撰写考评短文,虽然节省了上级主管的时间,但是又受到个人写作能力的限制,写作水平低的人,往往不得要领,对事实表述不清;而写作水平高的人又容易夸大其词,所以该方法在实际使用当中有较大的缺陷。

四、态度记录法

态度记录法是由评价者通过对评价对象日常工作情况的观察,将其在工作中表现出来的工作态度记录下来的绩效评价方法。在记录过程中,记录者应该注意不仅将评价对象在所评价态度方面表现出来的优点、长处记录下来,而且还应有针对性地将评价对象的不足之处记录下来。这样的记录能够更好地运用于对员工的绩效指导。工作态度观察记录卡的样表如表8-17所示。

表8-17 工作态度观察记录卡

员工姓名		所属部门		职位名称	
观察期间			记录人		
项目	具体事实				
	长处			短处	
积极性					
服务意识					
责任意识					
自我开发意识					
……	……			……	
指导意见					
评价对象意见栏	你是否同意上述记录及对你的评价?为什么? 若无其他意见,请在相应位置签字表示认可 被评价人: 日期:				

五、工作业绩记录法

工作业绩记录法要求评价者填写工作业绩记录卡,观察并记录评价对象在工作过程中的各种事实,分阶段记录所达成的工作业绩。另外,还可以用该表记录该员工在遵守某些规章制度方面的表现。工作业绩记录卡的样表如表8-18所示。

表 8-18 工作业绩记录卡

员工姓名		所属部门		职位名称	
观察期间			记录人		
任务内容		进度		结果	
任务一：		1月： 2月： ……		……	
任务二：		……		……	
……		……			
缺勤记录……					
迟到或早退情况					

第五节 非系统绩效考评法的选用

一、绩效评价方法比较

在上几节的内容中介绍了各种绩效评价方法的具体内容和各自的优缺点。不同的绩效评价方法具有不同的特点，因而适合于不同的组织以及不同的评价对象。表 8-19 将几种常见的绩效评价方法进行了简单的比较。

表 8-19 几种常见的绩效评价方法的比较

绩效评价方法	评价标准			
	成本 最小化	员工开发 （提供反馈指导）	分配奖金 发展机会	有效性 （避免评价错误）
排序法	好	差	差/一般	一般
强制分配法	好	差	差/一般	一般
图示量表法	好	一般	一般	一般
行为对照表	一般	一般	好/一般	好
行为锚定评价法	一般	好	好	好
绩效合约法	差	非常好	差	非常好

从表 8-19 可以看出，绩效考评并没有"最佳方法"或"万能钥匙"，每种方法都有自身的优缺点，对于不同的岗位，应当选择相应的考评方法和考评工具，将多种考评方法相结合，使主客观工具相结合，从而保证绩效考核实现全面、真实、准确、科学的目标。

二、影响绩效评价方法选择的因素

不同的考核方法各具特点，适用于不同的条件，只有选择合适的评价方法，才能在管理成本和效用上做到两者兼优。那么对绩效考评方法的甄选,究竟需要考虑哪些因素呢?一般来说,我们可以从组织因素、员工工作性质、指标性质、绩效数据的可获得性、考核成本的大小以及评价结果的用途几个方面的影响因素进行分析。

(一)组织因素

1.组织绩效考核目标

如果一个企业经营业绩不佳,在一定时期内迅速提高经营业绩是迫切需要的,那么结果导向型绩效考核方法更适合企业的现实需要。但是当企业在稳定发展期,处于需要建立一支高素质员工队伍的阶段,那么此类企业就会较多地采用行为导向型绩效考评方法。

2.组织文化类型

不同的组织文化特征,必然会对绩效考评方法的选择和实施产生重要影响。如果一个组织推崇的是强调员工发展的组织文化,那么行为导向型绩效考评方法更适合该类组织;如果一个组织的领导类型倾向于关心工作任务本身,其组织文化倾向于关注员工工作结果的输出,那么结果导向型绩效考评方法应该在此类文化的社会组织中更适用。选择那些适应组织管理风格和组织文化特征的绩效评价方法,绩效评价过程才会顺畅,绩效评价目标才易于实现。

3.组织所处环境

处于不同生命周期的企业所面临的外部环境是不同的,如果社会组织的开放性强,所处的外部环境竞争激烈,那么为了更好地适应外部环境的需要,可采用结果导向型绩效评价方法,灵活适应当前复杂多变的环境,更能有效提高工作成效。相反,如果一个社会组织所处外部环境相对稳定,竞争压力小,或者处在企业生产周期中持续上升的回报期,那么行为导向型绩效考评方法更有利于企业持续发展。

(二)员工工作性质

1.工作的独立性

员工工作的独立性程度取决于相互间工作的依赖程度。对于团队合作要求较高、工作结果在很大程度上受到相关外部因素影响、独立性低的工作,一般采用行为导向型绩效考评方法比较适宜。而对于独立性高、个人对工作控制能力强,对他人依赖较小的工作则采用结果导向型绩效考评方法更为合适。

2.工作的程序化程度

员工工作的程序化程度主要是看个人自由发挥空间、工作内容、程序和完成方式的确定性程度。如果员工只要按照程序化的要求行动就可以达到预期的工作效果,那么一般采用行为导向型绩效考评方法比较合适。反之,程序化程度低的工作,员工工作内容和方式自主空间很大,那么上级较难通过行为观察来推断员工的工作绩效好坏,因此一般采用结果导向型绩效考评方法为宜。

(三)指标性质

根据指标类型的分类可知指标可以分为结果导向和行为导向指标,有定性指标和定量指标,还有前置与滞后指标等。一般说来,结果导向的指标多为滞后指标,既包括软指标,也包括硬指标。软指标一般通过行为锚定和主观判断相结合的方式来进行评价,而硬指标只需通过客观统计数据即可得出判断结论;行为导向的指标多为前置指标和软指标,需要基于关键行为事件和工作记录来进行判断。

例如我们要对一个销售业务经理的工作业绩进行评价,其中客户满意度是一个依赖客户意见调查的主观判断指标,因此,该指标应该选取量表法进行评价,同时这个指标又是一个以结果导向为主,兼具行为导向的综合评价指标。另外,销售额增长率是一个滞后指标,完全可以基于客观销售数据进行绩效考评,因此可以采用比较法中的排序法进行评价。在对该业务经理的工作态度评价中,市场意识这个指标可以采用行为锚定法对其进行界定,以此作为评价的标准。由此可见,基于不同的指标特征,可以选取不同的绩效考评方法。

(四)绩效数据的可获得性

在选择评价方法的时候,还需要考虑获得该绩效的指标数据的可行性和便利性程度。不同的评价指标在衡量难易程度上有明显差异,而且对于绩效数据的类型、来源、规模、采集和分析过程都有相应的具体要求。所以需要根据指标在绩效数据上的差异化要求来选择相应的评价方法,例如团队协作性和企业文化认知度这两个主观判断指标,前者需要通过关键事件记录来分析员工在工作上团队合作能力的表现,而后者需要通过认知度调查来收集被评价者对于企业文化的认同程度及相应行为表现。

(五)考核成本的大小

选用绩效评价方法的时候,必须考虑组织对考核成本的承受能力,一般定性评价方法的成本要高于定量评价方法的成本,如量表法对人员和资金投入的需要高于比较法和目标管理法。越复杂的考核方法,越需要花费更多的考核成本,不仅需要大量的经费,而且需要付出时间和精力成本,除了开发考核工具所需的人力投入,而且在考核运行过程中要进行大量的数据收集和统计分析工作,造成考核成本偏高。出于降低管理成本的需要,很多公司可能更愿意选择一些便于操作、简单易行的考评方法来减少考核带来的成本压力。当然无论采用何种方法,不仅要看其成本经济性问题,还要看其是否符合科学有效原则,能否公平公正地反映绩效表现和绩效结果,从而更好地达到绩效考评的目的。

(六)评价结果的用途

绩效考核的结果可以用于绩效改进或者其他人力资源管理决策,那么针对结果应用的不同,可以选择不同的绩效考评方法。如果我们要进行人员晋升和提薪等人事决策的时候,用比较法为代表的相对评价比较合适;如果绩效评价的结果主要用于为奖金分配提供依据,那么用目标管理法等以结果导向为主的考评方法比较合适。

对同一个绩效考评指标来讲,由于评价结果的应用领域不同,也可以选用不同的评价方法,比如销售计划完成率这个指标,如果用于支持晋升决策,则可以使用配对比较法,如果用于培训需求分析,那么可以使用工作业绩记录法。

本章小结

本章介绍了一系列非系统绩效考评技术,包括以业绩报告为基础的考评法、以员工比较系统为基础的考核法、以关注员工行为为基础的考核法以及其他一些绩效考评方法。每一种考评法都有自己的特点、适用范围和操作步骤以及注意事项等。在绩效考核过程中,我们应该科学有效地选择绩效考评方法,从而较大程度地提高绩效考核的效率和效果。

这些绩效考核工具可以根据企业的实际情况和员工的类型单独使用,也可以结合起来综合使用。比如对中高层管理人员的考核,以个人绩效合约为基础的绩效考评技术比较适用。而对于除中高层管理人员以外的其他人员则选择关注员工行为及个性特征的绩效考核技术等更为适用。

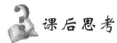

课后思考

1. 请简要谈谈你对非系统考核法的认识和理解,它与系统考核法相比有什么区别?
2. 谈谈各类非系统考核方法的含义和特点。
3. 非系统考核方法各有优缺点,在选择考评工具时要考虑哪些因素?

案例分析

【案例 8-1】　　某著名跨国公司的绩效考核

某著名跨国公司在中国各地投资兴建了几十家生产和销售公司,由于各个公司运营时间都不长,内部管理制度建设还不完善,因此在绩效考核中采用了设计和实施相对都比较简单的强制分布评价方法。生产人员和管理人员都是每个月进行一次绩效考核,考核的结果对员工的奖金分配和日后的晋升都有重要的影响。但是这家公司的最高层很快就发现这种绩效考核方法存在着很多问题,但是又无法确定问题的具体表现及其产生的原因,于是他们请了北京的一家咨询公司对企业的员工绩效考核进行诊断和改进。咨询公司的调查人员在实验性的调查中发现,该企业在中国的各个分公司都要求在员工的绩效考核中将员工划分为五个等级。其中,A 代表最高水平,E 则代表最低水平。按照规定,每次绩效考核中要保证员工总体的 4%～5% 得到 A 等评价,20% 的员工得到 B 等评价,4%～5% 得到 D 等或 E 等评价,余下的大多数员工得到 C 等评价。员工绩效考核的依据是工作态度占 30%,绩效占 40%～50%,遵纪守法和其他方面的权重占 20%～30%。被调查的员工认为在绩效评价过程中存在轮流坐庄的现象,并受员工与负责评价工作的主管的人际关系的影响,使评价结果与员工的工作绩效之间联系不够紧密,因此对他们来说,绩效考核虽然有一定的激励作用,但是不太强烈。而且,评价的对象强调员工个人,而不考虑各个部门之间绩效的差别。因此在一个整体绩效一般的部门工作,即便工作能力一般的员工也可以得到比较高的评价(A 或者 B),而在一个整体绩效好的部门,即使员工工作非常努力,也很难得到 A 或者 B。员工还指出,他们认为绩效考核是一个非常重要的问题,这不仅是因为考核结果将影响到自己的奖金数量,更主要的是员工需要得到一个对自己工作成绩客观公正的评价。员工认为绩效评价的标准比较模糊,不明确。在销售公司中,销售人员的抱怨是自己的销售绩效不理想在很多情况下都是由于市场不景气,自己所负责销售的产品在市场上的竞争力不高造成的,这些因素都是自己通过努力无法克服的,但是在评价中却被评为 C 甚至 D,所以觉得目前这种绩效考核方法很不合理。

案例讨论

1. 试分析该公司在绩效管理中存在的问题及原因。
2. 试提出解决的建议。

【案例 8-2】　　迅达公司的新考核

迅达公司是一家小型公司,处于创业初期,公司首要目标就是提高销售量,增加利润。由于企业处于生命周期的快速成长阶段,公司目前尚没有一套完整的绩效考评制度,主要采取不定期、随机性对员工的工作业绩进行评价,评价优秀的员工会得到物质奖励,对表现不好的员工进行批评教育,并进行有效沟通,希望其能找到不足,争取提高自己的业绩。随着公司规模的不断扩大,管理人员和销售人员增加,问题也出现了:员工的流失率一直居高不下,员工的士气也不高,公司管理者考虑要建立一套绩效考评的正式制度。

2019年11月,公司聘请了一家专业人力资源咨询公司设计绩效管理体系,在咨询公司和公司人事部的共同努力下,很快就设计和引进了一套较科学规范的绩效管理系统,该绩效管理系统主要采用以下步骤和方法。

第一步,对于公司主管以上领导干部,年终由主管领导召集其下属员工开会,共同听取其述职报告,再由员工及上级领导根据其一年来的表现,填写"年度领导干部考核评议表"。该表格汇总后将分数按"领导、部门内同事、下属"(3∶4∶3的权重)加权平均得出总分。

第二步,全体员工共分四组排序:一般员工、主管、部门经理、高层领导。每组强制将考评结果分五个等级,每一等级所占比例如表8-20所示。

表8-20 等级及比例

等级	A	B	C	D	E
比例	10%	15%	55%	15%	5%

第三步,考评结果运用:A等级范围的人有机会获得晋升,同时B、C、D等级的人也会有相应的绩效管理措施。而E等级的人将被警告或降级。

然而,在实际的操作中又出现了一些问题,例如,被评为E等级的人感觉面子上过不去,一般都辞职了,每次考核前都搞得人心惶惶。因此,有些员工对现有的绩效考核体系产生了疑问。

案例讨论

1. 结合案例,从企业的发展阶段特征分析,你认为该企业是否有必要建立正式的绩效考核制度?

2. 请指出前两个步骤使用了哪些绩效考评方法,并谈谈对其的认识。

第九章 绩效计划

学习目标

1. 理解绩效计划的含义和特点
2. 熟悉绩效计划的内容
3. 区分绩效标准与绩效目标
4. 掌握绩效指标体系的构成
5. 了解绩效指标权重的设计方法

开篇案例

周秘书的考核哪里出了问题？

小周是一家公司的总经理秘书，她的日常工作主要是帮助总经理起草、打印文件，收发传真、信件等。

在年终考核时，总经理对小周的工作业绩打了一个较低的分数，因为他认为小周起草的文件没有达到要求，比如她在起草文件时，经常不按照规范的格式撰写；虽然小周的文笔很好，但有一些语言并不适用于正式文件当中；字数把控做得也不好，有时候写的太多，有时候写的又太少。

面对这个考核结果小周非常委屈，她认为老板对自己的考评是不公正的，于是对这个结果提出了反驳："因为我事先并不清楚起草文件的要求，没有人告诉我工作标准是什么。"

第一节 绩效计划概述

一、绩效计划的含义及特征

（一）绩效计划的含义

绩效计划是一个确定组织对员工的绩效期望，并得到员工认可的过程。绩效计划必须清楚地说明期望员工达到的结果，以及为达到该结果所期望员工表现出来的行动和能力。在绩效计划阶段，管理者和员工根据组织目标和本工作单元的业务重点与工作职责共同讨论，以此来确定员工在考核期内应该完成什么工作和达到什么样的绩效目标。制订绩效计划的主要依据是组织目标以及工作单元的职责，最关键的是管理者与员工在对员工的绩效期望问题上达成共识，并在共识的基础上，使员工对自己的工作目标做出承诺，最后就员工的工作目标和标准形成契约。

现代绩效计划是一个自上而下和自下而上相结合的过程,通过这个过程,将个人目标、部门目标与团队目标以及组织目标有机地结合起来。由此我们不难看出,绩效计划是绩效管理的一个重要环节,是绩效管理的开始。

(二)绩效计划的特征

1. 绩效计划是关于工作目标和标准的契约

制订绩效计划的过程就是管理者和员工就员工的工作目标和标准形成契约的过程。在绩效周期开始的时候,主管和员工必须对员工工作目标和衡量标准达成一致的契约,并将契约作为员工开展工作以及绩效周期结束时对其绩效完成情况进行评价的依据。契约的内容至少应该包括以下六个内容:员工要达到的工作目标及效果、各阶段的目标、结果的衡量和判断标准、员工拥有的权利和决策权限、各项工作目标的权重、为完成工作目标而必须具备的知识和技能等内容。

2. 绩效计划是一个双向沟通的过程

所谓双向沟通,意味着在绩效计划制订过程中,管理者和员工双方都有责任,共同参与。建立绩效契约不仅仅是上级管理者单方面自上而下提出工作要求和工作目标,下级必须被动地去服从,而是通过双方共同商讨,就员工的工作任务目标及衡量标准所需要配备的资源和技能等问题共同商讨,达成共识。

3. 绩效计划是全员参与的过程

由于绩效计划涉及如何控制实现预期绩效的整个过程方面的问题,员工的直接上级和员工本人都必须参与到绩效计划的过程中。因此,绩效计划需要人力资源管理专业人员、员工的直接上级以及员工本人三方面共同承担。

人力资源管理专业人员的责任就是帮助相关人员确保绩效计划工作围绕如何更好地实现组织的目标顺利进行。由于绩效计划过程要求掌握许多有关的职位信息,直线管理者在整个过程中承担了十分重要的角色,并且是整个绩效计划工作的最终责任人。由于他们是最了解每个职位的工作职责和每个绩效周期应完成各项工作的人,由他们来制订下个绩效周期的员工绩效计划会使整个计划更加符合现实的情况,更加具有灵活性,更有利于部门内部人员之间的合作。员工参与是提高绩效计划有效性的重要方式。目标设定理论认为,员工参与到制订计划的过程之中有助于提高员工的工作绩效。通过参与制订绩效计划,员工能够对所制订的计划产生更高的认同感,从而实现更高的投入水平。另外,绩效计划不仅仅能够确定员工的绩效目标,更重要的是能够帮助员工了解如何才能更好地实现目标。员工可以通过绩效计划的互动过程,了解组织内的绩效信息的沟通渠道,了解如何才能得到来自管理者或相关人员的帮助等。从这个意义上讲,绩效计划的过程更离不开员工的参与。

二、绩效计划的作用

1. 绩效计划是一种重要的前馈控制手段

绩效管理系统从本质上来讲是一种动态的管理控制系统,而绩效计划阶段是绩效管理控制系统的前馈控制环节。绩效计划把组织目标层层分解落实到每一个岗位,这样整个绩效管理过程就有了明确的目标,通过绩效计划可以事先预测绩效实施过程中可能存在的问题、潜在的风险以及可能遇到的障碍和困难,并且提前做出相应的对策和行动计划。由此可见,绩效计划是一种有效的前馈控制手段。

2. 绩效计划组织和团队计划与目标贯彻实施的有效保障

一方面个人工作计划服从于组织计划和团队计划,同时,团队和组织计划的实施有赖于个人工作计划的实施,所以员工个人绩效计划制订的好坏直接关系到组织和团队计划和目标的实现与否。

3. 绩效计划是促进员工个人职业生涯发展的重要桥梁

制订绩效计划,首先要对组织内的工作岗位进行分析,针对不同能力和潜力的员工,在组织战略目标的框架下,可以提出不同的目标要求,使之对员工具有激励性,给员工一个适合自己的发展空间,从而使员工在绩效计划的指引和激励下,不断地得到发展,促进个人职业生涯的成功。

三、绩效计划的内容

绩效计划是由管理者与员工根据既定的绩效标准共同制定并修正绩效目标以及实现目标的步骤的过程。为了更好地理解绩效计划,我们应该首先明确绩效标准与绩效目标的不同含义。

绩效标准实际上是针对特定的职务工作而言的,是要求员工在工作中应达到的各种基本要求。绩效目标与绩效标准不同,标准是针对工作制定的,而目标则是针对个人设定的。绩效标准反映了职务本身对员工的要求;绩效目标则是在绩效标准的基础上,考虑员工现有的绩效水平,它体现了管理者对员工的具体要求。

古人云:"预则立,不预则废。"没有具体的行动计划,目标只能反映一个美好的愿望。绩效计划是实现高水平工作绩效的必要条件。从具体的表现形式看,绩效计划是用于指导员工行为的一份计划书。通过制订这样一份计划,员工可以了解本绩效周期的工作安排和目标,并了解将会遇到的障碍和可能的解决方法。因此,简单来说,绩效计划包含两个方面的内容:做什么和如何做。

所谓做什么,实际上就是一份绩效目标。而如何做,对于不同的员工则可能包含不同的内容。通常人们认为,在绩效计划过程结束之后,管理者和员工应该能够以相同的答案回答以下问题:

(1)员工在本绩效期间(一般是一年)的主要工作内容和职责是什么?应达到何种工作效果?

(2)员工在本绩效期间应如何分阶段地实现各种目标从而实现整个绩效期间的工作目标?

(3)员工在完成工作任务时拥有哪些权利,决策权限如何?

(4)员工从事该工作内容的目的和意义何在?哪些工作是最重要的,哪些是次要的?

(5)管理者和员工计划如何对工作的进展情况进行沟通,如何防止出现偏差?

(6)为了完成工作任务,员工是否有必要接受某一方面的培训或通过自我开发的手段掌握某种工作技能?

从以上问题我们可以看出,绩效计划不仅仅是完成一份工作计划那么简单。作为绩效管理系统的一个环节,绩效计划的过程更加强调通过互动式的沟通手段使管理者与员工在如何实现预期绩效的问题上达成共识。因此,绩效计划的内容除了最终的个人绩效目标之外,还包括双方应做出什么样的努力以达到计划中的绩效结果,应采用什么样的方式以顺利实现预期的绩效,应该进行什么样的技能开发,等等。

四、绩效计划的制订程序

(一) 绩效计划的准备阶段

绩效计划通常是通过主管和员工双向沟通的绩效计划会议得到的。为了使绩效计划会议取得预期的效果,事先必须准备好相应的信息,这些信息主要分为以下三种类型:

1. 关于组织的信息

在绩效计划会议中,主管人员与员工就组织的战略目标、公司的年度经营计划进行充分沟通,关于整个组织的信息,不光只有高层主管了解,应该覆盖到员工层面。对员工来讲,了解社会组织发展战略和经营计划的重要原因在于员工对组织了解越多,就越能自觉地在工作中保持正确的行动方向。

2. 关于团队的信息

一个团队的目标都是根据组织的整体目标逐层分解而来的,不但经营性的指标可以分解到生产、销售等业务部门,而且对业务支持性部门,其工作目标也与整个组织的经营目标紧密相连。了解到团队工作目标信息,对员工个人来讲有利于自觉调整自己的行动目标,使其与团队的要求相一致。

3. 关于个人的信息

被评估的个人信息主要包括两个方面:一是工作描述的信息;二是上一个绩效期间的评估结果。员工在每个绩效期间的工作目标通常具有连续性和关联性,因此在制定本次绩效期间的工作目标,有必要回顾上一个考核期的工作目标和评估结果,在对上一个绩效期存在的问题和有待改进的方面,需要在本次绩效计划当中得到体现。

在明确了各个部门的目标之后,员工应该对自己岗位的工作描述进行回顾,重新思考职位存在的目的和主要工作职责。部门负责人可以根据岗位的实际变化调整工作职责,在清楚了解自己岗位的主要工作职责之后,员工要根据部门的目标,结合自身实际草拟自己的绩效计划与目标。绩效计划的主要内容不仅包括工作任务目标,还包括要达到的具体绩效标准、主要评价指标、工作目标的权重、工作结果的测量方法等。

(二) 绩效计划的沟通阶段

管理者与员工就绩效计划进行沟通,部门管理者和员工都应该高度重视绩效计划的沟通,从而双方应该确立一个专门的时间用于绩效计划的沟通。沟通应在一种平等宽松的气氛下进行,应该把沟通的焦点集中在解决绩效计划制订中存在的突出问题和达成共识上。绩效计划的沟通可先由员工阐述自己绩效计划制订的出发点和关注点,再由管理者提出组织和部门的目标要求以及绩效计划中存在的问题,双方不断地进行友好的协商,以便就关键问题和指标达成共识。在绩效计划过程中,主管人员需要了解员工在完成绩效计划中可能遇到的困难和障碍,并且双方要讨论主管人员可能提供的帮助以及资源支持。

(三) 绩效计划的审定和确认阶段

绩效计划的制订过程结束时,管理者和员工应该以同样的答案回答关于绩效指标、绩效标准等重要问题以确认双方是否对绩效计划达成了共识。在此基础上,明确界定绩效评价指标以及具体评分标准。除此之外,管理者协助员工制订具体行动计划,如果说绩效计划说明的是我们想要做什么样的事情,那么行动计划则说明我们应该怎么样去实现绩效计划。每一个绩效计划都应有具体的行动计划作为支撑,管理者要协同员工就绩效计划制订详细周密的行动计划,同时,管理者还应在绩效计划执行过程中及时监控员工行动计划的落实情况,并给员工提供必要的绩效辅导和帮助,以确保绩效计划目标能够顺利实现。

绩效计划制订的最后一步就是形成一个经过双方协商讨论达成共识的绩效协议书,也叫绩效计划书。绩效协议书中应该包括员工的工作目标、主要工作结果、衡量工作结果的指标和标准、各项工作所占的权重、每项工作目标的主要行动计划等内容。绩效协议书主要在于明确当事人的绩效责任,并且部门负责人和员工双方都要在该协议书上签字认可。表9-1、表9-2是绩效计划书的两个样表。

表9-1 某公司客户服务人员岗位的绩效计划书

职位名称:　　　　客户服务人员任职者签名:　　　　上级管理者签名:
计划适用于:　　　年　月　日至　年　月　日

工作要项	目的	重要性	权重	潜在障碍	绩效目标	可能的业绩评价指标	行动计划
回答来自顾客的查询	回答顾客查询的反应速度提高25%	必须改善顾客对我们服务的不良看法,否则会遭受失去顾客的风险	40%	顾客电话查询量增加,需要增加服务人员的数量并提高现有服务人员的业务素质,提供必要的培训机会,安排培训时间	12月31日前,采用交叉培训的方式使全部服务人员得到培训,确保在第一次接听电话时能够为顾客解决85%以上的问题	解决第一次接听电话时所遇到问题的百分比,缩短所有来电的平均处理时间	塞利·约翰10月1日前,接打第一个电话,并进行测试;11月1日前,完成交叉培训;12月1日前准备好每个月的监测报告
项目盈利管理	花80%的时间陪同20%的顾客,解决相关项目的问题	使工资在各个项目上获得利润	20%	管理小型项目的困难;对一些较少涉及的项目内容缺少了解,需要得到系统性的知识培训	12月31日前,确定缺少盈利机会的项目,并实施计划解决上述问题	在90%的项目上获得15%的利润增长幅度	10月1日前公布当前受益报告;10月1日前实施行动计划,纠正无盈利项目;1月1日前作定期季度审查

续表

工作要项	目的	重要性	权重	潜在障碍	绩效目标	可能的业绩评价指标	行动计划
员工的发展	培训服务代表，使其了解产品和技术方面的情况	必须更有效率地处理客户的电话，并减少顾客投诉情况的发生	10%	缺少时间进行内部培训，难以模拟员工所要真正面临的、来自顾客的、形形色色的问题	每个服务代表要了解50%的产品，详细了解更多的相关技术知识	所有员工都要接受有关公司50%的产品特点等方面的培训，并都要接受与公司产品相关的技术培训	9月1日前安排培训人员进行内部培训；11月1日前结束必要的有关产品特点的培训；为新员工提供详尽的培训时间安排，确保新员工尽快适应工作的要求
向顾客提供课堂培训	提高面向客户的培训课程的水平	客户满意度提高，减少来自客户的有关产品服务方面的问题	10%	服务代表工作繁忙，难以抽身花时间进行客户培训	12月31日前，提高培训课程的水平和培训材料的质量	提高对课程的评价和课程材料的质量	9月1日前劳拉·潘制订计划；11月1日前审查课程，准备材料；1月1日按期评价需继续完成的项目的需要
使技术服务电话的功能逐步升级	提高技术人员通过电话回答客户问题的能力	敏锐的客户服务意识能够更好地树立企业在顾客中的良好形象	10%	技术人员和程序人员充分承担责任	将有关技术问题的电话处理时间减少50%	投入另外的兼职人员，减少50%的打电话时间	10月1日前鲍勃分配人手；1月1日前完成电话处理时间的目标

续表

工作要项	目的	重要性	权重	潜在障碍	绩效目标	可能的业绩评价指标	行动计划
产品和销售反馈	服务代表提供有关新产品市场和销售机会的想法,为技术开发部门提供迅速准确的市场信息	通过不断提高产品质量满足市场需求,从而提高销售业绩	10%	难以确保或证明所提供信息的准确性与有效性	扩大销售,改进产品特色	每个服务代表提供市场信息反馈的次数和信息的质量	10月1日将需要得到的市场信息内容传达给所有服务代表;1月1日前将信息的运用和分析情况反馈给相应的服务代表,征求相关的意见

表9-2 某企业大客户部经理岗位的绩效计划书

职位编号	SXB-006		职位名称		大客户经理
所属部门	市场部		员工姓名		李明
评价期限	2021年8月1日至2022年1月31日				
协议内容					
工作要项	主要产出	完成期限	绩效目标	评估来源	所占权重
完善管理制度	修订后的大客户管理规范	2021年8月底	(1)大客户管理的责任明确 (2)大客户管理的流程清晰 (3)大客户的需要在管理规范中得到体现	主管评估	20%
人员安排	新的团队组织结构	2021年9月15日	(1)能够以小组的形式面对大客户 (2)团队成员的优势能够进行互补和发挥	主管评估 下属评估	10%
发展客户以提高销售额	大客户的数量、销售额、客户保持率	2022年1月底	(1)大客户数量达到30个 (2)销售额过2.5亿元 (3)客户保持率不低于80%	销售记录	50%

续表

工作要项	主要产出	完成期限	绩效目标	评估来源	所占权重
提高对客户的服务技术	大客户数据库	2021年12月底	(1)大客户信息能够全面准确、及时地反映在数据库中 (2)该数据库具有与整个公司管理系统的接口 (3)保障数据安全 (4)使用便捷 (5)具有深入的统计分析功能模块	主管评估	20%
备注					
本人签字			直接上级签字		
人力资源部盖章			签字日期		

第二节　绩效指标设计

绩效评价体系作为企业绩效管理系统的一个重要的子系统,它应该对组织目标的实现起到重要的支撑作用。而制定绩效评价体系的一个核心工作就是根据组织的实际情况设计科学的绩效评价指标体系。因此,为了更好地实现绩效管理的目标,公司的高级主管人员必须在准确、清晰地确定公司的目标与战略的基础上进行绩效评价体系的设计。在进行绩效评价体系的设计时,首先必须根据组织的目标与战略确定公司的绩效目标和绩效评价指标,并在这个基础上对衡量组织绩效的评价指标进行层层分解,从而确定每个岗位的绩效评价内容和标准。

一、绩效评价指标的概念及构成

评价指标又称评价因子或评价项目,是对被评价对象的绩效进行评价的维度。只有通过评价指标,评价工作才具有可操作性。总的评价结果的优劣往往需要用各个评价指标上的评价结果综合体现。比如,评价企业的经营业绩可以通过经济效益、市场地位、客户关系、技术创新、人员队伍建设及信息化水平等方面的指标来进行。对员工的绩效通常是从态度行为、能力业绩等维度进行衡量和评估的。例如,评价一名销售人员的绩效可以从销售额、回款率、市场开发程度、顾客满意度等方面的指标来进行;评价一名研发人员的绩效通常可以用创新能力、研发能力、学习能力、团队合作能力、出勤率等方面的指标来进行。

绩效指标贯穿于绩效管理的各个环节,在绩效计划阶段,要对绩效指标的设计进行讨论,然后围绕所确定的绩效指标进行绩效计划的签订;在绩效实施阶段,管理者可以通过相应指标的变化,对绩效情况进行有针对性的辅导;在绩效考核阶段,绩效指标就是绩效考核重点关注的领域和内容;在绩效反馈阶段,管理者可以根据员工在各绩效指标上的表现和完成情况,与员工进行有的放矢的沟通。

绩效评价指标一般包括四个构成要素,具体如下:

(1)指标名称。指标名称是对评价指标的内容做出的总体概括(如销售额、利润率、市场占有率等)。

(2)指标定义。指标定义是指标内容的操作性定义,用于揭示评价指标的关键可变特征(如销售额是指销售货品取得的收入)。

(3)标志。评价的结果通常表现为将某种行为、结果或特征划归到若干个级别之一。评价指标中用于区分各个级别的特征规定就是绩效评价指标的标志(如优秀、良好、一般、较差)。

(4)标度。标度用于对标志所规定的各个级别包含的范围做出规定,或者说,标度是用于揭示各级别之间差异的规定(如完成90%以上为优秀,完成80%到90%为良好,完成60%到70%为一般,完成60%以下为较差)。

表9-3是一个简单的绩效评价指标例子。

评价指标:团队协作能力。

指标定义:在与同事共同工作时所表现出来的合作与协同努力的能力。

表9-3 绩效评价指标举例

标志	S	A	B	C	D
标度	合作顺畅	肯合作	尚能合作	偶尔合作	我行我素

从上面这个例子我们可以看到,绩效评价指标的标志和标度是一一对应的。标志和标度就好比一把尺子上的刻度和规定刻度的标准。因此,我们往往将二者统称为绩效评价中的评价尺度("尺"即标志;"度"即标度)。在实践中人们往往混用标度、尺度这两种说法,而并不对两者进行明确的区分。评价尺度分为下列四种:

(1)量词式的评价尺度。这种评价尺度采用带有程度差异的形容词、副词、名词等词组表示不同的等级水平,如:"好""较好""一般""较差""差"。

(2)等级式的评价尺度。这种评价尺度使用一些能够体现等级顺序的字词、字母或数字表示不同的评价等级,如:"优""良""中""差","甲等""乙等""丙等""丁等"以及"一等""二等""三等"等。

(3)数量式的评价尺度。数量式的评价尺度是用具有量的意义的数字表示不同的等级水平。数量式的评价尺度包括离散型和连续型两种。

下面的两个例子(见表9-4、表9-5)分别是离散型的评价尺度和连续型的评价尺度。其中后者是连续型的评价尺度与量词式的评价尺度混用的做法。

表9-4 离散型的评价尺度

评价指标	指标定义	标度(尺度)				
决策能力	能够把握各种决策方案的本质和核心,正确评估每个决策方案的条件和效果,分析各个方案实施的可行性;具有准确的预测能力;能从众多的决策方案中选取满意方案以及在危急关头或紧要关头做出当机立断的决策,避免企业造成重大损失,或使企业与成功失之交臂	0分	3分	6分	9分	12分

表 9-5 连续型的评价尺度

评价指标	标志(尺度)				
	5~4.5 分	4.4~4 分	3.9~3.5 分	3.4~3 分	3 分以下
合作意识	很好	尚可	一般	较差	极差

(4)定义式的评价尺度。用描述性语言文字内容作为标度,即用文字表述各个标度的具体差别。定义式的评价尺度能够更好地实现评价的行为引导作用,因此在绩效评价中得到了越来越广泛的运用。表 9-6 是定义式尺度的一个例子。在这个例子中,设计者根据评价对象的不同对"目标管理工作执行情况"这个评价指标设计了不同的定义式尺度。

表 9-6 定义式评价尺度

对象	要素定义	分等级说明				
		S	A	B	C	D
部长级	是否重视工作目标的树立并在工作中对部门目标的完成情况进行监控,是否使下属了解目标的重要性,并通过让下属参与目标的制定激发他们的工作热情	重视工作目标的树立并在工作中对部门目标的完成情况进行监控,让下属参与目标的制定,目标切实可行,下属的工作热情很高	重视工作目标的树立并在工作中对部门目标的完成情况进行监控,让下属参与目标的制定,目标基本上切实可行,下属的工作热情较高	了解目标的重要性,但不善于制定目标,所制定的工作目标不能为一部分下属员工所接受,在目标的实施过程中有一定困难	在日常工作中有一定的计划性,但往往没有明确的长期或阶段性目标,常常"走一步算一步",下属员工也难以确定自己的阶段性工作目标	工作完全没有计划性,总是在上级或其他部门的要求下被动地组织部门的工作
主管级	是否重视工作目标的树立并在工作中对团队目标的完成情况进行监控,是否使下属了解目标的重要性,并通过让下属参与目标的制定激发他们的工作热情	重视工作目标的树立并在工作中对团队目标的完成情况进行监控,让下属参与目标的制定,团队人员的工作热情很高	重视工作目标的树立并在工作中对团队目标的完成情况进行监控,让下属参与目标的制定,目标基本上切实可行,下属的工作热情较高	了解目标的重要性,但不善于制定目标,所制定的工作目标不能为一部分下属员工所接受,在目标的实施过程中有一定困难	在日常工作中有一定的计划性,但往往没有明确的长期或阶段性目标,常常"走一步算一步",下属员工也难以确定自己的阶段性工作目标	工作完全没有计划性,总是在上级或其他同事的要求下被动地组织本团队的工作

续表

对象	要素定义	分等级说明				
		S	A	B	C	D
普通员工	是否重视工作目标的树立,积极参与个人工作目标的确定,个人目标是否符合部门或团队的工作目标,是否能在工作中按照预定的目标落实每一项工作	重视工作目标的树立,积极参与个人工作目标的确定,个人目标符合部门或团队的工作目标,并能够在工作中按照预定的目标落实每一项工作	了解工作目标的重要性,参与个人工作目标的确定,个人目标基本符合部门或团队的目标,在工作中按照预定的目标落实每一项工作	重视工作目标的树立,但不善于制定目标,不能将自身的目标与部门或团队的目标很好地结合	在日常工作中有一定的计划性,但缺乏一个长期的或阶段性的工作目标,在领导的要求下被动地展开工作	工作完全没有计划性,每天都在被动地完成上级交给的工作

二、绩效评价指标的分类

绩效评价指标按照不同的标准可以进行不同的分类,常见的有根据绩效评价的内容分类,根据评价依据的主观性和客观性分类,以及根据"特质、行为和结果"分类等。

1. 根据绩效评价的内容分类

根据绩效评价的内容,我们将绩效评价指标分为工作业绩评价指标、工作能力评价指标和工作态度评价指标三类。

(1)工作业绩评价指标。所谓工作业绩就是工作行为所产生的结果。业绩具体表现为完成工作的数量指标、质量指标、工作效率指标以及成本费用指标四类。工作业绩评价指标是整个绩效评价体系当中最值得关注的部分,它对个人绩效整体目标的达成,以及对上一级乃至组织绩效目标的达成起着支撑作用。

(2)工作能力评价指标。不同的职务对于人的工作能力要求是不同的,只有在绩效评价体系中加入工作能力方面的评价指标,才可能使评价的结果真正反映出员工的整体绩效。另外,评价指标的设计者还能通过能力指标的行为引导作用鼓励员工提高与工作相关的工作能力,并通过能力评价的结果做出各种有关的人事调整决定。

(3)工作态度评价指标。工作态度在一定程度上决定了一个员工的实际工作业绩,不同的工作态度会产生不同的工作绩效。因此,为了对员工的行为进行引导从而达到绩效管理的目的,在绩效评价中应加上对工作态度进行评价的指标。

2. 根据评价依据的主观性和客观性分类

(1)硬指标。所谓硬指标指的是那些可以以统计数据为基础,把统计数据作为主要评价信息,建立评价数学模型,以数学手段求得评价结果,并以数量表示评价结果的评价指标。

使用硬指标进行绩效评价能够摆脱个人经验和主观意识的影响,具有相当的客观性和可靠性。当处理硬指标的评价结果时,如果需要完成复杂或多变的计算过程,还可借助电子计算机等工具来进行,并能够有效地提高评价的可行性和时效性。但是,当评价所依据的数据不够可靠,或者当评价的指标难以量化时,硬指标的评价结果就难以客观和准确了。另外,硬指标评价的过程往往较为死板,在评价的过程中缺少人的主观性对评价过程的影响,一方面是评价结果具有客观准确性的原因,另一方面也产生了缺乏灵活性的弊端。毕竟统计数据本身并不能完全说明所要评价的事实情况。

(2)软指标。软指标主要是通过人的主观评价方能得出评价结果的评价指标。在实际工作中,人们用专家评价来指代这种主观评价的过程。所谓专家评价就是由评价者对系统的输出做出主观的分析,直接给评价对象进行打分或做出模糊评判(如很好、好、一般、不太好、不好)。这种评价指标完全依赖于评价者的知识和经验来做出判断和评价,容易受各种主观因素的影响。所以,软指标的评价通常由多个评价主体共同进行,有时甚至由一个特定的集体共同做出一个评价结论,以彼此相互补充,从而产生一个比较客观公平的结论。运用软指标的优点在于,这类指标不受统计数据的限制,可以充分发挥人的智慧和经验,把问题考虑得更加全面,避免或减少统计数据可能产生的片面性和局限性。但是,对软指标进行评价的结果容易受评价者主观意识的影响和经验的局限,其客观性和准确性在很大程度上取决于评价者的素质以及评价的民主气氛。

在实际评价工作中,我们往往综合应用硬指标和软指标进行评价,将两种方法的长处加以综合应用,以弥补各自的不足。在数据比较充足的情况下,以硬指标为主,辅以软指标进行评价;在数据比较缺乏的情况下则以软指标为主,辅以硬指标进行评价。在绩效评价中,对于硬指标的评价往往也需要一个定性分析的过程,而对软指标评价的结果也要应用模糊数学进行一个定量化的换算过程。需要注意的是,软指标与非量化指标并非一个概念。软指标和硬指标的区分强调的是评价方式上的区别,而量化指标和非量化指标则强调评价结论的表现方式上的区别。

3.根据"特质、行为、结果"分类

特质类指标关注的是员工的素质和发展潜力,在选拔性评价中更为常用。行为类绩效指标关注的是绩效实现的过程,适用于通过单一方式或程序化的方式达到绩效目标的职位。结果类指标更多关注绩效结果和绩效目标的实现程度。表9-7对"特质、行为、结果"三类绩效评价指标进行了比较。

表9-7 "特质、行为、结果"三类绩效评价指标对照表

对比项目	评价指标		
	特质	行为	结果
适用范围	适用于对未来的工作潜力做出预测	适用于评价可以通过单一的方法或程序化的方式实现绩效标准或绩效目标的岗位	适用于评价那些可以通过多种方法达到绩效标准或绩效目标的岗位
不足	①没有考虑情景因素,通常预测效度较低 ②不能有效地区分实际工作绩效,员工易产生不公正感 ③将注意力集中在短期内难以改变的人的特质上,不利于改进绩效	①需要对那些同样能够达到目标的不同行为方式进行区分,以选择真正适合组织需要的方式,这一点是十分困难的 ②当员工认为其工作重要性较小时意义不大	①结果有时不完全受被评价对象的控制 ②容易诱使评价对象为了达到一定的结果而不择手段,使组织在获得短期效益的同时丧失长期利益

有些学者指出,在这三类绩效评价指标中选择的最好方式就是:将评价指标名称冠以"特质"的标签,评价指标的定义和尺度则采用行为导向和结果导向相结合的方式。

三、绩效评价指标体系的设计原则

绩效评价指标体系呈现出层次分明的结构,其包含组织绩效评价、部门绩效评价、员工绩效评价三个大的层次。另外,针对每一个岗位的绩效评价指标也呈现出层次分明的结构。通常对员工的绩效评价指标包括工作业绩、工作能力和工作态度三个评价维度,每一个维度都包含若干个具体的评价指标,从而也形成了一个层次分明的结构。在这里,我们主要阐述的就是在这个意义上所说的绩效评价指标体系的设计原则与方法。

绩效评价指标体系的设计应遵循以下原则。

1. 目标一致性原则

此原则强调各个评价指标所支持的绩效目标应该具有一致性。如果企业注重产品质量,应当引入产品质量检测和控制产品质量各相关环节的过程性指标;如果企业追求客户满意度,那么就应当引入考核客户满意度指标与影响客户满意度的过程性指标。由于环境的不确定性使组织战略发生调整时,企业的绩效指标也应当有相应的变化。绩效指标与企业的战略目标一致性原则强调的是指标对组织中所有员工的引导作用,促使员工为达到组织的战略目标做出最大贡献。这一点是我们在选择绩效评价指标时应遵循的最重要的原则之一。

2. 独立性与差异性原则

独立性原则指的是评价指标之间的界限应清楚明晰,不会发生含义上的重复。差异性原则指的是评价指标之间的内容可以比较,能明确分清它们的不同之处,在内涵上有明显的差异。

这就要求评价指标名称的措辞要讲究,使每一个指标的内容界限清楚,避免歧义性。在必要的时候通过具体明确的定义给出操作性的定义,避免指标之间出现重复。例如"沟通协调能力"和"组织协调能力"中都有"协调"一词。但实际上应用的人员类型是不同的,这两种协调能力的含义也是不同的。"沟通协调能力"往往可以运用于评价普通员工,而对于拥有一定数量下属的中层管理人员则可以通过评价他们的"组织协调能力"来评价他们在部门协调与员工协调中的工作情况。如果在同样的人员身上同时评价这两种"协调能力"就容易引起混淆,降低评价的可靠性和准确性。

3. 可测性原则

评价指标本身的特征和该指标在评价过程中的现实可行性共同决定了评价指标的可测性。评价指标之所以需要测量和可以测量,最基本的特征就是该评价指标指向的变量具有变异性。绩效评价指标设置指标的级别标志和级别标准,就是为了使绩效指标可以测量并且可能呈现出不同的结果。另外,在确定绩效评价指标时还要考虑到评价中可能遇到的种种现实问题,确定获取所需信息的渠道和是否有相应的评价者能够对该指标做出评价等,也是确定评价指标时需要注意的一点。

4. 以定量指标为主、定性指标为辅原则

通常情况下,我们主张更多地使用定量化的绩效评价指标以及清晰的标度,从而提高评价的客观准确性。但是,这个原则反映在对员工绩效的评价中并不是绝对适用的。针对不同岗位的工作性质,人们往往会发现将评价指标量化并不可行。这条原则只是提醒我们要注意尽可能地将能够量化的指标进行量化的定义,给出量化的标度。同时,对于定性的评价指标也可以运用一些数学工具进行恰当处理,从而使得定性指标得以量化,使评价的结果更精确。

5. 少而精原则

这一原则指的是绩效评价指标只要能够反映评价的目的,而不一定要面面俱到。设计支持组织目标实现的关键绩效指标,不但可以帮助企业把有限的资源集中在关键业务领域,以引导企业和员工聚焦实现企业的绩效目标,同时可以有效缩短绩效信息的处理过程乃至整个评价过程。另外,少而精的评价指标易于被一般员工所理解和接受,也可以促使评价者迅速了解绩效考核系统,掌握相应的评价方法和技术,从而便于进行绩效沟通。

6. 针对性原则

针对性是指绩效指标的设计应针对某项特定的考核目的展开,考核指标与考核目的之间应该具有高度的相关性。评价是为目的服务的,出于不同的评价目的,评价的侧重点有所不同,比如绩效评价的目的是为职位晋升提供依据,那么评价指标的选取就应侧重于员工的能力和潜力指标;如果评价的目的是进行奖金分配和薪酬调整,那么应侧重对员工工作业绩指标的选择。

7. 便利性原则

为了使绩效评价工作能够顺利进行,我们应能够方便地获取与评价指标相关的统计资料或其他信息。因此,所需信息的来源必须稳定可靠,获取信息的方式应简单可行。只有这样,我们的绩效评价指标体系才是切实可行的,在进行绩效评价时才能有据可依,避免主观随意性,从而使绩效评价的结果易于被评价对象所接受。

四、绩效考核指标体系设计方法

自上而下构建绩效考评指标体系的基本思路和方法主要有平衡计分卡以及关键绩效指标法。绩效指标设计的两大基础是目标管理与工作分析。因此,绩效指标的制定依据(来源)主要有以下三点:

(1)绩效指标的制定必须是在企业发展战略的指导下,根据企业的年度经营计划,将企业的各项指标层层分解到部门,再从部门分解到个人。

(2)根据员工个人的年度工作目标,结合各个岗位的工作内容及工作性质,初步确定该岗位绩效考核的各项要素。

(3)综合考虑员工个人在工作流程中扮演的角色、承担的责任以及同上游、下游之间的关系,来最终确定各个岗位的绩效指标。

构建绩效评价体系的前提就是选择绩效评价指标。在选择指标的原则指导下,常见的选择绩效评价指标的方法主要有以下五种。

1. 工作分析法

工作分析是人力资源管理的一个非常重要的基本工具,是对工作本身最基本的分析过程。工作分析是确定完成各项工作所需履行的责任和具备的知识及技能的系统工程。工作分析的主要内容由两部分组成:一是职务说明;二是对人员的要求。职务说明包括工作性质、职责、进行工作所需的各种资料、工作的物理环境、社会环境、同其他工作相联系的程度等与工作本身有关的信息。对人员的要求则包括员工为了完成本工作应具备的智力、体力、专业知识、工作经验、技能等与人相关的要求。对前者的分析可以用来设计与职责履行和任务完成相关的指标,对后者的分析可以用来设计与岗位规范中要求内容相关的指标,而且通过工作分析得出任务和职责的重要程度,可以确定与之相对应的哪些指标更为重要。

2. 个案研究法

个案研究法是指对某一个体、群体或某一组织在较长时间里连续进行调查研究,并从典型个案中推导出普遍规律的研究方法。例如,根据测评的目的与对象,选择若干个具有典型代表性的人物或事件为调研对象,通过对他们的系统观察、访谈来分析确定绩效考核指标和考核指标体系。

常见的个案研究法有典型人物(事件)研究与资料研究两大类。典型人物研究是以典型人物的工作情境、行为表现、工作绩效为直接对象,通过对他们的系统观察、分析研究来归纳总结出他们所代表群体的评定要素。资料研究是以表现典型人物或事件的文字材料为研究对象的,通过对这些资料的对比分析和总结,归纳出评定要素。

3. 问卷调查法

问卷调查法要求设计者以书面形式将项目和问题表示出来,分发给有关人员填写,收集、征求不同人员的意见。问卷调查法按答案的形式可以分为开放式问卷和封闭式问卷两大类。开放式问卷没有标准化答案,被调查者可以按照自己的意愿自由回答。如某企业对推销员绩效考核指标的问卷中有以下两题:

①你认为该岗位的员工最重要的是应具备何种能力?

②你认为对于该岗位的员工来说,考勤重要吗?

封闭式问卷分为是非法、选择法、排列法、计分法四种。

(1)是非法。问卷列出若干问题,要求被调查者做出"是"或者"否"的回答。

例如,销售人员需要具备较强的口头表达能力吗?

(2)选择法。被调查者必须从并列的两种假设提问中选择一项。

例如,对销售人员而言,最重要的工作能力应该是产品专业知识。(　　)

对销售人员而言,最重要的工作能力应该是沟通能力。(　　)

(3)排列法。调查者要对多种可供选择的方案按其重要程度排出名次。

例如,一个优秀的销售人员应具有沟通能力、市场拓展能力、高度的责任心、丰富的专业知识、足够的耐心五项特性,请根据这五大特征的重要性进行排序。

(4)计分法。问卷列出几个等级分数,要求被调查者进行判断选择。

例如,销售人员的口头表达能力应是:

稍低于一般水平(　　)　　具备一般水平(　　)

具备较高水平(　　)　　具备相当高的水平(　　)

问卷调查还有结构问卷调查和非结构问卷调查之分。下面介绍的方法就是结构问卷调查,这种问卷的设计和实施主要包括以下几个程序:

(1)根据考核目的、对象等情况,搜集、分析和确定绩效考核指标。一般来说,可以采用文献查阅、关键事件分析、访谈等方法确定这些绩效考核指标。

(2)对每个考核指标用恰当的语言加以描述,以明确它的内涵和外延。

(3)将所有绩效考核指标的描述语句,采用五等级或七等级加以评定,如非考核不可、非常需要考核、需要考核、需要考核程度低、几乎不需要考核,并将这些语句随机加以排列,便可编制成结构式调查问卷。每一个绩效考核指标的语言描述要注意:所提的问题不要在一个问题中包含两个或两个以上的问题,提问的措辞要认真推敲,要防止诱导。在回答问题的次序上可按逻辑性、先易后难的顺序回答。以推销员的绩效考核指标为例,设计一个问卷,如表9-8所示。

表9-8 推销员绩效考核指标调查表

要素	要素内容	重要程度			
		非常重要	较为重要	一般重要	不重要
出勤率	出勤天数÷应出勤天数				
销售额	销售产品的价值额				
销售费用	(本人薪金+推销经费)÷销售额×100%				
销售增长率	本期销售额÷上年同期销售额×100%				
单位销售成本	总销售成本÷销售数量				
货款回收率	收回货款÷应收货款				
新客户开发数	开发新客户次数				
资料建立与完善	客户资料的记录、整理与完善				
客户投诉	客户投诉次数				
全局意识	能照顾全公司利益				
遵守秩序	严守工作纪律、勤奋工作				

说明:你认为考核一个推销员应考核哪些指标,在"重要程度"栏里在你认为最恰当的位置上画"√"。

(4)根据调查的目的和单位的具体情况,确定问卷调查对象、范围和方法。

(5)分发问卷。通过一定的渠道分发问卷给调查者,选择的渠道应是可靠的。

(6)回收问卷,进行统计分析,处理调查结果。比如根据每一个绩效考核指标的重要性进行排序,以重要性的不同确定用于绩效考核的指标体系。

4.专题访谈法

专题访谈法是研究者通过面对面的谈话,用口头沟通的途径直接获取有关信息的研究方法。研究者通过分析汇总访谈所获得的资料,可以获取许多信息。专题访谈法有个别访谈法和群体访谈法两种。个别访谈法是指通过走访有关人员,面对面地谈话来了解被考核对象的各种情况,然后将收集的材料进行归纳总结,找出其共性的东西,以此作为绩效考核的指标。群体访谈法,即座谈讨论法,就是召集有关部门具有一定知识和经验的人员,来讨论被考核对象的工作性质、绩效的表现形式等,通过讨论集思广益,为绩效考核指标的确定提供依据。参加座谈的人数以5~8人为准。个别访谈轻松、随便、活跃,可快速获取信息。群体访谈以座谈会的形式进行,具有集思广益、团结民主等优点。

例如,通过与企业各部门主管、人力资源部门人员、某职务人员以及与被考核者有较多联系的有关人员等人进行广泛交谈获取绩效评价指标。专题访谈的交谈内容主要围绕下述三个问题展开:

(1)你认为担任某职务的员工最基本的要求是什么?

(2)某职务的工作的主要特点是什么?

(3)检验某职务的工作成效的主要指标是什么?

研究者通过分析汇总访谈所得的资料,可以获取许多极其宝贵的材料。

5.经验总结法

经验总结法是一种通过众多专家总结经验从而提炼出绩效指标的方法,一般可以分为个人总结法和集体总结法两种。

个人总结法是请人力资源专家或人力资源部门人员回顾自己过去的工作,通过分析最成功或最不成功的人力资源决策来总结经验,并在此基础上设计出评价员工绩效的指标目录。

集体总结法是请若干人力资源专家或企业内有关部门的主管(6~10人),集体回顾过去的工作,分析杰出人才和平庸人才的差异,列出长期以来用于评价某类人员的常用指标,在此基础上提出绩效评价指标。

第三节 绩效指标权重的确定

当社会组织各层级的绩效指标确定之后,指标权重的确定成为一个需要重视的问题。在特定的时期,不同指标对特定的活动和部门岗位所起的作用存在显著性的差异。而确定指标的权重,能够对绩效指标的作用进行区别对待,从而反映出不同指标对绩效结果的影响程度。指标权重突出了重点目标,体现了企业的价值导向,反映了决策者的偏好、组织的要求及环境的影响。

一、设计考评指标权重的原则

设计考评指标权重的过程,实际上就是一个理清每项工作轻重缓急的过程。指标的权重设计必须遵循以下原则:

(1)所有关键绩效指标或所有的工作目标的权重之和为100%。

(2)每个KPI权重一般不高于30%,过高的权重易导致员工"抓大头扔小头",对其他与工作质量密切相关的指标不宜关注,而且过高的权重会使员工考核风险过于集中,万一不能完成指标则全年的奖金、薪酬就会受到很大影响。

(3)单个指标或目标的权重最小不能小于5%。指标权重过小会成为无效指标,反映不出指标所要考核的内容。

(4)各指标或目标权重比例应该呈现明显差异,避免出现平均分配权重比例的状况。这样能够明确考核的重点,使被考核者明确关键内容,从而对员工的行为起到引导作用。

除此之外,设置指标权重时,还应注意以下几点:

(1)指标权重设计要贯彻企业战略导向,即由企业战略目标分解得出以及对企业战略实施重要性大的指标或者目标权重高。

(2)指标权重设计要突出部门或员工的重点工作内容和职责,对照部门和员工在该考核周期内应完成的重点工作内容和职责,凡是与这些重点内容和职责相关联的指标权重应加大。

(3)对被评估人影响直接且影响显著的指标或目标权重高。

(4)权重分配在同级别、同类型岗位之间应具有一致性,又兼顾每个岗位的独特性。

二、设置大类指标权重

大类考核指标一般是指考核指标体系中大维度的指标,如工作业绩、工作态度、工作能力等。大类指标权重设计的影响因素主要有以下几个方面。

(一)绩效评价的目的

前面谈到,绩效评价是人力资源管理职能系统的核心环节。因此,我们往往将绩效评价的结果运用于不同的人力资源管理目的。不同的考核目的决定了绩效考核具有不同的重点,我们应该对绩效评价中各个评价指标赋予不同的权重。但是这种权重的规定并不需要明确到每个绩效评价指标上。通常的做法是将评价指标分为业绩评价指标、能力评价指标和态度评价指标三个大类(也就是通常所说的三个评价维度),然后根据不同的评价目的规定这三个评价维度分别占多大的比重。

例如针对奖金发放的绩效考核,一般关注业绩,因而奖金就是企业对员工良好业绩的奖励,这种考核中,工作业绩的考核权重应该占比较大;如考核的目的是确定薪金的晋级调整,即考核结果为员工基本工资的增加提供依据,此时企业更关注员工的工作能力和职业忠诚度,因而绩效考核的重点就应该是员工的能力和态度,则相关指标的权重应该增大;如果考评目的在于确定员工晋升,则绩效考核更要注重员工的能力和素质以及价值观,因而也应该加大相关指标的权重。不同绩效评价目的下评价指标的权重如表9-9所示。

表9-9 不同绩效评价目的下评价指标的权重

大类指标	评价目的	
	奖金发放	绩效调薪
工作业绩	60%	60%
工作能力	×	20%
工作态度	40%	20%

(二)职种职系

对于不同职种职系的员工来说,他们的工作方式、工作环境、工作内容都有很多不同,因而在大类指标权重设计上会有很多差别,见表9-10。

表9-10 不同考核目的下不同职种职系员工绩效考评权重分配表

	大类指标	人员类别		
		现场人员	职能人员	管理人员
用于奖励	业绩考核/%	80	40	60
	态度考核/%	20	60	40
	能力考核/%	0	0	0

续表

岗位调薪	大类指标	人员类别		
		现场人员	职能人员	管理人员
	业绩考核/%	0	30	50
	态度考核/%	80	40	20
	能力考核/%	20	30	30

人员晋升	大类指标	人员类别		
		现场人员	职能人员	管理人员
	业绩考核/%	20	30	50
	态度考核/%	60	20	10
	能力考核/%	20	50	40

(三)职位等级

一般而言,职位等级越高,则越侧重业绩的考核。因为职位等级越高,承担的责任越大,对工作任务的完成就越重视,工作创新性或自我发挥程度越高,因此,对高职位等级员工的绩效一般注重结果导向,注重业绩考核。而职位等级比较低的基层员工工作大多比较专业化或程序化,容易观察,因而可以通过考核其行为和态度来达到控制其绩效的目的。

对于不同的考核目的,在不同级别员工之间各考核因素的权重见表 9-11。

表 9-11 某公司业绩考核分值分配表

职务级别	核定提薪资格			核定奖励资格		
	成绩/%	能力/%	态度/%	成绩/%	能力/%	态度/%
六级	60	10	30	80	10	10
五级	50	10	40	70	10	20
四级	40	10	50	60	10	30
三级	30	10	60	50	10	40
二级	20	10	70	40	10	50
一级	10	10	80	30	10	60

(四)企业文化

企业文化倡导的行为或特征也会反映在绩效评价指标的选择和权重上。

如果企业想要营造的是比较感性和谐的文化氛围,更倾向于以人为本,那么在绩效考核方面一般会侧重行为、能力、态度等关注绩效过程的考评指标,评估内容主要集中在员工工作过程中的行为、努力程度和工作态度,这些方面的权重相应就会加大。

如果企业文化氛围呈现的是一种比较理性、以任务为导向的特征,注重工作的最终业绩,绩效考评是结果导向为主的,那么评估内容主要集中在工作的实际产出,对业绩的评价所占权重比例就会增大。一般在企业面临较大的生存压力时,会倾向于采用此种考核方式。

究竟应该侧重业绩,还是应该侧重能力态度,需要根据企业所要营造强化的核心价值观和组织的具体情况而定。

三、绩效指标权重的设计方法

权重确定的方法有很多种,各自适用不同的基本原理。在绩效评价指标体系的权重设计中,考虑到指标的数量、处理的便利性和确定方法的实用性,我们主要使用主观判断和定量处理相结合的方法。此方法首先由专家根据自己的经验知识、智慧信息和价值观对指标重要性做主观判断,然后通过各种方法对判断结果进行定量处理,将重要性量化为具体的权重值,使之能直接应用于指标值的计算。由此可见,主观判断法只是获得指标相对重要性的初步信息的方式,最终的指标权重还需要通过定量处理方法才能便于使用。

(一)主观判断方法

1. 主观经验法

主观经验法是一种主要依靠历史数据和专家直接判断确定权重的简单方法。这种方法需要企业有比较完整的考核记录和相应的评估结果。它是决策者个人根据自己的经验对各项评价指标重要程度的认识,或者从引导意图出发,对各项评价指标的权重进行分配,也可以是集体讨论的结果。有时决策者会召集一些人讨论一下,听取大家的意见,然后由决策者做出决定。

主观经验法的优点在于能充分利用专家的集体智慧和以往经验,决策效率高、成本低,容易被接受,适合专家治理型企业和规模较小的企业。缺点在于对决策者能力要求较高,过于依赖主观经验,往往带有片面性,从而使结果具有不确定性。这种方式应用时应注意召集利益冲突的各方进行充分的讨论,以平衡不同的意见,从而避免决策者的专断行为。

2. 德尔菲法

德尔菲法本质上是一种反馈匿名函询法,是以书面形式背对背地分轮征求和汇总专家意见的一种主观预测方法。德尔菲法首先要成立专家小组,向所有专家提出所要征询的问题,要求专家采用匿名书面的方式进行答复,然后通过中间人或协调员把第一轮预测过程中专家各自提出的意见集中起来,加以归纳后反馈给他们,这一过程重复进行三四轮,直到每一个专家不再改变自己的意见为止,这时专家的意见也一致,决策过程结束。德尔菲法的实施步骤如下:

(1)组成专家小组。按照绩效指标权重设计所需要的知识范围确定专家,专家人数的多少可根据预测问题的大小及涉及面的宽窄而定,一般不超过20人。

(2)向所有专家提出所要预测的绩效指标权重设计的问题及有关要求,并附上有关这个问题的所有背景材料,同时请专家提出还需要什么材料,然后由专家做书面答复。

(3)各个专家根据他们所收到的材料,提出自己的预测意见,并说明自己是怎样利用这些材料并在此基础上提出预测值的。

(4)将各位专家第一次判断意见汇总,列成图表进行对比,再分发给各位专家,让专家比较自己同他人的不同意见,修改自己的意见和判断。也可以把各位专家的意见加以整理后,请身份更高的其他专家加以评论,然后把这些意见再分送给各位专家,以便他们参考后修改自己的意见。

(5)将所有专家的修改意见收集起来汇总,再次分发给各位专家,以便做第二次修改。逐轮收集意见并为专家反馈信息,是德尔菲法的主要环节。收集信息和信息反馈一般要经过三四轮。在向专家进行反馈的时候,只给出各种意见,但并不说明发表各种意见的专家具体姓名。这一过程重复进行,直到每一个专家不再改变自己的意见为止。

(6)对专家的意见进行综合处理。德尔菲法的优点是能够充分发挥各位专家的作用,集思广益,又能把各位专家之间的意见和分歧点表达出来,取各家之长,避各家之短。这种方法虽然经过多轮的反馈统计和分析,但主要还是停留在几个专家定性分析的基础上,尽管最后可能出现多个专家意见统一的情况,但结果更多地反映了专家们的主观意见趋同。因为人们在多处意见都统一的前提下,有着一种"随大流"的倾向,因此,由德尔菲法确定出来的权重可靠性也不是很高,因为它缺乏定性定量的结合、分析与运算。

(二)定量处理方法

1.简单排序编码法

这种方法是通过管理者对各项考评因素的重视程度进行排序编码,然后确定权重的一种简单的方法,它需要管理者根据过去的历史数据及个人经验对各项考评项目作出正确的排序。

例如在绩效考核过程中,某一职位有四个考核项目,分别为 A、B、C、D,考评者基于个人的经验判断,将各项考核因素的重要性排序为 B、D、C、A,然后再按照自然数顺序由大到小对其进行分配,分别为 4、3、2、1,最后根据每个考核指标在绩效指标体系整体重要程度得分中所占比重来确定其权重,做归一化处理后,最终结果为 A:1/(4+3+2+1)=0.1;B=4/(4+3+2+1)=0.4;C=2/(4+3+2+1)=0.2;D=3/(4+3+2+1)=0.3。

这种简单排序编码计算权数简单易行,省时省力,在一定程度上消除了单纯个人的主观性,比考评者单纯依据自身经验进行权重设计的方法要客观一些。但是这种方法的缺点在于其打分过程仍然在较大程度上受主观臆断的影响,因此其结果的客观性、准确性仍有欠缺。

2.倍数环比法

倍数环比法首先将各考评因素随机排列,然后按照顺序对各项因素进行比较,得出各因素重要程度之间的倍数关系(又称环比比率),再将环比比率统一转换为基准值,最后进行归一化处理,确定其最终权重,如表 9-12 所示。

表 9-12 倍数环比法示例样表

考评因素	A	B	C	D	合计
环比比例	0.3	2	0.55	1	2.85
基准值	0.33	1.1	0.55	1	2.98
最终权重	0.1107	0.3691	0.1846	0.3356	1

说明:表格第二行 0.3 表示 A 的重要性是 B 的 30%;2 表示 B 的重要性是 C 的 2 倍;0.55 表示 C 的重要性是 D 的 55%;1 表示 D 本身。第三行是以 D 为基准进行的比率归一化,因 C 的重要性是 D 的 55%,所以取值为 0.55×1=0.55;B 是 C 的 2 倍,所以取值为 0.55×2=1.1;以此类推。最终权重则以合计数为分母,各基准值为分子算出。

这种通过倍数环比法来确定权重的方法较为实用,计算方便,由于其有准确的历史数据做支撑,因此具有较高的客观性、科学性。但这种方法需要对考评因素有客观的判断标准,需要有客观准确的历史数据作为支撑。

3.优序对比法

优序对比法通过各考评因素两两对比,充分显示因素与因素之间的相对重要程度,从而确定其权重。用优序对比法首先需要构建判断尺度,一般情况下,重要程度判断尺度可以用1、2、3、4、5五级表示,数字越大,表明重要性越大。当两个因素对比时,如果一个因素重要性为5,则另一个因素重要性为0;如果一个因素重要性为3,则另一个因素重要性为2。优序对比法示例如表9-13所示。

表9-13 优序对比法示例

考评因素	A	B	C	D	合计	最终权数
A	×	0	2	1	3	0.10
B	5	×	4	3	12	0.40
C	3	1	×	1	5	0.17
D	4	2	4	×	10	0.33
总计					30	1

说明:合计列是将该行与其他因素两两比较得出的值进行加总,最终权数列则是以各行合计数除以总计得出。

优序对比法通过各考评因素之间的对比,充分显示因素与因素之间重要性的相互关系,实施过程仍需要管理者凭借经验做出判断,虽然在某一判断上可能会出现偏差,但可以在与其他因素的比较上得到弥补,对决策者的主观经验判断是一个补充,因此具有较大的客观科学性。

4.权值因子判断法

权值因子判断法是简单排序编码法的升级,考虑到多个评价者不同的评价排序结果。这种方法一般需要专业人员的参与,以确保其成功实施。实施步骤如下:

(1)组成评价专家组。其包括人事部门的人员、评价专家以及相关的其他人员。根据不同的评价对象和目的,专家构成可以不同。

(2)经专家讨论选取适当的权值因子,制定权值因子判断表和权值因子计算统计表。

(3)专家填写权值因子判断表,统计排序结果,形成权值因子计算统计表。由专家根据自己的主观判断对评价对象中一级指标或二级指标对与其相对应的一级指标影响程度的大小,由小到大进行排序填入权值因子判断表中,并进行统计,然后将统计结果再反馈给专家。如此反复进行两三次,最后予以确定。

(4)将回收结果进行数理统计,计算评价指标的权值,公式如下:

$$W_i = \frac{a_i}{\sum_{i=1}^{n} a_i}$$

$$a_i = \sum_{j=1}^{n} L_{ij} C_j$$

式中,n:评价指标的项数;

L_{ij}:第i项指标排在第j位的专家人数;

C_j:排序的分值。一般规定$C_1=n,C_2=n-1,\cdots,C_j=n-j+1,\cdots,C_n=1$。

表9-14为某位专家填写的权值因子判断表。填写方法是将行因子与列因子进行比较。如果采取的是4分值,那么非常重要的指标为4分,比较重要的指标为3分,重要的指标为

2分,不太重要的指标为1分,不重要的指标为0分。根据专家判断结果,可以得到每一个指标的重要性评价值。

表9-14 权值因子判断表

序号	评价指标	评价指标						评价值
		指标1	指标2	指标3	指标4	指标5	指标6	
1	指标1	×	4	4	3	3	2	16
2	指标2	0	×	3	2	4	3	12
3	指标3	0	1	×	1	2	2	6
4	指标4	1	2	3	×	3	3	12
5	指标5	1	0	2	1	×	2	6
6	指标6	2	1	2	1	2	×	8

对各专家所填的判断表进行统计,将统计结果折算成权值,如表9-15所示。

表9-15 权值因子统计表

序号	评价指标	评价者								评分总计	平均评分	权值	调整后权值
		1	2	3	4	5	6	7	8				
1	指标1	15	14	16	14	16	16	15	16	122	15.25	0.254	0.25
2	指标2	16	8	10	12	12	12	11	8	89	11.125	0.185	0.20
3	指标3	8	6	5	5	6	7	9	8	54	6.75	0.113	0.10
4	指标4	8	10	10	12	12	11	12	8	83	10.375	0.173	0.20
5	指标5	5	6	7	7	6	5	5	8	49	6.125	0.102	0.10
6	指标6	8	16	12	10	8	9	8	12	83	10.375	0.173	0.15
合计		60	60	60	60	60	60	60	60	480	60.00	1.000	1.00

5. 层次分析法

层次分析法(analytic hierarchy process,AHP)是由美国匹兹堡大学教授萨蒂(Saaty)提出的一种定性与定量分析相结合的多目标决策分析方法。它改变了以往最优化技术只能处理定量分析问题的传统观念,率先进入了长期滞留在定性分析水平上的许多科学研究,提供了对非定量事件做定量分析的简便方法。

将层次分析法应用到绩效考核中,最大优点是能准确确定绩效考评指标权重而使绩效指标间的相对重要性得到合理体现,为制定公正科学的绩效评估体系奠定基础。运用AHP法确定指标权重的具体步骤如下:

(1)建立评价及分析问题的层次结构。

(2)运用配对比较法,对相关因素进行两两比较评分,可得若干个两两比较判断矩阵。测评标准可参考斯塔相对重要性等级表,其具体评分值含义如表9-16所示。

表 9-16 斯塔相对重要性等级表(9 标度法)

标度 a_{ij}	定义
1	i 因素与 j 因素相同重要
3	i 因素比 j 因素略重要
5	i 因素比 j 因素较重要
7	i 因素比 j 因素非常重要
9	i 因素比 j 因素绝对重要
2,4,6,8	以上两两判断之间的中间状态对应的标度值
倒数	若 j 因素与 i 因素比较,得到的判断值为 $a_{ij}=1/a_{ij}$

(3)求各因素权重的过程。

第一步,先求两两比较矩阵每一列的总和。

第二步,把两两比较矩阵的每一个因素除以其相应列的总和,所得商所组成的新的矩阵称为标准两两比较矩阵,标准两两比较矩阵的每列和为1。

第三步,计算标准两两矩阵的每一行的平均值,这些平均值就是各因素的权重,其权重之和为1(需作归一化处理),如表9-17所示。

表 9-17 态度、能力、业绩的两两判断矩阵

评价因素	B_1	B_2	B_3
B_1	1	2	8
B_2	1/2	1	6
B_3	1/8	1/6	1
$\sum B_{ij}$	13/8	19/6	15

说明:表中权重分配的具体方法是 B_3 与 B_2 相比,认为 B_3 比 B_2 稍微重要时,则在 B_3 行 B_2 列交叉处给 B_3 记 2 或 2/1,在 B_2 行 B_3 列交叉处给 B_2 记 1/2,其他以此类推。

构建标准两两比较矩阵,如表 9-18 所示。

表 9-18 态度、能力、业绩的标准两两比较矩阵

评价因素	B_1	B_2	B_3	W_i 行平均值
B_1	8/13	12/19	8/15	0.593
B_2	4/13	6/19	6/15	0.341
B_3	1/13	1/19	1/15	0.066

根据运算规则,三个指标 B_1、B_2、B_3 的权数分别为

$$W_1=1/3(0.615+0.631+0.533)=0.593$$
$$W_2=1/3(0.308+0.316+0.400)=0.341$$
$$W_3=1/3(0.077+0.053+0.067)=0.066$$

(4) 最后需对两两比较矩阵作一致性检验。

第一步,由被检验的两两比较矩阵乘以其特征向量,所得的向量称为赋权和向量。

$$\begin{vmatrix} 1 & 2 & 8 \\ 1/2 & 1 & 6 \\ 1/8 & 1/6 & 1 \end{vmatrix} (0.593, 0.341, 0.066)^T = (1.803, 1.034, 0.197)^T$$

第二步,每个赋权和向量的分量分别除以对应的特征向量,即

$$1.803/0.593 = 3.040$$
$$1.034/0.341 = 3.032$$
$$0.197/0.066 = 2.985$$

第三步,计算出第二步结果中的平均值,计为 λ_{max},本例中,$\lambda_{max} = (3.040 + 3.032 + 2.985)/3 = 3.019$。

第四步,计算一致性指标 CI。

$$CI = (\lambda_{max} - n)/(n-1) = (3.019 - 3)/(3-1) = 0.010$$

第五步,计算一致性率 CR。

$$CR = CI/RI$$

引入修正值 RI 表,对于 1—9 阶的判断矩阵,萨蒂给出了 RI 的值,如表 9-19 所示。

表 9-19 平均随机一致性指标 RI

N	1	2	3	4	5	6	7	8	9
RI	0	0	0.58	0.90	1.12	1.24	1.32	1.41	1.45

在本例可计算得:

$$CR = 0.010/0.58 = 0.017$$

一般规定,当 CR<0.1 时,认为两两比较矩阵有满意的一致性;否则,需要重新进行两两比较,调整判断矩阵的各元素的取值。

层次分析法的优势体现在:

(1) 系统性的分析方法。层次分析法把研究对象作为一个系统,按照分解、比较判断、综合的思维方式进行决策,成为继机理分析、统计分析之后发展起来的系统分析的重要工具。系统的思想在于不割断各个因素对结果的影响,而层次分析法中每一层的权重设置最后都会直接或间接影响到结果,而且在每个层次中的每个因素对结果的影响程度都是量化的,非常清晰、明确。这种方法尤其可用于对无结构特性的系统评价以及多目标、多准则、多时期等的系统评价。

(2) 简洁实用的决策方法。这种方法既不单纯追求高深数学,又不片面地注重行为、逻辑、推理,而是把定性方法与定量方法有机地结合起来,使复杂的系统分解,能将人们的思维过程数学化、系统化,便于人们接受,且能把多目标、多准则又难以全部量化处理的决策问题简化为多层次单目标问题,通过两两比较确定同一层次元素相对上一层次元素的数量关系后,最后进行简单的数学运算。

(3) 所需定量数据信息较少。层次分析法主要是从评价者对评价问题的本质、要素的理解出发,比一般的定量方法更讲求定性的分析和判断。层次分析法是一种模拟人们决策过程的

思维方式的一种方法,它把判断各要素的相对重要性的步骤留给了大脑,只保留人脑对要素的印象,化为简单的权重进行计算。这种思想能处理许多用传统的最优化技术无法解决的实际问题。

层次分析法的不足体现在:

(1)定量数据较少,定性成分多,不易令人信服,因为层次分析法是一种带有模拟人脑决策方式的方法,因此必然带有较多的定性色彩。

(2)指标过多时数据统计量大,且权重难以确定。指标的增加就意味着要构造层次更深、数量更多、规模更庞大的判断矩阵。那么就需要对许多的指标进行两两比较的工作。由于一般情况下我们对层次分析法的两两比较是用1—9来说明其相对重要性,如果有越来越多的指标,我们对每两个指标之间的重要程度的判断可能就出现困难了,甚至会对层次单排序和总排序的一致性产生影响,使一致性检验不能通过。也就是说,由于客观事物的复杂性或对事物认识的片面性,通过所构造的判断矩阵求出的特征向量(权值)不一定是合理的。不能通过,就需要调整,在指标数量多的时候这是个困难的过程,这就会花很多时间,但仍然不能通过一致性检验,而更糟糕的是根本不知道哪里出现了问题。也就是说,层次分析法没有办法指出我们的判断矩阵里哪个元素出了问题。

第四节 绩效标准的确定

制订和修订绩效计划的前提,或者说首要的步骤就是确定每个岗位的绩效标准。绩效标准反映了组织对该职务工作的要求。只有在确定绩效标准的基础上,才能根据员工的具体情况有针对性地制订出详细的绩效目标和计划。这一节我们将详细介绍有关确定绩效标准方面的内容。

一、绩效标准的含义

所谓绩效标准实际上是针对特定的职务工作而言的,是要求员工在工作中应达到的各种基本要求。绩效标准是针对工作制定的,绩效标准反映了组织对该职务工作的要求。一般来说,绩效标准是指在各个指标上员工绩效应该达到什么样的水平,完成多少数量,达到什么程度的问题,是一种被期望达到的水平。

职务、职位是两个经常被混用的概念。这两个概念中都包含着"在工作中做什么,为什么做,怎么做"的内容。在谈到绩效标准时,由于要对工作进行分析,我们经常会谈到这两个概念,因此首先明确这两个概念就变得十分必要。

工作是由若干任务构成的,我们可以简单地将职务理解为工作。这时,职务就是指组织所规定的应承担的工作,职位就是具有某个确定位置的职务。每个职务可能包括若干个职位。职位是和完成工作的人一一对应的。企业中有多少名员工就会有多少个职位存在。绩效标准是建立在职务概念基础上的概念。因此,绩效标准与职务对员工的要求有关,而与具体的"职位"无关。换句话说,绩效标准是一种客观存在的标准,与承担职务工作的人的情况无关。更进一步,我们可以将绩效标准分为两个部分:一个是职务标准;另一个是与职务标准相对应的职能标准。职务标准规定了职务工作本身包含的内容,而职能标准则对承担特定职务工作所需达到的能力标准进行了规定。

职务标准与职能标准共同规定了对该职务的工作内容、任职者素质等方面的要求,也就是我们所说的绩效标准。其中,职务标准对应的是在工作中表现出来的工作绩效,这种绩效可能直接反映在工作业绩上,也可能间接通过工作中体现出来的能力和态度来体现;职能标准实际上是一种任职资格,因此,职能标准往往用于对员工的工作能力进行评价,更大程度上是用于对员工的工作潜力进行评价。

二、绩效标准的分类

(一)按照标准的评估目的划分

按照标准的评估目的划分,绩效标准可以分为基本标准与卓越标准。基本标准指对被考核者的基本期望,即在正常情况下,多数员工通过努力就可以达到的水平。并且对一定的职位来说,基本标准可以有限度地描述出来。设置基本标准的目的主要是判断员工的工作是否符合基本要求和基本的绩效考核结果,评估的结果主要用于一些非激励性的人事待遇,如基本的岗位工资。卓越绩效标准指对被考核者没有做强制要求而达到的超过基本标准的绩效业绩,是一小部分人通过努力能够达到的水平。此外,卓越标准不能和基本标准一样有限度地描述出来,它的描述没有限度。卓越标准主要是为了识别角色榜样,依据它的评价结果,企业可以用来决定激励性的报酬策略,比如额外的奖金、分红、职位的晋升等。表 9-20 为基本标准与卓越标准对比。

表 9-20 基本标准与卓越标准对比

举例职位	基本标准	卓越标准
司机	1. 遵守交通规则 2. 按时、准确、安全地将乘客载至目的地 3. 保持车辆良好的性能与安全	1. 在多条行车路线中,选择最有效率的路线 2. 在紧急情况下,能采取有效措施 3. 旅途中采用各种有效方式消除旅客的疲劳与寂寞
打字员	1. 速度不低于每分钟 100 字 2. 版式、字体、格式完全符合要求 3. 无文字和标点符号等基本错误	1. 提供美观、节省纸张的版面设计 2. 能主动纠正原文当中的错别字
销售代表	1. 正确介绍产品或服务 2. 达成承诺的销售目标 3. 货款回收及时 4. 不收取礼金或礼品 5. 无客户投诉	1. 对每位客户的偏好和个性有详细记录和分析 2. 为市场部门提供有效的客户需求信息 3. 维持长期稳定客户群

(二)根据绩效标准是否定量划分

根据标准是否定量划分,绩效标准可以分为定性标准与定量标准。

1. 定性标准

所谓定性标准,也称描述性标准,是针对定性指标所设计的,也就是非量化的标准方式,是用比较详细的文字来描述期望达到的状态,如表 9-21 所示。

表 9-21 定性标准示例

项目	评价等级描述
目标管理	定义:建立工作目标,制定合理的行为规范与行为标准 1级:目标设置模糊不现实,实现标准不明,没有明确的时间要求 2级:仅设置总体目标,细化分解不足,制定标准不恰当,时间要求不合理 3级:多数情况下,目标设置合理现实,但会出现目标设置标准忽略现实要求的情况 4级:总是设置具有现实性的目标,但有时候目标设置过难 5级:设置目标合理、有效、计划性、时间性强
管理决策	定义:设计决策方案,并对方案进行迅速评估,以适当的方法采取行动 1级:较少做出决策或表现出决策的随意性 2级:决策犹豫,忽略决策的影响信息 3级:做出日常的、一般性决策,在较为复杂的问题上采取中庸决策 4级:策略决策恰当,一般不会引起争议 5级:善于综合利用决策信息,经常做出超出一般的决策,且大多数情况是正确的选择
沟通合作	定义:交流沟通,与人合作 1级:缺乏沟通方式,不擅交流,难以表达自己的思想想法 2级:交流沟通方式混淆,缺乏中心议题,不易于合作 3级:沟通清楚,易于接受,表现出相互接受的合作倾向 4级:善于沟通,力求合作引人注意 5级:很强的沟通意愿和良好的沟通方式,使合作成为主要的

2.定量标准

定量标准一般是用具体的数字来描述期望达到的状态,是数量化的标准。

量化的绩效标准按表现形式来看,主要有以下三种类型:①数值型的标准,如"销售额为50万元""成本平均每个20元""投诉的人数不超过五次"等;②百分比型的标准,如"产品合格率为95%""每次培训的满意度为90%"等;③时间型的标准,如"接到任务后三天内按要求完成""在一个工作日内回复应聘者的求职申请"等。

结合评价尺度,制定定量标准通常有两种方法:加减分法和规定范围法。

(1)加减分法。采用加减分的方法确定指标标准,一般比较适合任务清楚明确,任务比较稳定,同时鼓励员工在一定范围内做出更多贡献的情况,如表 9-22 所示。

表 9-22 定量标准加减分法

指标考核	权重	评价标准	评价尺度
产量	25 分	90 箱/台班	标准产量 90 箱/台班为基数,得分为 20 分,每±1 箱±1 分,最多加 5 分
消耗	15 分	1.5 千克/件	标准消耗以 1.5 千克/件为基数,得分 13 分,每±0.01 千克±0.1 分,15 分封顶,8 分保底
质量检验	20 分	自检及时、无漏项;记录真实、及时、规范	自检滞后－2 分/项;自检漏项－1 分/项;记录不真实－2 分/次;记录不及时－1 分/次;记录不规范－1 分/次,不保底

(2)规定范围法。经过数据分析和预测后,评价双方根据标准达成的范围约定来进行评价,如表 9-23 所示。

表 9-23 定量标准规定范围法

考核要素	权重	评价标准			
		A	B	C	D
销售预测	30 分	90%≤销售预测准确率≤100%	80%≤销售预测准确率<90%	60%≤销售预测准确率<80%	销售预测准确率<60%
		30~29 分	28~25 分	24~20 分	19~10 分
项目管理	20 分	项目进度报表上报及时率 100%,完整性好;项目分析对计划和预测能提供强有力的依据;对大项目监控得力	项目进度报表上报及时率≥80%,完整性好;项目分析对计划和预测能提供比较有利的依据,对大项目监控比较得力	项目进度报表上报及时率≥60%,完整性好;项目分析对计划和预测能提供一定的依据,对大项目监控效果一般	项目进度报表上报及时率<60%,完整性差;项目分析对计划和预测能提供依据不明显,对大项目监控不得力
		20~19 分	18~15 分	14~12 分	11~6 分

定量标准最能够精确地描述考核指标的状态,目前被广泛使用在生产、营销成本、质量等管理领域。定量标准的设计需要考虑两方面的问题,一是指标标准的基准点,二是等级间的差距,这些都是非常重要的问题。

基准点的位置,其实就是我们预期的业绩标准,它处于衡量尺度的中间,可上下浮动,但基准点不等同于终点,如百分制的考试中 60 分及格,就是一个基准点。

实际上,基准点多处以考核尺度的最高等级和最低等级之间的某个位置,向上和向下均有运动的空间,也有部分特殊指标,如人身伤亡、火灾等重大恶性事故等所对应的基准点,可能在最高等级,因为企业对这类事情的希望就是"根本不要发生"。

实践中,很多企业所谓的"称职水平",实际上是考核尺度的"中点"位置的水平,这和我们所倡导的基准点的称职水平是不同的,当一个人的绩效水平达到基准点时,我们才说这个人称职。

指标标准的等级存在两方面差距,一是尺度本身的差距,二是每一尺度差所对应的绩效差的差距。当然,这两个差距是集合在一起描述绩效状态水平的。尺度差距是标尺的差距,但通常情况下,我们习惯把标尺差距做成等距的,而使绩效标准做成不等距的。指标标准超过基准点的差距越来越小,而低于基准点的差距越来越大,因为从绩效基准点提高绩效的难度越来越大,边际效应下降,而在基准点以下,人们努力所获得的边际收益会比较大。

(三) 按照标准的评估依据划分

按照标准的评估依据划分,绩效标准可分为绝对标准、相对标准和客观标准三种。

(1) 绝对标准就是建立员工工作的行为特质标准,然后将达到该项标准列入评估范围内,而不在员工相互间做比较。

(2) 相对标准就是将员工间的绩效表现相互比较,也就是以相互比较来评定个人工作的好坏,将被评估者按某种向度做顺序排名,或将被评估者归入先前决定的等级内,再加以排名。如在评选先进时,规定10%的员工可选为各级先进,于是采取相互比较的方法,此时每个人既是被比较的对象,又是比较的尺度,因而标准在不同群体中往往就有差别,而且不能对每一个员工单独做出"行"与"不行"的评价。

(3) 客观标准就是评估者在判断员工所具有的特质以及其执行工作的绩效时,对每项特质或绩效表现在评定量表上每一点的相对基准上予以定位,以帮助评估者做评价。如出勤率、废品率、文化程度等以客观现实为依据,而不以考核者或被考核者的个人意志为转移。一般而言,评估标准采用客观标准。客观标准又可分为业绩标准、行为标准和任职资格标准三大类。

也有学者指出,绝对标准就是不管什么对象、什么条件、什么评价目标,只用一个标准。客观标准以客观描述和观察为标度。相对标准就是根据不同的对象、不同的条件、不同的评价目的,采用不同的评价标准。

三、绩效标准的特征

绩效评价的标准即绩效标准应该是不以人的能力等因素为转移的客观标准,体现出绩效评价的公正性。具体来说,我们在制定绩效标准时应该注意以下几个特征:

(1) 绩效标准是基于工作本身而非工作的人制定的。在制定绩效标准时应根据对该职务固有的职务职能标准来制定,而不管是谁在做这项工作。例如,在通常情况下,一个公司有多名秘书,但针对秘书职务的绩效标准只应有一套,而非每位在岗的秘书一人一套(当然,每位在岗的秘书都应有一份包括绩效目标在内的绩效计划)。

(2) 绩效标准具有现实性。标准是一般员工可以达成的,体现的是工作执行情况可以接受的绩效水平,而不是工作执行情况良好的绩效水平,更不是超过员工能力控制范围内的水平。员工应该有更多的机会超过标准,从而获得他人与自我的认同。如果部门或者员工,再怎么努力也没有办法完成绩效标准所要求的任务,那么绩效标准的制定就失去了意义。

(3) 绩效标准具有协商性。绩效标准应尽可能地经过管理者和员工双方的沟通协调并取得认同后再制定出来。这一点对于更好地激励员工和进行绩效评价非常重要。因为绩效标准是管理者进行员工绩效评价时所适用的评价标准。在标准不能得到认同的情况下,任何评价活动都可能引发双方之间的争执与矛盾。这对于绩效管理的有效性是十分不利的。

(4)绩效标准应为众人所知,并且是十分明确的。绩效标准应清楚明了,能够让管理者和员工明确其含义。然而,事实上各种原因都可能使各方对绩效标准的含义存有误解。这一点应该尽力避免。

(5)绩效标准应尽可能具体,并且是可以衡量的。有些人坚持绩效标准应用量化的方式表示。他们主张以数量、百分比或数字等来表示各个具体的标准。但事实上并不是所有情况下都可能甚至有必要用量化的方式表示绩效标准。有些时候我们并不排斥甚至只能采用主观判断的方式进行评价。在这种情况下,绩效标准也应尽可能被具体明确说明。

(6)绩效标准要有时间的限制。时间限制包括两个方面的含义:①绩效标准必须清楚地说明员工应该在什么样的时间限制下实现所规定的标准;②绩效标准今后能否继续适用,即适用的时间期限如何。

(7)绩效标准具有动态性。这种可变性的原因也许是因新方法或新设备的引进,或因其工作要项发生了变化。需要指出的是,在正常的情况下,绩效标准不应该仅仅因为员工无法达成而轻易改变。

(8)绩效标准应以文字的形式表达出来。管理者与员工个人在对绩效标准取得认同之后都应得到一份写好的绩效标准。对于员工而言,能够经常拿着写好的绩效标准对照自己的行为是一种很好的自我反馈过程。

四、制定绩效标准的一般步骤

(一)员工参与制定绩效标准的三种途径

在谈绩效标准的特征时我们指出,绩效标准应该在管理者和员工双方沟通协调取得认同之后再制定出来。让下属员工参与制定他们的标准不仅有利于双方在评价中不产生分歧,而且可以通过员工参与来激励他们达到甚至超过标准。一般情况下我们认为,员工协助管理者订立绩效标准可使员工有较高的工作承诺度水平。

制定绩效标准的情况与制定工作要项的情况相同。假设某项工作只有一个人在做,那么管理者就应与该下属员工共同制定绩效标准。如果该工作不止一个人做,则这些员工中起码应有相当人数的代表参与到制定绩效标准的工作中。当管理者和员工的意见出现分歧时,管理者必须做出最后决定。当然,管理者应尽力使下属员工认同所确定的绩效标准。具体说来,让员工参与制定绩效标准主要有以下三种途径:

第一种,管理者在考虑所有因素的情况下先拟订出一个绩效标准,然后再与对应的下属员工进行沟通、讨论,进而达成协议。在这个过程中,管理者应充分听取员工的意见并采纳好的建议。

第二种,先由下属员工暂定一个绩效标准,然后管理者据此进行修订和调整。

第三种,管理者与员工分头拟订绩效标准的草案,然后相互比较、共同讨论,最终形成共识。

在这三种方式中,第一种方式的效果往往最差,但却是最方便的。因为员工即使对草案很有看法,恐怕也不敢轻易指出来;而管理者面对自己提出的草案,容易在听取他人意见时变得没有耐心。但是,由于管理者有最后的决定权,这种方式能够最有效地节约制定的时间和精力成本。因此,为了使这种方式变得有效,管理者必须制造出一种宽松的气氛使员工敢于表达不同的看法,同时使员工相信管理者提出的标准草案的确是可以商榷和更改的。

有些管理者相信员工是最了解工作的人,他们可能会倾向于使用第二种方式。同时,他们对自己判断员工建议的能力非常有信心。在这种情况下,第二种方式也能有较好的效果。这种方式将制定绩效标准的大部分责任放在员工身上。这样能够激发员工的工作积极性,使他们愿意达成甚至超越绩效标准的要求。

第三种方式是最麻烦的,但同时也是最好的。在这种方式下,管理者与员工双方都付出了相当的时间与精力来制定合理的绩效标准。双方在拿出草案的时候都对这个问题有了充分的思考。在此基础上双方进行沟通和讨论能够产生最好的效果。

在这三种方式之外还有一种方式:让第三方(如专业顾问)或本公司的人力资源管理人员召集一个会议,管理者与员工在第三方在场的情况下共同建立绩效标准。这时,第三方的作用就是使讨论保持客观的方向,从而制定出令人满意的绩效标准,并使管理者与员工之间维持互信互赖的关系。

(二)制定绩效标准的步骤

下面我们就上面提到的第一种员工参与绩效标准的方式来看看绩效标准的确定流程。在这里我们假设该组织没有建立完善的工作说明书体系。在这种情况下,制定绩效标准的过程就要从基本的工作分析开始。

第一步,确定各部门工作一览表。可以将各个部门的部门职责进行分解,找出为了实现部门职责,部门人员应完成的各种工作任务。将这些工作罗列出来就形成了部门的工作一览表。在这个过程中,人们往往首先根据现有的情况进行汇总和归纳,之后再进行必要的调整。

第二步,确定部门各项工作所需要的知识、技能、经验、资格(文凭、资格证书之类),尽可能写得具体,并划分出相应的等级,形成一份职能标准等级表。

第三步,根据所整理的工作一览表确定每个人的分工,包括确定个人的工作量、主要工作要项等。工作要项是根据各职位的工作要求(包括工作内容及职责)列出的有代表性的项目。

第四步,根据每位员工的工作内容,确定相应的职务标准(职务标准规定了职务工作本身包含的内容)。

第五步,参照职能标准等级表,确定每位员工的职能标准(职能标准对承担特定职务工作所需达到的能力标准进行规定)。

第六步,管理者与员工就所确定的职务标准(有时也可能包括职能标准)进行沟通和磋商,并对之进行修正,最终达成共识。

五、绩效标准制定应注意的问题

(一)绩效标准的设置压力要适度

绩效标准的设计不能太高,也不能太低。绩效标准要使大多数人经过努力才可以达到,标准太低会失去激励作用;同时标准也不宜定得过高,如果是可望而不可即,也容易使员工产生沮丧、自暴自弃的情绪。基本标准的水平要促使能够胜任本职工作的员工有一定的压力,因为有一定的压力更有助于提高员工的努力程度和信心。实践表明,员工在适当的压力下可以取得更好的绩效。

(二)绩效标准要有一定的稳定性

绩效标准是考核员工工作绩效的权威性尺度,因此要具有相当的稳定性,绩效标准一旦确定,就不应当随意变更其基本框架,否则会丧失其权威性。当然,为了使绩效标准能够及时反映和适应工作环境的变化,需要对其不断地进行修订,但修订往往只是对部分的、某些条款的变动,不应做大幅度的变动。

对于新创立的公司来说,由于缺乏经验,绩效标准往往不够完善,因此经常修订绩效标准,这是不可避免的。此时应当吸收同行业其他成功的经验,参考一些国际、国内先进标准,从而建立一套有效的适合自己公司发展的绩效标准体系。

(三)绩效标准要根据不同岗位的特点而制定

同样的指标,对于不同的岗位其要求是不同的。比如"出勤率"指标,对于门卫,其要求是严格的,而对于推销员,就不必过于苛求,甚至不予考核。同是95%的出勤率,推销员的得分就应高于门卫的得分。

(四)文字应简洁、通俗

在标准中,应尽量使用人们常用的大众化语言和词汇,表达力求简明扼要,专业术语及模棱两可的词句尽量不用,以减少用于考核者对词汇概念理解的不同而产生的评定差异。

第五节 绩效目标的确定

一、绩效目标的定义

前面我们已经知道绩效标准实际上是针对特定的职务工作而言的,是要求员工在工作中应达到的各种基本要求。也就是说,标准是针对工作制定的,而目标则是针对个人设定的。绩效标准反映了组织对该职务工作的要求,绩效目标则是在绩效标准的基础上,考虑员工现有的绩效水平,它体现了管理者对员工的具体要求。

绩效标准和绩效目标存在一定的差异,目标是为了个人而不是为了工作而制定的。目标的典型特点是必须具有挑战性,例如一位主管领导指挥很多人从事相同的某项工作,他虽然只定出一套工作标准,但对每位下属员工却可能设置不同的目标,这些目标则依据员工的个人经验、工作技能和过去的表现而有所不同。

绩效目标为绩效评价提供基本的评价标准和评价依据,制定明确的绩效目标不仅有助于员工理解自己工作的角色、价值和贡献,同时也能增强员工自我管理、自我发展的能力和意识。

二、绩效目标的来源

绩效目标主要来源于组织的战略目标、经营理念,同时还要受到部门与岗位职责、工作流程及外部市场状况的影响。在设定绩效目标时,管理者一般应当根据组织目标或上级部门的目标,围绕本部门业务重点或职责制定本部门的工作目标,保证部门工作目标与组织的总体目标一致,然后部门内部管理者根据各个职位应负的责任,将部门目标层层分解到具体的责任人,形成每个岗位的绩效目标。组织目标分解与岗位目标职责确定过程见图9-1。

具体而言,绩效目标有以下三种主要来源:

(1)来源于组织战略目标或部门目标。部门的绩效目标主要来源于部门所承接的组织目标,员工的绩效目标大多数是对部门和主管绩效目标的分解。只有这样,才能保证每个员工都按照组织要求的方向去努力,组织的战略目标才能真正得到实现。这一来源渠道体现了各个岗位的工作目标对组织和部门目标的支撑作用。

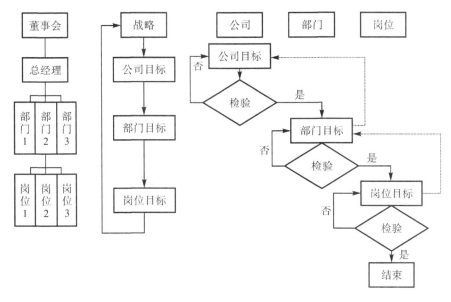

图 9-1 组织目标分解与岗位目标职责确定过程

(2)来源于部门及岗位职责。部门与岗位职责具体描述了一个部门或岗位在组织中所发挥的作用,或扮演的角色,也就是这一部门或岗位对组织的贡献和产出是什么。在很多情况下,对部门或岗位绩效目标的制定,都是通过归纳总结所在部门及岗位的职责提出来的。一般的做法是首先对部门和岗位职责进行梳理和归纳,总结得出该部门或岗位的工作要项,再把工作要项具体化、明确化,最好能量化,即可形成具有操作性的部门或岗位的绩效目标,如表 9-24 所示。

表 9-24 职位:办公室主任

工作要项	绩效标准及目标
文书沟通	1. 所有信件收到后 1 周内回复并将副本归档 2. 文书沟通尽量避免误解 3. 内部文件及其他部门来文均应于收到后 2 个工作日内回复 4. 所有公文应于收到 1 周内予以张贴或传阅,签字附日期后再交回部门主管 5. 正式会议记录于开会后 5 天内分送与会者

(3)来源于客户的需求。客户利益至上是市场经济条件下组织赖以生存的基础,如何为客户创造价值,是组织的首要任务。对企业而言,尤其强调对客户利益和需求的关注,因此在设定部门和岗位绩效目标时,不应该忽视客户的需要。只有满足了客户利益,企业的利益才能最终得以实现。如果设定的绩效目标不是直接或者间接地为客户提供更多有价值的产出,就是没有意义的工作产出。当然,在现代社会中,客户不仅指组织外部的客户,也包括组织内部的客户。组织是由若干部门和岗位构成的,这些部门或岗位通过分工与协作共同完成组织的目标,根据组织内的业务流程关系,如果一个部门或岗位为另一个部门和岗位提供产品和服务,则下一个部门和岗位就是上一个部门或岗位的客户。比如在企业组织中,许多职能部门如人力资源部门、财务部门

等都是为生产、销售等业务部门提供服务和支持的,因此,这些职能部门在制定部门和岗位绩效目标时,就不得不考虑其服务对象的需要和期望。

除以上来源外,制定绩效目标时要注意符合上级期望,如根据集团公司下达的目标任务进行目标值的确定。另外,还要依据历史数据,本着业绩不断进步和提升的原则,制定的目标一般不低于上一期水平,至少持平。同时,注意参考同行数据,如为标杆管理服务,目标应按照阶段化发展要求制定。

三、如何制定绩效目标

制定绩效计划最重要的内容就是制定绩效目标。在确定绩效目标时,通常会遇到以下两种情况:

(1)组织的战略目标、部门目标可能不是很明确、具体和可实行。在这种情况下建立绩效目标时,需要以组织各部门职责和职能战略为重点,以岗位职责为基础,从上往下在工作业绩、工作态度、工作行为、个人素质等方面设计绩效指标体系,但指标体系设计必须从整体上满足组织管理和发展需要,要做到上下一贯性,就是说指标和目标值的设定仍然需要与组织发展需要为基础进行,而不能出现个人业绩完成得很好而部门或组织业绩很差的现象。

(2)组织的战略目标、部门目标具体、明确、可实行。这种情况比较容易建立相关绩效目标和指标体系。但需要注意目标设置和指标提炼的全面性和可操作性,也就是在设计绩效管理体系时,要注意将组织的战略目标全面、合理地分解到部门和个人,使战略目标得以顺利落地。这种情况下比较常用的工具方法就是平衡计分卡。

在制定绩效目标的过程中,我们还会遇到两个方面的最大挑战:一方面是如何促使目标是切实可行的;另一方面则是使预期的目标尽可能量化,以便进行评价和反馈。

促使目标切实可行是非常重要的。如果目标定得太高,员工很可能会放弃应有的努力;而目标定得过低,同样会使员工失去进取的动力,并妨碍组织目标的实现。只有确定出切实可行的目标,才能更好地鼓励员工去实现或超越目标。这一点我们已经在前面的 SMART 原则中提到了。而解决这个问题最有效的方式就是员工参与。如果缺少员工参与,整个制定绩效目标的过程就成为"自上而下"的单方面的管理决策,这种决策方式难以得到员工的认同。没有员工的认同,所谓的切实可行就成了管理者的一厢情愿。

另外,绩效目标的量化将会使绩效管理变得更加方便和准确。对于那些在生产流水线上或销售环节上工作的员工来说,管理者在制定他们的绩效目标时采用量化方式是比较方便简单的。例如在一个呼叫中心,接线员的量化绩效目标可以被描述成:每次通话过程中能够圆满地回答客户提出的90%以上的问题,对于余下的10%以内的问题应保证准确地转至上一级客户服务人员处理。为了更好地确定绩效目标,找到适当的量化形式,管理者应该通过追踪一定时期内员工的工作情况,并通过与典型员工进行充分沟通来共同确定。至于具体的目标额,则还应该听取该员工本人的意见。

需要特别指出的是,一个量化的目标还能够帮助员工更好地了解自己的工作情况,从而进行自我反馈,因为量化目标能够便于员工自行发现自己的工作绩效与目标之间的差距。对这种差距的了解是一个很好的自我反馈的方式,在这种反馈下,员工能够为此有意识地努力工作,并不断地追踪自己的工作进展。

工作目标考核表和岗位业务工作计划及完成情况汇总表示例如表9-25和表9-26所示。

表 9-25 工作目标考核表

部门：　　　　　　考核起止时期：　　　　　年　月－　　年　月
目标执行人：　　　目标监督人：　　　　　　签订时间：　　年　月　日

序号	本期目标	达成标准	达成时限	占本期目标/%	个人评估	上级评估	特殊情况说明
1							
2							
3							
4							
5							
6							
7							
8							
9							
10							

本人已阅读并同意此目标书	目标执行人签字		目标监督人签字	

- 每期的前三个工作日完成对上期工作目标完成情况的评估及本期工作目标的制定
- 本期的绩效奖金将按目标达成率的相应比例于下期发给

本期考核结果	本期目标完率/%		评估时间	
	需要说明的问题		评估人签字	
	需要改进的方面			

本人同意评估结果			目标执行人签字	

表 9-26 岗位业务工作计划及完成情况汇总表

××××年 4 月 16 日—××××年 4 月 20 日

序号	项目内容	工作目标	进度时间	配合人员	配合部门	完成情况/备注
上周工作完成情况						
1						
2						
3						
4						
5						
本周计划工作						
1						
2						
3						
4						
5						

四、确定工作目标应注意的问题

管理者在制定绩效目标时应该注意以下几点：

(1) 绩效目标必须是个性化的。即使许多雇员工作职责描述相同，但是不同雇员要设定不同的目标。在相同岗位上，具有同样职责描述的雇员极少会在工作过程中做相同的事情，只要在他们的绩效目标中承认了其独特的需要、技术与能力，可以让他们以与同等职位的员工不同的方式实现自己的绩效目标。

(2) 不要混淆需要达到的目标和切实可行的目标。部门的绩效目标需要落实到员工的绩效目标中。另外，管理者可能面对着来自上级或客户的压力。因此，管理者在制定绩效目标时就可能将需要达到的目标与切实可行的目标相混淆。在这种情况下，管理者提出的绩效目标就可能会超越员工的能力与资源的限制。这种超越可能的目标会给员工带来挫折感，从而会减少员工努力工作的程度。

(3) 必须使员工能够有机会参与到确定绩效目标的过程中。只要把员工纳入确定绩效目标的进程中，他们履行承诺的程度就会有所增加。另外，在工作年度中，如对设定目标没有任何反馈与沟通的话，再完美的目标也是形同虚设。设置目标的一个重要原因就是在工作年度中让员工进行自我监督，并通过正式或非正式的讨论，发现实现工作目标过程中的隐患。

(4) 绩效目标设定要覆盖重要的方面。努力把所有员工的绩效目标简化为 6~8 个，保证所设目标中 80% 的内容能够真实反映员工会实现的绩效目标。

(5) 目标应该是动态的。绩效目标是根据每个绩效周期的现状而确定的，而现实情况处在不断变化之中，员工工作环境在不断变化，外部的竞争环境也在快速变化。随着时间的推移，工作重点也会发生转移。因此，管理者应注意对目标进行及时的动态调整。特别是制定有分阶段目标的情况下，这种调整就更为频繁。当员工轻易地达到上一阶段的目标时，就应该分析其中是否有特殊的原因，并通过目标的调整来适应情况的变化。如果目标明显不可实现，也应该在分析原因之后适当地进行下调。绩效标准往往是相对固定的（除非发生比较大的变动），但绩效目标则应该处在不断变化的状态之中。

本章小结

绩效计划作为绩效管理流程的第一个环节，是绩效管理实施的关键和基础所在。绩效计划制定的科学合理与否，直接影响着绩效管理整体的实施效果。本章的主要内容包括绩效计划的基本概述、绩效指标和权重的设计，以及绩效标准和目标的确定。

从名词角度来看，绩效计划是考核期间内关于工作目标和标准的契约；从动词角度来看，绩效计划是领导和下属就考核期应该完成哪些工作以及达到什么样的标准进行充分讨论，形成契约的过程。绩效计划是双向沟通的过程，而绩效计划的沟通是整个绩效计划的核心阶段。在绩效计划充分沟通的基础上，双方就绩效标准和目标进行确认，最终形成一份绩效契约并进行审核与确认。

课后思考

1. 简述绩效计划的含义和特点。
2. 绩效计划的内容包括哪些？
3. 区分绩效标准与绩效目标。
4. 绩效目标的来源有哪些？
5. 绩效目标如何制定？
6. 绩效指标体系的设计方法有哪些？
7. 绩效指标权重的设计方法有哪些？

案例分析

【案例 9-1】　　　　某公司的目标管理

某集团公司是一家拥有35家子公司和分公司的大型集团企业，参与了6个行业的经营，集团公司对分公司的管理方式是独立经营，集中核算。其中有一位分公司的总经理听了关于目标管理的讲座，激发了他的热情，更加增强了他关于目标管理确实有效的思想。他决定在下一次职能部门会议上介绍这个概念。在会议上他详细叙述了这种方法的理论发展情况，并列举说明了在分公司使用这种方法的好处，并且要求他的下属人员考虑他的建议。

在下一次会议上，中层经理们就总经理的提议提出了好几个问题。财务主任提出"您是否了解集团公司明年分配给我们分公司的目标？"

分公司总经理回答道："我现在还不太清楚，但我一直在等待总裁办公室的消息，看看集团对我们有什么期望。但是集团认为他们的期望跟我们分公司是否实施目标管理这件事没有关系。"

"那么分公司要做什么呢？"生产经理问道。

"我打算列出我对分公司的期望"，这位分公司的总经理说，"关于目标，没有什么神秘的，明年计划销售额要达到8000万元，税后利润达到10%，投资收益率为20%，一项正在进行的项目8月12号能投产。我以后还会列出一些明确的指标，如选拔我们分公司未来的主管人员，今年年底前完成我们的新产品开发工作，以及保持员工流动率在10%以下等"。总经理越说越兴奋，中层经理们对自己的领导人经过考虑提出的这些可考核的目标，以及如此明确和自信的陈述这些目标感到惊讶，一时不知怎么说好。

"下个月我要求你们每一个人把这些目标转化成你们自己部门可考核的目标。不用说，这些目标对财务、营销、生产、工程和人事是不同的。但是我希望你们都能用数字来表达，我希望把你们的数字加起来能实现我们分公司的目标。"

案例讨论

1. 当没有得到集团公司的目标时，分公司总经理能够拟订可考核的目标吗？怎样制定？
2. 上述分公司经理提出的这些目标如何得到下属的认可？
3. 这位分公司总经理设置目标的方法是否最佳方法？如果是你，你会怎么做？

【案例 9-2】　　　　　石城公司的绩效评估

石城公司是一家以开发、生产和销售电动工具为主要业务的公司。其在1998年以前,主要是从事出口贸易,即从国内有关厂家采购产品卖到国外。随着欧美市场开拓和出口量逐年增大,为保证产品质量、供货及时和降低采购成本,该公司又相继成立了产品设计开发部门和生产制造厂,企业发展势头很好,人员也从最初的几十人发展到300多人。随着企业规模的扩大和复杂性增加,公司管理也遇到一些问题,其中比较突出的是考核问题。

该公司以前没有系统的绩效评估制度。到了年底,各部门让员工回顾一下本年度的工作,每人写一个书面总结,然后由部门主管就每个人的小结签个意见(尽管有优良中差的等级,但大多数人得的都是"良"),最后交给人力资源部就算完事。至于奖金(红包)的多少,基本是总经理张某一人说了算。原先人少的时候倒也相安无事,一是他对每个人情况都了解,评价大体还算公正;二是原先只有贸易这一块,大家干的事差不多,矛盾并不突出;三是虽然声称奖金发放是根据贡献,可实际上主要还是依据每个人的职务和资历,而且差距不是很大。尽管张某要求大家不要互相打听各自的奖金数,可私底下谁都心知肚明。这种方法实行了几年,虽然大家对这种方法都不满意,可大家也没把它当回事。不过近年随着企业规模的扩大,部门的增多,考核方面的问题变得突出起来。首先是各个部门都对现行的考核方法有意见,都觉得对自己不公平,而且常常为此闹矛盾。其次是各个层面的人都对考核和"红包"发放不满,去年年底接连发生骨干跳槽,有人甚至公开说,"什么贡献业绩,干好干坏还不都是老板一句话"。

张某觉得这样下去也是个问题,于是找来了新上任的人力资源部经理王某:"你了解一下目前公司考核的主要问题到底在哪里?然后搞一套绩效评估方案。要求有三个:一是能够测量出每个人工作的真实情况并做出实事求是的评价;二是能调动大伙儿的积极性,拉开差距;三是要让各部门主管有压力,别把矛盾都交到我这里。"

王某刚刚MBA毕业,虽然才到公司,情况也不大了解,但凭着以往对企业的了解和学校学的知识,她对做好这项工作还是有信心的。为使考核方案有针对性,她决定先做一番调查。

她首先来到公司设计部。她知道这是公司的核心部门,也是老板最重视的单位之一。可最近这里跳槽的人不少,成了老板的一块心病。设计部主任李某一听到她的来意就发起了牢骚,"咱们公司的考核制度早该改了,再不改人都跑光了"。王某笑着说,"不改对你有什么影响?谁不知道设计部的红包是全公司最大的"。李某说,"你以为多发钱就没事了?关键是怎么发。我给你举个例子,我们设计部一共五个设计师,王欢年龄最小、到公司最晚,工资也最低。可他去年一个人就开发了4个新品,是全设计部最多的,卖的都不错。可到年底发奖金所有的人一样。我去找老板,老板说这已经对他破例了,如果根据级别和进公司的年限他还拿不到这么多。你说这是什么话?王欢现在跟我提出要走,不然就加工资。你说我怎么办?"王某说,"那就按每个人设计新产品的数量发奖金……","没这么简单,"李某打断她的话,"产品设计不能光看数量,还要看市场销路,看它带来的利润,评价起来比较复杂。还有,咱们公司是低工资,高奖金,表面看起来刺激力度很大,可这么低的工资水平根本找不到好的设计师。我这里都是大学生,招聘的时候他们最看重基本工资是多少,与其他公司相比有没有竞争力,人家可不是跟车间的工人比。工资低就把奖金看得特别重,如果奖金波动太大,大家无法接受;可不拉开差距,分配不公平又难以留得住人。你帮我们出个主意吧。"

王某哑然了,她一时还真想不出该怎么办。

从设计部出来，王某找到了生产部经理老宋。老宋原是一家大型国企的副厂长，抓生产很有一套。他说，"我现在统统采取计件工资制，一个月考核一次，对前10％给双奖，后5％黄牌警告，连续两次都在最后就走人，实行末位淘汰，实行下来效果不错。还是民营企业机制好，辞退人没那么多麻烦。多劳多得，不劳不得，谁都无话可说。"他大手一挥，很自信的样子。王某知道老宋的绰号是"大吹"，便长了个心眼，又去找了生产部的几个班组长和工人了解情况。谁知大伙儿对目前的考核办法都一肚子意见。班组长的意见主要集中在工时定额上。石城公司产品的特点是多品种、小批量，以出口为主，一旦有订单工期就特别紧。要确定每个产品、每道工序的工时定额特别麻烦，有时根本来不及。标准定高了，工人不接受，定低了，老板不满意，弄得两头受气，各工种还经常为此闹矛盾。工人们的意见则又加上一条，实行计件工资，奖金占了很大一块，可有没有活干，却不取决于我们。忙的时候忙死，闲的时候闲死，各个工序、班组情况也不一样，都用一个标准衡量，还搞什么末位淘汰，不仅不合理，工人压力也太大。

"这事你们向老宋反映过吗？"王某问。"反映过，可没用。为定额的事情找到老宋，他就毛估，随意性很大；但考核时又卡得很死，让人没法接受。""那你们说应该怎么办？"大伙儿面面相觑似乎也没什么好办法。

王某带着一堆问号离开了生产部，她开始感到老板交办的事并不像开始想得那么简单。她知道公司副总兼国际部经理许某是当年与张某一起打天下的元老，对公司的情况最清楚，或许他能给自己出些主意。为使谈话有的放矢，王某决定先找国际部其他人了解情况。

国际部对外称石城贸易公司，有30多人。内部又分为欧洲部、北美部、亚洲及澳洲部等。公司的客户大部分在欧洲和美国，近年来由于产品开始打入美国的连锁超市，出口增长很快，去年的出口额达到3000多万美元，其中大部分产品是从国内采购的，少部分是自己生产的。因此，国际部的人很"牛"，觉得公司有今天主要是靠他们。国际部除一些销售经理外，还有不少文员负责传真信函、联系客户、接听电话、打字录入等工作。按说国际部的收入是全公司最高的，可跳槽最多的也是他们。近两年有好几个骨干跳槽，或是到竞争对手那里，或是自己成立公司，这是让张某最头痛的。王某曾私下问过那些走的人究竟为什么离开公司，得到的答案归结起来主要有：国际部的收入虽然在公司内部算高的，但与其他公司相比并不高；对现行的考核方式不满，不知道评价的依据是什么？既不是根据各部门的业绩（比如欧洲、北美部的销售额是全公司最高的，但年终奖差距并不大），也不是看每个人辛苦程度（比如加班加点，公司根本没有加班这一说）；还有他们没说出口，但又是促使他们离开的主要原因，就是公司的主要领导都是有公司股份的，而他们辛辛苦苦干了这么多年，只拿工资和奖金，心理上有些不平衡。"我们不知道自己在这里干究竟为什么？"一个离开公司的骨干这样说。

王某把了解到的情况向许某做了汇报，许某听了笑笑说，"他们说的是有些道理。可你想过没有，我们公司的市场主要在欧美，客户比较稳定，而其他市场还处在开拓阶段，销售量很小，如果考核完全根据销售额，谁愿意做市场开拓工作呢？说到没有加班费也是这样，由于时差关系，我们的许多工作必须在晚上进行，白天反而可能没什么事。我们只是要求你必须在规定期限完成任务，每天工作时间长短不重要。还有一点我可以告诉你，正是因为欧美市场特别重要，我们投入的时间精力也最多，老实说主要的市场和客户都是张总和我亲自跑的，一些大订单也是我们亲自谈的，他们只是做一些联络、单据等方面的辅助工作。你说业绩究竟应该算他们的，还是我们的？这就是我们在考核和奖金发放上一直采取模糊办法的原因，有时考核太细未必效果就好。至于股份……，这好像不属于考核问题。其他部门的情况我不是太了解，不

197

好说什么。不过现在的绩效考核方法确实有问题,是应该做些调整。你先出个方案我们再商量"。

王某转了一大圈,觉得公司问题很多,谁的话似乎都有道理,但又好像都有偏颇。究竟怎样才能制定一个合理和有效的绩效评估系统,完成老板交给的任务,她一时有些茫然。

案例讨论

1. 石城公司的绩效考核系统存在什么问题?
2. 为什么过去的一些考核方式现在行不通了?
3. 王某应该怎样考虑和设计石城公司的绩效考核系统?
4. 如果是你,你会怎么做,为什么?

第十章 绩效实施

学习目标

1. 理解绩效实施过程的主要控制内容
2. 掌握绩效沟通的内容和方法
3. 熟悉绩效辅导的主要形式
4. 了解绩效信息收集的渠道及来源

开篇案例

C公司营业部的绩效考评

C公司是一家大型商场,公司包括管理人员和员工共有500多人。由于大家齐心努力,公司销售额不断上升。到了年底,C公司又开始了一年一度的绩效考评,因为每年年底的绩效考评与奖金挂钩,大家都非常重视。人力资源部又将一些考评表发放给各个部门的经理,部门经理要在规定的时间内填完表格,再交回人力资源部。老张是营业部的经理,他拿到人力资源部送来的考评表格,却不知该怎么办。表格主要包括了对员工工作业绩和工作态度的评价。其中,工作业绩一栏分为五档,每一档只有简短的评语,如超额完成工作任务、基本完成工作任务等。由于年初种种原因,老张并没有将员工的业绩目标清楚地确定下来,因此在业绩考评时,无法判断谁超额完成任务,谁没有完成任务。工作态度就更难填写了,由于平时没有收集和记录员工的工作表现,到了年底,仅对近一两个月的事情有一点记忆。由于人力资源部催得紧,老张只好在这些考评表上勾勾圈圈,再加一些轻描淡写的评语,将考评表交给了人力资源部。想到这些绩效考评要与奖金挂钩,老张感到如此做有些不妥,他决定向人力资源部建议重新设计本部门营业人员的考评方法。老张在考虑,为营业人员设计考评方法应该注意哪些问题呢?

第一节 绩效实施概述

管理者和员工通过沟通,共同制定了绩效计划,形成了绩效契约,但是这并不意味着后面的计划实施过程就会完全顺利,因为市场环境、组织环境、工作内容等都会发生变化,这就使得绩效计划也有可能不合时宜,甚至彻底过时,因此需要对绩效计划进行调整。另外,管理者有必要了解工作的进程,对员工的工作状态加以监督,并提供必要的帮助指导;而员工也需要得到相应的反馈和辅助。同时,在绩效计划的实施阶段,管理者还需要观察、记录员工日常表现,从而为下一个阶段的绩效评价提供依据。

一、绩效实施及责任分工

绩效实施是绩效管理的第二个阶段,也是绩效管理四个环节当中耗时最长的一个环节。绩效实施过程就是组织的管理者对绩效计划进行持续跟踪、信息记录、数据收集和分析,并且不断进行沟通的过程。要保证绩效计划有效的实施,就必须对绩效实施过程进行监控,因此这一环节有时也称为绩效监控。

绩效实施阶段作为绩效计划和绩效评价的中间环节,对于绩效计划的实施和绩效的公正评价有着极其重要的作用。通过对绩效执行情况的监控,管理者能够通过与员工进行持续不断的绩效沟通,及时发现问题、分析问题和解决问题,有效地提升下属员工执行绩效计划的能力,最终通过提高个人绩效水平来改进部门和组织绩效。一个优秀的管理者,必须善于通过绩效实施,采取恰当的领导方式进行持续的绩效沟通,指导下属的工作,提高其绩效水平。

在绩效实施阶段,管理者的任务主要有两个方面:一是要通过持续不断的沟通,对员工的工作给予支持和帮助,并且及时修订工作任务实际完成情况与预期目标之间的偏差;二是记录员工工作过程当中的关键事件或绩效数据,并监督核查相关绩效信息,从而为下一阶段的绩效评价提供真实可靠的事实依据。在这一阶段,员工则必须承诺达成已经确定的目标,主动与自己的上级管理者进行持续沟通,及时汇报关于绩效目标达成的最新工作进展情况,积极寻求上级管理者的绩效反馈和辅导支持信息。绩效实施阶段员工和管理者各自需要承担的主要责任如表10-1所示。

表10-1 绩效实施阶段员工和管理者的角色分工

员工	上级管理者
对达成目标的承诺	观察并记录绩效信息
和上级管理者之间主动沟通和交流工作信息,分享绩效信息	更新目标、标准、关键职能和胜任能力
主动、持续地寻求绩效反馈与辅导	提供必要的绩效反馈和指导,提供完成工作的各项支持性资源
通过自我评价为绩效反馈做好准备	激励和强化员工的有效行为和取得的进步

二、绩效实施的主要监控内容及其关键点

绩效计划实施的过程,实际上就是对绩效计划的执行情况的监督检查和指导的过程。绩效实施的内容和绩效目标是高度一致的,主要包括在确定的绩效周期内员工对绩效计划的实施和完成情况,以及这一过程当中表现的态度和行为。绩效实施是否有效主要取决于绩效沟通的有效性、管理者的绩效辅导水平和绩效评价信息收集的有效性这三个关键点。

(1)绩效沟通是指管理者与员工在共同工作的过程中分享各类与绩效有关的信息的过程。绩效沟通是绩效管理的核心,它在整个人力资源管理中占据非常重要的地位。可以说如果缺乏有效的绩效沟通,那么组织的绩效管理就不能称得上真正意义上的绩效管理。持续有效的绩效沟通,不仅有助于及时了解组织绩效管理上存在的问题,如及时采取应对措施,还可防患于未然,降低组织的管理风险,同时也有助于帮助员工优化后一阶段的工作绩效,提高工作满

意度,从而推动组织整体战略目标的达成。如果沟通不良,会使管理者和员工之间产生各种各样的摩擦,绩效管理就会成为双方不断争执的话题。

(2)绩效辅导是指在绩效实施过程中,管理者根据绩效计划,采取恰当的领导风格,对下属进行持续的指导,确保员工工作不偏离组织战略目标和部门目标,并提高其绩效周期内的绩效水平的过程。绩效辅导不仅能够前瞻性地发现问题,并提供解决方案,而且还有利于在管理者和员工之间建立良好的工作合作关系。绩效辅导把管理者和员工紧密地连接在一起,可以使管理者和员工就现实存在和潜在问题进行商讨,共同解决问题,排除障碍,从而有助于个人目标提升,最终促使部门绩效目标实现。

(3)收集绩效评价信息并确保绩效评价信息的有效性,也是绩效实施过程中一项关键任务。在这一过程中,持续、客观、真实地收集积累工作绩效信息,对于评估绩效计划的实施情况,客观公正地评价员工工作绩效,实现绩效管理的战略目的、开发目的和管理目的都具有非常重要的意义。如果绩效执行过程不能确保绩效评价信息的有效收集以及收集信息的有效性和可靠性,那么绩效评价将无法真正客观地反映组织和员工的实际绩效,绩效评价和绩效反馈的结果也将失去意义,那么整个绩效管理和评价系统的失败性不可避免。

三、绩效计划的实施过程

绩效计划的实施过程可分为四大机制:绩效目标落实机制、实施过程监控机制、实施过程数据采集机制以及绩效管理调整与改善机制。

(一)绩效目标落实机制

众所周知,绩效目标的落实需要自上而下进行层层分解,首先将组织整体目标分解成各部门目标,继而在部门目标基础上分解岗位目标。在绩效目标落实过程中,企业中的活动依据性质不同,大致可以分为五个层级,包括系统层级、计划层级、项目层级、任务层级和活动层级。

(1)系统层级主要从事企业战略的制定。系统管理者是企业经营目标的制定者及资源整合者,在绩效管理行动中,他们所负的职责就是制定明确的经营目标和计划、经营计划达成的方向和关键点,以及配套资源等。

(2)计划层级是制定企业的执行策略。他们的工作任务是依据战略目标生成实现目标的计划,并保证这些计划得以实现。在绩效管理行动中,他们应当依据企业整体的战略规划分析,进而拆分成有步骤、有秩序的可行性计划,并对这些计划进行项目分解,落实管理和执行。

(3)项目层级指的是实施计划与分解计划。一般来说部门经理是项目层级管理者,主要工作任务是制定、管理并监控工作项目的完成情况。项目层级是企业绩效管理行动最重要的层级,项目完成数量和质量对计划的实现有重要影响,因此,项目层级管理者应该在绩效管理行动中,除了要对工作项目进行分析,并制定出若干具体工作任务外,还要保证这些工作任务的实施。

(4)任务层级是计划实施的执行者和过程监督者。部门主管属于任务层级管理者。在绩效管理行动中,他需要将承接的工作任务分解为若干子任务并予以执行。

(5)活动层级是具体某项工作任务或动作的执行者。普通职员属于活动层级的管理者。在绩效管理行动中,他们需要在具体工作目标的指引下,遵循工作流程,完成具体的工作任务或动作。

基于绩效目标的分解,企业应当依据各层级在绩效管理活动中承担的职责不同,将绩效目标清晰、具体地分解到各个层级,并以此形成岗位考核方案,让各个层级都清楚自己在绩效目

标实现中的任务和要求。

（二）实施过程监控机制

在绩效目标层层落实基础上，要求员工自身以目标为牵引，主动开展工作。除此之外，还要建立相应的绩效实施过程监控机制。通过对工作过程进行监控分析，发现存在的问题和不足，从而及时进行调整，以确保绩效计划能够得以顺利实施，绩效目标能够最终实现。过程监控机制同样可以按照公司层级建立相应的监控工具和制度。

例如在系统层级，主要监控的重点是年度绩效计划的分解目标是否按计划完成？实施效果如何？是否有行动方向的偏差？各单位配合情况如何？等等。这些监控的重点可以由总经理依据绩效计划书定期进行过程监控、分析和修订，可以通过制定月度绩效计划目标汇总表，定期召开季度、半年度经营分析会议，了解公司整体目标、实现情况及存在的问题。在计划层级，主要监控的重点是通过单位年度绩效目标的分解，制定出落地方案，实现对落地方案的过程管控，确保向公司作出的年度绩效承诺能够实现。管控措施可以以月度为周期通过会议和流程管控的方式实现。在项目层级，监控的重点是部门工作任务和项目实施完成的情况，可以通过月度工作计划落实情况汇总表以及月度部门绩效汇报会议方式来实现管控。在任务层级和活动层级可以就绩效达成情况，定期不定期地进行讨论和汇总，以对绩效达成过程实现有效监控。

（三）实施过程数据采集机制

绩效管理过程中的数据是绩效结果评价及绩效反馈的重要依据。绩效管理过程数据的可采集性及数据准确性关系到被考核人对绩效结果的认同度及绩效管理的质量。在绩效指标设定的时候，就应该相应地建立起考核数据采集规则，以防出现在绩效管理过程中，因为采集不到具体数据而不得不放弃一些重要的考核指标。例如，某公司业务部门对人力资源部工作考核时有一项重要的内容为招聘满意度，为使考核指标具有可操作性，可以预设招聘响应率指标。招聘响应率即用人部门的招聘需求审批通过后，人力资源部推荐第一批求职者给用人部门的时间。如果我们事先约定推荐一般职员的响应周期是五天，中层管理人员的响应周期为十天，并以此建立相应的数据表格，由用人部门在数据表格上对响应时间进行签字确认。根据确认的时间，可以作为招聘响应率的评价依据。

要保证绩效管理过程数据的准确性，就需要建立相应的数据报表，并及时更新绩效管理过程，数据报表依据考核指标类型可以分为报表类和行为事件类。如企业在日常管理工作中，大都会对重点流程建立相应的管理过程报表，如生产统计报表，销售月报表，但对一些非重点流程或者还未形成标准的地方，就容易忽略管理报表的建立，比如上面提到的相关招聘报表等。另外，在行为事件类报表建立完善方面，企业在实际考核方案制定中，尤其是效率类指标没有统一的管理报表，这就需要考核者建立日常管理档案，随时对考核涉及的行为事件进行及时记录并提醒被考核者，如财务报表递交及时率、薪酬数据及财务数据错误个数、次数等。

（四）绩效管理调整与改善机制

对单位、部门、岗位绩效目标实现建立有效的调整与改善机制，就是针对绩效计划实施的过程进行定期或不定期的回顾与修订。绩效管理的过程是一个动态的过程，所有计划都是针对未来制定的，而未来具有很多不确定性，因此，要有权变管理思想，要根据具体情况对绩效管理系统进行动态调整，在这个过程中，建立完善的调整和改善机制就显得尤为重要。

第二节 绩效沟通

绩效沟通是指管理者与员工在共同工作的过程中分享各类与绩效有关的信息的过程。这些信息包括：有关工作进展情况的信息、有关员工工作中的潜在障碍和问题的信息、各种可能的解决措施等。绩效沟通是连接绩效计划和绩效评价的中间环节，是实现绩效改进和实现绩效目标的重要手段。能否做好绩效沟通是决定绩效管理是否能够发挥作用的重要因素。管理者有必要了解工作的进展，有必要对员工的工作状态加以监督并提供必要的帮助、指导，而员工也需要得到相应的反馈和辅助。为了解决以上问题，工作过程中的绩效沟通就成了必要。持续的绩效沟通，可以使一个绩效周期中的每一个人，包括管理者与员工，随时获得有关改善工作的信息，并就出现的变化情况达成新的承诺。

一、绩效沟通的目的和内容

被人们称为"组织管理之父"的法国工业家亨利·法约尔曾经做过这样一个实验：他挑选了20名技术水平相近的工人，每10人一组，把他们分成了两组。然后，在相同条件下，让他们同时进行生产。每隔一个小时，他就回去检查一下工人们的生产情况。对第一组工人，法约尔只是记录下他们各自生产的产品产量，但是并不告诉工人他们的生产进展速度。对第二组工人，法约尔不但对生产的产品数量进行了登记，而且告诉每个人他们各自的工作速度。同时法约尔还根据考核的结果，在生产速度最快的两个工人的机器上各插一面小红旗；速度居中的四个人，每人插一面小绿旗；而最后的那四个人，则插了一面黄旗。这样一来，每个工人对自己的生产速度到底如何，就一目了然了。实验的结果表明，第二组工人的生产效率，远远高于第一组工人。由此可见，绩效沟通能提供积极的绩效信息反馈，有利于提高工作效率。

（一）绩效沟通的目的

在绩效实施的过程中，管理者与员工进行持续绩效沟通的目的主要在于以下三点：

1. 通过持续的沟通对绩效计划进行调整，以适应环境变化的需要

随着生产方式的演变和科技的进步，绩效沟通的意义越发突出。在科技迅猛发展、信息日益膨胀的今天，人们的工作性质发生了重大变化。竞争的需要迫使企业不断地改变战略、改变生产和经营的模式，工作说明书的内容更新速度也越来越快。甚至在某些行业中，人们发现为某些岗位制定明确翔实的工作说明书变得几乎不再可能。工作设计和任务内容越来越灵活，并富有弹性，企业的员工不得不面对随时会发生的变化，对他们的工作方式和工作内容进行相应的调整。在这种情况下，对于工作计划的调整、对于工作内容的安排等，都成为管理者与员工之间必须经常交流的问题。外部环境是不断变化的，公司的内部资源也是有限的，因此，在绩效期开始时制定的绩效计划很有可能变得不切实际，或者无法实现，通过持续的绩效沟通，可以适时地对绩效计划进行调整，使之更加适合外部环境和内部的变化。不论是管理者还是员工都在面临着一个不断变化的工作环境。为了适应这种变化，管理者和员工都需要通过双方之间的沟通过程解决各自所面临的问题。要知道，沟通能够帮助我们应付各种变化。即使没有变化，我们也需要获取信息来确保在发生变化的时候能够及时应变。

2. 通过持续的沟通为管理者提供信息，有利于管理者履行绩效管理职责

作为管理者，应及时掌握下属工作进展情况，了解员工在工作中的表现和遇到的困难，管理者应及时协调各方面的资源，对下属工作进行辅导支持。另外，掌握员工工作状况有利于绩效期末对员工进行客观公正的考核评估。虽然很多指标是结果导向的，但还是有一些指标是行为化的，是过程控制的。管理者只有对工作过程有清楚的了解，才能对员工做出正确的考核评价。同时搜集更多的下属工作信息，有利于管理者进行绩效反馈。

3. 通过持续的绩效沟通为员工提供信息，以帮助员工达到绩效目标

员工在执行绩效计划的过程中需要了解到的信息主要有以下两类：

(1) 关于自己工作的反馈信息。员工需要在工作中不断得到自己绩效的反馈信息，以便不断地改善自己的绩效和提升自己的能力。员工可以了解自己的表现得到了什么样的评价，以及为什么获得这样的评价，以便使他们保持工作的积极性并更好地改进工作。如果员工因为干得好而得到及时肯定的评价，他必然会更努力工作；如果工作中有较多问题，及时指出工作中的不足也有利于员工迅速调整工作方式方法，逐步改善绩效。通过绩效沟通，员工可以及时了解到自己的长处和不足，了解到哪些方面没有达到组织的期望和要求，更有助于员工接受绩效评价结果。如果管理者从未给员工任何绩效信息的反馈，那么到绩效期末发布的绩效结果可能是员工很难接受的。

(2) 关于如何解决工作中困难的信息。由于工作环境和条件的变化，在工作过程中，员工可能会遇到在制定绩效计划时没有预期到的困难和障碍。这时员工应该及时得到帮助和资源支持。对下属进行工作指导是管理者的重要职责之一，管理者应在职权范围内合理调动各方资源，对下属工作进行支持；如果某些事项超出自己职责权限范围，管理者应将实际情况上报有关决策者，尽快解决下属工作中出现的问题。

(二) 绩效沟通的内容

对于管理者和员工来说，绩效沟通的最终目的都是提高员工的工作绩效。但是，对于二者来说，通过绩效沟通所要了解的信息内容却是不同的。

对管理者而言，他们需要得到有关下属员工工作情况的各种信息，以帮助他们更好地协调下属员工的工作。当下属员工工作中出现各种问题的时候，管理者应该及时地掌握情况，以避免不必要的麻烦和浪费。另外，他需要了解工作的进展情况，以便在必要的时候向上级汇报。如果不能掌握最新的情况，管理者可能会面临许多不必要的麻烦。在一些情况下，管理者还应该有意识地搜集一些绩效评价和绩效反馈时所需要的信息。这些信息将帮助管理者更好地履行他们在绩效评价中所担负的职责。

与此同时，员工也需要有关信息。通过与管理者之间的绩效沟通，员工可以了解到自己的表现获得了怎样的评价，以保持工作积极性，并且更好地改进工作。另外，员工还需要通过这种沟通了解管理者是否知道自己在工作中遇到的各种问题，并从中获得有关如何解决问题的信息。当工作发生变化时，员工能够通过绩效沟通了解自己下一步应该做什么，或者应该着重去做什么。总之，这些信息应该能够帮助员工更好地完成他们的工作和应对工作中遇到的各种变化和问题。

因此，我们可以简单地认为，绩效沟通的目的就是保证在任何时候每个人都能够获得改善工作绩效所需要的各类信息。为了进行有效的绩效沟通，管理者应首先确定双方之间应沟通的具体内容。我们可以通过回答以下两个问题来确定沟通的具体内容：

(1)作为管理者,为了更好地履行职责,我必须从员工那里获取什么信息?
(2)作为普通员工,为了更好地完成工作职责,我需要哪些信息?

通过对这两个问题的回答,管理者能够更好地明确绩效沟通的内容。这是确定绩效沟通内容的一个非常实用的思路。通过绩效沟通,管理者和员工应该能够回答以下问题:

(1)工作进展情况如何?
(2)绩效目标和计划是否需要修正?如果需要,如何进行修正?
(3)工作中有哪些方面进展顺利,为什么?
(4)工作中出现了哪些问题,为什么?
(5)员工遇到了哪些困难,应如何帮助他们克服困难?
……

上面的问题只是给我们绩效沟通的内容提供了一个思路,在具体情况面前,还要充分考虑工作面临的各种变化和环境因素,具体问题具体分析,甚至连双方之间应沟通什么问题也应该成为双方沟通的话题。

二、绩效沟通的原则

绩效沟通是发生在管理者和员工之间的就绩效问题进行的沟通。因此,绩效沟通应该是一种建设性的沟通——这种沟通是一种建立在不损害,甚至改善和巩固人际关系的前提形式下进行的,具有解决特定问题的作用的,具有建设性意义的高效沟通。

实现建设性沟通并不是一件简单的事情。管理者和下属都需要为绩效沟通做好充分的准备,既要掌握基本的沟通技巧,又要遵循基本的沟通原则。以下三条基本的绩效沟通原则,对规范双方的沟通行为,提高沟通效果具有重要的作用。

1. 对事不对人的定位原则

在谈到批评的方式时,"对事不对人"是一个常见的说法。与这种说法相应的是人们在沟通中存在两种导向:问题导向和人身导向。所谓问题导向指的是沟通关注于问题本身,注重寻找解决问题的方法;而人身导向的沟通则更多地关注出现问题的人而不是问题本身。建设性沟通中"对事不对人"的原则就要求沟通双方应针对问题本身提出看法,充分维护他人的自尊,不要轻易对人下结论,从解决问题的目的出发进行沟通。

人身导向的沟通往往会带来很多负面的影响。但是,人们在遇到问题时往往会非常直接地将问题归咎于人,甚至常常导致一定程度的人身攻击。实际上,人们可能改变他们的行为却难以改变他们固有的个性。因此,人身导向的沟通往往只是发牢骚,而不能为解决问题提出任何积极可行的措施。另外,如果你将问题归咎于人,往往会引起对方的反感和心理防卫。在这种情况下,沟通不但不能解决问题,反而会对双方的关系产生破坏性的影响。

人身导向的沟通不适用于批评,但同样也不适用于表扬。即使你告诉对方的是"你好优秀啊!"这样正面的话,如果没有与任何具体的行为或结果相联系,也可能会被认为是虚伪的讽刺而造成对方的极度反感。这一点往往被人们所忽视。

2. 责任导向的定位原则

所谓责任导向就是在沟通中引导对方承担责任的沟通模式。与责任导向相关的沟通方式有两种:自我显性的沟通与自我隐性的沟通。典型的自我显性的沟通使用第一人称的表达方式;而自我隐性的沟通则采用第三人称或第一人称复数,如"有人说""我们都认为"等。自我隐性的沟通通过使用第三者或群体作为主体避免对信息承担责任,因而也就逃避就其自身的情况进行真正的交流。如果不能引导对方从自我隐性转向自我显性的方式,就不能实现责任导向的沟通,这样的沟通不利于实际问题的解决。

另外,通过遵循责任导向的定位原则,人们通过自我显性的沟通方式能够更好地与对方建立联系,表达合作与协助的意愿。"我想这件事可以这样……""在我看来,你的问题在于……"等说法都能够给人这样的感受。与此相应的是,人们往往通过自我隐性的沟通方式逃避承担责任,这往往给人一种不合作、不友好的感受。在建设性沟通中,人们应该使用责任导向的自我显性的表达方式与沟通对象建立良好的关系。

因此,当下属员工使用自我隐性的沟通方式时,管理者应该在给下属说话的权利的同时,使用要求对方举例的方式引导下属采用自我显性的沟通方式。下面的一组对话就是一个很好的例子:

下属:人们都对我得到最低等的评价为我感到不公。
管理者:没有人对你的工作态度提出过什么意见吗?
下属:……
管理者:上次的评价会上,你听到了一些意见吧。
下属:……有两个人说我将工作推到别人身上。
管理者:你觉得他们说的对吗?
下属:也许我有时会这样。
管理者:你为什么要这样做呢?
下属:我刚接触这个新项目,对工作不太熟悉。一看到工作那么多,怕完成不了。
管理者:你觉得推脱是正确的方式吗?
下属:不是。

从上面的例子可以看出,管理者通过连贯性的提问引导下属员工从"人们如何如何认为"的说法转变到"我如何如何认为"的说法上。这样一来,员工自然而然地开始对自己的行为承担责任。这种沟通方式能够很好地运用于绩效沟通中。

3. 事实导向的定位原则

在前面的对事不对人的定位原则中我们谈到,建设性的沟通应该避免轻易对人下结论的做法。遵循事实导向的定位原则能够帮助我们更好地克服这种倾向。事实导向的定位原则在沟通中表现为以描述事实为主要内容的沟通方式。在这种方式中,人们通过对事实的描述避免对人身的直接攻击,也就避免对双方的关系产生破坏性的作用。

特别是在管理者向员工指出其缺点和错误的时候,更应该恪守这一原则。在这种情况下,通常管理者可以遵循以下三个步骤进行描述性的沟通:

(1)管理者应描述需要修正的情况。这种描述应基于事实或某个特定的、公认的标准。例如,"你在这个季度的销售额排名中处于部门最后一名的位置""这个月你受到了三次有关服务质量的投诉"等。这种描述能够在很大程度上避免员工的抗拒心理。但是,仅仅描述事实还是不够的。

(2)描述事实之后,我们还应该对这种行为可能产生的后果作一定的描述。例如,"你的工作业绩出乎我的意料,这将对我们整个部门的销售业绩产生不良的影响""顾客表示无法接受这样的服务水平,他们宁可放弃我们的产品"等。在这里,管理者应该注意不要使用过于严厉的责备的口吻,要让员工将精力集中于如何解决问题,而不是如何抵御攻击。

(3)管理者可以提出一个具体的解决方式或引导员工主动寻找可行的解决方案。当然在现实中,并不是所有的情况都应该遵循这三个步骤。上面的例子是针对指出员工工作中的问题而言的。但是,用事实根据来代替主观的判断,的确能够最大限度地避免对方的不信任感和抵御心理。以事实为导向的定位原则能够帮助我们更加顺利地进行建设性的沟通。

三、绩效沟通的方式

绩效沟通是一个充满细节的过程。管理者与员工的每一次交流(不论是书面的还是口头的)都是一次具体的绩效沟通。为了使每一次沟通都能够卓有成效,管理者必须掌握沟通的方式和技巧,从而更好地实现绩效沟通的目的。

总的来说,绩效沟通可以分为正式的绩效沟通和非正式的绩效沟通两大类。正式的绩效沟通则是由企业管理制度规定下来的各种定期进行的沟通。非正式的绩效沟通是员工与管理者在工作过程中的信息交流过程。

(一)正式的绩效沟通

正式沟通,是指事先经过计划和安排,按照一定的预定程序进行的沟通,它是由组织内部明确的规章制度所规定的渠道进行的信息传递与交流。正式的沟通方式主要有以下两种:正式的书面报告和管理者与员工之间的定期会面。其中,管理者与员工之间的定期会面又包括管理者与员工之间一对一的会面和有管理者参加的员工团队会谈、咨询与进展回顾。

1. 正式的书面报告

书面报告是绩效管理中比较常用的一种正式沟通渠道和方式。它是指员工使用文字或图表的形式,向管理者汇报工作的进展情况,可以是定期的,也可以是不定期的。定期的书面报告主要有工作日志、周报、月报、季报、年报等。

书面报告中可以根据关键业绩考核指标,逐条写明各项工作开展情况,并对绩效计划能否完成做简单评价。报告中应说明预期不能完成的绩效计划事项,存在的困难和问题,需要的资源支持以及建议的解决方案等。许多管理者通过书面报告这种形式及时跟踪员工的工作开展状况。管理者应该对下属提交的书面报告仔细审阅,并给下属及时反馈意见。

书面报告最重要的优点就是简单易行,节约了管理者的时间,解决了管理者和员工不在同一地点的问题,可以在短时间内搜集大量工作信息。另外,这种方法可以培养员工边工作边总结,进行系统思考,还能培养员工的书面表达能力。为了让下属更好地完成书面报告,管理者应该让下属有机会决定他们应该在报告里写些什么,而不应该由管理者一厢情愿的决定,当双方就这些问题达成共识以后,管理者可以设计开发出一个统一的样表,以方便员工填写。另外,书面报告的形式在很大程度上还要取决于员工的文化水平,对不同文化程度的员工,工作报告的要求往往也不同。如工作周报、月报的样表如表 10-2、表 10-3 所示。

表 10-2 周报(样表)

姓名:		职位:		所属部门:	
本周工作任务	工作要点	工作完成情况	计划完成时间	实际完成时间	

表 10-3 月报(样表)

姓名:		职位:		所属部门:	
工作目标	执行现状	困难与问题	需要的支持	解决对策	备注

书面报告的缺点:在大多数情况下,工作报告容易流于形式,或是出于员工厌烦写报告的原因,有许多员工将这个工作视为额外的负担。因此,他们只是敷衍了事。其次,书面报告不需要双方之间面对面会谈,从而使沟通成为一种单方向的信息流动——从员工到管理者。这种单向流动使大量的信息变成摆设。另外,适用性有限,以团队为工作基础的组织信息不能共享。

对于上述工作报告的缺陷,通常可以采取面谈、电话沟通等方式使单向信息流变为双向沟通,以平衡掉这些负面影响,例如,当管理者通过报告中提供的信息了解到工作进程中发生的某个问题时,管理者就可以到工作现场指导员工解决这个问题,或通过面谈与员工进行交流,共同寻求解决问题的途径。

2. 管理者与员工之间一对一的会面

书面报告毕竟不能代替管理者与员工之间的双向沟通。为了更好地寻求解决问题的途径,管理者与员工之间的定期会面就显得非常必要了。这种面对面的会谈不仅是信息交流的最佳机会,而且还有助于在管理者与员工之间建立一种亲近感。这一点对于培育团队精神,鼓励团队合作是非常重要的。

定期进行一对一的面谈,是管理者和员工进行绩效沟通的一种常见方式。面谈前应该陈述清楚面谈的目的、重要内容和重点。例如,管理者可以做这样的开场白:"今天我想和你谈一谈有关你的工作进展情况。上次会谈中谈到的问题是否得到了解决,是否又有什么新的问题……"由于是一对一的会谈,管理者应该将会谈的问题集中在解决员工个人所面临的问题上,以使会谈更具实效。例如,让员工了解到企业整体经营方向的变化非常重要,但更关键的是要让他明白这些变化对于他的个人工作产生了什么影响。也就是说,应该将问题集中在调整员工的工作计划,解决员工个人遇到的问题上。

要给员工充分的时间来说明问题,必要的时候,管理者可以给予一定的引导和评论。面谈的最终结果是要在管理者和员工之间就某一问题达成共识,并找到解决方案。面谈沟通可以使管理者和员工进行深入的思想交流,谈论一切不宜公开的观点。通过面谈,员工会有一种受尊重和重视的感觉,有利于建立管理者和员工之间的融洽关系。如果员工以一种对抗的态度来进行面谈,那就意味着这次面谈是失败的,还需要在随后的时间里再面谈一次,直到达到面谈目的为止。

在面谈沟通时,大多数管理者都会犯的一个错误就是过多地"教训"而忘记倾听。应该更多地鼓励员工进行自我评价和报告,然后再进行评论或提出问题。如果问题是显而易见的,就应该更多地鼓励员工尝试着自己找出解决问题的方式。另外,管理者应该在面谈的最后留出足够的时间让员工有机会说说他想说的问题。员工是最了解工作现场情况的人,从他们的口中了解情况是非常重要的。

在面谈中,管理者还应该注意记录一些重要的信息。特别是在面谈中涉及一些计划性的事务时就更应该如此。例如,对于工作计划的变更、答应员工提供某种培训等,都应该留有笔录,以防止过后遗忘。

这种定期面谈方式的优点表现在沟通程度较深,可以对某些不便公开的事情进行沟通;员工容易对管理者产生亲近感,气氛融洽;互动性强,管理者可以及时对员工提出的问题进行回答和解释,沟通障碍少。缺点在于面谈时容易带有个人感情色彩,难以进行团队间的沟通。

3. 有管理者参加的员工团队会谈

对于以项目团队为基础展开的工作绩效沟通,需要采取一种新的形式——有管理者参加的团队会议。会议沟通可以提供更加直接的交流机会,而且可以满足团队交流的需要。除了团队工作进展情况沟通以外,管理者还可以借助开会的机会向员工传递有关公司战略的信息、与组织绩效计划相关的信息,传播企业文化的精神统一价值观,鼓舞士气,消除误解等。

由于员工是以团队的形式参加会谈的,因此选择恰当的交流内容就显得更为重要。不恰当的内容会浪费更多人的时间,而且可能造成员工之间不必要的摩擦或矛盾。这时就要求管理者对于哪些信息需要共享作出判断。在团队的工作环境中,员工与员工在工作中相互关联并相互发生影响。每个员工都能够自然地了解和掌握其他员工的工作情况,而且每个员工都能够通过解决大家共同面对的问题提高个人的绩效乃至团队的绩效。因此,群策群力是最好的解决问题的方式。

需要注意的是,涉及个人绩效方面的严重问题不应轻易成为团队会谈的话题,应该私下进行。要确定出一个适合所有人的开会时间有时也不是一件容易的事情。对于较小的团队,这种问题还较好解决。如果涉及的团队较大,这种会议就不能过于频繁。有时可以采用派代表参加的方式来解决这个问题。

团队会谈更要注意明确会议重点,控制会议的进程。管理者可以要求每个人都介绍一下工作的进展和遇到的困难。我们可以使用一些结构化的问题提纲和时间表来控制进程。例如,管理者可以要求每个与会员工谈一谈工作的进展情况、遇到的问题、可能的解决方法。如果找到了问题并能够很快地解决,就应立即安排到人,以确保问题得到及时解决。如果问题的解决方法不能在规定的时间内得出,那么可能的解决方式是:计划开一个规模更小的小组会或要求某个人在规定的时间内草拟一份方案等。不能由于个别难以解决的问题而影响整个会谈的进度。毕竟,这种团队式的会谈是十分宝贵的。充分利用每一分钟才能使会谈发挥最大的效益。因此,强调时间限制是十分重要的。

进行有效的绩效会议沟通,应该注意以下三个工作环节:①在会议之前必须进行充分的准备,包括会议的主题是什么、会议以何种程序进行、会议在何时何地开、与会者需要哪些准备等。②会议过程的组织,包括会议开始时做好议程的介绍和会议的规则,当员工讨论偏离会议主题时要含蓄地将议题引回来,鼓励员工多说话,不要随意打断或作出决策。③做好记录,包括记录会议上谈话的关键点,在会议结束前将记录要点重申一遍,看是否有遗漏和错误,记录行动计划和布置工作的细节,明确任务完成时间、任务责任人和任务完成质量等。

不论是一对一的面谈还是团队式的会谈,会谈形式最大的问题就是容易造成时间的无谓耗费。如果管理者缺乏足够的组织沟通能力,这种面谈就可能成为无聊的闲谈,也可能变成人们相互扯皮、推卸责任的会谈。因此,掌握一定的沟通技巧对管理者而言是非常必要的。

另外,沟通频率是管理者需要考虑的一个重要问题。从事不同工作的员工可能需要的沟通次数不同,甚至干同一种工作的人需要的交流次数也不尽相同。管理者应该根据每个员工的不同情况安排绩效沟通(书面的或口头的)的频率。对于团队式的会谈,管理者更应该充分考虑所有团队成员或应该参会人员的工作安排。

4. 咨询与绩效进展回顾

有效的咨询是绩效管理的一个重要组成部分。在绩效管理实践中进行咨询的主要目的是当员工没能达到预期的绩效标准时,管理者借助咨询来帮助员工克服工作过程中遇到的障碍。咨询过程包括以下三个主要阶段:一是确定和理解,确定和理解所存在的问题;二是授权,帮助员工确定自己的问题,鼓励他们表达这些问题,思考解决问题的方法并采取行动;三是提供资源,确定员工可能需要的其他帮助。

绩效进展回顾应该是一个直线管理过程,而不是一年一度的绩效回顾面谈。工作目标的实现对组织的成功是至关重要的,应该定期对其进行监测。在绩效管理实践中,人们主张经常进行回顾,对一些工作来讲,每季度进行一次面谈和总结是合情合理的。但对其他短期工作或新员工,应该每周或每天进行反馈。

在进行进展回顾时,应注意以下几点:①进展回顾应符合业务流程和员工的实际情况;②将进展回顾纳入自己的工作计划;③不要因为其他工作繁忙而取消进展回顾;④进展回顾不是正式或最后的绩效回顾,进展回顾的目的是收集信息、分享信息并就实现绩效目标进一步计划达成共识;⑤如有必要,可以调整所设定的工作目标。

(二)非正式的绩效沟通

非正式沟通(informal communication)是指以一定的社会关系为基础,与组织内部明确的规章制度无关的沟通方式。在绩效沟通中,恰当地使用非正式沟通方式,可以取得意想不到的效果。非正式沟通形式灵活多样,不需要刻意准备,不受时空限制。采用非正式沟通解决问题非常及时,因为发现问题就及时进行沟通,这样可以使问题高效率地得到解决;非正式沟通也易于拉近管理者与员工的距离,使沟通效果更加有效。

非正式沟通形式多种多样,常见的有走动式管理、开放式办公、工作间歇时的沟通和非正式会议等。

1. 走动式管理

走动式管理是指主管经常抽空前往各个办公室走动,以获得更多、更直接的员工工作问题,并及时了解所属员工工作困境的一种策略。著名的惠普公司就具备一套独有的经营管理方式,其中核心之一就是走动式管理。走动式管理方式下管理者经常走动于各个部门之间了解各级员工的工作情况,多和他们沟通,以便更有效地决策。

2. 开放式办公

开放式办公主要指的是主管人员的办公室随时向员工开放,只要没有客人在办公室里或正在开会的时候,员工随时可以进入办公室与主管人员讨论问题。许多公司中主管人员的办公室是不设门的,只是用比较高的隔板隔开,这样做的目的是便于员工随时与其进行沟通。开放式办公的方法比较大的一个优点就是将员工置于比较主动的位置上。员工可以选择自己愿意与主管沟通的时间与主管人员进行沟通,员工可以主导沟通的内容。绩效管理是主管人员和员工双方的责任,员工主动与主管人员进行沟通是他们认识到自己在绩效管理中的责任的表现。而且沟通的主动性增强也会使整个团队的氛围得到改善。

3. 工作间歇时的沟通

主管人员还可以利用各种各样的工作间歇与员工进行沟通,例如与员工共进午餐,在喝咖啡的时候聊聊天等。在工作间歇时与员工进行沟通要注意不要过多谈论比较严肃的工作问题,可以谈论一些比较轻松的话题,例如昨天晚上的足球赛、烹饪的技术、聊家常等,在轻松的话题中自然而然地引入一些工作中的问题,而且尽量让员工主动提出这些问题。

4. 非正式会议

非正式的会议主要包括联欢会、生日晚会等各种形式的非正式的团队活动。非正式会议也是比较好的一种沟通方式,主管人员可以在比较轻松的气氛中了解员工的工作情况和遇到的需要帮助的问题。而且,这种聚会往往以团队的形式举行,主管人员也可以借此发现团队中的一些问题。

非正式沟通的四种方式比较如表 10-4 所示。

表 10-4 非正式沟通的四种方式

序号	方式	特点	备注
1	走动式管理	走到能够观察到员工工作的地方,与员工交流、倾听并解决问题,记录员工的绩效表现	以不打扰员工的工作为宜
2	开放式办公	主管人员的办公室随时向员工开放,员工随时可以找主管商量	为员工提供方便,加强沟通
3	工作间歇时的沟通	吃饭、喝茶时进行交流	沟通氛围比较轻松
4	非正式会议	聚餐、生日晚会、联欢会等非正式的团体活动	沟通氛围比较轻松

非正式绩效沟通的最大优点在于它的及时性。当员工在工作中发现问题时,管理者可以与之进行简短的交谈,从而促使问题得到及时的解决。目前,越来越多的企业开通了自己企业内部的局域网,员工可以通过在网上留言与管理者和其他员工探讨工作中的各种问题。在这种情况下,非正式绩效沟通也可以是书面形式的。

四、绩效沟通的技巧

有效的建设性沟通当中,最基本的技巧有以下四点。

1. 换位思考

换位思考是在绩效沟通过程中,管理者和员工双方发生矛盾时,都能站到对方的立场上思考问题。可以说,换位思考就是绩效沟通的润滑剂。换位思考的核心包括两个方面,一方面是考虑对方的需求,满足对方的需要;另一方面又要了解对方的不足,帮助对方找到解决问题的方法。换位思考要以诚恳为基础,通过换位思考,增进管理者和员工的相互尊重、相互理解、增强彼此的信心,有利于管理者和员工之间建立起信任关系。在应用换位思考开展绩效沟通的过程中,不要过分强调你为对方做了什么,而要强调对方能获得什么或者能做什么? 只有这样沟通才能持续下去,才能真正达成共识。

2. 积极倾听

大多数管理者往往会忽视积极倾听的意义,尤其是在与员工进行沟通时,他们往往会失去应有的耐心。这样的做法将严重影响沟通的质量,甚至影响管理者与员工之间的良好关系。积极的倾听能够帮助我们获取信息、整理思路,从而更好地解决问题。因此,积极倾听的技巧是每一位管理者必须具备的管理技能之一。

积极倾听的技巧分为以下五种:①解释。倾听者要学会用自己的语言解释讲话者所讲的内容,从而检查自己的理解。②向对方表达认同。当有人表达某种情感或感觉很情绪化时,对对方的感受表示认同能够帮助对方进一步表达他的想法。③简要概括对方表达的内容。将对方所说的内容进行简要的概括,表明确实了解了对方所要表达的内容,并促使对方进一步说明他的观点,将谈话推向更进一步的话题。④综合对方表达的内容得出一个结论。与第三种做法不同,听者不仅可以总结概括对方的观点,还可以形成一个结论性的观点,以使话题能够得到进一步的展开。⑤站在对方的角度进行大胆的设想。

3. 有效发问

有效发问也是一项关键的沟通技巧。没有发问就没有充分的沟通。发问就是双方沟通过程中的反馈环节,它既是对已经获取的信息进行确认和验证,也是对未知信息的获取。要做到有效发问,首先要学会选择恰当的发问方式和问题类型。发问的种类一般有封闭式问题和开放式问题。封闭式问题有助于获得特定的信息,也有利于人们以问题来控制谈话内容,节省沟通时间,但往往会错过一些重要的信息和资料,也会抑制开放的讨论。开放式问题鼓励交流更多的心得体会,能更加深入地了解人或问题的复杂性,但使用过度也会导致信息太多而失去重点,同时也增加了沟通的时间和成本。在沟通实践中,我们要结合封闭式问题和开放式问题各自的特点和适用范围,合理选择发问方式以达到有效发问的目的。

4. 注意非语言沟通技巧

沟通并不是一个简单的语言传递的过程。在沟通的过程中,沟通双方往往需要通过非语言的信息传递各自的想法。沟通双方是否能够很好地运用非语言沟通技巧是影响建设性沟通成败的一个重要因素。体态语言基本上涵盖了在日常生活中各种常见的情况。需要注意的是,当肢体语言脱离了具体的沟通环境时,这些肢体语言往往是空洞的、没有意义的。为了真正理解肢体语言所表达的内容,我们必须结合沟通发生的环境、双方的关系和沟通的内容等进行综合的判断。但是,了解下列常见肢体语言的一般含义能够帮助我们更敏锐地观察和理解

沟通对象的想法,并从中学会更好地控制自己的行为。下面就是一系列常见体态语言的基本含义:

(1)说话时捂嘴:说话没有把握或撒谎。
(2)摇晃一只脚:厌烦。
(3)把铅笔等物放到嘴里:需要更多的信息,焦虑。
(4)没有眼神的沟通:试图隐瞒什么。
(5)脚置于朝着门的方向:准备离开。
(6)擦鼻子:反对别人所说的话。
(7)揉眼睛或捏耳朵:疑虑。
(8)触摸耳朵:准备打断别人。
(9)触摸喉部:需要加以重申。
(10)紧握双手:焦虑。
(11)握紧拳头:意志坚决、愤怒。
(12)手指头指着别人:谴责、惩戒。
(13)坐在椅子的边侧:随时准备行动。
(14)坐在椅子上往前移:以示赞同。
(15)双臂交叉置于胸前:不乐意。
(16)衬衣纽扣松开,手臂和小腿均不交叉:开放。
(17)小腿在椅子上晃动:不在乎。
(18)背着身坐在椅子上:支配性。
(19)背着双手:优越感。
(20)脚踝交叉:收回。
(21)搓手:有所期待。
(22)手指叩击皮带或裤子:一切在握。
(23)无意识地清嗓子:担心、忧虑。
(24)有意识地清嗓子:轻责、训诫。
(25)双手紧合指向天花板:充满信心和骄傲。
(26)一只手在上,另一只手在下,置于大腿前部:十分自信。
(27)坐时跷二郎腿:舒适、无所虑。

以上这些肢体语言往往是人们在沟通的过程中无意识地表现出来,或无意识地接受并做出反应的。学习肢体语言的可能含义能够帮助我们在沟通中对这些无意识的反应做出有意识的认识,从而更好地把握沟通对象的真正意图。这一点对于建设性沟通是十分有益的。

第三节　绩效辅导

一、绩效辅导的概念与作用

绩效辅导是指管理者采取恰当的领导风格,与员工讨论有关工作进展情况、潜在的障碍和问题、解决问题的办法和措施、员工取得的成绩以及存在的问题等信息的过程。绩效辅导的目

的是激励和指导下属实现绩效目标。

当企业中的员工在企业绩效计划的实施进程中遇到了困难以后,实施绩效辅导可以及时帮助员工去掌握解决问题的方法,同时学会怎么去克服这些困难,从而有效提升员工的绩效。因为工作的条件与环境在不断改变,员工在工作的进程中,难免会遇到企业制定绩效计划时没有考虑到的问题,在这个时候,部门领导切忌不可抱怨员工的工作水平低,应当给予员工适当的帮助,针对员工的工作进行对应的指导,同时要在自身的权力范围内调动对应的资源,给予员工工作最大的支持。而通过员工向部门领导汇报自身工作的进展情况以及遇到的困难,从而寻找解决措施与资源方面的支持,部门领导则可以切实掌握员工工作的具体状况,如此,不仅有利于客观公正的考评,同时能够显著提升员工的工作绩效。

二、绩效辅导的时机

(1)当员工需要征求管理者的意见时。例如,员工向管理者请教问题或者有了新点子想征求管理者的看法时,管理者可以在这个时候不失时机地对员工进行辅导。

(2)当员工希望管理者解决某个问题时。例如,员工在工作中遇到障碍或者难以解决的问题希望得到管理者的帮助时,管理者可以传授给员工一些解决问题的技巧。

(3)当管理者发现了一个可以改进绩效的机会时。例如,当管理者发现某项工作可以用另外一种方式做得更快更好时,就可以指导员工采用这样的方法。

(4)当员工通过培训掌握了新技能时。如果管理者希望他能够将新技能运用于工作中,就可以辅导他使用这种技能。

(5)当面临新的职业发展机会时。例如管理者发现员工拥有可供开发的潜能,而企业现在恰好拥有新的项目或发展机会,就可以辅导员工,争取机会。

(6)当员工工作业绩出现问题时。例如员工工作绩效行为或者结果不合标准,而其自身尚未发觉,管理者就应及时给予提示和指导以纠正其不当行为或观念。

三、绩效辅导的分类

绩效辅导是为员工的工作提供支持的过程,从支持内容的不同,可以把绩效辅导分为两类:一类是管理者给员工提供技能和知识支持,帮助员工矫正行为;另一类是管理者提供职权、人力、财力等资源支持,帮助员工获取工作开展所必备的资源。

(1)矫正员工行为。在被考核者出现目标偏差时,及时对其进行纠正。一旦被考核者能自己履行职责,按计划开展工作且目标没有偏差,就应该放手让他们自己管理。

(2)提供资源支持。被考核者由于自身职能和权限的限制,在某些方面可能会遇到资源调度的困难,而这些资源正是其完成工作所必需的。此时,考核者应向被考核者提供必要的资源支持,协助其完成工作任务。

绩效辅导是在考核周期中为使下属或下属部门达成绩效目标而在考核过程中进行的辅导,并形成绩效目标月度回顾表。绩效辅导是辅导员工共同达成目标/计划的过程,按照具体形式和时机不同,可分为工作辅导和月度回顾。

工作辅导又包括指示型辅导、方向引导型辅导、鼓励型辅导等。

(1)指示型辅导。其主要针对那些完成任务所需的知识技能比较缺乏的员工,给予他们一些有关怎样完成任务的具体指示,然后一步一步地传授完成任务的技能,并且跟踪员工执行情况。

（2）方向型辅导。员工基本掌握完成任务的知识技能,但是有的时候还会遇到一些特殊的情况无法处理;或者员工掌握了具体的操作方法,但需要主管人员进行方向性引导。

（3）鼓励型辅导。对于具有完善的知识技能的专业人员,主管人员的辅导不必介入具体的细节,只需要给予他们鼓励和适当的建议,使员工充分发挥自己的创造力。

月度回顾需各部门填写绩效目标月度回顾表,并介绍月度总体目标完成情况及主要差距等。其中被考核者汇报上月业绩目标完成情况,介绍下月工作计划,考核者通过对各部门进行质询,提出改进意见,对员工提出的问题进行答复,并对完成情况进行总结,同时提出对下月工作的期望与要求,最后形成绩效目标月度回顾情况表,如表10-5所示。

表10-5 绩效目标月度回顾情况表

员工姓名		部门		辅导人		辅导日期	
当月工作目标							
当月工作目标完成情况				未完成目标的原因与障碍分析		1.上级领导支持与资源配置	
						2.个人因素方面	
						其他原因(团队、外部等)	
下期工作计划				完成下期工作的措施分析		1.上级领导支持与资源配置	
						2.个人因素方面	
						其他原因(团队、外部等)	
员工签字				辅导人签字			

四、实施绩效辅导的技巧与措施

1. 绩效辅导的反馈

绩效辅导中反馈的信息包含了负面的和正面的。企业绩效管理者通过运用绩效辅导,能够让员工明白上级是否肯定自己的工作成果和工作效率。针对一些负面的反馈信息,各级层领导要持包容的态度,用客观正确的方式对工作进行合理的调节,并结合实际的工作情况向员工提出可行的处理措施。领导提出建议和认可的同时能够将员工的积极性得到实质上的提高,对员工的业绩效率起着激励的作用。

2. 绩效辅导的提问

各级单位的领导人在促使员工进行自主思考的过程中,应该着重考虑提问的方式,使员工能够遵照答案自主地进行思考。领导者在提问的过程中应注意做好听取答案的全面准备,尽量不以"为什么"作为提问的开头,减少员工心理的抗拒反映,同时不能将自身的想法融入问题的主要思想中来,做到公私分明、就事论事,从而保持员工对自己的信任度。不能将多个问题组织到一个问句中,减轻员工对问题的困扰,促使领导者可以获得高质量的答案。最后,员工在回答问题的时候领导要耐心地倾听,不要打断,确保能够真正地了解员工内心真实想法和工作的实际情况。

3. 绩效辅导纠正员工的错误

领导者在纠正员工错误的过程中,应用的方式基本是"五分钟"。"五分钟"大致的意思就是在五分钟之内对员工的工作内容以及思想线路进行提问"为什么",并且连贯性的提问,问到员工回答不出来为止,这是找出员工错误源头的重要方法,也是了解员工实际情况的重要过程。考虑这种方式会给员工带来一定程度的心理压力,所以领导要让员工明白,这个过程并不是在追究责任,而是在进行寻找相关问题的答案,使员工能够保持良好的心态配合领导的"五分钟"提问。领导得到了目标答案,与员工之间进行沟通制定出合理的解决方案,并由部门经理进行方案的修订和完善。在双方能够达成共识的基础上,领导与员工的关系得到了促进,同时员工的工作态度也得到了改善。

第四节 绩效信息的收集

一、绩效信息收集的目的

绩效信息的记录和收集是绩效管理的一项基础工作,很多绩效管理失败的原因就在于绩效信息的不准确以及考核评价的随意性。准确、及时的绩效信息对绩效考核的顺利实施具有重要意义。

1. 提供绩效考核评价的基础依据

绩效管理一般以年度、季度或月度为周期进行。在绩效评估时,需要对员工的各个关键业绩指标进行考核评价,因此相关的考核信息数据就是考核评价公正、客观的基础。这些信息除了可以作为对员工的绩效进行评估的依据,也可以作为晋升、加薪等人事决策的依据。

2. 发现员工绩效问题并提出绩效提升的意见和建议

通过对员工的绩效进行记录和收集,可以发现员工绩效方面存在的问题。通过和其他优秀员工的对比,可以提出改进的绩效目标。例如,当管理者对员工说"你在这个方面做得不够好"或者"你在这个方面还可以做得更好一些"时,就需要结合员工本人的具体事例以及优异员工的事例来增强说服力,这样会让员工清楚地看到自己存在的问题以及与优秀员工的差距,有利于员工改进和提高绩效。

3. 研究员工绩效优异或低下的深层次原因,总结、推广经验教训

对绩效信息的记录和收集可以使管理者掌握绩效优异和绩效低下的关键事件,可以探询绩效优异或绩效低下的深层次原因。发现绩效低下者的真实原因,并有针对性地进行培训,总结并推广绩效优异者的成功经验,可以提高整体员工的绩效。

4. 在争议仲裁中的重要证据

保留翔实的员工绩效表现记录,也是为了在发生争议时有事实依据,一旦员工对绩效评估或人事决策产生争议时,就可以利用这些记录在案的事实依据作为仲裁的信息来源,这些记录可以保护公司的利益,也可以保护当时员工的利益。

二、绩效信息的内容

绩效实施过程中会产生诸多信息,但并非所有信息都要收集,这样工作人员的工作量会很大,要收集的只是与绩效有关的信息。绩效信息收集的范围一般包括以下几个方面。

(1)员工工作目标或者任务的达到情况。
(2)证明工作绩效突出或低下所需的具体证据。
(3)来自内、外部客户的积极和消极的反馈信息。
(4)与员工就绩效问题的谈话记录。
(5)员工因工作或其他行为受到的表扬和批评的情况。

为了使绩效数据收集制度化,可以由人力资源部门汇总各部门提供的考核指标信息,提交给相关部门;在绩效期末,相关部门应及时提供相关信息,保证绩效考核的顺利进行。

三、绩效信息收集的来源

绩效考核是一项长期、复杂的工作,企业应该注重长期跟踪、随时收集相关数据,使数据收集工作形成一种制度。在当前信息时代,建立一套绩效信息收集系统已经成了许多企业资源计划(ERP)中的一个重要内容。

不同的来源可能会得到不同的绩效信息。绩效信息的来源可以有多种途径,包括考核者记录收集、其他相关部门记录收集、被考核者记录收集以及由外部客户反馈信息收集等。

1. 考核者收集记录

考核者收集记录包括管理者观察到的信息,如工作绩效优异或低下的突出行为表现的一些特殊事件以及业绩记录信息(客观事实数据记录)。许多企业和单位都用客观的生产与工作数据作为员工工作成效的指标。例如,以机床操作每天加工的工件数量来测定他们的成绩;以销售员在一定时期内销售额来评估其工作成果,等等。这种方法存在的问题是:①这些数据在很大程度上受到工作人员以外的许多因素的影响,比如良好的机床、兴旺的市场形势或者优越的地区条件等因素。②客观数据往往只看数量而忽视质量。③客观数据的可靠程度。对于许多工作职务来说,很难找到客观的、定量的作业尺度,因而不可能采用客观数据。

2. 其他部门如人力资源管理资料收集

人力资源管理资料收集较多的是缺勤率、离职率、事故率和迟到的情况等。在这些人力资源管理资料中,缺勤率是工作表现的最灵敏的指标之一。缺勤可以分为可原谅缺勤(由于患病等而缺勤)和不可原谅缺勤(由于略感不适或无关紧要的小事等而缺勤)。心理学家研究认为,在可缺勤可不缺勤的情况下,缺勤与否最能反映一个人的工作态度和表现。事故率只适合于某些工作的考评,比如生产第一线的员工。人力资源管理资料所反映的工作行为只能作出辅助性的考评资料。

3. 被考核者记录和收集绩效考核信息

这种来源可能会导致信息的不真实,在以下两种情况下可以减少这种不真实的发生:①绩效考核者应加强对下属工作的了解,做到对下属工作非常清楚,使下属不敢造假;②采取过程性考核指标来进行评价。被考核者收集信息的意义主要在于先对自己这方面的工作做一简单评价,而对于考核者来说,这方面的信息只是评价的参考意见,如果发现被考核者的自我评价

有较多水分,那么可以对被考核者该项指标打个较低的分数作为惩罚,并在绩效考核面谈时与被考核者进行充分沟通,使被考核者明白下次要如实地评价自己的工作。

4. 外部客户反馈信息收集

这是一种客户反馈的积极或消极的信息收集。客户对一个组织的产品和服务的认可是该组织赖以生存的基础,外部客户信息对绩效改进有重要的意义。虽然从客户那里收集信息的成本很高,但这是一个非常重要的过程。通常情况下,组织对客户信息的收集主要在与客户互动频繁的群体中进行,如由采购人员、销售人员、售后服务人员与客户直接接触的一线人员等,需要从客户那里收集对这类人员评价的绩效信息。另外,对客户信息收集时机的把握也非常关键,如很多服务性工作通常在员工提供服务结束时就需要立即收集,电信运营商和商业银行的满意度评价信息的收集通常都采用这种形式。

四、绩效信息收集的方法

采用科学的信息收集方法,获取准确有效和全面的绩效信息,是做出科学的绩效管理决策的基础,对提升战略性绩效管理的决策质量有重要的意义。不同的绩效信息,需要通过合适的绩效方法收集,管理者在设计信息收集渠道的时候,需要选择最优的方法以保障信息收集工作的质量。目前收集绩效考核数据的主要做法包括以下几种:

1. 观察法

观察法是指主管人员直接观察员工在工作中的表现,并记录员工的表现。如主管多次看到员工打私人电话或看到员工在帮助客户解决问题等,这些就是通过直接观察得到的信息。

2. 工作记录法

员工的某些目标完成情况是通过工作记录体现出来的,如财务数据中体现出来的销售额数量,客户记录表格中记录下来的业务员拜访大客户的情况,这些都是日常工作记录中体现出来的员工绩效情况。对于生产、销售、服务的数量、质量、时限等指标,按照规定由相关人员填写原始记录单,并定期进行汇总统计获得绩效考核有关信息,如日报、周报、月报等都是一种日常绩效考核数据的收集方法。

与工作记录法配合使用的是定期抽查法,即为了保证上述信息的真实有效性,管理者可以对上述信息进行抽查,以保证记录的真实性。

3. 他人反馈法

当员工的某些工作绩效通过直接观察,或者缺乏日常的工作记录时,可以采用他人的反馈信息。如对于从事客户服务工作的员工,主管人员可以通过发放客户满意度调查表或与客户进行电话访谈的方式了解员工的绩效;对于公司内部的行政后勤等服务性部门的员工,也可以从其提供服务的其他部门人员那里了解信息。

4. 关键事件记录法

关键事件记录法是针对员工特别突出或异常失误的情况进行记录。关键事件的记录有助于管理者对员工的突出业绩进行及时的激励,对员工存在的问题进行及时的反馈和纠偏。

5. 检查扣分法

检查扣分法是按职务(岗位)要求规定应遵守的项目,定出违反规定的扣分方法,针对关键业绩指标中出现错误进行扣分的事项进行检查登记,发现一次记录一次,以便为考核期末绩效考核提供原始信息。

6.指导记录法

指导记录法不仅记录部下的异常行为,而且将其主管的意见及部下的反应也记录下来,这样既可考察部下,又可考察主管的领导工作。

7.考勤记录法

考勤记录法将出勤、缺勤及原因,是否请假,一一记录在案。

信息收集方法的正确与否,直接关系到信息质量的好坏,而每种方法都有一定的局限性,因此各种方法的综合运用是值得推荐的,当然也要考虑到收集的成本和效率。

五、绩效信息收集的注意事项

1.员工应该参与信息收集的过程

绩效管理的主要目的是为了提高员工的工作绩效,绩效管理是管理者和员工的共同责任,因此员工应该自己收集相关绩效信息或者参与相关信息的收集过程。员工参与信息的收集过程,一方面可以及时对工作进行调整,有利于绩效目标的完成;另一方面管理者依据员工参与收集的信息与员工进行沟通时,员工更容易接受这些事实。

对于某些信息,可以由员工自己收集记录,最后报管理者抽查审核;还有一些信息是管理者发现并掌握的,例如工作出现差错等信息,这时管理者应及时将这些信息向相关员工进行通报,这样一方面可以对员工的工作及时进行辅导、纠正,另一方面绩效期末员工也易于接受这些绩效信息。

2.收集信息要有目的

信息收集是一项耗时、费力的工作,要占用大量的人力、物力和时间,因此一定要搜集那些对绩效管理非常有必要的信息。有些过程信息可以不去关注,而直接关注最终结果;有些重要的过程信息,可以用关键事件记录法来记录;对于重要的结果信息,一定要如实记录。

信息收集可以针对关键业绩指标中的相关内容组织相关人员进行记录、收集。

3.抽查是核对信息真实性的好办法

很多信息是员工自己记录的,而且管理者也没有太多的时间、精力来做信息的记录与收集工作,因此员工在做工作记录或收集绩效信息时往往会有选择地记录和收集信息,甚至会提供虚假信息。制约员工这种行为倾向的好办法就是抽查,对抽查中发现的故意提供虚假信息的行为,要进行严厉的惩罚。

4.信息记录应把事实与推测区分开来

应该记录事实的绩效信息,而不应记录对事实的推测。通过观察可以记录员工的行为,但行为背后的动机和原因往往是推测的,很可能是不可靠的。例如,员工近期工作经常迟到、早退,而且效率低下,不能按期完成任务,上述内容就是事实记录。但是如果进行推测记录员工积极性降低、业务水平不高就是简单推测,因为很可能是其他原因如家中出现变故等而导致工作绩效低下的。

本章小结

绩效计划实施过程中管理者仍然负有非常重要的管理职责。本章主要内容包括绩效实施过程当中的沟通与绩效指导,以及绩效信息的搜集。

持续的绩效沟通就是管理者和员工共同工作,以分享有关信息的过程。通过绩效沟通和绩效信息收集管理者需要对员工在绩效执行中的问题进行绩效辅导,帮助员工在过程中改进绩效。绩效实施当中的绩效沟通和绩效指导有利于绩效计划的顺利完成,为绩效考核反馈结果应用提供信息基础。绩效信息的收集为绩效考核以及绩效改进等提供有力的依据。

课后思考

1. 绩效实施过程的主要控制内容有哪些?
2. 绩效沟通的主要内容和方法是什么?
3. 如何实施有效的绩效沟通?
3. 绩效辅导的主要形式有哪些?
4. 简述绩效信息收集的渠道及来源。

案例分析

【案例】　　　　　绩效辅导究竟应该怎么做?

一家IT公司的市场总监李科在公司已经工作了将近十年,是一位资深高级经理。李科手下有七个经理:市场经理、客服经理及五位大区销售经理。周经理是从竞争对手那里聘请过来的区域销售经理,负责公司最重要的区域——华南区的销售管理。

华南区的销售几乎占公司销售总额的一半。华南区最近的销售情况不太好,这影响了整个公司的销售。可是也不知道周经理最近在忙什么,昨天开销售会议竟然晚了整整30分钟,开会时又心不在焉,而且还说会前没来得及看讨论报告。李科觉得应该找周经理谈一谈,看看到底是什么原因。

李:周经理,最近工作怎么样?

周:还行吧。

李:"还行"是什么意思,有什么问题吗?

周:……

李:你最近工作态度好像有问题,经常迟到早退,工作也漫不经心。

周经理惊讶地看着李科,似乎很冤枉,想要解释什么,但终于还是把话咽了回去。

李:(叹了口气)你知道,前任经理在的时候,我根本就不用操心华南区的销售,客户基础也非常好,现在怎么会搞成这样?

周:……

李科没能通过谈话找出一个解决办法,甚至也没弄清是什么原因影响了华南区的销售。

案例讨论

1. 如果你是李科,如何进行有效的绩效辅导?
2. 除了正式绩效辅导外,还可以运用哪些绩效辅导技巧帮助员工实现绩效目标?

第十一章 绩效评价

 学习目标

1. 掌握绩效评价的一般过程模式
2. 学会选择合适的评价主体
3. 熟悉绩效周期的确定原则
4. 了解绩效评价的常见误区及克服办法

 开篇案例

研究部的张经理对下属的绩效管理

某公司又开始了一年一度的绩效考核,在打分时,研究部的张经理考虑到自己部门的一个项目经理老王在公司服务的年限很长,想也没想直接打了最高分。但事实上老王在今年的一个项目中犯了一个比较严重的错误。轮到给小赵打分时,张经理想起初次见面时小赵把咖啡洒在裙子上的事,加上她是部门里为数不多的女员工,他认为女员工的绩效理所应当没有男员工高,因此打分很低。

考核结束后,张经理与下属分别在会议室谈话,与小赵面谈时,张经理一直在数落小赵工作中的小错误,当小赵说明情况时,张经理时常打断她,小赵的情绪很不好,到最后干脆就是只听张经理说,有不同意见也不吭声。之前在绩效计划制订的过程中也出现过类似的情况,当时小赵就对工作目标的设定有不同意见,所以在后来的执行过程中遇到了一些困难。现在工作中出现了问题,她也不愿意跟张经理沟通了,最后的绩效面谈不欢而散。

第一节 绩效评价概论

绩效评价作为绩效管理系统的重要环节,能够为人力资源管理的各项职能提供重要的决策依据。在整个绩效管理系统中,绩效评价是绩效管理的重点和关键,没有绩效评价,就没有评价结果,也就无法对员工过去的绩效表现进行总结、发现过去工作中存在的问题以及找到改善绩效的方法。同时,绩效评价又是和组织的战略相连的,绩效评价的有效实施有利于将组织和员工的行为引导到组织的战略目标上来。

一、什么是绩效评价

绩效评价(performance appraisal,PA)是人力资源管理中技术性最强的环节之一,也是众多人力资源管理者最为关心的内容。人们对它的理解也由于管理理论的演变和现实中管理目的的不同而有所变化。弗利波(Flippo)认为,"绩效评价是指对员工在现任职务中的表现情况以及担任更高一级职务的潜力进行有组织的、定期的,并且是尽可能客观的评价"。罗斯勒(Longsner)认为,"绩效评价就是为了明确员工的能力、工作状况和工作适应性,以及对组织的相对价值进行有组织的、实事求是的评价;绩效评价的概念包括评价的程序、规范和方法的总和"。松田宪二则认为,"绩效评价是人力资源管理系统的组成部分,由评价者对被评价者的日常职务行为进行观察、记录,并在事实的基础上按照一定的目的进行评价,以达到培养、开发和利用组织成员能力的目的"。

从以上种种看法我们可以看出,人们对于绩效评价的理解不尽相同。从最表象的含义上讲,所谓绩效评价是评定和估价员工个人工作绩效的过程和方法。具体是指在绩效周期结束时选择有效的评价方法,由不同的评价主体对组织、群体及个人绩效做出判断的过程。绩效评价本身不是目的,而是手段,其内涵应随着经营管理的需要而发生变化。我们认为可以从两个角度理解绩效评价的内涵:

(1)绩效评价是绩效管理系统中最为重要的一个环节。为了实现绩效管理的目的,绩效管理系统应能够从企业经营目标和战略出发对员工的绩效情况进行评价,通过引导员工的行为,使之有助于实现组织的发展目标。

(2)绩效评价系统是人力资源管理职能系统的组成部分,是人力资源管理职能系统的核心。绩效评价体系运作的结果可以运用于许多人力资源管理职能环节。

西方学者在谈到绩效评价分类时曾经将绩效评价分为评价性评价与发展性评价,另外有学者将绩效评价的结论用于发展目的和决策目的。了解这两种观点有利于我们更好地理解绩效评价在人力资源管理系统中的地位和作用。

关于评价性评价与发展性评价的区分是由麦克纳(Mckenna)与比奇(Beech)在《人力资源管理》中提出的。他们在书中指出:评价性评价将着眼点放在对评价对象做出判断上。在进行评价性评价时,评价者首先对被评价者一段时间的绩效表现进行历史性的回顾与分析,然后通过将之与预先确定的绩效目标或标准相比较做出最后的评价。这种评价往往与薪酬决定挂钩。发展性评价在系统分析评价对象的发展需要之后,主要关注的是如何对评价对象将来的绩效表现做出预测。因此,在进行发展性评价时更加注重如何确定评价对象可以改进的知识和技能,从而达到开发其工作潜力的目的。这种类型的评价往往与员工的职业生涯规划相联系。

二、绩效评价的行为导向作用

任何评价都是为了实现一定的目的。绩效管理的三大目的(战略目的、管理目的和开发目的)实际上也就是绩效评价的目的所在。但是,绩效评价本身并不能直接实现这些目的。在设计绩效评价系统时,人们最主要的考虑就是如何通过绩效评价起到行为引导的作用,从而使员工的行为能够与企业的发展目标保持一致。绩效评价系统对员工的行为引导作用体现在以下几个方面。

1. 评价主体对员工行为的引导作用

在前面谈到360度考核法时我们知道,在组织内外有许多人能够为绩效评价提供信息。但是并不是所有的人都应该成为某个组织绩效评价的主体。组织在进行绩效评价体系设计时将什么人作为考评主体将对被考核员工的行为起到引导作用。谁是考核主体就意味着员工必须注意那些人对自己的工作期望,并努力使自己的工作表现令他们满意。例如,服务行业在考核中引入客户作为评价主体,就能够引导员工注意用更好的服务态度对待自己的客户。又例如,在评价教师的时候将学生作为评价主体,这种做法能够在一定程度上引导教师将工作中的重心转移到提高课堂教学质量、提高学生的满意度上,而不仅仅是追求分数,将学校变成培养考试机器的工厂。

2. 评价周期对员工行为的引导作用

绩效评价周期的确定方式同样也能够对员工行为起到引导的作用。所谓评价周期,也就是前面提到过的绩效期间。这实际上是在向员工传达"企业给员工多长时间进行某项绩效改进"或"员工具有多大的权限来决定如何安排自己负责的工作的进程"等诸如此类的有关工作时间的信息。例如,某企业的绩效考核周期根据职位等级的不同有不同的规定。其中对分公司总经理的考核周期为一年,而对基层员工的绩效考核周期则为一个季度。这在一定程度上是引导分公司总经理在以一年为单位的考核周期中合理安排工作进程,实现公司在绩效计划时对他的要求。而作为基层员工则要求他们在一个季度之内实现绩效改进。甚至对于销售人员,有的企业的做法是进行月销售情况的考核。这种方式的用意在于激励销售人员努力追求每个月都能够达到较高的销售业绩。对于人员流动性较高的销售人员队伍而言,这种做法有一定的可取性。

3. 评价标准对员工行为的引导作用

任何评价都应该有它的依据,也就是说依据什么进行评价,即所谓评价的前提——评价标准。总的来说,绩效评价的标准可以分为两类:一类是"绝对标准";另一类是"相对标准"。与此相应,绩效评价可以分为绝对评价和相对评价两类。绝对评价就是按照一定的客观标准进行评价;相对评价就是通过人与人之间的对比进行评价。在这里要指出的是,组织使用哪种评价标准将对员工的行为起到一定的引导作用。例如在公交行业中,往往以通过评先进的方式选出"模范人物",然后让员工按先进模范的标准来严格要求自己,以模范的行为为标准,对每位员工的日常表现进行评价,排出优劣、好坏的差距。这种方式不但引导员工改变自己的工作方式向模范学习,而且引导员工重视荣誉。绝对评价的标准往往表现为某种行为或结果。这种方式则通过引导员工的行为或直接引导员工实现某种特定的行为结果,以达到管理员工绩效的目的。

4. 评价指标对员工行为的引导作用

绩效评价一般包括能力、态度和工作业绩三方面的指标。绩效评价中使用哪些指标,如何定义这些指标正是在向员工传达企业重视员工什么方面的表现,企业希望自己的员工具有哪些能力和什么样的工作态度等信息。例如,一个科研机构出现了科研人员之间缺乏学术交流,各自埋头搞研究的情况,造成了许多人力、财力上的浪费。这个科研机构的人力资源管理部门开发了新的绩效评价体系,将"知识的开放性程度"列入考核指标之中,有效地扭转了研究人员"各自为政"的局面。又例如,某企业刚刚应对了一场有关"不公平工作机会"的诉讼。为了防止此类情况的再次发生,公司高层决定将"向下属员工提供公平的工作机会"作为考核管理人员的一项指标。这些指标对员工行为的引导作用是显而易见的。通过看某个企业的绩效评价指标,我们就能够看出这个企业提倡什么,追求什么,并可以从中看到企业文化在绩效管理系统中的影响。

三、绩效评价过程的一般模型

为了更好地理解绩效评价的过程,我们将给出一个绩效评价过程的一般模型(见图11-1)。绩效评价过程的一般模型包括以下几个环节:

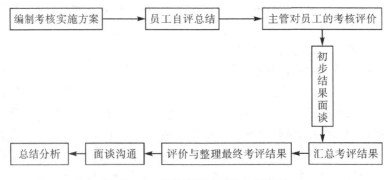

图11-1 绩效评价过程的一般模型

(1)人力资源部负责编制考评实施方案,设计考评工具,拟定考评计划,对各级考评者进行培训,并提出处理考评结果的应对措施,供考评委员会决策。

(2)各级主管组织员工撰写述职报告并进行自评。

(3)所有员工对自己在考评期间内的工作业绩及行为表现(工作态度、工作能力)进行总结,核心是对照企业对自己的职责和目标要求进行自我评价。

(4)部门主管根据受评人日常工作目标完成程度、管理日志记录、考勤记录、统计资料、个人述职等,在对受评人各方面表现充分了解的基础上,负责进行客观、公正的考核评价,并指出对受评人的期望或工作建议,交部门上级主管审核。如果一个员工有双重直接主管,由其主要业务直接主管负责协调另一业务直接主管对其进行考评。各级主管负责抽查间接下属的考评过程和结果。

(5)主管负责与下属进行绩效面谈。当直接主管和员工就绩效考核初步结果谈话结束后,员工可以保留自己的意见,但必须在考评表上签字。员工若对自己的考评结果有疑问,有权向上级主管或考评委进行反映或申诉。对于派出外地工作的员工,反馈面谈由该员工所在地的直接主管代为进行。

(6)人力资源部负责收集、汇总所有考评结果,编制考评结果一览表,报公司考评委员会审核。

(7)考评委员会听取各部门的分别汇报,对重点结果进行讨论和平衡,纠正考评中的偏差,确定最后的评价结果。

(8)人力资源部负责整理最终考评结果,进行结果兑现,分类建立员工绩效考评档案。

(9)各部门主管就绩效考评的最终结果与下属面谈沟通,对受评人的工作表现达成一致意见,肯定受评人的优点所在,同时指出有待改进的问题和方向,双方共同制订可行的绩效改进计划和个人发展计划,提高个人及组织绩效。

(10)人力资源部对本次绩效考评成效进行总结分析,并对以后的绩效考评提出新的改进意见和方案,规划新的人力资源发展计划。

通过这个过程模型我们可以看到,绩效评价并不仅仅是填写评价表而已。为了做好绩效评价的工作,管理者应该在日常工作中注意对员工行为的观察,主动收集相应的信息。这个收集信息的过程包括在绩效管理的过程之中。另外,对于评价结果的反馈也是绩效评价过程中的重要组成部分。通过绩效反馈的过程,评价者能够帮助被评价者了解自身的优点和不足,并对不足之处进行改进,从而达到管理绩效的目的。因此,我们将绩效评价视为绩效管理的重要环节之一。

第二节 绩效评价主体的选择

一、绩效评价主体选择的一般原则

绩效评价主体指的是对评价者做出评价的人。在设计绩效评价体系时,评价主体与评价内容相匹配是一个非常重要的原则。选择什么样的评价主体在很大程度与所要评价的内容相关,同时也影响着评价内容的选择。我们认为,绩效评价主体选择的一般原则有以下三条。

1. 绩效评价主体所评价的内容必须基于他(她)所掌握的情况

这一原则是显而易见的。如果要求评价者对于他(她)所不能看到的情况做出评价,那么这种评价一定是不准确的,必将对整个绩效评价的准确性和公正性产生不良的影响。

2. 绩效评价主体对所评价岗位的工作内容有一定的了解

绩效评价的主体不但应该了解所评价的内容,而且对于该岗位的工作内容也应该有一定程度的了解。员工的任何职务行为都是基于实现一定职责任务的目的,并不是孤立的行为。缺乏对岗位的全面了解往往可能做出以偏概全的判断。因此,在三百六十度绩效反馈计划中,来自组织内外的众多评价者只是起到了提供反馈信息的作用。他们对评价对象做出的评价结论往往不能作为管理决策的依据。

3. 有助于实现一定的管理目的

员工的直接上级往往是最重要的评价主体。因为员工的直接上级有对员工的职务工作履行监督和指导的职能。在这种情况下,直接上级可以通过绩效评价者的身份更好地监督、了解并控制员工的绩效表现,更好地整合全部下属员工的工作,从而更好地实现团队或部门的整体工作目标。

二、不同评价主体的选择与对比

绩效评价主体是多种多样的,不同评价主体具有不同的特点,在绩效评价中承担了不同的评价责任乃至管理责任。选择不同评价主体不仅是绩效评价的需要,同时也是实现绩效管理目的的需要。从这一点看,绩效评价主体的选择并不仅仅是为了更好地落实绩效评价的工作,也是为了更好地对员工绩效进行管理。

一般情况下绩效评价系统中的评价主体有直接上级、同级、员工本人、下级以及顾客、供应商等组织外部的人员。下面我们将针对这些情况一一做出说明。

(一)上级评价

上级评价是大多数组织使用的评价方式。研究表明,目前大约有98%的组织将绩效评价视为员工直接上级的责任。由于员工的直接上级通常是最熟悉下属工作情况的人,对下属员工的工作表现会有更全面的了解,能更容易地搜集到有关下属员工工作绩效的相关信息。另外,直接上级或主管人员对下属员工的工作负有责任。因此,一方面直接上级或主管人员会更加熟悉工作绩效评价的内容,知道应该对下属员工工作的哪些方面进行评价;另一方面,直接上级或主管人员也能更加负责地对下属员工的工作绩效进行评价,增强评价的客观性。因此,上级评价方式在实践中被广泛运用,并没有引发过多的争议。实际上,上级评价的另一方面的意义在于实现一定的管理目的和开发目的。对于直接上级而言,绩效评价作为绩效管理的一个重要环节,为他们提供了一种引导和监督员工行为的手段,从而帮助他们促进部门或团队工作的顺利进行。如果上级主管没有进行绩效评价的权利,将会削弱他们对于其下属的控制力和管理权威。总之,主管人员在观察和评价其下属人员的工作绩效方面占据着最为有利的位置,同时也承担了更多的管理责任。

(二)同级评价

由于直接上级或主管人员在许多情况下并不能直接观察到下属员工的工作情况,而在一起工作的同事却能相互了解对方,所以同事可以作为评价主体参加员工的绩效评价。这里讲的同事既包括在同一个团队或部门一起工作的同事,也包括与评价对象有业务关系的其他部门的同事。同事在一起共同工作,能够更容易观察到相互之间的领导能力和人际交往能力等方面的内容,同事评价在预测员工未来能否在管理工作上取得成功更加有效。

目前,越来越多的组织开始使用自我管理小组的管理形式,同级评价变得越来越普遍。这种方式有利于提高人们的团队合作意识,促进团队整体绩效的提高。长期以来,同行评价的倡议者认为,如果一个工作小组在较长的时间内人员构成相对稳定,并且在完成工作任务的时候同事之间会发生一定的相互影响,那么同事评价是可靠的,也是十分必要的。

由小组成员实施评价的优点如下:

(1)比起小组外的其他人员,小组成员之间更加了解彼此的工作情况,因而能更为准确地做出评价。

(2)小组成员在一定程度上就是同行。作为同行的评价主体对被评价者产生的压力将是一个有力的促进因素。

(3)小组成员的评价一般会包括众多的观点,因此在引起争议时不会只针对某一个人。

随着自我管理方式工作小组的快速增长,同事评价越来越受到关注与欢迎。与此同时,同事评价也存在一些问题,例如:在区别个人与小组的贡献方面所遇到的困难;有的人可能会担心给一位同事评低分会伤害他们之间的友谊或破坏工作群体的凝聚力;同事评价中可能会存在"相互标榜"的问题,及所有同事都串通起来,相互将对方的工作绩效评价为较高的等级;一些人对于私交较差的同事进行绩效评价时往往会受到厌恶情绪的影响而给低分,等等。因此,同事评价的适用范围是有限的,同时评价的结果通常只能作为员工工作绩效评价的一个部分或补充,而不能单独作为员工的评价结果。

(三)本人评价

有些企业在进行工作绩效评价时,还采用员工自我评价法(当然,通常是与上级评价结合起来使用的)。如果员工理解了他们所期望取得的目标以及将来评价他们所采用的标准,则他们在很大程度上处于评价自己业绩的最佳位置。许多人都了解自己在工作中哪些做得好、哪些是他们需要改进的,如果给他们机会,他们就会客观地对自己的工作业绩进行评价,并采取必要的措施进行改进。另外,自我评价的员工会在自我工作技能开发等方面变得更加积极和主动。自我评价也受到那些重视员工参与和发展的管理者的认同与欢迎。

当然,这种评价方式也存在很多问题。大多数研究都表明,员工对他们自己的工作绩效所做出的评价,一般比主管人员或同事对他们所得出的绩效等级要高。比如,一项研究显示,当员工被要求对自己的工作绩效进行判断时,所有各种类型员工中有40%的人将他们自己放到绩效最好的10%("最好者之一")之中;剩下的人要么将自己放入前25%("大大超出一般水平")之列,要么将自己放入前50%("超出一般水平")之列。通常情况下,只有极少数的人(占该研究样本总数的2%左右)将自己列入低绩效等级范围之列,而那些总是将自己列入高绩效等级的员工,在很多时候则往往是低于一般绩效水平的。

因此,自我评价方式应当慎重地加以使用。通常人们认为,自我评价作为一种评价工具可能并不是那么有效,这种评价方式的最大意义实际上在于人员开发。实际上,如何正确解释不同评价主体不同的评价结论是360度反馈中的关键。如果能够充分认识并解释员工自我评价与其他评价主体评价结果之间的区别,我们就能够更好地理解被评价者的行为并实现更有针对性的行为引导。例如,可以通过本人评价找出下级与上级之间意见不一致的地方,鼓励员工反映出他们的优缺点,帮助上级进行更有建设性的绩效面谈,并促使员工更好地理解上级给予的绩效建议。

总之,由直接上级和员工自己同时进行工作绩效评价的做法有可能会导致矛盾的出现。这种情况应该得到管理者的重视。即使企业没有正式要求员工进行自我绩效评价,在工作绩效评价面谈的过程中,员工本人也同样会带着自己的自我评价参与到这一过程中来。在这种情况下,员工的自我评价往往比上级主管所给予他们的评价等级要高。自我评价与上级评价之间的矛盾是所有管理者必须面对的问题。

(四)下级评价

如今,越来越多的组织让被评价者的下级以不署名的方式参与对他们的上级的绩效评价。这种过程通常被称为自下而上的绩效反馈。下级往往从一种不同于上级或本人的角度来看待员工的工作绩效。下级评价的结果可以使组织的高层管理人员更多地了解中、基层管理者的管理风格,找出组织中潜在的管理问题,通过对评价指标的控制影响组织的整体管理风格。实际上,这种做法更多是基于强调员工提高管理技能的考虑,而不是为了对实际的工作业绩进行评价。因此,使用下级评价时必须强调管理人员和下属人员之间的反馈过程。

联邦捷运公司所执行的一个下属员工评价制度就是一个典型的下级评价项目,这个项目被称为调查反馈行动。这个行动主要包括下面三个步骤:

1. 公司先要确定出调查本身规定的绩效评价标准

每年年初的时候,公司会向每一位员工发放一份匿名的问卷。这份问卷中所涉及的项目可以用来反映员工在工作环境中与发生相互关系的管理人员的工作状况。而且员工填写这些信息并不会暴露自己的身份。这种匿名的问卷能够更好反映组织管理的真实情况。问卷中的项目可能包括以下方面的内容:

(1)我有渠道向我的管理人员反映我的真实想法。
(2)我的上级管理者会明确地告诉我他希望我做什么。
(3)我的管理者关注我的想法。
(4)我的管理者总是及时向我反映情况,帮助我了解在工作中出现的各种问题。
(5)上层管理者能够积极倾听我这一层次员工的意见。
(6)联邦捷运为我们的客户提供了良好的服务。

(7)在我的工作环境中,工作人员的人身安全得到了充分的保障。
(8)我认为自己获得的薪酬是公平的。

从某一工作群体中搜集上来的这些信息经过汇总和统计分析之后交给管理人员。为了确保员工的身份得到保密,在涉及较小的工作单位时,通常不单独得出一个结论,而是将他们的问卷与类似的其他小工作群体的问卷汇总起来,直到工作群体的人数达到20人或25人时,才通过统计分析得出一个总的评价结论。

2. 管理者和他们的下级员工之间进行的反馈过程

这一阶段的目标是确认员工关注哪些事项以及存在哪些特定问题,并在了解造成这些问题的原因的基础上制定出解决这些问题的行动计划。为达到这一目的,人力资源管理部门应当对管理者进行事先的培训,教会他们在反馈中通过提一些试探性的问题找出问题的答案。例如,企业在员工调查中发现,本企业的管理者普遍在"我感到可以自由地向我的管理者谈出我的想法"这一项目上所得的分数较低,那么,管理者就可以向其下属的员工提出类似下面的这样一些问题:是什么困扰着你,使你不能畅所欲言?(是时间,还是管理者的某些行为?);我做的哪些事情使你感到我对你的想法不感兴趣?等等。

3. 制定行动计划改变现有的不良状况

这是真正改变不良状况的步骤。但这一步骤离不开前面的调查和双方的反馈。在这个步骤之前,管理者和员工已经共同确定了一系列的行动项目名单。管理人员应当尽快通过采取这些行动项目从而获得员工的支持和信赖。

不过也有很多管理者担心他们的一些不受欢迎但是必要的行为(比如批评员工)会导致下属对他们进行评价报复。下级评价有时会使管理者陷入困境,有可能导致管理者在工作中总是设法去迎合下级的需要,更加注重员工的满意程度而不是他们的工作效率。同时,尽管在下级评价中通常都会采取匿名形式,但下级还是会担心自己所做的评价被上级觉察而招致相关的后果,在上级所管辖的人数较少时更是如此。另外,下级由于不承担管理工作而不了解管理者工作的必要性,也很难对"事"进行评价。因此要做好下级评价,关键在于上下级之间要真正做到相互信任,下级评价也只能作为对上级工作绩效进行考评的一个部分,并且更多的是用于管理发展的目的。

(五)顾客评价与供应商评价

在一些特殊的组织中,一些了解员工工作情况的组织外部人员也成为绩效评价的主体之一。最常见的做法就是将顾客和供应商纳入评价主体之中。这种做法是为了能够了解那些只有特定外部成员能够感知的绩效情况,或通过设定特殊的评价主体引导被评价者的行为。例如,在服务行业中,有一些组织以顾客为评价主体对那些直接面对客户的服务人员进行绩效评价,从而更多地了解他们在实际工作中的表现。更重要的是,由于顾客的满意度成为企业成功的关键影响因素,这类组织通过将顾客作为评价主体,以促进员工更好地为顾客提供服务。

采用客户评价存在的主要问题是顾客在进行评价时与组织所进行的工作绩效评价在目的上可能会有所不同,客户考评往往是不全面的,并且有可能忽视员工工作的一些重要方面。因此,在进行客户评价时,要慎重地选择适合的客户作为评价人员。此外,采用客户评价的形式,也有可能导致员工与客户的关系发生扭曲,双方可能发生串通一气的情况,这些都是需要注意解决的问题。

(六)外聘专家评价

在有些组织中,有时也会聘请外部专家来帮忙进行评价。外部专家作为评价主体具有一些明显的优势,主要体现在他们拥有超高的专业评价技能和丰富的评价经验;同时,由于他们身处组织之外,与被评价者没有人际关系的纠葛,在评价结果的客观性上能够得到认可。因此,管理者与员工双方都愿意接受外部专家作为评价者。但是利用外部专家来进行评价也有缺陷,主要是外部专家没有机会观察被评价者的工作情况,对工作的许多方面理解有限,同时与其他评价主体相比,外部专家的评价成本较高。

以上各种考核执行者的优缺点如表11-1所示。

表11-1 不同考核执行者的优缺点比较

考核执行者	优点	缺点
直接领导	①直接领导通常处于最佳位置来观察员工的工作业绩 ②直接领导对特定的单位负有管理的责任 ③下属的培训和发展与管理者的评价紧密相连	①直接领导可能会强调员工业绩的某一方面,而忽视其他方面,容易出现操纵评价结果的情况 ②个人偏见和私人关系有可能影响评价的公正性
下级	①下属处于一个较为有利的位置来观察他们领导的管理效果 ②激励管理者注意员工的需要,改进工作方式	①员工有可能担心遭到报复而舞弊 ②在小部门中对评价者保密很困难
同级	①同事比任何人对彼此的业绩更为了解,因而能更准确地做出评价 ②同事的压力对成员来说是一个有力的促进因素 ③认识到同事评价,员工们会表现出对工作的更加投入和生产效率的提高 ④同事评价包括众多的观点且不针对某一个员工	①实施评价需要大量的时间 ②区别个人与小组的贡献会遇到很大困难 ③同事评价中可能会有私心 ④没有让人们严格遵守规定的动力
外部客户	能获得其他渠道难以获得的信息	评价目的不同,可能会忽视被评价的一些重要方面
外聘专家	①通过利用客观者来增加评价的客观性程度 ②拥有高超的评价水平和经验	①对被评价者及其工作了解程度有限 ②成本高

上面所介绍的评价方法并不是相互孤立、相互排斥的。一个包括各种身份评价者的评价系统自然会占用更多的时间,因此费用也较高,但它同时具有许多单个主体进行绩效评价所不具有的优点。最重要的优点在于,多主体评价的方式通过多渠道的评价信息增加了评价的客观性程度。不同的评价主体从不同的角度出发可能做出不同的结论。由于视角不同,他们可能犯的评价误差也各不相同。因此,多人评价所得出的综合性结果在很大程度上比单一评价

主体做出的评价结果更加可信、公正和易于接受。此外,当评价者们在评价等级上有分歧时,恰恰就是向我们反映了不同情况下员工的绩效表现。这正是绩效管理中十分必要的信息。但是,需要注意的是,即使使用多个评价主体的做法,也应当由评价者的直接上级审查评价的结果并做出最终的结论。

三、评价主体误区

评价主体误区是指在绩效评价的过程中由于评价者主观原因导致的误差、偏见和错误。这些误区的存在既会影响绩效评价结果的准确性,又可能危害上下级的关系。因此,管理者要充分认识这些误区,并采取一定的措施规避。

(一)常见的评价主体误区

常见的评价主体误区一般有以下九种。

1. 晕轮误差

晕轮误差通常又被称为晕轮效应(halo effect)。当我们以个体的某一种特征形成对个体的一个总体印象时,我们就是受到了晕轮效应的影响。在绩效评价中,晕轮效应具体是指由于整体印象而影响个别特性评价的倾向。有关晕轮效应的例子在我们的日常生活中经常发生。人们往往有根据某一局部印象得出整体印象的倾向。例如,某位管理者对下属的某一绩效要素(如口头表达能力)的评价较高,导致其对此员工其他所有绩效要素的评价也较高。同时,员工一般对那些对下属和颜悦色、比较客气的上级会有好感,这样的上级工作能力也许不强,但员工倾向于对该上级的其他方面也给予较高的评价。这种情况对于绩效评价的有效性十分有害。

2. 逻辑误差

逻辑误差(logic error)指的是评价者在对某些有逻辑关系的评价要素进行评价时,使用简单的推理而造成的误差。在绩效评价中产生逻辑误差的原因是由于两个评价要素之间的高相关性。例如,很多人认为"社交能力和谈判能力之间有很密切的逻辑关系"。于是,他们在进行绩效评价时往往会依据"既然社交能力强,谈判能力当然也强"而对评价对象做出可能存在偏差的评价。

晕轮误差与逻辑误差的本质区别在于:晕轮误差只在同一个人的各个特点之间发生作用,在绩效评价中是在对同一个人的各个评价指标进行评价时出现的;而逻辑误差与被评价者的个人因素无关,它是由于评价者认为评价要素之间存在一致的逻辑关系而产生的。

3. 宽大化倾向

宽大化倾向(leniency tendency)是指评价者对评价对象所做的评价往往高于其实际成绩。宽大化倾向产生的原因主要有以下几种。

(1)评价者为了保护评价对象,避免留下不良绩效的书面记录,不愿意严格地评价。

(2)评价者希望本部门员工的业绩优于其他部门员工的业绩。

(3)评价者对评价工作缺乏自信心,想尽量避免引起评价争议。

(4)评价要素的评价标准不明确。

(5)评价者想要鼓励工作表现有所提高的评价对象。

在宽大化倾向的影响下,绩效评价的结果会产生极大的偏差。具体而言,对绩效出色的评价对象来说,他们会对评价的结果产生不公平感,从而影响其工作积极性。对于绩效较差的评价对象来说,一方面,由于他们无法了解自己需要提高哪一方面的绩效,导致其无法进行绩效改进,只能维持现状;另一方面,由于他们的绩效评价记录较好,即使管理人员想解雇他,也会由于缺乏理由而无法实现。

4. 严格化倾向

严格化倾向(strictness tendency)是与宽大化倾向相对应的另一种可能的评价者行为倾向。严格化倾向是指评价者对员工工作业绩的评价过分严格的倾向。在现实中,有些评价者在评价其下属员工时喜欢采用比公司制定的标准更加苛刻的标准。严格化倾向产生的原因主要有以下几种。

(1)评价者对各种评价因素缺乏足够的了解。
(2)惩罚顽固的或难以对付的评价对象。
(3)促使有问题的员工主动辞职。
(4)为有计划的裁员提供证据。
(5)减少凭业绩提薪的员工的数量。
(6)遵守组织的规定(组织不提倡管理者给出高评价)。

如果管理者对整个部门的绩效评价过分严格,则其部门的员工在加薪和晋升方面都将受到影响;如果对某一特定员工的绩效评价过分严格,则有可能受到该员工的指控。因此,管理者必须采取措施避免上述情况的发生。

5. 中心化倾向

中心化倾向(central tendency)是指评价者对一组评价对象做出的评价结果相差不多,或者都集中在评价尺度的中心附近,导致评价结果的差距较小,拉不开距离。例如,在图示量表法中,虽然设计者规定了从第Ⅰ到第Ⅴ的五个评价等级,然而管理者很可能会刻意避开最高的等级(第Ⅴ等级)和最低的等级(第Ⅰ等级),将大多数评价对象都评定在第Ⅱ、Ⅲ、Ⅳ这三个等级上。中心化倾向产生的原因主要有以下几种。

(1)人们往往不愿意做出"极好""极差"之类的极端评价。
(2)对评价对象不够了解,难以做出准确的评价。
(3)评价者对评价工作缺乏自信心。
(4)评价要素的说明不完整,评价方法不明确。
(5)有些组织要求评价者对过高或过低的评价写出书面鉴定,以免引起争议。

6. 首因效应

首因效应(primacy effect),亦称第一印象误差,是指评价对象在初期的绩效表现对评价者评价其以后的绩效表现会产生延续性影响。例如,某员工在刚刚进入某个部门之初工作热情很高,很快取得了良好的业绩,给他的上级留下了深刻的印象。然而,该员工实际上在整个绩效评价周期的工作绩效并不是很好,但上级还是根据最初的印象给了他较高的评价。

7. 近因效应

近因效应(recency effect)是指在多种刺激一次出现的时候,印象的形成主要取决于后来出现的刺激,即交往过程中,我们对他人最近、最新的认识占了主体地位,掩盖了以往形成的对他人的评价。评价对象在绩效评价周期最后阶段的绩效表现对评价者评价其在整个绩效评价周期的绩效表现的影响较大。例如,许多组织的绩效评价周期为一年,当评价某一具体的评价要素时,评价者很难回想起评价对象在整个评价周期中与该评价要素相关的行为与结果,评价

者往往对评价对象的近期行为表现记忆较为清晰并据此做出评价,这种"记忆衰退"就会造成近期行为误差。此外,评价对象往往也会在评价之前的几天或几周里表现积极,试图给评价者留下深刻印象。因此评价者对近期行为的记忆往往要比遥远过去的行为更为清晰。这种情况会使绩效评价做出不恰当的结论。例如,有的员工在最近一个月内表现不良因而得到了较差的评价。实际上,他在此前的若干个月之内都保持着较好的绩效记录。

8. 评价者个人偏见

组织行为学理论指出,当以某人所在的团体特点为基础对某人进行判断时,就称评价受到了刻板印象(stereotyping)的影响。也有人使用"评估者使用隐含人格理论"来指代这种现象。在这里,我们将之称为"评价者个人偏见"。评价者个人偏见是指评价者在进行各种评价时,可能对评价对象的个人特征,如种族、民族、性别、年龄、性格、爱好等方面存在偏见,或者偏爱与自己的行为、人格特征相近或私人关系较好的人。评价者个人偏见表现在:

(1) 对与自己关系不错、性格相投的人会给予较高的评价。如似我效应,即对和自己有着相似背景的人作出更优考核。观点和背景与自己越相似,评定此人优秀的倾向就越大。

(2) 对女性、老年人等持有偏见,给予较低的评价等。

9. 溢出效应

溢出效应(spillover effect)是指评价者因评价对象在评价周期之外的绩效失误而降低其评价等级。例如,一名生产线上的工人在该评价周期之前出现了生产事故,影响了他上一期的工作业绩。虽然该员工在本评价周期内并没有再犯类似的错误,但是评价者可能会由于其在上一评价周期内的失误而在该期的评价中给出较低的评价等级。这种做法会挫伤评价对象的工作积极性。因此,为了避免这种评价误区的发生,组织应该鼓励评价者对评价周期内的关键事件予以记录,以事实数据为依据做出客观公正的评价。

四、避免评价者误区的方法

避免上述评价者误区最首要的方法就是通过培训使评价者认识种种评价误区,从而使他们有意识地避免这些误区的发生。评价者误区实际上是评价者主观上发生的错误,因此,通过使评价者了解这些误区来避免它们的发生是最直接也是最有效的方法。具体来说,为了避免上述的评价者误区,可以采用的方法有:

(1) 将绩效评价指标界定清晰,以避免晕轮误差、逻辑误差以及各种错误倾向的发生。在评价指标界定清晰的情况下,绩效评价者能够根据所要评价的指标的含义有针对性地做出评价,从而避免对被评价者某一方面绩效的看法影响了对企业评价指标的评价。另外,界定评价指标同时还包括界定各评价指标之间的"关系"——要避免评价者主观臆断地找到所谓的逻辑关系,影响评价的准确性。

(2) 使评价者正确认识绩效评价的目的,以避免宽大化倾向及中心化倾向。前面谈到,宽大化倾向和中心化倾向产生的一个重要原因是评价者由于不希望在本部门内产生种种矛盾和摩擦,或者影响本部门人员的利益。因此,只要评价者正确认识了绩效评价的目的,就能够避免上述情况的发生。应该让评价者认识到,绩效评价作为人力资源管理系统的核心环节对于各方面的人事决策起了十分重要的作用,正确的评价能够帮助员工更好地发展其职业生涯。因此,作为评价者并不是必然地与被评价者形成对立。通过科学的评价和与评价结果相关的各个人力资源管理环节,我们能够更加科学地对员工进行管理。

（3）在必要的时候，结合使用比较法（包括排序法、一一对比法、人物比较法和强制分配法），以避免宽大化倾向、严格化倾向和中心化倾向。客观地讲，要通过评价者培训绝对地解决各种评价者误区是不可能的。在一些情况下，为了做出某些管理决策，绩效评价的结果必须将员工分出所谓的"三六九等"。这时，在其他评价方法的基础上结合使用强制分配法能够达到这一目的。同时，上述的三种不良倾向也就不会发生了。

（4）宽大化倾向和中心化倾向的产生原因之一是评价者对被评价者缺乏足够的了解而使他们对于评价的结果缺乏信心，因而倾向于做出中心化的评价。因此，解决这一问题的方法就是使评价者有足够的时间和渠道加强对被评价者的了解，在必要的时候甚至可以延期进行评价。

（5）评价者缺乏信心还可能源于对评价体系本身缺乏信心。为了提高评价者对于整个评价系统的信心，最重要的手段就是通过培训使他们了解评价系统的科学性和重要性，这样可以在一定程度上避免宽大化倾向、中心化倾向的发生。

（6）通过培训使评价者学会如何收集资料作为评价依据，以避免首因误差、近期行为误差和溢出误差。上述三类误差都是由于作为评价依据的事实依据不充分或不准确。应该通过使评价者学习如何科学地收集评价中使用的事实依据来避免这三类误差的发生。

此外，人力资源管理部门还应该通过各种宣讲和培训的方式，要求评价者从企业发展的大局出发，抛弃自己的个人偏见，进行公正的评价，避免严格化倾向和评价者个人偏见的不良影响，确保整个绩效评价制度得到所有员工的认同。

第三节 绩效周期的确定

一、绩效考核时机的选择

绩效考核周期也叫绩效考核期限，是指多长时间进行一次考核。设定绩效评估的间隔时间对评估操作过程来说，是必不可少的一环。

绩效评价的最佳时机，大多数企业会采用以下两种做法：

第一种做法是在员工进入组织满一年时或在此前后对他们进行绩效评价。若是每半年进行一次绩效评价，则第一次绩效评价通常是在员工入职尚不满一年但在六个月时进行。第二次绩效评价则是在员工入职刚好满一年时，或者是在这一时间前后进行。这种做法的最大好处是管理者不需要一次填完所有员工的绩效评价表格。不足之处是由于对某些员工进行绩效评价的时间与全体员工进行评价的时间不一致，因此无法使绩效评价结果与报酬挂钩的时间和通常的财政年度起止时间保持一致。

第二种时间选择是在一个财政年度结束时。采取这种做法的好处是使所有员工的绩效评价表格都在同一时间里完成，这为在不同员工之间进行绩效比较以及报酬分配提供了便利。同时，个人的目标设定可以更容易的与公司的目标设定联系起来，这是因为大部分公司会将他们的经营目标与财政年度联系在一起。通常情况下，企业设置的考核周期有以下几种：

（1）每月评估：对员工工作的及时反馈。

（2）季度或半年评估：对目标完成情况的回顾与展望，对形势与目标的重新审定。

（3）年终评估：评估过去一年的工作，确定新年目标，奖优罚劣，为职位调整提供依据；发放年终奖。

二、绩效考核周期的影响因素

绩效考核的核心是对于业绩进行的考核,所以绩效考核的周期是基于业绩形成的周期来确定的。但在实际的考核工作中,仅仅以业绩形成的周期来设定考核周期是不现实的。考核周期过长,不但不能进行过程监督和及时奖惩,而且会产生近因效应,管理者就会只对近几个月的业绩和员工的行为产生深刻印象,导致考核结果不能反映整个考核周期的业绩。绩效考核周期过短,导致考核成本过大,对于一些跨周期才能完成的业绩无法考核,耗时费力不讨好。绩效考核周期确定需考虑的因素主要有以下几个方面。

1. 评价目的与评价周期

绩效考核的周期设置首先应依据评估的目的。多数企业都一年进行一次考核,这与考核的目的有关系。如果考核的目的主要是为了分奖金,那么自然就会使考核的周期与奖金分配的周期保持一致。若评估目的是为了更好地沟通上下级意图,提高工作效率,则间隔期应适当短一些;若评估目的是为了人事调动或晋升,则应观察一个相对较长时期内的员工工作绩效。

2. 评价指标与评价周期

不同的绩效指标也需要不同的考核周期。对于任务绩效的指标,可能需要较短的考核周期,例如一个月。这样做的好处是:一方面,在较短的时间内,考核者对被考核者在这些方面的工作产出有较清晰的记录和印象,如果都等到年底再进行考核,恐怕就只能凭借主观的感觉了;另一方面,对工作的产出及时进行计价和反馈,有利于及时地改进工作,避免将问题一起积攒到年底来处理。对于周边绩效的指标,则适合于在相对较长的时期内进行考核,例如半年或一年,因为这些关于人的表现的指标具有相对的稳定性,需较长时间才能得出结论,不过,在平时应进行一些简单的行为记录作为考核时的依据。

3. 岗位类别与评价周期

不同岗位的工作内容是不同的,绩效考核的周期也应当不同。

(1)对管理类岗位的绩效考核,其实就是对整个公司、部门和团队的业绩完成和管理状况进行评估的过程。由于这些管理人员要对公司战略的实施负主要责任,在短期内难以取得成果,高层领导的考核周期可以是一年,中层管理者可以是半年。

(2)对销售人员的绩效考核,考核的指标集中在销售额、回款、利润率、客户满意度等。这些指标的收集一般以自然月为周期进行,所以对销售人员的考核可以以月度加年度为主,而对于超额奖的部分可以即时兑现,这样的及时奖励有利于提升他们的积极性。当然,不同产业的销售成单的时间不同,一般而言,B2B 的商业模式销售周期长,考核的周期也可以相应延长。

(3)对研发人员的绩效考核,可以按照项目型或固定周期进行考核。如果是大型项目制的业务模式,而且项目周期比较长,可以按照时间节点和交付成果标准进行考核,某一阶段的考核周期不一定能按照自然月或季进行设置,只有等出了符合标准的成果才能算一个考核周期。针对此类情况,要注意的是,除了每个节点的考核外,对于整个项目的完成也是有周期限制的,在整个项目结束后,也要进行综合考核。如果项目规模不大,员工同时兼顾多个项目,项目周期又在半年之内,也可以综合多项目的计划完成情况,对员工进行周期性的考核,考核周期建议设置为季度或半年度。

(4)对职能类员工的考核,虽然工作有制度依据,但工作结果却难以量化,所以考核的重点在于对完成工作过程中行为的考核,而不是对结果的苦苦追寻。在考核中要缩短考核周期,采用行为考核法,随时监控,及时记录,一般宜采用月度加年度的考核方式。

(5)对生产操作类员工而言,产品生产周期一般都比较短,一个批次的产品也许只要几天,最长一周就可以完成,此种情况下,考核的关键点在于质量、成本和交货期等,考核周期适宜缩短到周或月度,这样有利于及时奖励。而对于生产周期较长的产品,一方面可以通过延长考核周期,按照生产批次进行考核;另一方面采用工时制等方法,采用月度考核。

当然,是否一定要对不同岗位设置不同的考核周期,我们可以根据公司的实际情况进行选择。如公司授权各部门灵活处理,则分岗位考核是一种更贴近业务实际的方法,但不同考核周期会带来更多的管理成本,相关部门要频频进行核算并进行物质激励。如公司主张整齐划一,则可以统一考核周期,也方便考核结果统一应用于奖金、晋升等。对于规模较小的公司,公司层级不多,高层也能了解基层员工情况,我们建议采取统一的考核周期的模式;对于规模较大的公司,则可以按不同序列采取不同的考核周期,当然,还需要有对应的管理支撑体系予以支持。

通过设置绩效考核周期,可以更好地帮助企业在限定的时间进行绩效考评,有助于激励员工提高工作效率,促进企业发展。绩效考核周期要设计合理,尊崇科学合理有效原则,不能盲目设置,要在考虑企业实际情况的基础上,结合上述因素进行设计。

三、绩效考核周期设计的方法

绩效考核周期的设计对于企业的发展来说至关重要,合理的设计可以为企业节约成本,还能提升员工绩效。设置绩效考核周期有三种方法,分别是累积法、等同法和拆分发。

1. 累积法

累积法是把若干个业绩周期累积在一个月或者一个季度进行考核,比如对于一个司机的考核,一个出车任务短则几十分钟,长则几天,但我们不能这么短时间就考核一次,我们必须用累积法来考核他,并且选择自然周期的月度、季度来设置考核周期。这种方法在平时的绩效管理中比较常见,常用于一些比较频繁、变动比较大的工作。例如,销售一般会采取累计设计法,因为每个员工的绩效会有很大的不同,如有的员工一个月能完成 20000 的业绩,而有的员工一个月只能完成 5000 的业绩。这种情况在很多销售工作中是常见的,如果采取较短周期考核的话,员工之间的差异会越来越大,不仅会影响员工的积极性,也难以及时反馈问题,推动员工改进绩效。

2. 等同法

等同法是基于业绩的周期制定的,即将考核周期和员工完成业绩的周期等同在一起。如农村种冬小麦,国庆节左右播种,次年 5 月份收获,那么对播种小麦的农民而言,一个绩效考核周期就应当是 7 个月。又如,公司需要对三个同时入职的新员工进行考核,但是三个人的工作任务截止时间都不一致,如果等到最后一名员工完成工作任务后再考核,既增加了考核成本,也降低了考核效率。因此,面对这种情况,管理者可以采取等同法。如当第一名员工完成任务后,按照考核流程和标准对其进行考核,以此类推。这种方法适用于工作项目时间长,变动小的工作。

3. 拆分法

拆分法就是把一个业绩周期拆分为若干个有明确节点的阶段,这些阶段的划分是基于任务自身的特点,具有相对独立、可识别、可衡量、可评价的节点目标,即阶段性成果。也可以说是对绩效总目标进行细分，然后对每一个细分完成节点进行员工考核。管理者制定了一年60万业绩的绩效目标，如果按照时间来进行细分，每个月5万。那么管理者就可以按照一个月的周期对员工进行考核。当然，细分目标的方式有很多种，如根据员工的能力细分，而不同的方式节点也不同。管理者只需要掌握住细分目标的节点，就可以规定绩效考核周期。比如一家企业是生产风力发电设备的，研发一个风机就可以分为概念设计、详细设计、样机组装、安装调试、技术改进、大批量生产等几个节点。

那么对于一个公司不同的部门和岗位，设置绩效考核周期要树立分类管控的思想，按照各岗位的特点，灵活运用累积法、等同法和拆分法来设置绩效考核周期。

第四节 绩效评价中常见的问题及避免方法

绩效评价的科学性和准确性是每个组织追求的目标。但由于种种主客观因素的影响，组织在绩效评价工作中难免遇到各种各样的问题。其中最常见的问题有两种，一种是绩效评价系统中存在的问题，另一种是评价主体主观上的一些误区（关于评价主体评价的常见误区即如何克服我们已在第二节中提到）。为了保证绩效评价的准确性，我们必须要对评价中常见的问题予以重视，并尽可能规避。

一、绩效评价中的常见问题

1. 评价目的不明确

有一些组织对绩效评价的目的认识不清，只是将绩效评价当作一项不得不完成的工作，为评价而评价，而不是将绩效评价看作是组织提高管理水平和绩效水平的一项系统工程，导致绩效评价原本具有的功能和作用得不到有效的发挥。

2. 评价标准缺失

通俗地讲，评价标准解决的是对具体评价内容进行等级划分的问题，即目标值完成到什么程度，是"优秀""良好"还是"一般"。针对每一项评价内容制定相应的评价标准是一个比较烦琐的工程，因此许多组织省去了这一环节。但由于缺乏客观统一的评价标准，评价主体在进行评价时只能凭借主观判断或个人喜好，这导致不同的评价主体对同一评价内容看法不一，进而使被评价者产生不公平感，甚至影响整个绩效评价系统的正常运转。

3. 评价周期不合理

有些组织的评价周期过长，导致有些短期的绩效问题无法被及时发现和解决；而有些组织的评价周期过短，导致管理成本过高，组织成员抵触。

4. 评价方法选择不当

绩效评价的方法多种多样，但每一种方法都有其适合评价的内容。在进行绩效评价时，组织要注意根据评价指标的特点来选择适当的评价方法。然而，在管理实践中，许多组织忽视评价指标与评价方法的契合，试图用一种方法"毕其功于一役"，导致绩效指标衡量的偏差。

5. 评价结果运用不充分

绩效评价的结果是对评价对象绩效的如实反映，能够体现评价对象的工作态度、行为和结果。如果不将评价结果运用到薪酬发放、职位晋升、培训与开发等人力资源管理决策中，绩效评价工作就会流于形式。

二、绩效评价失败的原因

绩效评价是一个受到普遍关注的问题。但是,绩效评价也往往是一个受到众多争议的企业制度。在许多企业,绩效评价遭遇了失败的命运。为了了解如何进行科学的绩效评价,找出失败的原因是首要的一步。总结实践中的经验教训,绩效评价遭遇失败的原因主要有以下几点:

(1)最高管理层的不重视,企业没有建立绩效评价制度或虽已建立但束之高阁。绩效评价是一项需要动用企业各方资源的工作。因此,如果得不到最高管理层的支持,绩效评价必然会遭遇失败。最高管理层应该意识到自身在建立和执行绩效评价系统工作中的重要作用,给具体的执行部门以充分的支持。否则,绩效评价工作将成为只会制造文件垃圾的内耗。

(2)评价的结果不加运用,绩效薪酬力度不够,导致企业员工漠不关心,评价者态度不端正。绩效薪酬是与绩效评价的结果挂钩的薪酬制度。通常人们认为,只有执行一定力度的绩效薪酬制度,才能激发员工和管理者重视绩效评价工作。虽然对这种说法有一定争议,但针对目前国内企业的现状,这一可能的原因应引起企业管理者的充分重视。

(3)评价主体选择错误,评价标准设计不良,评价方法与工具不科学,语言模糊,缺乏可操作性。绩效评价系统本身是否科学是绩效评价能否取得成功的关键因素。评价主体、评价标准、评价方法和评价工具的确定和设计是一系列专业性的工作,需要企业的专业人才甚至聘请专业的外部顾问主持进行设计。

(4)管理者缺乏信息,缺乏评价技能,不认真对待,准备不足,不公正地对待员工。管理者是最重要的评价执行者。因此,管理者的态度和能力是影响绩效评价成败的重要因素。对评价者进行培训是包含在绩效评价制度中的一项重要工作。

(5)缺乏公开的反馈机制,员工得不到持续的反馈。在许多企业中,绩效评价制度执行伊始,员工的热情很高。然而,这种热情往往无法维持下去。一个可能的原因就是评价制度中缺少了反馈机制。缺乏反馈的绩效评价使员工看不到评价的意义,从而丧失了参与绩效评价的热情。

三、提高绩效考核有效性的建议

如何使绩效考核真正发挥效用,成为企业发展的现代化管理工具已经成为一项刻不容缓的任务摆在管理者面前。为了减少绩效考核中的偏差和误区,提高绩效考核过程和结果的公平公正性和正确性,需要采取以下措施。

1. 制定客观明确的考核标准

在绩效考核中,应保证向所有的考核对象提供明确的工作绩效标准,完善企业的工作绩效评价系统,把员工能力和成果的定性考核与定量考核结合起来,建立客观而明确的管理标准。定量考核用数据说话,以理服人。绩效考核标准要明确,考核指标尽量可量化,以实际观察的为准,尽量简洁;同时,在确定考核指标和标准时,要充分考虑企业自身特点,建立起有针对性的、切实符合企业实际管理要求的考核指标体系。

2. 选择合适的考核人员,并进行绩效考核培训

选用较为客观的考核者来进行考核工作是评价客观化的一个重要组成部分。一般情况下,绩效考核工作应当由能够直接观察到员工工作的主管承担,甚至由最了解员工工作表现的

人承担。目前绝大多数企业积极地引入360度全视角绩效考核体系,全面准确地考核员工的工作业绩及工作表现。

为了保障考核方案能公平客观地实施,首先要对承担主要考核责任的考核者进行评价,通过培训提高考核者对绩效考核重要程度的认知水平,加强对考核工作的重视和投入。其次,要指导考核者认真学习绩效考核的内容和各项考核标准,使其深刻地了解熟悉整个考核过程和工具。最后,要对考核者认真讲解各项考核指标的含义,使其把握对考核者进行日常观测的关键点。此外,还要进行考核误区的培训,尽量避免这些问题发生。

3. 注重绩效考核反馈,建立绩效面谈制度

绩效反馈的主要目的是为了改进和提升绩效。通过反馈使被考核人知道自己在过去工作中取得了何种进步,在哪些地方存在不足,以便在今后的工作中加以改进和提升。为了有效进行考核结果的反馈,应建立和完善员工绩效考核面谈制度。绩效面谈为主管和下属讨论工作业绩、挖掘员工的潜能、拓展新的职业发展空间提供了良好的机会。同时上下级进行面谈,能够全面地了解员工的态度和感受,从而加深双方的沟通和了解。

4. 选择合理的考评方法和考评周期

企业在绩效考核时,应根据考核目的、考核内容等合理性地选择考评方法。由于每种方法都有各自的适应性,所以考核的关键是企业应选择适合自己特点的评价方式。同时,按照员工的工作特征来选择相应的考评方式,如根据员工工作环境稳定性的特点、工作内容程序化特点以及员工工作的独立性程度,根据这三种因素的组合选择相应的评价方法。考核周期受很多因素的影响,企业要根据实际情况选择合理的考评周期。人力资源管理对绩效考核周期的一个重要的观点是在一个重要的项目或者任务结束之后,或在关键性的结果应该出现的时候进行绩效考核。

5. 建立申诉等审核制度

本着对员工、对企业负责的态度,建立正式的申诉渠道和上级人事部门对绩效考核结果审查的制度。如果发生裁员或辞退事件,应整理相关的工作绩效考核书面材料,对裁员或辞退的原因做出解释并妥善处理相关事宜。

四、绩效评价系统设计应注意的问题

一个设计科学、执行效率高的绩效评价系统必须得到员工的欢迎和认可。毕竟绩效评价的评价对象是人,评价的实施方也是人。因此,充分考虑到人的要求才能够真正让绩效评价系统发挥作用。在进行绩效评价系统设计工作时应该注意以下问题:

(1)力求简单。并不是越复杂的绩效评价系统就越有效。力求简单方能让员工更好地接受并高效率地执行这套制度。

(2)尽量减少不必要的文字工作。员工常常抱怨绩效评价带来了许多额外的文字工作。这种烦琐的文字工作容易使人对制度本身产生厌烦情绪,因此尽量减少文字工作。

(3)节约时间。人们往往会将绩效评价视为正常职务工作之外的额外工作。如果占用过多的时间,将很可能引起员工的不满。尽量节约员工的时间是获得员工认可的前提。

(4)尽量减少不愉快。绩效评价中人们往往要面对不愉快的批评。因此,设计工作中应注意尽量减少这种负面评价结果所带来的影响。

总之,绩效评价的设计者应该充分考虑怎样才能更好地满足管理者、员工和组织的工作需要。获得管理者和员工的认可是绩效评价获得成功的前提条件。

本章小结

本章重点阐述了绩效评价过程的一般模型,绩效评价主体的选择,绩效周期的确定以及绩效评价中常见的误区和解决方法。

绩效评价是绩效管理的一个重要环节,一般是指考核者运用特定的评价指标和标准对员工的工作行为及取得的工作业绩进行评估,并运用评估的结果对员工将来的工作行为和工作绩效产生正向影响的过程。在设计绩效评价体系时评价主体与评价内容相匹配是一个非常重要的原则。设定合理的绩效评价周期对评估操作过程来讲是一个必不可少的环节。设计时应遵从科学合理原则,充分考虑企业实际情况和影响绩效考评周期设计的因素。通过设置绩效考核周期可以帮助企业在限定的时间进行绩效考核,有利于激励员工提高工作绩效,促进企业发展。

课后思考

1. 绩效评价的一般过程模式是什么?
2. 各种评价主体的优缺点是什么?
3. 绩效周期的影响因素有哪些?
4. 评价者的误区有哪些?如何避免评价者误区?

案例分析

【案例 11-1】　　　　绩效考核就是"打打分"

A 企业从 2006 年开始实施绩效考核,主要做法是:每个部门都有一张相应的通用绩效考核表,由人力资源部提供考核工具,组织各个部门设计本部门的绩效考核指标;各个部门设计好本部门的绩效考核指标再反馈给行政人事部;由总经理、董事长审核修订好考核指标后再反馈给各个部门。

每个季度末,直接上级对员工的考核进行定量评定。考核结果与员工月度的工资不挂钩。员工年底奖金发放时,会参考绩效考核的结果,但没有具体的计算依据。

平常由于考核与大家切身利益并不相关,员工大多不关注绩效考核。到年底发奖金时,大多数员工对绩效考核结果颇有争议,认为其绩效考核结果不能反映个人的绩效表现。管理人员对绩效考核也不重视,普遍认为绩效考核就是对员工"打打分",起不到实质性的作用。

案例点评

通过资料阅读、中高层员工访谈、问卷调研等多种方式,对 A 企业绩效考核现状进行了调研诊断,对 A 企业绩效考核存在的问题进行了系统分析。

问题一:绩效考核的理念有误区。

公司上下对绩效考核的概念了解不深入,对绩效考核的作用也没有正确认识。大多数管理人员认为绩效考核仅仅是发奖金的工具,甚至有的人认为是为了惩罚员工而考核。而员工认为绩效考核仅仅是公司走走形式的幌子,只有惩罚缺乏奖励,对此心怀抵触。于是,每次到考评的时候,大家都随随便便填写表格,完成任务了事,考核流于形式。

问题二:绩效考核的指标设置不科学。

目前A企业对员工的绩效考核指标没有将公司的战略管理目标层层分解融入其中,造成各个部门的绩效考核不能与企业的发展紧密联系。结果无法体现个人绩效对部门、对公司整体绩效的贡献,往往只是局部的提高和改进。

其次,绩效考核指标的主观随意性较大。在绩效考核指标的设定过程中,没有从员工的工作岗位出发,脱离员工的岗位职责和工作内容,容易导致考核不到位,最终影响考核结果,失去绩效考核的公平性。

再次,绩效考核指标的设定内容不完善。很多临时安排的工作任务没有纳入考核体系,考核指标设立比较模糊,没有具体的考核工作事项,很难获得客观的绩效评价。

问题三:绩效实施过程没有监控。

由于大家对绩效理念认识的误区,仅认为绩效考核就是发奖金、扣工资。所以,在绩效实施过程中并没有对员工的绩效实现情况进行监控。在实施绩效考核的环节过程中,没有通过沟通、反馈等方式,指导和帮助下属实现预期的绩效。

问题四:绩效反馈与激励机制不健全。

绩效考核的最终目的是要激励员工,为实现企业的总体目标不断努力,通过绩效考核的结果不断改进员工的工作态度、工作方式和工作方法,达到提高绩效的目的。然而,A企业没有绩效反馈机制,员工并不清楚自己的绩效完成情况如何,应该如何改进。同时,目前绩效结果激励机制单一,仅与员工的年终奖金挂钩,未与员工的晋升、培训、职业发展相关联。绩效对员工的激励性不足,也导致员工对绩效普遍不关注,绩效考核发挥不了应有的作用。

【案例11-2】　　G主管该如何对下属进行评价?

G是某企业生产部门的主管,今天他终于费尽心思地完成了对下属人员的绩效考评并准备把考评表格交给人力资源部。绩效考评表格标明了工作的数量和质量以及合作态度等情况,表中的每一个特征,都分为五等:优秀、良好、一般、及格和不及格。所有的职工都完成了本职工作。除了S和L,大部分还顺利完成了G交给的额外工作。考虑到S和L是新员工,他们两人的额外工作量又偏多,G给所有员工的工作量都打了"优秀"。X曾经对G做出的一个决定表示过不同意见,在"合作态度"一栏,X被记为"一般",因为意见分歧只是工作方式方面的问题,所以G没有在表格的评价栏上记录。另外,D家庭比较困难,G就有意识地提高了对他的评价,他想通过这种方式让D多拿绩效工资,把帮助落到实处。此外,C的工作质量不好,也就是及格,但为了避免难堪,G把他的评价提到"一般"。这样,员工的评价分布于"优秀""良好""一般",就没有"及格"和"不及格"了。G觉得这样做,可以使员工不至于因发现绩效考评低而产生不满;同时,上级考评时,自己的下级工作做得好,对自己的绩效考评成绩也差不了。

案例讨论

1. 你认为G主管在评价下属绩效时犯了哪些误区?
2. 如果是你,应该如何克服这些误区去做评价?

【案例 11-3】　　　　　　　　全面绩效管理案例

某大型家电集团下属的某洗衣机厂,2016—2020 年一直占据洗衣机市场全国销量第五位。但 2021 年,据全国大商场统计数字表明,其洗衣机市场占有率下降了 20%,跌落全国前七位之后。厂领导班子经过调研,发现消费者反映的问题集中表现在对产品的售后服务不满意。售后服务由各地经销商负责,但这也是因为公司各地办事处工作消极。

起因是 2018 年公司采取了绩效管理体系,重新用考评办法刺激销量增长,对销售公司高额奖励使得营销人员全力实现当年目标,但与此同时重量轻质也导致了对渠道的管理与控制疏漏,短期的突击使得 2000 年底销售额增长较快,由此公司也提高了指标设置的基数。

2021 年,由于洗衣机市场竞争变化以及渠道基础管理工作不扎实,各地销售额大幅度滑坡,销售公司内部对企业绩效考核的标准不满,置疑标准的合理性,普遍认为营销公司的绩效标准高于生产部门与职能部门,其他职能部门上下级之间的考核却形同虚设。而制造部门也开始埋怨营销部门根本没有预测到市场变化,导致制成品大量积压,造成资金周转困难、设备闲置率较高。

公司的高管层领导班子研究认为,企业之所以出现这种局面,与前几年片面追求增长,忽视企业的战略规划与制定均衡发展的绩效管理机制有直接关系。于是公司接受咨询公司的建议决定在内部试行全面绩效管理制度的改革,在强调业绩增长的前提下,要更重视企业的战略规划的贯彻与均衡发展的实现。

具体方法如下:

第一步:企业内部由总部高层牵头,协调采购、生产、营销、人力资源、财务等部门的负责人成立厂绩效管理的专门部门,独立负责制定与落实全厂绩效管理方案,并报送集团公司备案。

第二步:由总经理与各主要部门负责人规划本企业 3 年内进入全国市场占有率三强这一战略目标的具体规划与各年度的推进步骤,逐层分解企业的战略目标与实施手段,将企业各层级的控制指标分为两大类:利润绩效管理类、均衡发展考评类。实施平衡计分卡体系。

第三步:将所有考量指标分解到各个部门或利润中心,由其负责人按时(月度)报送绩效报告,包括完成两类绩效目标的具体推进手段、目标完成进度图,并及时反馈上期末达到基础目标的原因与超越优秀目标的经验总结,确定纠偏措施。

第四步:各部门、利润中心根据各自特色制定流程改进方案,衔接整个作业链的上下环节,在报送计划中要明确对内部小组与个人给予明确扶持的方案。

第五步:作业链的下一环节即上一环节的"客户",对上一环节部门的评价由下一环节给出。如采购部门的客户得分由制造部门给出,职能部门的客户得分由各直线部门给出。

第六步:根据市场变化情况,及时调整企业的战略推进步骤,如厂部在高端洗衣机市场采用新型材料,走低价位差异化产品的战略后,绩效管理部门及时进行市场价格倒算的成本核算,并将成本控制指标赋予采购、制造、营销各部门的日常考评中。

第七步:特殊的市场以及行业出现的情况导致指标的异常变动,应与绩效管理部门协商,确定当期修正评价指标。

案例讨论

如果你是该公司的高层管理者,你将如何评价该公司的全面绩效管理方法?

第十二章
绩效反馈与结果应用

学习目标

1. 认识绩效反馈的意义,掌握绩效反馈的原则与技巧
2. 了解绩效面谈的基本内容,做好面谈前的准备工作
3. 学会设计一次绩效面谈的过程,并针对性地使用绩效面谈策略
4. 了解绩效考核结果的应用领域
5. 掌握将绩效考核结果应用于绩效改进的过程

 开篇案例

F厂长的绩效问题

第三季度的绩效考评中,某民营集团下属核心产品工厂F厂长又一次只获得"基本称职",这已经是今年的第三次了。该集团对下属业务单位负责人的绩效考评分为"出色""优秀""称职""基本称职""不称职"五档。一个负责核心产品生产的中层经理仅获得"基本称职"的绩效,这不能不引起集团Z总的关注。在向Z总提交绩效报告前,人力资源部经理简单回顾了F厂长的绩效问题。

F厂长的绩效问题一是不能按时完成生产计划,二是培养基层主管效果差。其实,第一季度绩效考评后,针对F厂长的绩效问题,集团从第二季度起已有意识安排F厂长参加了生产组织、沟通技巧、授权艺术等方面的短期委外培训。为塑造车间积极进取的文化氛围,集团在车间预算外还特批了5万元文化建设经费,规定用于购置图书供员工借阅,组织员工培训等。甚至,集团Z总还亲任导师开展相关企业文化建设培训。然而,事情不但没有朝着集团所期望的那样逐步改善,反而还有恶化趋势。

五年前,F厂长从一名技术工人干起,由生产线组长晋升到车间主任,凭借敢想敢干的工作作风以及卓有成效的业绩,确保了市场快速扩张的供货需求,三年前升任现职。从情感上,集团并不想解聘F厂长。然而,如果不解聘F厂长,那么如何看待F厂长的绩效问题,怎样才能彻底解决他的绩效问题?

此外,在向集团Z总提交报告前,人力资源部经理隐约感觉到自己还必须思考另一个问题:公司为帮助F厂长改善绩效所提供的培训为什么收效甚微?

第一节 绩效反馈概述

绩效反馈主要是指通过评价者与被评价者之间的沟通,就被评价者在评价周期内的绩效情况进行面谈,在肯定成绩的同时,找出工作中的不足并加以改进。绩效反馈的目的是为了让员工了解自己在本绩效周期内的业绩是否达到所定标准,行为态度是否合适,以便让管理者和员工双方达成对其评价结果一致的看法,共同探讨绩效未合格的原因所在,并制定绩效改进计划。

一、绩效反馈的意义

绩效反馈是绩效评估工作的最后一环,也是最关键的一环,能否达到绩效评估的预期目的,取决于绩效反馈的实施。绩效反馈有着如下作用。

1. 绩效反馈是考核公正的基础

由于绩效考核与被考核者的切身利益息息相关,考核结果的公正性就成为人们关心的焦点。而考核过程是考核者履行职责的能动行为,考核者不可避免地会掺杂自己的主观意志,导致这种公正性不能完全依靠制度的改善来实现。绩效反馈较好地解决了这个矛盾,它不仅让被考核者成为主动因素,更赋予了其一定权利,使被考核者不但拥有知情权,更有了发言权;同时,通过程序化的绩效申诉,有效降低了考核过程中不公正因素所带来的负面效应,在被考核者与考核者之间找到了结合点、平衡点,对整个绩效管理体系的完善起到了积极作用。

2. 绩效反馈是提高绩效的保证

绩效考核结束后。当被考核者接到考核结果通知单时,在很大程度上并不了解考核结果的由来,这时就需要考核者就考核的全过程,特别是被考核者的绩效情况进行详细介绍,指出被考核者的优缺点,特别是考核者还需要对被考核者的绩效提出改进建议。

3. 绩效反馈是增强竞争力的手段

任何一个团队都存在两个目标:团队目标和个体目标。个体目标与团队目标一致,能够促进团队的不断进步;反之,就会产生负面影响。在这两者之间,团队目标占主导地位,个体目标属于服从的地位。

综上所述,由于绩效反馈在绩效考核结束后实施,而且是考核者和被考核者之间的直接对话,因此,有效的绩效反馈对绩效管理起着至关重要的作用。

二、绩效反馈的原则

绩效反馈的目的是实现员工绩效的改进,这个改进过程需要绩效管理的其他环节给予支持,所以企业首先要完善绩效管理系统,然后在绩效管理中遵循 SMART 原则。

1. 直接具体原则(specific)

面谈交流要直接而具体,不能作泛泛的、抽象的、一般性评价。对于主管来说无论是赞扬还是批评,都应有具体、客观的结果或事实来支持,使员工明白哪些地方做得好,差距与缺点在哪里。既有说服力又让员工明白主管对自己的关注。如果员工对绩效评估有不满或质疑的地方,向主管进行申辩或解释,也需要有具体客观的事实作基础。只有双方传递交流的是具体准确的事实,每一方所做出的选择对另一方才算是公平的,评估与反馈才是有效的。

2. 互动原则（motivate）

面谈是一种双向的沟通，为了获得对方的真实想法，主管应当鼓励员工多说话，充分表达自己的观点。因为思维习惯的定向性，主管似乎常常处于发话、下指令的角色，员工是在被动地接受；当下属表达自己的想法时，主管不应打断与压制；对员工好的建议应充分肯定，也要承认自己有待改进的地方，一同制定双方发展、改进的目标。

3. 基于工作原则（action）

绩效反馈面谈中涉及的是工作绩效，是工作的一些事实表现，员工是怎么做的，采取了哪些行动与措施，效果如何，而不应讨论员工个人的性格。员工的优点与不足都是在工作完成中体现出来的。性格特点本身没有优劣好坏之分，不应作为评估绩效的依据，对于关键性的影响绩效的性格特征需要指出来，必须是出于真诚的关注员工与发展的考虑，且不应将它作为指责的焦点。

4. 分析原因原则（reason）

反馈面谈需要指出员工不足之处，但不需要批评，而应立足于帮助员工改进不足之处，指出绩效未达成的原因。出于人的自卫心理，在反馈中面对批评，员工马上会做出抵抗反应，使得面谈无法深入下去。但主管如果从了解员工工作中的实际情形和困难入手，分析绩效未达成的种种原因，并试图给以辅助、建议，员工是能接受主管的意见甚至批评的，反馈面谈也不会出现攻守相抗的困境。

5. 相互信任原则（trust）

没有信任，就没有交流，缺乏信任的面谈会使双方感到紧张、烦躁，不敢放开说话，充满冷漠、敌意。而反馈面谈是主管与员工双方的沟通过程，沟通要想顺利地进行，要想达到理解和达成共识，就必须有一种彼此互相信任的氛围。主管人员应多倾听员工的想法与观点，尊重对方；向员工沟通清楚原则和事实，多站在员工的角度，设身处地为员工着想，勇于当面向员工承认自己的错误与过失，努力赢得员工的理解与信任。

三、绩效反馈的内容

绩效反馈的内容主要包括以下四个方面：

1. 通报员工当期绩效考核结果

通过对员工绩效结果的通报，使员工明确其绩效表现在整个组织中的大致位置，激发其改进现在绩效水平的意愿。在沟通这项内容时，主管要关注员工的长处，耐心倾听员工的声音，并在制定员工下一期绩效指标时进行调整。

2. 分析员工绩效差距与确定改进措施

绩效管理的目的是通过提高每一名员工的绩效水平来促进企业整体绩效水平的提高。因此，每一名主管都负有协助员工提高其绩效水平的职责。改进措施的可操作性与指导性来源于对绩效差距分析的准确性。所以，每一位主管在对员工进行过程指导时要记录员工的关键行为，按类别整理，分成高绩效行为记录与低绩效行为记录。通过表扬与激励，维持与强化员工的高绩效行为。还要通过对低绩效行为的归纳与总结，准确地界定员工绩效差距，并反馈给员工，以期得到改进与提高。

3. 沟通协商下一个绩效考评周期的工作任务与目标

绩效反馈既是上一个绩效考评周期的结束，同时也是下一个绩效考评周期的开始。在考核的初期明确绩效指标是绩效管理的基本思想之一，需要各主管与员工共同制定。各主管不参与会导致绩效指标的方向性偏差，员工不参与会导致绩效目标的不明确。另外，在确定绩效指标的时候一定要紧紧围绕关键指标内容，同时考虑员工所处的内外部环境变化，而不是僵化地将季度目标设置为年度目标的四分之一，也不是简单地在上一期目标的基础上累加几个百分比。

4. 确定与任务、目标相匹配的资源配置

绩效反馈不是简单地总结上一个绩效周期员工的表现，更重要的是要着眼于未来的绩效周期。在明确绩效任务的同时确定相应的资源配置，对主管与员工来说是一个双赢的过程。对于员工，可以得到完成任务所需要的资源。对于主管，可以积累资源消耗的历史数据，分析资源消耗背后可控成本的节约途径，还可以综合有限的资源情况，使有限的资源发挥最大的效用。

四、绩效反馈的形式

（一）按照反馈方式分类

绩效反馈一般可分为语言沟通暗示以及奖惩等方式。

(1)语言沟通。语言沟通是指考核人将绩效考核通过口头或书面的形式反馈给被考核者，对其良好的绩效加以肯定，对不良业绩者予以批评。

(2)暗示方式。暗示方式是指考核者以间接的形式（如上级对下级的亲疏）对被考核者的绩效予以肯定或否定。

(3)奖惩方式。奖惩方式是指通过货币（如加薪奖金或者罚款）及非货币（如提升、嘉奖或降级）形式对被考核者的绩效进行反馈。

（二）按照反馈中被考核者的参与程度分类

绩效反馈，根据被考核者参与程度不同，可分为三种：指令式、指导式、授权式。

(1)指令式。其主要特点是管理者只告诉员工他们所做的哪些是对的，哪些是错的；他们应该做什么，下次应该做什么。员工的任务是听、学，然后按照管理者的要求去做事情。

(2)指导式。其主要以教与问相结合为特点。这种方式同时以管理者和员工为中心，同时管理者对所反馈的内容更感兴趣。

(3)授权式。其主要特点是以问为主、以教为辅，完全以员工为中心。管理者主要对员工回答的问题感兴趣，而较少发表自己的观点，而且注重帮助员工独立地找到解决问题的方法。

（三）按反馈目的分类

从目的不同所实行的反馈可分为三种基本的形态：发现事实与收集情报型、通知指导与激发向上型以及解决问题与商量型。

(1)发现事实与收集情报型。这是约谈者想从被约谈者口中搜集情报、事实而进行的面谈，其出发点是调查和确认相关的事实。

(2)通知指导与激发向上型。这是约谈者想给被约谈者传达一些讯息，借面谈沟通机会以影响对方，并促使对方产生预期行动为目的的面谈。

(3)解决问题与商量型。这是部属发生难以处理的问题、烦恼或不满,而来商量解决方法的面谈。广义地说是属于一种咨商辅导,有时也有由约谈者这一方向有问题者提出约谈的情形。

对以上人力考核的面谈类型而言,三种方式均有使用,不过原则上,可以说还是以第二种"指导型"的面谈最为主要。

(四)根据绩效反馈的内容和形式分类

根据绩效反馈的内容和形式,绩效反馈可以分为正式反馈和非正式反馈两类。

(1)正式反馈。其属于一种正规的、程序化的反馈方式,是事先计划和安排好的,如书面报告、正式面谈。通常会以书面通知等正规形式在正式场合将信息反馈给递交者。

(2)非正式反馈。其属于一种临时交流的反馈,通常在非正式场合以交谈、辅导等形式,通过面对面交流,告知对方所需要的答案,或者解决问题的方法。非正式反馈的形式也多种多样,如闲聊、走动式交谈、非正式会议、饭桌上的交谈等。

五、绩效反馈的技巧

在绩效反馈中,管理者为反馈源,员工为反馈接受者,而整个绩效周期内的工作绩效和绩效考核结果就是反馈的信息。由于在反馈中,主要针对员工实际与工作相关的行为进行反馈,因此根据员工的行为表现,一般可分为错误行为、中立行为和正确行为三类。对于错误的行为应给予建设性反馈,正确行为则应给予正面反馈,而那些中立行为可以允许员工自主决定。接下来主要从负面反馈和正面反馈两方面探讨在绩效反馈中应注意的问题。

(一)如何对错误的行为进行反馈

针对错误行为进行的反馈就是通常我们所说的批评。批评并不一定是消极的,批评也可以是积极的和建设性的。这就是负面反馈和中立反馈之间的区别。下面这些抱怨之词就属于负面反馈:

(1)你到底是怎么了?难道你不能更努力一些,准时上交季度报告吗?

(2)你接电话的态度糟透了,你必须尽快使自己掌握职业化的行为方式,否则你将失去这份工作!

(3)在开会的时候你总是在打断别人,你是不是把大家都当成白痴了!

我们可以看出,这些反馈都很无理,而且也不够具体。很显然,这样的反馈不能产生应有的作用。

管理者针对员工的错误行为进行反馈的目的,就是想让员工了解自身存在的问题而引导其纠正错误。但是,员工通常并不清楚自己犯过几次错误甚至是否犯了错误。有时候,员工也许知道自己犯了多少错误,但往往猜测别人也都犯了相同的错误,以此作为自我辩护的根据。

举一个很简单的例子——迟到。有效的反馈不能是负面的反馈,而应该是中立的反馈。在反馈中,管理者应该让员工了解到他们迟到的次数,管理者无法接受这样的行为(并不是无法忍受这个人本身),并提出改进的具体意见。例如,管理者可以这样说:"小王,我注意到上周的五天内你有三天迟到,这种行为是不被接受的,请你以后注意!"在员工表示接受这样的批评之后,管理者还应该通过一些认同的表示,如"这样就好了""谢谢"等,以加强反馈的效果。

从上面这个例子可以看出,虽然中立反馈针对的是错误的行为,但也可以是积极的和建设性的。要使中立反馈变成积极的建设性反馈,许多学者做了大量研究。如美国加利福尼亚大学洛杉矶分校的心理学家亨得利·文辛格对批评做了大量的研究,他发现有七个要素能够有效地促成建设性的批评,这七个要素分别是:

1. 建设性的批评是战略性的

所谓战略性的批评要求我们应该有计划地对错误的行为进行反馈。在批评之前,我们应充分明确反馈的目的,理清思路,并选择恰当的语言。管理者往往会在发现员工出现失误的情况下由于生气而对自己的言行失去控制。要知道,在这种情况下进行的反馈将是消极的,没有任何积极的作用。如果发生这样的情况,我们建议管理者应首先要求自己冷静下来,不要因为生气而口无遮拦。要知道批评本身并不是最终的目的。在绩效管理中,我们对员工错误的行为进行反馈的目的是为了让员工了解自身的错误,从而找到改进绩效的方法。这才是反馈的战略性目的所在。

2. 建设性的批评是维护对方自尊的

每一个管理者都应该记住:自尊对每一个人来说都是一件脆弱而宝贵的东西。消极的批评容易伤害人、容易打击自尊,对人际关系具有破坏性。因此,为了进行建设性的批评,管理者应当在绩效反馈中采用一种保护对方自尊的方式。

为了做到这一点,最简单的方法就是在批评对方之前进行一下简单的换位思考。如果你是被批评的人,你会不会由于听到这样的话而感到自尊受到伤害?如果管理者能够做到这一点,管理者与员工双方的关系就能够得到很大的改善。

3. 建设性的批评发生在恰当的环境中

在绩效管理中,寻找恰当的时机进行绩效反馈是每一个管理者应该掌握的管理技巧。建设性的批评应该发生在恰当的环境中。管理者在进行批评之前应充分考虑时间、地点和环境几个因素,寻找这些因素的最佳组合,以确定员工接受批评的最佳时机。通常,人们主张单独与犯错误的员工进行交流的方式。这种方式能够最大限度地维护员工的自尊。但是这一点并不是绝对的。例如在团队的工作环境中,如果只是进行私下的批评往往会得不到充分的信息或充分的帮助,不利于员工最大限度地改进绩效。如果管理者能够在团队中形成一种批评公开化的良好氛围和文化,这类反馈就能够放到团队成员的集体会议上进行。在这种情况下,整个团队的成员都能够对犯错误的员工提供必要的帮助。在团队管理中一种常见的方式就是团队成员集中起来,使用"头脑风暴法"给出现问题的员工出点子。这样的团队会议能够激发成员之间团结互助的良好关系,有利于提高所有团队成员的工作绩效。

4. 建设性的批评是以进步为导向的

批评并不是最终的目的,批评的目的是促使员工取得进步。因此,管理者在进行绩效反馈应着眼于未来,而不应该抓住过去的错误不放。强调错误的批评方式会使员工产生防御心理,这将对绩效反馈的成效起消极的作用。例如,王小姐在进行市场调查的工作中选择了不恰当的样本采集方法,因而影响了统计结果的可信度。管理者在发现这一问题之后不应说:"你的方法简直太笨了!""这个报告完全不能说明任何问题!"等,而应该基于促使改进绩效的目的进行批评:"你应该……""用……的方法能够使……"。这类以进步为导向的批评才能真正达到绩效反馈的最终目的——提高员工的未来绩效。

5. 建设性的批评是互动式的

与建设性的批评相对的消极的批评往往是单向的。这种完全由管理者单方操纵和控制的单向的批评往往会引起员工的难堪，引起员工对管理者的排斥心理，产生一种员工脱离团队的离心力，不可能产生任何积极的效果。

建设性的批评主张使员工参与到整个绩效反馈的过程中。这就是所谓的互动式的绩效反馈。管理者应该通过有效的提问引导员工针对工作中出现的问题提出他的看法和建议。例如，"你认为为什么会出现这样的问题""是不是我没能告诉你……"等。

6. 建设性的批评是灵活的

所谓灵活性要求管理者在批评时应当针对不同的对象和不同的情况采用不同的方式，并在批评过程中根据对方的反应进行方式上的调整。

有许多管理者习惯于进行破坏性的批评。他们通常是严厉的上级，有强烈的指挥欲望。他们的绩效反馈方式就是直接告诉员工其错误何在，对意见交流不感兴趣。通过前面几条原则的了解，我们已经知道了这种做法的弊端。管理者应该让员工有机会说出他们的想法，并根据员工的反应适当地调整沟通的方式。前面在第一条中我们谈到了反馈之前进行计划的必要性。但是，并不是说整个反馈的过程就应该严格按照计划中的安排来进行。灵活性的批评要求管理者对批评的方式进行随时调整，以达到最佳效果。

7. 建设性的批评能够传递帮助信息

建设性的批评应该让员工感受到管理者对他们的关注、管理者相信他们会进步，并相信自己能够得到来自管理者的充分帮助。管理者应该通过制度安排和具体的行动来证明这一点，并在批评时充分地让员工感受到这一点。当员工在工作中遇到困难时，他们需要的是能够与他并肩作战的人。因此，管理者在批评的时候应该强调改进而不是单纯地指出错误；应该明确地授权表明他对员工的信心；应该提供明确的、具体的建议以表明自己帮助他们的愿望。这种传递帮助的批评能够改善员工与管理者之间的关系，提高员工对管理者的信任感；在团队的工作环境中还能够增强团队的凝聚力。这对于更好地实现绩效管理的目的是非常有益的。

只要管理者在针对错误行为进行绩效反馈时注意上述七条原则，就能够避免无效的负面反馈，将中立反馈变成积极的建设性反馈，从而达到绩效管理的目的。

(二) 如何对正确的行为进行反馈

在一般情况下，管理者都非常重视对于员工错误的行为进行反馈，但往往都会忽视了对员工的正确行为进行反馈。实际上，不论是哪一种绩效反馈，管理者的最终目的都是提高员工的绩效。达到这一目的可以通过两种途径：一是减少不好的行为；二是增加员工好的行为。对错误行为的反馈将注意力集中于减少不好的行为上，这种反馈很有可能会带来一些负面的后果。而针对正确行为进行恰当的反馈能够避免这些问题，并有效地提高员工的绩效水平。在具体做法上应当注意以下技巧。

1. 表扬必须是针对具体的行为或结果

既然是表扬，就应当注意以事论理、以理服众。如需公开表扬，一定要在员工取得公认的成绩时，再采用这种方式，以免让其他员工感到管理者偏心、不公正，从而产生逆反心理。在表扬中要尊重事实，尽可能多地引用受表扬者的有关实力与数据，用事实来化解某些人的消极逆反心理。另外，为了让员工明白他们需要在以后的工作中继续重复这种行为，最好注意表扬时的特定时机。

2. 表扬时采用肯定、热情的方式

一方面在提出表扬时,避免用一些否定之否定的说法,例如"还不算太坏"或者"比上次好多了",相反,在表扬时一定要强调积极的作用,可以采用"我很欣赏你的这些做法"或者是"我很佩服你做这件事情的方式";另一方面,为了表达自己表扬的真诚,管理人员必须愿意为表扬花费一定的时间,并且表现得非常高兴,而不是匆匆忙忙地说两句,让人觉得很尴尬。

3. 表扬的同时进行经验传授

管理者在表扬员工时,不应仅仅简单地说一句"干得不错",而应善于借表扬将成功者的经验和方法传授给更多的员工,以实现以点带面与资源共享。优秀员工应该成为学习和模仿的榜样,其经验是难得的资源。作为管理者在对受表扬者进行表扬之前就应进行深入细致的调查分析,归纳总结其成功的经验和有效的方法,不仅要让表扬对优秀员工本人实现激励,更要使大家能从受表扬者的经验与方法中有所受益。

管理者在进行正面反馈时应遵循以下四点原则:

(1)用正面的肯定来认同员工的进步,例如应针对"成功率的提高"而不是"失败率的降低"。

(2)要明确地指出受称赞的行为。

(3)当员工的行为有所进步时应给予及时的反馈。

(4)正面的反馈中应包含着这类行为可能对团队、部门乃至整个组织的绩效造成的影响。

六、有效的自我反馈机制

自我反馈是一种特殊的绩效反馈方式。通常,绩效反馈是通过管理者与员工之间的沟通进行的。所谓自我反馈指的是在建立一套严格的、明确的绩效标准的基础上使员工自觉地将自己的行为与标准相对照的机制。这种机制能够有效地使员工对自己的绩效表现有一个正确的认识。自我反馈的方式是管理者进行绩效反馈的重要补充,在实际工作中的每时每刻,自我反馈机制都在发挥着十分重要的作用。例如,一家大型企业的销售经理要求每一名销售人员在每个月底都要上交一份关于所负责销售工作的情况报告,其中包括对现有市场和目标市场状况的详细分析。但是,这位经理对员工上交的报告十分不满。因为他认为员工们的报告没有汇报一些他认为应该交代的信息。为了解决这一问题,该经理与员工们共同列出了报告中应回答的所有重要问题,制定了一份具体的项目清单。遗憾的是,员工们即使掌握了这个清单,还是没能上交令经理满意的情况报告。经理就此问题进行了调查。他惊讶地发现,即使员工们手上有问题清单,也没有在上交报告之前根据这份清单进行一一的核对。所以这名经理对此具体进行了规定,要求员工今后在上交报告之前必须根据清单对报告的内容进行核对。这项规定执行之后,报告的质量得到了明显的改观。

从这个例子中我们可以看出,自我反馈机制的首要前提就是制定一套员工反馈时使用的绩效标准,然后建立一套机制或办法使员工能够自觉地根据这一标准对自己的工作情况进行自我检视。很显然,这种自我反馈的方法在高重复性或例行的工作上比较容易实施。对于所谓的创新型的工作而言,这种机制同样也是十分重要的。因为管理者不可能每时每刻都在注意员工的行为。对于那些制定绩效标准比较困难的工作,我们可以通过规定更加灵活的标准来解决这个问题。事实上,只有制定标准比较困难的情况,而没有无标准的情况。这一点是自我反馈机制乃至整个绩效管理系统存在的重要前提。

第二节 绩效反馈面谈

一、绩效反馈面谈的目的

绩效反馈面谈是管理者就上一绩效管理周期中员工的表现和绩效评价结果与员工进行正式的绩效面谈的过程。绩效反馈面谈主要有以下四个目的：

1. 对绩效评价的结果达成共识

绩效评价往往包含着许多主观判断的成分。即使是客观的评价指标，也存在对于采集客观数据的手段是否认同的问题。因此，对于同样的行为表现，人们往往会给出不同的评价。由于评价者与被评价者的不同立场和角色，双方对于评价结果的认同必然需要一定的过程。

另外，在使用360度评价的企业中，这种共识还有另一层含义，那就是管理者和被评价者应该在不同评价主体的不同评价结果上达成一致的解释意见。这种共识有助于双方更好地对被评价者的绩效表现做出判断。

2. 使员工认识到自己在本阶段工作中取得的进步和存在的缺点，促进员工改善绩效

每个人都需要得到来自周围的人的认可。当一个人作出成绩时，来自外部的认可能够激励他（她）取得进一步的进展。另外，如果一个人无从了解自身存在的问题，也就无法有效地纠正自己的行为。因此，为了使员工维持并进一步改善现有绩效，绩效反馈面谈是管理者在绩效评价之后必须安排进行的一项管理活动。在绩效反馈面谈中，管理者和员工就绩效评价的结果达成共识的最终目的还是在于帮助员工更好地认识自身的长处和缺点，从而促进员工更好地改进绩效。

3. 制定绩效改进计划

在管理者和员工就评价结果达成一致意见之后，员工和管理者就应该将面谈中提出的各种绩效问题制订一个详细的绩效改进计划。这种绩效改进计划往往是以书面的形式出现的。在绩效改进计划中，双方可以共同确定出需要解决的问题、解决的途径和步骤，以及员工需要管理者提供的帮助等内容。

4. 修订或协商下一个绩效管理周期的绩效目标和绩效计划

在绩效计划的有关内容中我们曾经指出，绩效计划并不只是在绩效管理周期一开始就进行的工作。管理者和员工应该根据上一阶段的员工绩效表现对原有的绩效计划进行修订，或者在进行绩效反馈面谈的过程中就下一周期的绩效目标和计划达成共识。绩效计划的过程和绩效反馈面谈的过程是不可分割的。在绩效反馈面谈中，管理者与员工就本绩效周期中的绩效评价结果进行了探讨，制订了绩效改进计划。双方在制定绩效目标的时候就可以员工在上一个绩效周期中的绩效表现和存在的问题为依据，更加有的放矢地帮助员工改进绩效，履行工作责任，并能够指导员工采用更加科学有效的工作方法完成预期的工作任务。绩效反馈面谈的这一目的是由绩效管理的周期性特点所决定的。

二、绩效反馈面谈的组织

看似简单的面谈，如果没有事先了解和计划安排，很可能对员工和组织目标毫无作用，甚

至是浪费时间、精力和金钱。因此,为了提高和保障绩效面谈的质量和效果,管理者应明确绩效反馈面谈的内容、事先收集和整理与绩效相关的信息资料、确定合适的面谈时间和地点,同时还要注意面谈技巧等。

(一)明确反馈面谈的目的和内容

面谈考评者应明确面谈的主题,预先告知被考评者面谈的时间、地点以及应准备的各种记录和材料。在进行面谈之前考评者必须明确本次绩效反馈面谈的目的、内容和要求,即需要明确本次面谈主要交流和沟通的主题是什么?通过面谈要达到什么样的目的,解决什么样的问题?

(二)正式下达面谈通知

为了保证绩效反馈面谈的质量,不但考评者要有充分的思想准备,被考核者也应该有充分的心理准备。在面谈的1~2周之前,考评者以文字通知的形式预先告知被考核者,具体说明绩效面谈的内容,会见的时间、地点,以及应充分备好的各种原始记录和资料。

(三)考评者与被考核者绩效反馈面谈的前期准备

为了充分体现绩效反馈面谈的目的,管理者和员工作为绩效反馈面谈的参与者都应该做好充分的准备。

1. 管理者一方的绩效反馈面谈前期准备

管理者作为主导绩效反馈面谈的一方,应该在进行面谈的时间、地点和内容上做出详细计划。通常,企业的人力资源管理部门会提出一个框架性的安排意见。这种安排往往体现为一个绩效反馈面谈计划表。为了顺利完成绩效反馈面谈,需要事先安排的事项主要包括以下几个方面。

(1)选择合适的面谈时间。员工的上级主管应该是最了解员工工作安排的人。管理者应该确定一个面谈双方都有空闲的时间。人力资源管理部门往往在年末要求各部门进行年度的绩效反馈面谈。然而,这段时间又往往是许多部门工作繁忙的时候。管理者在确定面谈时间的时候应该充分考虑到工作安排的需要。如果员工在面谈的同时还要去担心手上的工作的话,他们在面谈时往往会难以集中精力,而且会带着厌烦的心理进行。这样的面谈恐怕难以达到积极的效果。另外,接近下班时间的面谈往往也是不受欢迎的。除非能够得到员工的充分认同,千万不要试图利用非工作时间进行绩效面谈。管理者在确定面谈时间的问题上应该充分尊重员工的意愿。当管理者定下一个进行面谈的时间后,一定要在征得员工认可意见的前提下作出最终的决定。这不仅能够体现对员工的尊重,而且还能避免由于员工方面的问题影响面谈的效果。在确定面谈开始时间的同时应对面谈要占用的时间有一个明确的计划,以便于双方更好地安排工作。

(2)选择合适的面谈地点和环境。在办公环境下,管理者的办公室是最常见的绩效反馈面谈地点了。在办公室进行绩效反馈面谈时要注意下面两个问题:

①在进行绩效面谈的时候,管理者最好能够拒绝接听任何电话,停止接待来访的客人,以避免面谈受到不必要的干扰。

②管理者应该注意安排好双方在面谈时的空间距离和位置。图12-1中的一系列简图表示的就是一些在办公室环境下常见的面谈距离和位置关系。这些不同的位置关系往往营造出不同的面谈氛围。

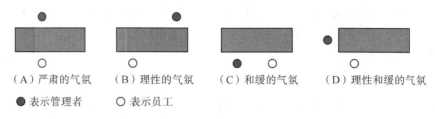

(A)严肃的气氛　　(B)理性的气氛　　(C)和缓的气氛　　(D)理性和缓的气氛

● 表示管理者　　○ 表示员工

图 12-1　常见的面谈距离和位置关系示意图

在图(A)中,管理者和员工在办公桌的两头彼此面对面坐着,双方的距离虽然适合于沟通,但由于相互直视,容易给对方造成心理压力。在这种情况下,员工往往难以放松。这种座次营造出了一种严肃的氛围。由于绩效反馈面谈更多的是一种相互沟通达成共识的过程,这种氛围并不适用于此类面谈。

在图(B)中,管理者和员工在办公室两头斜对面而坐。这种距离和空间关系营造出的则是一种理性的氛围。双方在不同的情况下既能够相互对视,也能够轻松地调整自己的视线,起到缓和情绪的作用。这种方式的缺点是亲密感不够。

与图(B)相对应,图(C)的最大优点是在沟通双方之间营造出一种亲密的氛围。双方并肩而坐,犹如亲密的朋友一般。这种座次能够拉近双方的心理距离,不会造成心理压力,适合于在和缓的气氛中谈论个人的工作问题。但也有相当一部分人不能接受这种过于密切的交谈方式,甚至会让他们感到不自在。另外,这种位置也不利于观察对方的表情。

综合考虑图(B)和图(C)表示的两种情况的优缺点之后,我们认为在通常情况下,图(D)表示的双方位置和距离最适用于绩效反馈面谈。管理者和员工呈一定的角度(在方桌的情况下即呈 90 度角)而坐,能够避免目光的直射,缓和心理紧张,同时也有利于观察对方的表情,营造出理性和缓的氛围。

另外,为了创造管理者与员工之间的轻松关系,一些企业甚至规定管理者不得在办公室中进行绩效反馈面谈,要求管理者在餐厅、咖啡厅中与员工进行绩效反馈面谈。他们认为只有在和管理者沟通的时候更好地放松自己,才能表达出真实的感受。

(3)设计面谈的过程。为了在短短的面谈时间内充分实现上述目的,制订详细的面谈过程计划就变得十分重要。在一般情况下,人力资源管理部门可能会提供一个面谈用的提纲。这个提纲的内容体现在绩效反馈面谈计划表中,如表 12-1。管理者应该在此类提纲的基础上制订出更加具体的计划。毕竟对管理者来说,填好几张人力资源管理部门设计的表格本身并不是目的,通过绩效评价沟通达到一定的管理效果才是最终的目的。管理者在设计面谈过程计划时应该考虑以下问题:

①如何进行开场白。好的开始是成功的一半。绩效反馈面谈中,管理者应该善于从一个轻松的话题入手,帮助员工放松心情,以便在下面的面谈中更好地阐明自己的看法。当然,如果员工能够很好地了解面谈的目的,并已经为面谈做好了充分的准备,那么开门见山也许是最好的选择。

②由于绩效反馈面谈主要针对的内容是上一阶段绩效评价的结果,这个过程必然是围绕着评价员工上一阶段工作情况展开的。如何使员工了解绩效评价的目的和操作方法,如何与员工就绩效评价结果达成共识,不同的管理者往往会采用不同的沟通方式。

例如,在让员工了解评价目的和方法时有的管理者会先让员工自己谈谈对本次绩效评价的目的和评价标准的认识,管理者进行补充和纠正。这样做一方面可以发现员工对绩效评价的认识是否存在偏差,另一方面可以调动员工的主动性。这种方式可能比直接向员工陈述评价的目的更为有效。

在谈论员工上一评价周期的工作表现时,不同管理者也有不同的做法。有的管理人员会先让员工叙述自己的工作表现,并对自己作出评价,管理者再表达自己的看法中与员工一致和不一致的意见。另外,也有人直接就评价表格中的内容逐项地与员工进行沟通,如果双方的认识一致就进行下一项讨论,如果双方的意见不一致,就经过讨论争取达成一致。对于实在无法达成一致的意见,可以暂时搁置,事后再做沟通或请直接上级的上级进行仲裁。需要注意的是,应该充分考虑到员工的心理承受能力,首先谈论员工在绩效期间内工作表现的优点,对成绩加以肯定,之后再谈论不足和有待进一步改进的地方。另外,管理者就员工的每一项工作目标的达成情况发表自己的意见后,都应该耐心听取员工的意见,看他们是否有不同的看法。管理者在计划整个面谈过程的时候应该充分运用上一节中谈到的建设性沟通技巧,这些技巧能够帮助管理者更好地实现绩效反馈面谈的目的。

(4)收集整理面谈中需要的信息资料。在进行绩效反馈面谈之前,管理者必须准备好面谈所需的各种资料,包括绩效评价表格,员工日常工作情况的记录,该绩效评价周期的绩效计划等。另外,如果管理者面对的是并不太熟悉的员工,还应该从各种渠道对员工的各方面情况,甚至包括个性特点,都应该有所了解。这将有助于管理者控制整个面谈的进程,有助于在管理者和员工之间建立信任感和认同感。

表 12-1 绩效反馈面谈计划表

年 月 日

主管

1. 被约见者

姓名		年龄		年资		所属		职务	
经历			最近的行业				家庭状况		
面谈要点				面谈注意事项					

2. 面谈的时间、场所

时间	年 月 日(星期) 时 分— 时 分	场所布置	
场所			

3. 面谈事项(问题事项)

问题概要		会谈目的	
面谈类型	□事实发现情报搜集型 □指导、激发向上型 □问题解决型		
事前调查			
面谈内容			
解决办法			

4. 面谈进行计划（指导、激发向上型）

1. 使对方轻松 • 打开话题、新闻 • 家族、趣味 • 其他	
2. 使对方产生乐意接受指导的心情 • 目的、期望 • 本谈话的重要性及意义 • 对方的问题	
3. 把指导的内容告诉对方 • 具体的项目 • 关系资料、论据等 • 指导方法	
4. 让对方自己做决定 • 被约谈者的自己决定 • 事实与陈述的区别 • 发问，确认事项	
5. 确认 • 换个内容要点重述及确认 • 换个观点发问 • 互谈今后的做法 • 激励和感谢，结束	

2. 员工一方的绩效反馈面谈前期准备

绩效反馈面谈是一个双向沟通的过程。因此，员工一方也应该做好充分的前期准备。这些前期准备主要包括：

(1) 收集整理面谈中需要的信息资料。绩效反馈面谈主要针对的是员工在上一个绩效评价周期中的表现，在面谈的过程中，管理者往往会要求员工根据自己的实际情况陈述上一周期的工作情况。因此，员工应该充分地收集整理一些能够表明自己绩效状况的事实依据。另外，面谈是管理者与员工进行直接沟通的一个非常重要的渠道。员工应该通过面谈的机会将日常的各种问题汇集起来,并可以通过这个机会向管理者提出自己的建议和看法。

(2)草拟个人发展计划、绩效改进计划和下一绩效周期的绩效计划等文件。员工应该参与到个人发展计划、绩效改进计划和绩效计划的制订过程中。一些管理者可能会要求员工在面谈之前草拟出此类文件的初稿,至少会要求员工对于这些方面的问题提出自己的意见。

(3)安排好个人的工作,腾出充足的时间进行绩效反馈面谈。由于绩效反馈面谈可能要占用若干个小时的工作时间,这段时间内员工将无法在工作岗位上。因此,事先安排好手中的工作变得十分重要。

(四)绩效反馈面谈的过程

在做好绩效反馈面谈的准备工作后,接下来要正式进行绩效反馈面谈,整个面谈过程可以分为以下几个阶段。

1. 面谈开场白

面谈的准备工作固然很重要,但面谈的实施过程更加重要,他能给被考核人最直接的感受。所以,一定要在面谈过程中注意方式、方法,让整个面谈在融洽的气氛中开场和进行,才能起到帮助员工提高绩效的目的。

这个环节的要点是考核人要清晰准确地说明这次面谈的目的,确定被考核人知道公司的绩效政策。沟通过程中,考核人要保持一个相对正式和严肃的态度,不宜过于轻松,但也不需要太拘谨和死板。比如,"我们来随便聊聊""来说说你最近的工作吧",这类开场白就显得很不正式。如可以这样开始:"根据公司的绩效管理办法(如果被考核人不清楚,可做一定解释),公司在充分了解你考核期内工作成果的基础上,对你的工作绩效做了评估。我们通过本次面谈,想达到两个目的:一是与你沟通上期的考核得分,二是针对你上一期的工作表现,我们一起来寻找绩效改进的计划和步骤。我们现在开始好吗?"

2. 聆听被考核人的自我评估

员工可以参照初期制订的绩效计划和绩效目标,简明扼要地报告考核周期内自己的工作情况,此时,管理者应当做到注意倾听,不要轻易插话或随意打断。聆听的过程需要给被考核人一些简单的反馈,一种是无声的,比如点头或凝视对方;另一种是有声的,比如"嗯""哦"。关注员工工作实际,并留意其失误的地方,对不清楚的地方,应适当询问、适当记录。当员工自我评价结束时,管理者可以进行小结。

3. 确认被考核人绩效评估结果

首先告知被考核人绩效评估结果,这个环节的要点是简明、客观、真实、准确地表达出考核人的观点。在说明结果的过程中不需要做太多的解释,要围绕当初设定的目标展开,若中途有调整的变化需要说明。在这过程中,管理者要耐心听取员工对绩效结果的意见,让员工对有出入的信息或结论作出必要的说明和解释。

其次,与被考核人协商有异议的部分。有异议是正常现象,异议不代表矛盾,不要因为有异议或异议太多而心情烦躁,也不要刻意逃避,要正面地处理。处理的原则为:

(1)求同存异,从彼此皆认可的相同处着手。

(2)不要争论,多用事实和数据说明彼此的理由。

(3)就事论事,对事冷酷,对人温暖。

(4)注意措辞,不要用一些极端的字眼。

4. 分析诊断问题并制订改进计划

在确认考核结果之后,请被考核人说明目标没有完成的原因、打算如何改进、具体的实施计划以及需要考核人给予哪些支持或帮助等。

要明确具体完成时间、具体改进的事项、计划中各方的责任、跟进的方式等,要形成书面文件。

5. 做好记录,确认面谈结果,以正能量结束面谈

(1)做好记录。在绩效面谈的过程中,经理要对谈到的重点事项做好记录并归档保存,以便下一步的跟踪、验证和管理。这样做同时也能起到提醒自己及时监督检查员工的工作,防止员工事后不认账的现象发生。

(2)确认绩效面谈结果。上下级双方经过充分的绩效面谈沟通,在面谈结束时,需要在本月底绩效考评表上签字确认考评结果,同时对下一步改进员工工作绩效的内容、方法、进度、完成标准和需要的资源支持等都要以书面的形式记录下来,并经过双方签字确认执行。

(3)肯定被考人的贡献,以正能量结束面谈。不论过程中说了多少被考核人的不足,结尾要落在积极的方面,要让他感受到信心、期许、力量和希望。

下面两个案例,分别是失败的绩效面谈和成功的绩效面谈。

案例一:某制造业企业的一次失败的绩效面谈

(人物:刘总,某制造型企业人力资源总监;王林,某制造型企业人力资源部部长助理,负责绩效薪酬和培训工作。)

刘总:(匆匆寻找,自言自语)"王林刚才还在啊,你们有没有看到?(打电话)喂,王林啊?在哪里?到我办公室来下,有个急事,赶快过来。"

王林:(匆匆赶来)"刘总,什么事情这么着急?我这里很忙,这个月的培训计划有点调整,正和 A 事业部孙总沟通呢。"

刘总:"那个事情先别着急,先坐,工作沟通嘛,缓缓没事,我这边上个月的考核截止时间快到了,这个工作是我们部门负责组织的,自己要是没按时完成,怎么去催其他部门呢,你说是吧?"

王林:"考核嘛!我做的事情你反正知道,你看着办吧,别让我们吃亏就好。"(王林一副无所谓的态度)

刘总:"你的工作好坏我心里有数,但程序也要走一下嘛!你先把上个月的工作谈一下吧。"

王林(瞪眼):"我不是已经把上个月的工作总结交给你了吗?"

刘总(惊讶):"是吗?我怎么不记得,我找找看。(刘总在一堆文件翻找)。哦,你的这个工作总结写得太简单了,你还是讲讲吧!"

王林:"我也没做准备,(稍微犹豫)我用一下这个吧(从刘总手中拿过工作总结,开始讲),2009 年 12 月在公司领导的支持和帮助下,我基本上完成了预定的工作指标,工作总结上有数据,也有相关说明,你自己看吧,至于关键行为指标和临时任务指标,我的工作做了很多,也很忙,失误也是有的,主要是因为本人思想上不重视、工作能力有限。这个月我准备继续努力、发扬成绩、改掉缺点,争取不断改善。(做无辜状)唉,刘总,反正我的工作你也是知道的,我也不多说了。"

刘总:"王林,你的工作我心里有数的,你的成绩我也看得到,但是,你的缺点也有很多。比如说,上次去A事业部开会的时候,孙总就反映上个月的培训计划到现在还没有收到,由于没有培训计划,A事业部不知道该做哪些培训,所以上个月的培训一个也没做,这是你的责任吧?"

王林(做气愤状):"那个事情我和你也解释过了,我是太忙了给忘记了,我又不是故意的,这你也知道的,我手头那么多工作,一时忙不过来,忘记了也是能理解的吧?我下次记住就是了,在以后的工作中多加注意,不会再犯这样的错误了。"

刘总:(点头)"反正类似的事情以后你要注意,我以后不想再次听到这样的理由,好吗?还有,岗位说明书上规定,你有一条很重要的职责是组织实施绩效管理制度。这个工作主要是由绩效薪酬专员做,但你作为部长助理,有责任督促绩效薪酬把这个事情做好,但是最近绩效考核的工作开展得很不好,很多部门的考核不能按时完成,考核结果也不能及时汇总,绩效分析做得也很马虎,这是你的责任吧?"(语气加重)

王林:"最近绩效考核工作是开展得不好,这又不是我一个人的责任,是各个部门的部长不严格执行制度,有制度不执行,故意拖延,我也催过,但是效果不理想,我也拿他们没有办法。"

刘总:"这个我知道,但我记得和你说过,让你在每次考核的时候都要全程参与,旁听考核面谈的过程,并做好记录,形成书面报告,但是好几个月过去了,我一份报告也没看到,而且我听说,你每次参加其他部门的考核面谈的时候都是坐一下就走,根本没有用心,就凭这点,我在KBI的这一项就得给你扣分!"(作发火状)

王林:"你要这样说我也没有办法,你是领导嘛!"

刘总:"王林啊,工作上有失误不要推脱嘛,你的成绩我也看得到,反正月度考核也是走个形式。关键是下个月你有没有明确的改进计划……"

王林:"你要给我一个方向嘛,你们上面不定下来我们怎么做啊?"

刘总:(看手表)"这样吧,我们先谈到这吧,反正我们也谈得差不多了,我会一碗水端平的。我这边还有急事。不过,我看你这个月的绩效奖金肯定要受影响了!"

王林:"随你便吧!"(王林气愤地走了出去)

王林:(边走边说,自言自语)"刘总怎么这样说呢,我没有功劳还有苦劳呢,他根本不了解情况!"

上面的案例,是一次非常失败的绩效面谈,其具体的错误有:

第一,没有准备,临时通知,临时进行,达不到有效的效果。

从刘总找不到王林,找不到王林上个月的工作总结来看,刘总并没有做好管理者应该做的准备。当然,作为员工的王林也表现出对绩效考评的不重视,其也没有做好绩效面谈的准备。

作为员工,在绩效面谈之前同样应该做好准备。具体而言:①准备好自我评价表,员工要客观地做好自我评价,这样能够便于与主管考核结果达成一致,有利于面谈的顺利进行以及个人发展目标的切实制定;②准备好个人的发展计划,面谈时提出个人发展计划,有利于主管有针对性地进行下期工作安排,达到双向的统一;③准备好向主管人员提出问题,这一过程是员工改变主管对员工评价和下期绩效计划的关键时刻;④安排好自己的工作,避免因进行面谈而影响正常的工作。

第二,在绩效面谈中有"套近乎"的行为。

在面谈过程中,反馈的信息不应当是针对被考评者的,而应当是针对某一类行为,也就是"对事不对人"。而从王林的说法"考核嘛!我做的事情你反正知道,你看着办吧,别让我们吃亏就好"中我们可以看见,王林并没有就自己的工作进行客观的陈述,反而渴望运用上下级良好的关系获得高分,偏离了绩效考核的目的。

第三,没有营造好的沟通氛围,员工也不能客观坦诚地对待自己的不足和错误。

案例中,刘总用事实说话,这很好,指出了王林在工作中的不足之处。但是,刘总没有稳定王林的情绪,也没有给出改进建议,甚至也没有控制好自己的情绪,差点发火。没有营造好沟通的氛围,最终也没有达成双方都认可的结果,没有能让员工信服,最终是一次无效的绩效沟通。

第四,缺乏绩效改进建议。

缺乏绩效改进建议是绩效面谈中非常容易被忽略的一个关键,但是却也是直接影响到绩效管理效果的重点。企业部门管理者一定要记得在绩效反馈环节提出针对员工不足之处的改进建议。

案例二:一次成功的绩效面谈

(人物:吴总,某公司总经理;王明,某公司客户经理)

吴总:小王,这两天我想就你近来的绩效考核结果和你聊一聊,你什么时候比较方便?

王明:吴总,我星期一、二、三准备接待公司的一批重要客户,星期四以后事不多,您定吧。

吴总:我星期五也没有其他重要安排,那就星期五?上午九点怎么样?

王明:没问题。

星期五之前,吴总认真准备了面谈可能用到的资料,他侧面向王明的同事了解了王明的个性,并对面谈中可能会遇到的情况作了思考。在这期间,王明也对自己一年的工作情况对照考核结果进行了反思,并草拟了一份工作总结和未来发展计划。

(星期五上午九点,公司小会议室,宽敞明亮,吴总顺手关上了房门,在会议桌头上坐下,王明侧坐在吴总右侧)

吴总:小王,今天我们打算用大约一个到一个半小时的时间对你在过去半年中的工作情况做一个回顾。在开始之前,我想还是先请你谈一谈你认为我们做绩效考核的目的是什么?

王明:我觉得绩效考核有利于对优秀的员工进行奖励,特别是在年底作为发放奖金的依据。不知我说的对不对,吴总?

吴总:你的理解与我们做绩效考核的真正目的有些偏差,这可能主要是由于我们给大家解释得不够清楚。事实上,我们实行绩效考核,最终是希望在绩效考核后,能通过绩效面谈,将员工的绩效表现——优点和差距反馈给员工,使员工了解在过去一年中工作上的得与失,以明确下一步改进的方向;也提供一个沟通的机会,使领导了解部属工作的实际情况或困难,以确定可以提供哪些帮助。

王明(不好意思地):吴总,看来我理解得有些狭隘了。

吴总(宽容地笑笑):我们现在不又取得一致了吗?我们现在逐项讨论一下。你先做一下自我评价,看看我们的看法是否一致。

王明:去年我的主要工作是领导客户服务团队为客户提供服务,但是效果不是很令人满意。我们制定了一系列的标准(双手把文件递给吴总),但满意客户的数量增幅仅为55%,距离我们80%的计划相去甚远。这一项我给自己"合格"。

吴总:事实上我觉得你们的这项举措是很值得鼓励的。虽然结果不是很理想,我想可能是由于你们没有征询客户建议的缘故,但想法和方向都没有问题。我们可以逐步完善,这项我给你"优良"。

王明：谢谢吴总鼓励，我们一定努力。

吴总：下一个。

王明：在为领导和相关人员提供数据方面，我觉得做得还是不错。我们从未提供不正确的数据，别的部门想得到的数据我们都会送到。这一项我给自己"优秀"。

吴总：你们提供数据的准确性较高，这点是值得肯定的。但我觉得还有一些有待改善的地方，比如，你们的信息有时滞后。我认为还达不到"优秀"的等级，可以给"优良"。你认为呢？……我想总的给你的评价应该是B+，你觉得呢？

王明：谢谢，我一定会更加努力的。

吴总：下面我们来讨论你今后需要继续保持和需要改进的地方，对此你有什么看法？

王明：我觉得我最大的优点是比较富有创造性，注重对下属的人性化管理，喜欢并用心培养新人。最大的缺点是不太注重向上级及时汇报工作，缺乏有效的沟通。我今后的发展方向是做一个优秀的客服经理，培养一个坚强有力的团队，为公司创造更好的业绩。

吴总：我觉得你还有一个长处，就是懂得如何有效授权，知人善任；但有待改进的是你在授权后缺乏有力和有效的控制。我相信，你是一个有领导潜力的年轻人，你今后一定会成为公司的中坚力量。

王明：好的，谢谢吴总。

这是一篇成功进行绩效沟通的案例，从中我们可以学到如下几点：

第一，留出充足的时间进行绩效面谈，做好充足的准备。我们可以看到吴总和王明首先提前确定了沟通的时间，并有认真做好准备，而王明也作了一份工作总结和未来发展计划。以上的行为都确保了绩效沟通的成功。

第二，在沟通前让双方都明确时间和流程的安排，可以有效地控制这次绩效沟通。

第三，采用问句的形式，加强沟通中的互动性，多听取对方的意见，形成了良好的沟通环境和氛围。

第四，以事实为依据，才能有说服力，也才能很好地令双方达成共识。

第五，注重激励。吴总不仅认可王明的优点，还针对其不足也给予鼓励。例如，当王明自评"合格"时，吴总仍然给了王明一个"优良"，有效地进行了激励。

三、绩效反馈面谈中的注意事项

绩效反馈面谈是一个双向沟通的过程。管理者所面临的最大问题在于获得员工的信任，从而更好地达成共识。因此，管理者在面谈中应该注意以下几点。

1. 坦诚相见，把绩效评价表展示在员工面前，而不要藏起来

当绩效评价的结果与员工的薪酬相挂钩时，同时员工又没有得到理想的评价结果时，管理者往往会感到"难以启齿"。最好的方式就是直接向员工展示评价表格，因为隐瞒并不能解决任何问题。

2. 耐心解释评价的结果

如果能够提供实施依据就直接展示出来。如果是通过自己的主观判断也要诚实地讲述你的看法和理由。双方之间存在分歧是十分正常的，管理者应该有足够的耐心进行解释。

3. 给员工发表自己看法的时间和机会

让他(她)感到你确实重视他(她)的看法。管理者往往容易只顾发表自己的看法,而忽略员工的感受。要知道绩效反馈面谈是一个双向沟通的过程,来自员工的信息是十分重要的。管理者应该给员工机会谈谈他自己的看法。如果员工没有谈的意愿,管理者应该尽量找出原因所在,并通过鼓励性的语言鼓励员工说出他的看法。

4. 充分地激励员工

绩效反馈面谈往往不受欢迎的一个重要原因在于:面谈中难免要谈论员工在上一阶段工作中的失误。但是指出问题并不是绩效反馈的目的,充分激励员工提高工作能力,改进工作方法才是绩效反馈的目的。

5. 不要怕承认错误

绩效评价是一个主观判断的过程,难免会出现与实际情况之间的偏差。在绩效反馈面谈中发现这类问题是十分常见的,关键在于管理者应该坦率地承认可能出现的误差。这种态度将有助于与员工进行更进一步的沟通。

6. 形成书面的记录

人力资源管理部门往往会要求填写各类计划和表格。但是,这些表格并不可能涵盖面谈中会涉及的全部问题。员工往往将绩效反馈面谈视为与管理者直接沟通的重要渠道。面谈中双方谈到工作中的许多问题形成书面的记录一方面能够让员工感受到你对他的看法的确是重视的,另一方面也能够避免遗忘带来的问题。

7. 注意面谈时使用一些技巧,如汉堡原则和BEST反馈法

(1)汉堡原理指的是,在绩效管理中,当需要批评一个人时,可以用修正性的反馈,也称之为"汉堡包"原则。如,最上面一块面包指出某人的优点,中间的牛肉是指还存在哪些需要改进的项目或方法,最下面一块面包是一种鼓励和期望,即表扬肯定—提出改进的地方—肯定支持。或者绩效考核后,进行绩效面谈时,员工一般都会有些紧张,为了缓和员工紧张的情绪,我们可以先对员工进行表扬,让员工心情舒畅起来。接下来指出员工的不足,最后再对员工的优点进行表扬,使他们能带着愉快的心情结束谈话。两块赞赏的"面包",夹住批评的"馅",员工"吃"下去就不会感到太生硬。

(2)BEST反馈。behavior description:描述行为,第一步先表述干什么事;express consequence:表达结果,干这件事的后果是什么;solicit input:征求意见,问员工觉得应该怎么改进;talk about positive outcome:着眼未来,以肯定和支持收场,鼓励员工。下面是一个BEST辅导案例。

- 描述行为:毛苹,这是你第二次应收账款出错了。
- 表达后果:这影响了你这个季度的表现,并且财务部应收账款出错给销售部门的工作带来了麻烦。
- 征求意见:这是什么原因? 你觉得应该怎样改进呢?

停下来,等待员工解释和建议行动。

员工可能会解释一些原因,要分析是主观的原因还是客观的原因,如果是因为工作流程等方面的客观因素,要及时给予改进。

- 着眼未来:如果这样改进,对你和部门的形象都非常有帮助,而且你也能够顺利地完成工作目标。

第三节 绩效结果应用

绩效评价作为人力资源管理职能的核心环节，与人力资源管理的其他职能之间存在着非常密切的关系，绩效评价的结果可以广泛应用于人力资源管理系统当中的招聘与甄选、培训与开发、职位变动与调整、薪酬福利管理等各个环节，是这些环节发挥作用的基础或决策依据。

一、员工绩效结果的表现形式

员工绩效结果的表现形式有以下几种。

1. 分数

绩效评价的结果是以分数体现的，因此首先要确定满分分值和评分标准，加减分办法。根据评分标准和实际表现，评出最终得分。如满分 100 分，绩效得分为 90 分；满分为 10 分，绩效得分为 8.5 分。

2. 等级

根据绩效评价结果，将绩效分为不同的等级，不同等级代表不同的绩效水平，体现出优劣和差异性。比如绩效从高到低，用字母 S、A、B、C、D 表示。还可直接用汉字表达，如优秀、良好、合格、不合格。

3. 排名

根据绩效综合表现或两两配比等方法，将员工的绩效进行排名。比如某部门 20 名员工，要排出第一名到二十名的顺序。排名第一的绩效最优秀，甚至是一到三、五名都属于前列，然后是中等绩效和末位员工。

4. 坐标

结合绩效评分情况，用二到三个变量，将员工定位在不同的区域，来确定他们的绩效结果。比如业绩、态度四象限表达，可以将员工分为四类：业绩态度双高、业绩高态度低、业绩低态度高、业绩态度双低。很明显，处于双高区域的绩效结果是优秀的，双低的区域绩效结果是不合格的。这种表达就像坐标一样把不同的绩效放到相应的位置。

二、员工绩效结果的具体应用领域

绩效考核结果的应用包括两个层面的内容：一是价值评价，作为企业人事决策的重要依据，用于相关的奖惩、薪酬调整及人事调动；二是绩效改进，对绩效考核结果进行分析，为企业安排员工培训、员工职业生涯规划等方面提供依据。员工绩效结果的具体应用领域有以下几个方面。

1. 可以作为招募和甄选有效性的一个依据

完整的员工绩效包含试用期员工考核和老员工的绩效考核。新员工的考核通常称为试用期考核，这个考核的作用是判定员工是否能够胜任工作，顺利转正。期间考核的主要指标通常包括文化认同、团队融入、思想思维、基本的专业技能、工作效率等。试用期更加重视素质和思路方法及专业技能，偏重过程的考核，对业绩考察不宜过于严格。试用期时间多则 6 个月，少则 1~3 个月。如试用期员工考核周期为三个月，头一个月考核内容为：职业道德、企业文化和价值认可、团队融合度、基本工作能力、综合素质；第二个月考核内容为：专业知识、岗位工作能力、团队融合度、执行力、工作量完成情况;第三个月,考核按照该岗位正式员工考核标准进行,绩效考核结果为合格,综合评定达到良好以上,可转正。

针对新人考核,特别是中高层关键岗位,考察期是不以试用期结束而终止的。需要在较长的时间内,如一到两年内继续在思维方式、价值观和完整任务的工作业绩结果来继续考察。因此,从面试环节到试用期,再到长期考核,三者的结果进行对比分析,才能真正确定一个新人的真实胜任力。在这个过程中,无论在哪个环节发现较大的异常表现,都要及时地通过绩效结果给予用人建议。

为了预防招聘风险,企业设置了试用期,目的是通过试用评价新人是否能够真实胜任。为了准确地评价新人,必须要建立科学严谨的试用期考核制度。为了能够更加精准地跟踪评价,还需要对新人转正后一定时期进行绩效考评和观察。

2. 制定员工晋升、降职或调岗与淘汰的政策依据

如何让考核具有激励性,那就必须让员工从中受益。但必须是高绩效者受益,低绩效、绩效持续低迷者要逐渐被淘汰。这种关联是一种良性循环。如果职工绩效结果持续较优,可以通过晋升让他承担更多的责任;如果职工在某方面的绩效持续较差,通过分析绩效结果,可以发现职工的不适应程度,聚焦出问题,若通过指导与培训之后依然没有改善,则通常代表职工不能胜任该岗位的工作。因此,可以通过职位的调整,让他从事更适合的工作。这也可以作为保持组织成员竞争意识和危机意识的手段。

一般来说,绩效结果在晋升和淘汰等政策方面主要有两种挂钩方式。

第一种,绩效结果与晋升条件挂钩。晋升是对员工进行全面评估之后,决定给予职级或职位上的提升。如果绩效结果本身是兼顾能力、态度和业绩,是一种综合评定,绩效结果就可以直接作为晋升条件,决定是否能够晋升。如连续2年绩效结构为优秀及以上,则启动该员工晋升工作。

如果绩效结果仅仅是业绩表现,我们通常用的平衡计分卡和KPI量化考核,一般考评出来的结果就是偏业绩的。而决定晋升不能只看业绩,还要看到岗位的其他胜任项,如工作态度、奖惩记录、专业资历、培训经历、各种素质项(团队协作、效率、创新思维等)。这种情况下,绩效结果就是作为晋升条件之一,不是唯一,但不可或缺。比如,要申请晋升,近三年年度绩效要在良好及以上,近两年平时(月度)绩效结果没有出现不合格情况。又如,同类岗位晋升,在同类同等级员工群体中,上年度绩效结果要排名在前20%。有了类似的规定,员工就会在考核中积极参与,为的是拿到更好的绩效等级或名次,从而得到晋升机会。有些连续优良记录要求,更是要求员工在中长期要关注个人绩效结果的持续保持。

第二种,绩效结果与淘汰机制挂钩。绩效结果的应用,既然有正向的,一定就有负向的。以正向为主,但也应该保持负向的存在感和正向搭配使用。将绩效结果用于优化人员,一般有直接淘汰、强制分布法等做法。直接淘汰,是指将连续三个月表现不合格员工解除,或者年度绩效结构评价为不合格者直接解除。强制分布法,是指定期或年底按照一定比例将排名靠后的员工淘汰。比如某企业每年根据年终绩效固定淘汰排名最后的3%的员工。

淘汰作为负激励,有点像鲶鱼效应,使得员工在绩效中保持危机感,从而保持活力。实际上,长期处于优秀的员工不会担心被淘汰。末位淘汰更多是关注绩效处于中间层次和刚达到合格范围的员工,不要掉入不合格区,努力进行自我提升。

3. 作为薪酬调整和奖金分配的重要依据

公司除了基本工资之外,一般会有绩效工资。为了增强绩效结果的激励效果,通常会将职工考核的结果优秀(A)、良好(B)、合格(C)、不合格(D)与月度、季度、年度的绩效奖金挂钩。薪酬的调整往往也会以绩效结果为重要依据,这是绩效管理最常见,也是最普通的用途。

(1)绩效结果与年度调薪挂钩。绩优员工,在调薪周期方面,给予缩短周期,如一年两次调薪机会。在调薪幅度方面,不同绩效层面的员工会有不同的调薪幅度,绩优员工将会得到更高的调幅。如上年度绩效优秀员工调薪30%~50%,而只是合格的员工只有5%。这种调薪政策,应该是透明的,才能产生激励和引导作用。

(2)绩效结果与股权激励挂钩。股权激励是现代企业激励员工的一种方法和政策。虽然现在对不同企业实施效果众说纷纭,但总体来说,这是对员工有利的事。股权分配的标准和依据是什么?一般和员工对企业的贡献,也就是员工的绩效直接挂钩。抛去职位和职级的影响,员工的综合绩效表现作为首次配股的依据。员工上一年度的绩效表现作为下一年度股权调整的依据。如某层级岗位,绩效达到优秀,来年配股可以增加千分之多少。股权数量增加,除了直接价值外,还意味着分红也在增加。对于实施股权激励的企业,绩效结果对于员工来说就是真金白银了。

(3)绩效结果与绩效奖金挂钩。绩效奖金的内容有绩效工资(月度、季度、年度)、专项考核奖励等。从影响上来看,设置固定的绩效工资政策对绩效考核触动大。而专项或一次性奖励只针对专项工作或任务。

从绩效实践来看,岗位和工作性质不同,绩效工资的发放周期应有区分。比如,基层员工的工作偏重在平时和短期的执行,奖金发放周期应该短,在每月给予体现。中高层管理者,工作任务更加关注长期效果,因此奖金周期应该在季度及以上比较合理。年度绩效奖金分配应该覆盖全员,从组织来讲,年度利润效益实现情况,各职能目标达成情况会有最终考评;员工个人业绩情况,也有一个年度评定。

专项绩效奖金,指的是固定的激励办法产生的奖金和专项任务设定的奖金。比如成本结余奖励,根据年度结余情况,拿出一定比例在参与者范围内发放。某个重点工作,为了保证效率和价值的创造,而设计的绩效奖金,一般超额完成才可以获得奖金。

4. 作为培训开发有效性的判断依据

绩效考核的结果是培训需求的重要来源。通过绩效结果与部门和岗位工作标准进行对比,找出部门和员工在业绩、能力、素质上的差异。根据这些差异,HR就可以有的放矢,制定员工培训计划,也就是说通过考核,找到员工现有的能力表现和我们所要求的能力表现之间的差距,差什么补什么,知识不足的补知识,能力不足的去提高他的能力,经验不足的去积累经验,以此帮助员工弥补不足,提升绩效。另一方面,绩效结果又可以反过来评价培训效果,让员工培训处于持续改善之中。如果培训使业绩有所提升,说明培训收到了实效;如果没有达到预期,则需要制订新的培训计划。

5. 用于人才盘点与人才梯队建设

现代企业越来越重视人才盘点,通过人才盘点来建设和优化人才梯队。人才盘点输出的结果之一是人才地图,比如我们常见的四象限、九宫格等。制作人才地图,也就是坐标图,需要确立具体的变量,绩效结果就是非常重要的变量。通过对绩效进行等级划分,对应到其他变量的等级,就可以给出每个员工具体的定位。比如说能力和绩效两个变量就可以划出能力绩效双高,能力高绩效中,能力低绩效中等区域。通过绩效能力的评价,还能够找到高潜人才,并对人才进行针对性培养和管理。

如按文化认同度和绩效产出的高低,可以将人才分为四种:明星人物、危险人物、金牛人物、害群人物,如图12-2所示。

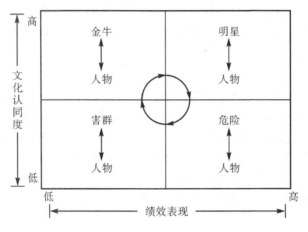

图12-2 人才分类四象限图

明星人物:文化认同高,绩效产出高。这样的人是企业最希望得到的员工,也是让管理者最能放心的人,任何事情交给他办,一定会给出符合企业利益最大的结果,而且工作中态度积极努力,认同感强,忠诚度高,能力又强,这样的人一定是企业的骨干。如能一直保持着这样的考核评价结果,与企业共同成长,他就是企业未来发展的明日之星,因此需要给予重点培养。

金牛人物:文化认同高,绩效产出低。这样的人,因为认同企业的文化,符合提倡的职业素养,但同时因为自身原因,在专业知识和技能方面存在明显不足,不能自己独立有效解决问题。对这样的员工,需要给予在专业技能和专业知识方面的培训,设定明确目标,提升专业技能,指定专人进行一对一的帮助,以促进员工在专业技能方面得到明显提升。相对而言,技能方面的培训和提升,是较为容易的,因为在实际工作中可以用到,也是边学边干可以很快得到积累的。

危险人物:文化认同低,绩效产出高。这样的人,就是绩效再好,将一个业务团队交给不认同企业文化和价值观,对企业忠诚度不高的人来管理,在资金风险、客户风险、技术风险和人力资源风险等方面,作为企业都是不敢用的。对这样的人,将他调离重要岗位,并对他的内在心理进行分析,是什么原因会造成这样的行为,如能得以改进并纠正他的价值观,那么这样的人还是可用的。如不能纠正他的价值观,使其行为与企业所期望的职业素养相匹配,那么这样的人是不能留在公司的,否则一旦得势,将会给企业带来巨大的灾难。

害群人物:文化认同低,绩效产出低。对这样的员工,只有一种解决办法,那就是立即辞退。一旦得出这样的评价,作为企业用人来说,一定要迅速地处理,以免留下后患。

按发展潜力与绩效表现人才划分的九宫格见图12-3。

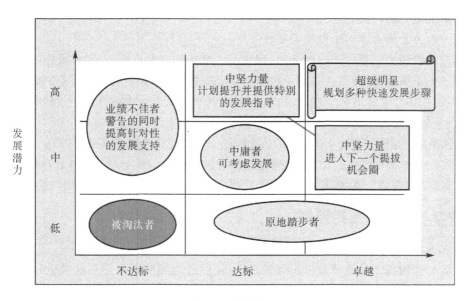

图 12-3　按发展潜力与绩效表现人才划分的九宫格

6. 用于职业发展规划

职业生涯规划的制定和更新都离不开绩效结果的分析。职业生涯规划制定的时候,要结合当前个人绩效结果,确认自己的优势,找出问题和不足,制定中长期改进和发展计划。随着时间的推移,计划的实施,需要通过绩效结果再来确认达标情况。

绩效结果对职业发展的指导有短期和长期两个方面。短期的就是发现个人的不足和差距,找到提升点,制订新的指导计划。从长期来看,职工的个人职业发展计划是根据职工目前的绩效水平与长期以来的绩效提高过程,由组织和职工共同协商制定的一个长远工作绩效和工作能力改进提高的系统计划,是将个人发展与组织发展连接在一起的重要一环。

考核结果反映了公司的价值取向,对考核结果的运用可以强化职工对公司价值取向的认同感和归属感,让职工的职业生涯规划符合公司的价值取向;通过晋升和调岗的机制,能够让个人的职业生涯规划更快地实现;通过及时的绩效反馈,有助于职工客观分析自己的发展方向,及时调整自己的职业生涯规划,提高职工的满意度。

7. 用于员工绩效诊断与改进

一个员工的绩效下降时,有两个方面的原因。一是属于能力问题,这种员工我们叫作不能型,不是他不愿意干,而是他干不了。解决这种问题的办法,可以通过改善知识、改善技能和改善员工的经验,来达到改善能力的目的,从而得到绩效改善这样一个效果。还有一种原因,并不是员工的能力不够,而是态度不好,不是不能干而是他不想干,那么影响一个员工态度的要素和影响一个员工能力的要素是不同的,影响一个员工的能力主要是他的知识技能,但影响一个员工的态度,是他的价值观、他的认知和他的情感。所以,我们就需要分析,千万不能对态度

问题采用解决能力的办法。

8.作为人力资源法律诉讼的重要依据

既然绩效管理的结果可以作为降职、调岗甚至解雇的重要依据,在实际操作的过程中难免会引发职工的不满情绪,即便在过程中尽力避免和安抚,却总有个别情绪失控的职工会诉诸法律。这时候,就需要企业方提供相关证据,个人绩效的书面记录能够帮助企业解决这类劳动纠纷,维护企业的合法权益。

绩效结果应用是所有绩效考核工作的最终落地,是绩效管理实施的关键环节,决定着绩效管理最终的成败。所以,做好绩效需要真正能够落地的考核工具和办法,也需要企业在应用方面给予实际的政策支持。不管怎么说,就像绩效本身的精神一样,研究和实践一直都在持续改进的路上。

三、绩效考核结果的应用原则

1.以人为本,促进员工的职业发展

考核者必须向员工反馈绩效考核结果,指出他们已达到或者未达到的绩效目标及有待改进的地方,包括工作能力、工作态度、工作方法等内容。绩效考核结果应用的立足点和方式都要坚持"以人为本"的原则,以促进员工的职业发展为目标。绩效考核不是目的,而是手段。绩效考核的最终目的就是提高员工的绩效能力,因此,绩效考核结果的应用也必须以此为导向。

企业根据绩效考核结果,以满足员工的发展需要为宗旨,以高效、实用为目标,有目的、有计划地进行企业内部培训活动,是企业造就高素质员工队伍的有效举措。企业根据员工的绩效考核结果,对员工进行针对性的培训,不仅能够促进员工的个人发展,也能为企业带来更多高素质、高能力的员工。

2.促进员工与企业共同成长与发展

企业在运用绩效考核结果对员工进行激励时,要注意平衡员工所在的组织内各成员的绩效,避免"个人英雄主义",增强员工的全局意识和集体观念,使员工认识到个体的高绩效与企业、部门的高绩效紧密相关,个人的成长与发展是与企业、部门紧密联系在一起的,个人应为实现企业目标做出贡献,在企业的发展中实现自己的成长与发展。

3.统筹兼顾,科学运用

绩效考核结果是企业进行薪酬调整、人员调配、员工培训等各项人事活动的重要依据,对优化员工行为和企业人力资源配置,建立完善的竞争、激励、淘汰机制有非常重要的影响。因此,在运用绩效考核结果对企业内部进行调整时,应统筹兼顾,有一定的全局意识,确保科学运用,为企业的发展带来正向的推动。

很多企业绩效结果的应用多表现为奖惩,仅限于员工年终奖金的发放及职称的评定,却不能与员工培训、人员任免、职务晋升等员工的切身利益联系起来。如果员工认为自己的绩效目标完成后,组织也不会给予他们期望的报酬和发展,员工就不可能在工作中充分发挥自己的潜能。要想使绩效考核的激励作用最大化,就要让员工认识到,他们的努力能够得到良好的绩效考核评价,这种好的评价又会给他们带来相应的回报,促进个人的成长与发展。

绩效考核最忌讳流于形式,考核工作搞得轰轰烈烈,而考核结果却一评了事,没有落到实处,评与不评一个样,好评差评一个样,那样绩效考核就失去了意义。绩效考核结果的应用是绩效管理的最后一个环节,也是相当关键的一个环节,必须要严格落实,这样才能确保企业的绩效管理真正发挥作用。

第四节　考核结果应用于薪酬

员工的薪酬体系中有一部分报酬是与绩效挂钩的,这就是绩效工资和奖金。将绩效考核结果直接应用于绩效工资与奖金的发放及薪酬的调整是许多企业最常见的做法。但是,由于不同岗位的工作性质不同,因此,其绩效工资与奖金在薪酬体系中所占的比例也不相同。例如,销售人员的工资很大一部分都是由绩效决定的,也就是由销售人员的销售业绩来决定的。而一般职能部门的工作人员,其工资受绩效的影响就比较小。绩效考核结果应用于薪酬主要体现在两个方面:一是工资调整,包括一次性工资的调整和累积性工资的增长,即绩效调薪;二是绩效奖金发放。

一、绩效工资

员工的工资是由外部市场的竞争因素与内部岗位的责任、能力、绩效贡献等因素共同影响决定的。多数公司将员工的薪酬分为固定工资和浮动工资,并且由当期的绩效表现来决定浮动工资的高低。这类浮动工资也就是绩效工资,直接与员工的绩效挂钩,薪资的调整也往往由绩效结果来决定。绩效工资是以对员工绩效的有效考核为基础,实现将工资与考核结果相挂钩的工资制度,它的理论基础就是"以绩取酬"。企业利用绩效工资对员工进行调控,以刺激员工的行为,通过对绩效优者和绩效差者收入的调节,鼓励员工追求符合企业要求的行为,激发每个员工的积极性,努力实现企业目标。

绩效工资是针对岗位核心职能的绩效考核结果来确定的,一般按绩效工资基数乘以绩效考核设定的系数来确定,即绩效工资=绩效系数×绩效工资基数。绩效工资是企业根据员工当期的绩效业绩发放的,并不会累积到员工的基本工资当中。如果想获得绩效工资,员工就必须像之前那样努力工作,争取得到较高的绩效考核等级。表12-2为某公司绩效系数与绩效考核等级的对照表。

表12-2　某公司个人绩效评价等级及绩效评价系数

绩效考核等级	A(优秀)	B(良好)	C(合格)	D(有待改进)	E(差)
绩效系数	130%	115%	100%	80%	50%

在一个组织内,团队/部门的良好绩效是全部门员工的共同努力才得以实现的,每个人的绩效都是构成团队/部门绩效的一部分,员工个人除了尽力完成个人的绩效目标外,还应该努力配合团队/部门同事的工作,实现团队/部门总体绩效的提升。个人的优秀只有转化为团队/部门的优秀才能实现其最大价值。

因此,企业在制定绩效考核政策时,在员工绩效考核结果的应用上应将其个人绩效成绩与团队/部门绩效成绩进行适当的挂钩。一方面,能促进团队/部门内部的团队协作意识的培养,强化员工对本团队/部门的责任心和荣誉感;另一方面,也能保证团队/部门绩效考核结果与员工个人绩效考核结果的一致性。

在实际操作中,团队/部门绩效与个人绩效有多种挂钩方式,各有其特点,按照挂钩强度可以分为不挂钩、直接挂钩和间接挂钩几种方式,下面做逐一介绍。为叙述方便,假设个人绩效考核最终系数为 K,团队/部门考核得分系数为 P,个人考核得分系数为 Q。

(一)团队/部门绩效与个人绩效不挂钩

其适用于仅对个人绩效结果负责,工作任务独立性强的职位,如生产操作工人、以个人销售为主的业务人员等,个人考核指标完全可以量化。即,K=Q,Q 值直接对应于个人考核得分。

优点:操作简单。

缺点:缺乏部门团队协作导向;容易导致团队/部门绩效 P 值与 Q 值相背离的现象。

(二)团队/部门绩效与个人绩效直接挂钩

1. 强挂钩

这是一种比较激进的挂钩方式,适用于绩效工资所占比例较少,P 值、Q 值各自上下浮动幅度不大的情况。如 P、Q 上下幅度在 0.8~1.2,为强化绩效考核对个人薪酬激励或惩罚的力度,采取 P、Q 相乘的方式。员工 Q 值基本上按正态分布。即,K=P×Q,Q 值直接对应于个人考核得分。

优点:操作简单,体现了个人对团队/部门的责任;强化了正反向激励效果。

缺点:过于激进,容易挫伤部分员工的积极性,且对团队/部门经理的绩效管理水平要求较高。

2. 弱挂钩

这是一种折中的挂钩方式,适用于绩效工资所占比例较大、P 或 Q 值上下限幅度较大的情况。即,K=P×团队/部门考核权重+Q×个人考核权重,职位越低个人考核权重越高。

优点:兼顾了团队/部门及个人的绩效,较直观地体现了个人对团队/部门的责任。

缺点:不适合工作任务完全独立的职位。

(三)团队/部门绩效与个人绩效间接挂钩

(1)K=Q,具体 Q 值对应的考核各等级分布比例根据团队/部门绩效考核等级设定,如表 12-3 所示。

表 12-3 某公司团队/部门绩效与个人绩效关系示例表

团队/部门 考核 P 值	团队/部门个人 Q 值分布比例				
	S	A	B	C	D
S	40%	30%	20%	10%	0
A	25%	40%	20%	10%	5%
B	10%	20%	40%	20%	10%
C	5%	10%	30%	40%	15%
D	0	10%	20%	40%	30%

团队/部门绩效越好,该团队/部门员工高 Q 值的人员比例就越高;反之亦然。

优点:团队/部门绩效和个人绩效得到了较好的结合,又体现了正态分布的思想,对公司、对员工都相对较公平。

缺点:操作有点复杂,正态分布比例不大好定。

(2) K＝Q，以 P 值作为个人考核系数 Q 的基数，根据个人考核等级确定 Q 值，如表 12－4 所示。

表 12－4 根据个人考核等级确定 Q 值

个人考核等级	S	A	B	C	D
Q 值	P+0.2	P+0.1	P	P-0.1	P-0.2
分布比例	10%	20%	40%	20%	10%

优点：团队/部门绩效和个人绩效得到了较好的结合，正反向激励力度较大。

缺点：绩效工资所占比例较大，而团队/部门绩效不理想时，可能会对绩差员工薪酬影响过大。

不同的企业有各自的运作特点、特定的绩效文化，以上绩效挂钩方式各有优缺点，各企业应选择符合自身运作特点、薪酬模式和绩效文化的绩效考核模式。

一些企业在确定绩效评价系数时，不仅考虑了员工个人的绩效评价结果，同时还考虑了组织的绩效评价结果，如表 12－5 所示。

表 12－5 组织与个人绩效考核结果相挂钩来确定绩效考核系数

个人绩效 （权重＝0.5）	组织绩效（权重＝0.5）				
	杰出 (1.00)	极好 (0.80)	较好 (0.60)	可接受 (0.40)	不可接受 (0)
杰出(1.00)	1.00	0.90	0.80	0.70	0.50
极好(0.80)	0.90	0.80	0.70	0.60	0.40
较好(0.60)	0.80	0.70	0.60	0.50	0.30
可接受(0.40)	—	—	—	—	—
不可接受(0)	—	—	—	—	—

绩效工资鼓励员工之间的竞争，如果企业没有良好的文化引导，则很容易影响员工之间的团结与合作，甚至可能会钩心斗角。那些需要团队合作才能有好的产出的企业，要谨慎使用这种方法。绩效工资鼓励员工追求高绩效，如果员工的绩效与企业、部门的利益不一致，就可能发生个人绩效提高，企业、部门的绩效反而降低的情况，这时候，绩效工资对员工的激励作用就失去了价值。

二、绩效调薪

(一)绩效调薪的形式

一般来说，企业绩效加薪主要有以下 3 种方式。

1. 以绩效等级为基础的绩效加薪

这种方式的加薪，加薪幅度只和员工的绩效考核等级相关，具体如表 12－6 所示。

表 12-6 基于绩效等级的加薪

绩效考核等级	A(优秀)	B(良好)	C(合格)	D(有待改进)	E(差)
绩效加薪幅度	7%	5%	3%	1%	0

这种方式是企业普遍采用的,加薪的唯一依据就是员工绩效考核等级的高低。等级越高,加薪幅度就越大;等级越低,加薪幅度就越小。这种方式设计最为简单,企业容易控制和掌握整体的加薪幅度与成本预算,便于企业管理。但是,由于加薪幅度完全依据绩效考核等级,而没有将员工的基本工资考虑进来,因此,在绩效等级相同的情况下,基本工资高的员工其绝对加薪幅度要高于基本工资低的员工,前者的薪酬增长较快,会逐渐拉大企业内部的薪酬差距,影响企业内部的团结与合作。

2. 以绩效等级和相对薪酬水平为基础的绩效加薪

相对薪酬水平包括两种情况:一种是外部相对薪酬水平,指员工当前薪酬水平和市场平均薪酬水平的差距;另一种是内部相对薪酬水平,指员工当前薪酬水平在企业薪酬等级体系内的位置。从以上两个方面进行的绩效加薪,如表 12-7、表 12-8 所示。

表 12-7 基于薪资对外比率的绩效加薪

绩效加薪幅度		员工薪酬与市场薪酬的对比率				
		≥1.2	1.1~1.2	0.9~<1.1	0.8~<0.9	<0.8
		超过市场薪酬水平20%	超过市场薪酬水平10%	与市场薪酬水平持平	低于市场薪酬水平10%	低于市场薪酬水平20%
绩效考核等级	A(优秀)	9%	11%	13%	15%	18%
	B(良好)	7%	9%	11%	13%	15%
	C(合格)	5%	7%	9%	11%	13%
	D(有待改进)	3%	5%	7%	9%	11%
	E(差)	0	0	0	0	0

表 12-8 基于薪资对内比率的绩效加薪

绩效加薪幅度		员工薪酬对内比率			
		≥76%	51%~75%	26~50%	≤25%
		第四四分位	第三四分位	第二四分位	第一四分位
绩效考核等级	A(优秀)	9%	11%	13%	15%
	B(良好)	7%	9%	11%	13%
	C(合格)	5%	7%	9%	11%
	D(有待改进)	3%	5%	7%	9%
	E(差)	0	0	0	0

表中,第四四分位、第三四分位、第二四分位和第一四分位,分别代表员工薪酬水平最高、员工薪酬水平较高、员工薪酬水平较低和员工薪酬水平最低这 4 个等级。下文中凡提到这几

个分位的情况,都属此意。

在以上两个表格中,决定员工绩效加薪幅度的条件有两个:一是员工的绩效考核等级;二是员工薪酬对比率。当员工的薪酬对比率相同时,绩效优秀的员工比绩效较差的员工的加薪幅度大;当绩效考核等级相同时,薪酬对比率越低的员工,绩效加薪幅度越大。这样的方式有利于企业薪酬成本的控制,维持企业薪酬结构的完整性,不至于让企业内部薪酬差距过大,影响员工的团结与合作。

3. 以绩效等级、相对薪酬水平和时间变量为基础的绩效加薪

这种方式比较复杂,在参考绩效等级和相对薪酬水平的基础上,又引入了时间变量,表现优异的员工可能半年就能得到加薪,而表现相对较差的员工可能一年、两年之后才能获得加薪的机会。这种绩效加薪方法强化了绩效与加薪之间的联系,为绩效优秀的员工及时进行了加薪,有效地激励了员工的绩效行为。具体的加薪幅度与安排如表12-9、表12-10所示。

表12-9 基于绩效等级、薪酬对外比率和时间变量的绩效加薪

绩效加薪幅度		员工薪酬与市场薪酬的对比率				
		≥1.2	1.1~1.2	0.9~<1.1	0.8~<0.9	<0.8
		超过市场薪酬水平20%	超过市场薪酬水平10%	与市场薪酬水平持平	低于市场薪酬水平10%	低于市场薪酬水平20%
绩效考核等级	A(优秀)	9% (15~18个月)	11% (12~15个月)	13% (10~12个月)	15% (8~10个月)	18% (6~8个月)
	B(良好)	7% (18~21个月)	9% (15~18个月)	11% (12~15个月)	13% (10~12个月)	15% (8~10个月)
	C(合格)	5% (21~24个月)	7% (18~21个月)	9% (15~18个月)	11% (12~15个月)	13% (10~12个月)
	D(有待改进)	0	0	5% (21~24个月)	7% (18~21个月)	9% (15~18个月)
	E(差)	0	0	0	0	0

表12-10 基于绩效等级、薪酬对内比率和时间变量的绩效加薪

绩效加薪幅度		员工薪酬对内比率			
		≥76%	51%~75%	26~50%	≤25%
		第四四分位	第三四分位	第二四分位	第一四分位
绩效考核等级	A(优秀)	9%(12~15个月)	11%(10~12个月)	13%(8~10个月)	15%(6~8个月)
	B(良好)	7%(15~18个月)	9%(12~15个月)	11%(10~12个月)	13%(8~10个月)
	C(合格)	5%(18~21个月)	7%(15~18个月)	9%(12~15个月)	11%(10~12个月)
	D(有待改进)	0	0	7%(18~25个月)	9%(15~18个月)
	E(差)	0	0	0	0

(二)绩效调薪表的设计

绩效加薪的幅度并不是仅仅参考绩效考核结果,想加多少就加多少,只有严格按照程序进行,才能科学公正,保持企业内部薪酬的平衡与稳定。一般来说,绩效加薪表的设计有以下6个步骤。

1. 确定绩效加薪预算

绩效加薪预算是指企业给全部员工基本薪酬的增加幅度,通常用当前员工基本薪酬总和的百分比来表示。例如,一个企业批准了8%的绩效加薪预算,当前员工基本薪酬总和为1000万元,那么绩效加薪预算就是80万元。虽然员工的绩效加薪幅度是由员工的绩效等级来决定的,但是仍会受绩效加薪预算的限制,即所有员工的加薪总额不能超过加薪预算。所以,在设计绩效加薪表时,需要综合企业内部的情况,达到员工绩效加薪增幅与企业绩效加薪预算的平衡。

2. 汇总员工绩效考核等级分布

汇总员工绩效考核结果,统计各个绩效等级内员工的占比。假设一个企业员工绩效等级的分布比例如:A(优秀)占5%,B(良好)占25%,C(合格)占40%,D(有待改进)占25%,E(差)占5%。

3. 确定企业内部员工薪酬等级分布

确定员工在企业薪酬等级中的分布,也就是员工在企业薪酬体系内各四分位的占比。假设一个企业员工薪酬等级分布如下:第一四分位占15%,第二四分位占40%,第三四分位占25%,第四四分位占20%。

4. 确定加薪表单元格内员工百分比

将员工绩效等级分布比例与员工薪酬等级分布比例相乘,确定绩效加薪表中每个单元格内的员工比例。假设企业绩效等级为优秀的员工占比为5%,基本薪酬在第四四分位的员工占比20%,那么企业内部绩效等级为优秀且基本薪酬在第四四分位的员工占比1%。按照此方法依次确定出员工的分布比例,所有单元格的百分比总和为100%,如表12-11所示。

表12-11 加薪表员工分布百分比

薪酬水平/绩效等级	A(优秀)(占比)	B(良好)(占比)	C(合格)(占比)	D(有待改进)(占比)	E(差)(占比)
第一四分位	A1(0.75%)	B1(3.75%)	C1(6%)	D1(3.75%)	E1(0.75%)
第二四分位	A2(2%)	B2(10%)	C2(16%)	D2(10%)	E2(2%)
第三四分位	A3(1.25%)	B3(6.25%)	C3(10%)	D3(6.25%)	E3(1.25%)
第四四分位	A4(1%)	B4(5%)	C4(8%)	D4(5%)	E4(1%)

5. 确定绩效加薪比例

确定每个单元格内绩效加薪的比例,并根据绩效和薪酬等级分布对加薪比例进行调整。例如,给处在A1单元格(绩效等级为优秀、薪酬为第一四分位范围内)中的员工加薪比例为12%,处于A2单元格(绩效等级为优秀、薪酬为第二四分位范围内)中的员工加薪比例为10%。

6. 审查与调整

将每个单元格中的加薪比例乘以员工分布比例,所有乘积之和应该等于总的绩效加薪比例。根据绩效加薪预算情况,对每个单元格中的加薪比例进行调整,直到每个单元格中的加薪金额的总和与绩效加薪预算总额基本一致。

三、绩效奖金

(一)绩效奖金和绩效工资的区别

1. 目的不同

绩效工资的目的在于约束,奖金的目的在于激励。绩效工资的实质是"岗位价值押金",将员工对应的基本工资分拆成两部分,一部分作为固定工资发放,另一部分作为绩效工资根据员工个人绩效表现调整发放。奖金的实质是"企业业绩分红",即从企业业绩目标的超出部分中,拿出一定数额的业绩奖金,有差别地分配给企业员工。

2. 权重比例不同

绩效工资的权重一般占"基本工资"的20%到几倍不等。而奖金一般无权重比例限制,上不封顶,一般视企业业绩或效益而定。

3. 要项构成不同

绩效工资是常规项目,奖金是非常规项目。绩效工资根据部门及岗位表现发放,有一定的范围区间,不是有没有的问题,是多与少的问题;而奖金是企业的一种额外付酬方式,视企业效益而定,达不到预定的绩效目标或企业总体经济效益不理想的状况下,可以不发。

4. 挂钩侧重不同

绩效工资更多与个人绩效表现关联,直接受个人绩效表现波动的影响;而奖金意在牵引员工关注企业的整体业绩表现,主要受企业整体业绩表现的影响。

综上所述,绩效工资侧重个人表现,绩效奖金侧重企业业绩表现。企业建立这样的激励制度,让员工朝着企业期望的方向发展,从而让企业达到更高的绩效水平。员工的成长也是促进企业成长的最快方式。

(二)年终绩效奖金计算方式

年终绩效奖金=绩效奖金基数×部门系数×岗位系数×工作时间调整系数×个人年度考核系数

(1)以个人月标准工资(含税)作为其本年度的绩效奖金基数。

(2)根据各部门对公司的贡献确定部门系数,此系数每年重新调整一次。

(3)公司岗位分为职能类和业务类两类,各岗位所属类别依据《职位说明书》确定。职能岗位的系数为1.0,业务岗位的系数为1.5。

(4)工作时间调整系数:①全年工作时间满12个月的员工,工作时间调整系数为1.0。②全年工作时间未满12个月的员工,工作时间调整系数=本年度在本公司工作月数÷12。其中,未全勤的月份,出勤日1~10天计为0.5个月,出勤日满11天计为1个月。

(5)公司依据每位员工的年度考核等级核算个人年度考核系数,年度考核等级根据年度考核分数确定。各考核分数对应的考核等级及年度考核系数如表12-12所示。

表 12－12　各考核分数对应的考核等级及年度考核系数

考核分数	90≤分数≤100	80≤分数＜90	70≤分数＜80	分数＜70
考核等级	A	B	C	D
年度考核系数	1.2	1.0	0.8	0

四、绩效与薪酬挂钩的优缺点

1. 绩效与薪酬相挂钩的优点

(1)将个人的收入同其本人的工作绩效直接挂钩,会鼓励员工创造更多的效益,同时又不增加企业的固定成本。

(2)严格的、长期的绩效工资体系是一种有效的方法,让公司不断改进员工的工作能力、工作方法,提高员工绩效。

(3)这种方法使绩效好的员工得到了奖励,同时也能获得、留住绩效好的员工。

(4)当经济不景气的时候,虽然没有奖金了,但是由于工资成本较低,公司也可以不炒人、少炒人,让员工有安全感,增加员工的忠诚度;当经济复苏时,公司也有充足的人才储备。

2. 绩效与薪酬相挂钩的缺点

(1)绩效工资鼓励员工之间的竞争,破坏了员工之间的信任和团队精神。员工之间会封锁信息,保守经验,甚至可能会争夺客户。对那些一定需要团队合作才能有好的产出的企业,这种方法就不适用。

(2)绩效工资鼓励员工追求高绩效。如果员工的绩效同组织(部门、公司)的利益不一致,就可能发生个人绩效提高,组织的绩效反而降低的情况,这时候这种方法就失去了价值。例如,销售员为了达成交易,可能会对客户做出很多免费服务承诺,公司为了兑现承诺可能会投入很高的成本。

(3)员工可能为了追求高绩效而损害客户的利益。例如,保险公司的业务员,为了达成交易过度夸大保单价值。当被客户识破后,有可能会要求退保,同时,保户也会对保险公司产生不信任。再如医生为了增加效益,可能会给病人开高额药方,做不必要的昂贵检查。这种做法有违医院的宗旨,同时也会损害医院的形象。

(4)在行政事业单位中,绩效工资是由单位领导发放,还会使单位领导的权力更大,从而可能形成单位领导的腐败行为。

第五节　绩效诊断与改进

绩效改进是绩效评价结果的重要应用领域,也是绩效反馈面谈当中重要的沟通内容。绩效改进的流程可以分为绩效诊断、绩效改进计划的制订、绩效改进计划的实施和评价几个阶段。

一、绩效诊断

绩效诊断(performance diagnosis)就是指管理者通过绩效分析和绩效评价,判断组织不同层面的绩效水平,识别低绩效的征兆,探寻导致低绩效的原因,找出可能妨碍评价对象实现绩效目标的问题及症结的过程,它是一项复杂多维度的活动。绩效诊断的作用在于帮助员工制订绩效改善计划,作为上一循环的结束,和下一循环的开始,连接着整个绩效管理循环,使之不断循环上升。

绩效诊断分析是绩效改进的第一步,也是绩效改进最基本的环节,在绩效反馈面谈中,管理者和员工通过分析和讨论评价结果,找出关键绩效问题和产生绩效问题的原因,这是绩效诊断的关键任务。

根据学者的研究,绩效诊断的方法主要有以下两种。

1. 四因素法

四因素法主要是指从知识、技能、态度和环境四个方面着手分析诊断绩效不佳的原因。知识既包括员工所具有的从事某方面工作的理论知识,也包括经验和实践知识;技能主要是运用知识和经验的能力和技巧;态度则反映了员工对工作的评价和行为倾向,是员工表现的心理和价值观基础;环境则更多地反映了造成绩效问题的外部不可控因素和障碍。

2. 三因素法

所谓三因素法,就是从员工、主管和环境三个方面来分析和诊断绩效问题的方法。

(1)在员工方面造成绩效问题的原因,可能是员工所采取的行为本身就是错误的,或者是员工应该做而没有去做,这既可能是因为员工知识和技能不足,也可能是员工缺少行动动机等。

(2)在主管方面,主管可能因为管理行为不当而导致员工能力无法发挥,或者主管没有帮助员工改进其工作。还可能是主管做了不该做的事,比如监督过严,施加了不当的压力;也可能是主管没有做该做的事,比如主管没有明确工作要求,没有对下属的工作及时有效地反馈,对下属的建议不重视,不授权给下属,没有给员工提供教育和培训机会等。

(3)在环境方面,对绩效产生影响的主要是下属的工作场所和工作气氛因素,比如工具或设备不良,原料短缺,工作条件不良,人际关系紧张,工作方法或设备的改变给下属带来的困难等。

以上两种分析思路各具特点,前者主要是从完成工作任务的主体角度来考虑,通过分析员工是否具备承担此项工作的能力和态度来分析产生绩效问题的原因。但是这种方法容易造成管理缺位,即把绩效问题产生的原因归结为员工主观方面的原因,而忽视了管理者在产生绩效问题方面的责任,不利于全面查找绩效问题的真正原因,也不易被员工接受;后者则从更宏观的角度去分析问题,较容易把握产生绩效问题的主要方面,并且明确管理者所承担的责任。

在绩效诊断实践中,为了更加透明全面地分析绩效问题,通常把上述两种方法结合起来使用,在管理者和员工充分交流的情况下,对产生绩效不良的原因达成一致意见,如表12-13所示。

表 12-13 绩效分析表

影响绩效的维度		绩效不良的原因	备注
员工	知识		
	技能		
	态度		
主管	辅导		
	其他		
环境	内部		
	外部		

二、绩效改进

绩效管理的最直接目的就是提高员工的工作绩效。因此，绩效评价结果最突出的运用就表现在为绩效改进服务中。绩效改进的过程就是绩效管理的过程。在这个过程中，绩效评价的结果成为绩效改进的根据和衡量改进效果的依据。因此，绩效改进与绩效评价的结果密切相关。

(一)制订绩效改进计划

在绩效沟通中我们曾经指出，绩效反馈面谈的目的之一就是制订绩效改进计划。绩效改进计划（又称个人发展计划），是关于改善现有绩效的进展计划。在通常情况下，绩效改进计划的主要内容包括：

(1)员工基本情况、直接上级的基本情况以及该计划的制定时间和实施时间。

(2)根据上个绩效评价周期的绩效评价结果和绩效反馈结果，确定该员工在工作中存在的问题。可能包括：需要改进的工作方法，需要提高的工作能力和需要改善的工作态度。在可能的情况下通常会附上在上个评价周期中该员工在相应评价指标上的得分情况和评价者对该问题的描述或解释。

(3)对存在的问题提出有针对性的改进意见，包括具体的改进措施，建议接受的培训内容（可能包括具体的培训项目名称，甚至培训时间安排等）等。在可能的情况下，还应该针对特殊的问题提出分阶段的改进意见，帮助员工有步骤地改变现存的绩效问题。

(4)明确经过绩效改进之后要达到的绩效目标，并在可能的情况下将目标明确地表示为员工在某个绩效评价指标上的评价得分。

为了制订包括上述内容的绩效改进计划，管理者和员工之间应进行充分的沟通。在绩效评价之后进行的绩效反馈面谈中，双方应就员工在上一评价周期的工作中存在的问题进行充分的交流。特别是在实施360度绩效反馈制度的企业中，管理者和员工双方应就各评价主体的评价意见进行充分的交流。在这种交流的基础上，双方才能更好地制定详细的解决方案。员工也可以在这个过程中提出自己在改进过程中需要管理者提供哪些帮助，提供什么资源，并将这些内容都纳入绩效改进计划之中。表12-14提供了一个包含绩效改进计划在内的绩效反馈面谈表。

表 12-14 绩效反馈面谈和改进计划书模板

面谈对象		职位编号	
面谈者		面谈时间	
面谈地点			
评价结果			
利益相关者		内部业务流程	
财务		学习与成长	
其他		总分	
本期不良绩效陈述			
本期不良绩效的原因分析			
影响绩效的维度		具体问题	原因分析
员工	知识		
	技能		
	辅导		
主管	辅导		
	其他		
环境	内部		
	外部		
备注:			
绩效改进计划			
计划采取的措施	预期成果	执行人/责任人	执行时间
备注:			
面谈对象签字		面谈者签字	

(二) 绩效改进计划的实施过程

在制订了绩效改进计划之后,管理者应该通过绩效观察和沟通实现对绩效改进计划实施过程的控制。这个控制的过程就是监督绩效改进计划是否能够按照预期的计划进行,并根据被评价者在绩效改进的过程中遇到的新问题及时对计划进行修订和调整。在绩效改进计划表中往往会设定一些栏目,其内容由管理者根据绩效改进过程中员工的表现状况填写。这些内容体现了整个改进计划的实施进度。在必要的时候,管理者与员工应进行过程中的沟通,了解员工在这个改进过程中是否遇到了困难和障碍,需要管理者提供什么样的帮助。管理者也可以通过这个过程督促员工尽快实现改进计划中制定的改进目标。

(三)对绩效改进计划完成情况的评价

绩效改进计划开始于上一个绩效评价周期的结束,结束于下一个绩效评价周期的开始。绩效改进计划的完成情况反映在员工前后两次绩效评价得到的评价结果中。如果员工在前后两次绩效评价中得到的评价有显著的提高,那么就可以在一定程度上说明绩效改进计划取得了一定的成效。

下面是两个具体的案例。

绩效改进实例一:

王强是生产部新提拔上来的一名主管。他原来是该部门的一名普通员工,由于在技术上有所创新,被破格提升为主管。部门内的员工都视他为楷模,大家都十分钦佩他的工作才干。但是,生产部的经理李侠在上一周期的绩效评价中发现,新来公司的一些王强的下属员工对王强在新员工培训工作中的表现很不满意。王强在指导下属能力这一评价指标上的得分受到了很大的影响。为此,李侠与王强进行了绩效反馈面谈,并共同制订了绩效改进计划(见表12-15)。表格主体内容中的前面三列是计划的内容;而后面两列(实际实施日期和取得的成果)则是李侠根据王强在实施该计划过程中的表现填写的。

表12-15 绩效改进计划样表一

员工姓名:王强		职位:生产部主管		计划执行时间:1月1日至3月30日
上级主管:李侠		职位:生产部经理		待改进绩效:对新员工的培训
计划采取的措施	执行者	计划实施日期	实际实施日期	取得的成果
1.向资深主管谭进请教如何培训新员工	王强	1月15日	1月14日	约好明天会见谭进先生
			1月15日	与谭进会面获得许多有用的指导
2.观察谭进对新进人员进行培训的过程	王强	下一次新人报到时	1月15日	谭进计划2月3日进行新员工培训,王强将观摩
			2月3日	谭进训练新人,王强观察,觉得很值得学习
3.参加人力资源管理部门主办的新员工座谈会	王强	下一次举办时	1月15日	向人力资源部查询,获知1月18日要举办。王强届时将参加
			1月18日	要王强提出参加心得。他的若干意见已送人力资源管理部
4.决定新人报到的最佳时间	王强与人力资源管理部门协调	1月20日之前	1月19日	决定新人报到开始时间,由周一早晨7点改为9点
5.参加新员工培训座谈会	王强	2月15日	2月10日	讨论座谈会时间表与内容
			2月18日	讨论该座谈会及王强参加后的收获

续表

计划采取的措施	执行者	计划实施日期	实际实施日期	取得的成果
6.阅读下列书籍： 干部与经理之自我发展 有效的沟通 干部与在职训练	王强	2月15日前	1月3日	安排订购王强同意阅读的三本书
			1月14日	获悉王强已阅读了一半
			1月31日	本书进行一半，前书全部读完
			2月5日	本书及前一书均已读完
7.观察王强培训新员工	张明（现任培训主管）	下一次王强进行新员工培训时	1月20日	获悉王强有一名下属员工将于2月15日报到
			1月20日	听取张明观察王强培训新员工的意见
8.与王强的新下属进行面谈	李侠	下属上岗工作后的一个星期	2月25日	与王强的新下属周蓉谈话。她表示对王强提供的上岗培训大致满意，但在介绍公司的一些生产安全方面的保障制度的时候讲解得不太清楚，使她感到没有安全感
9.为王强提供一份检查表，供训练新人用	张明	10月15日	1月13日	向张明查询，表还没做好，答应在1月21日前完成
			1月21日	再向张明查询，还没有完全做好
			1月25日	检查表完成，已经交给王强
10.为王强安排专用办公室，用以培训新人	李侠	10月15日	1月10日	试图找一个专用办公室供王强使用。安排好人力资源部的会议室，如无人使用时可以借用。告诉王强，必要时可以用他的办公室，但需在24小时前先行通知。将尽力找一个永久场所
11.安排永久的培训场所	李侠	2月1日	2月1日	试图找一个培训新人的场所，无所获
			2月20日	再试着找一个培训场所。装运部门可能有一个地方
			2月28日	在装运部临时仓库的一角隔出一个临时场地。将继续努力安排一个永久场所

我们可以看到，通过实施这项绩效改进计划，王强很好地完成了从普通员工到主管人员的转化，改变了过去仅依靠技术优势树立个人权威的状况。此外，绩效改进计划还帮助王强获得了他在改进绩效过程中需要解决的场所问题。这次绩效改进计划的成效在4月初的绩效评价结果中有了初步的体现，一些新员工开始改变了最初对王强的看法，纷纷表示王强的培训能力有所提高。

绩效改进实例二：

这段时间以来，由于新险种的推出，某保险公司第一营销部的上上下下都非常忙碌。在例行的业绩评价中，第一营销部的销售业绩再次蝉联了全公司各营销部的第一名。该营销部的主管张超刚刚到总公司领取了销售奖，心情愉快。他拿出了本部门的全部营销人员销售业绩的汇总表，决定根据每个人的不同业绩进行不同程度的奖励。排在销售业绩最后一名的李华英立即引起了他的注意。

李华英是由张超招入营销部中的，在面试中她表现出了很高的工作热情，流利的表达能力也给张超留下了深刻的印象。她到公司已经有将近半年的时间。根据公司的规定，新来的营销员必须完成每年 8 万保费的销售定额。而她在这三个月中基本上没有任何业务，几次快要做成的业务都"半路夭折"了。这种情况若继续下去，李华英的收入将会受到很大影响。如何更好地提高她的销售水平，使她尽快摆脱目前的困境，成为摆在张超面前的一个紧迫问题。

于是，张超叫来了李华英，决定与她共同制订一个详细的绩效改进计划，帮助她改变这个局面。李华英一进办公室就看见了桌上的一摞业绩评价表，看起来她心情十分沮丧。张超首先拿出了一张看起来有点年头的表格，李华英一看，上面张超的名字也在整个排名的最后！张超告诉她，改变现状的最好方法就是投入更大的热情改进自己的工作方法，提高自己的业务水平。表 12-16 就是他们共同制订的绩效改进计划和该计划的实施情况。

表 12-16 绩效改进计划样表二

员工姓名：李华英		职位：营销员		计划执行时间：6月1日—8月1日	
上级主管：张超		职位：营销部主管		绩效改进目标：提高销售业绩	
待改进绩效	措施	执行者	计划实施日期	实际实施日期	取得的成果
业务知识	重新参加为新进员工提供的业务培训课程，上交学习体会	李华英	下一次新员工培训课程开始时	6月12日	得到通知，新员工培训将于下周一开始。新员工培训将占用正常的工作时间，向张超请示，获准请假
				6月15—21日	参加为期一周的培训课程
				6月24日	上交一份学习报告
	由上个季度的营销冠军李丽指导李华英学习有关新险种的业务知识	李丽	6月	6月3日	李丽向李华英讲解有关新险种的业务知识，回答李华英的相关问题
				6月5日	和李丽一同拜访客户，向客户推荐新险种
				6月7日	约见另一位客户，由李华英讲解，李丽在一边做补充，认为李华英有了很大进步

280

续表

待改进绩效	措施	执行者	计划实施日期	实际实施日期	取得的成果
推销技巧	向培训部门的讲师孙明请教	孙明	新员工培训中讲到相关问题时	6月18日	新员工培训课程中涉及有关问题,孙明对李华英进行了单独讲解
				6月20日	请李华英参加一个由培训部主办的模拟推销练习,提供了相应的资料供李华英准备
	参加模拟推销练习		根据培训部门的安排	6月25日	参加模拟推销练习,针对李华英的表现进行了进一步的指导。发现李华英已经能够将课堂上学到的技巧运用到实践中了
提高综合素质	看张超推荐的有关书籍,向张超汇报心得	李华英、张超	6月至7月	6月2日	张超列了一个书目给李华英
				6月28日	李华英看完了书目上的几本书,针对一些问题和收获同张超进行了沟通
				7月15日	李华英完成了全部书籍的阅读,向张超提交了一个书面的汇报。张超看了很满意,并将有关的部分摘出来推荐给公司的内部刊物

通过实施这份绩效改进计划,培训部的授课讲师和张超都从李华英的表现中感到她取得了很大的进步。在6月底,李华英成功地做成了一单新险种业务。到7月份,李华英在全部门销售业绩排行榜的排名有了显著的提高。

本章小结

本章主要介绍了绩效反馈的意义、主要形式、绩效面谈的组织流程和对绩效结果的应用,以及绩效诊断和改进。

绩效反馈是绩效管理过程中的一个重要环节。绩效考核结束以后,管理者需要针对绩效考核结果对员工进行绩效反馈,而绩效反馈最基本和主要的形式就是绩效面谈。通过绩效反馈面谈,管理者和员工双方共同剖析绩效达成过程当中的主要问题及产生原因,探讨绩效改进的办法,并将绩效考评的结果用于其他人力资源决策。

绩效考核结果主要用于绩效诊断与改进、员工绩效奖励计划和职业发展几大领域。绩效改进需要从绩效问题诊断与分析出发,然后选择绩效改进方式,以及绩效改进计划的制定和实施,最后对绩效改进结果进行评估。绩效奖励计划主要体现在对薪酬的影响上,包括绩效加薪、一次性奖金月度/季度浮动薪酬等。

课后思考

1. 绩效反馈面谈的目的是什么？
2. 如何进行有效的绩效反馈面谈？
3. 如何做好面谈前的准备工作？
4. 设计一次绩效面谈的过程，并针对性地使用绩效面谈策略。
5. 绩效考核结果的应用领域有哪些？
6. 简述绩效改进计划的内容。

【案例 12-1】 销售部经理与下属的绩效面谈

北方电气公司规模较大，效益也不错。该公司的人力资源政策采取一年一度的员工绩效评估方式。评估的方法是公司将评定的表格下发给各部门的经理，由他们对下属的每个员工进行评估，公司不限定具体评估方式，而由各部门经理决定。张先生是北方电气公司的销售部经理。在绩效评估期间，他总是与下属的每一个员工单独见面，讨论每个人的工作绩效情况和他对员工所做的评估，这样员工就能清楚地了解到经理对自己是如何评价的。张先生评估的方式十分有效，可以为员工找到需要改进的地方，同时他可以帮助员工改进工作。但从去年开始，他的评估方式开始出现了问题：在他第一次与配件分部的主管小倪进行绩效评估面谈时，他发现小倪的抵触性很强，不接受任何批评。小倪是一个能力很强的管理人员，张先生不想失掉他，但张先生在对他进行绩效评估并指出他工作上的不足后，他在这些方面几乎没有任何的改进，因此，今年张先生想换一种绩效评估方式。评估方法是员工对自己的评估即自我评估与班组长的定期评估相结合。在安排好的评估会面的前一周，他发给小倪一份绩效评估表，让他自己填好并在会面时带上。到了会面的那天，小倪来得很准时，张先生看了看小倪对自己的评估情况，发现他在表中的每一项目都为自己评了最高分，并在表格的最后注明：他已做好准备被提升到更有挑战性的职位上工作。

案例讨论

1. 如果你站在北方电气公司销售部经理张先生的立场，你将如何把握与小倪的这次绩效评估面谈的过程？请结合你的人力资源管理实践作出解释。
2. 张先生为了小倪这一特定员工而改变他的绩效评估方法，这一举措是否合适？请结合人力资源管理理论给予你的看法。

【案例 12-2】 究竟应该如何进行绩效反馈面谈

（差五分钟下班，客服经理王明正收拾整理一天的文件，准备下班后去幼儿园接孩子，这时吴总走了进来。）

吴总：王明，你现在不忙吧？考核结果你也知道了，我想就这件事与你谈一谈。

王明（无奈地）：那我就来。

（总经理办公室，办公桌上文件堆积如山。王明心神不宁地在吴总对面坐下。）

吴总：王明，绩效考核结果你也看到了……（电话铃响，吴总拿起了电话）喂，谁？啊，李总呀，几点开始？好，一定！……

吴总：（通话用了五分钟。吴总放下电话，笑容满面的脸重新变得严肃起来）刚才我们谈到哪里了？

王明：谈到我的绩效考核结果。

吴总：喔，你上一年的工作嘛，总的来说还过得去，成绩我就不多说了。我们今天主要来谈谈不足。王明，尽管你也完成了全年指标，但你在与同事共处、沟通和保持客源方面还有些欠缺，以后得改进呀。

王明：你说的"与同事共处、沟通和保持客源方面还有些欠缺"具体指什么？（电话铃再次响起，吴总接起电话）

吴总：啊，李总呀，改成六点了？好好，没事，就这样。

吴总（放下电话）：王明，员工应该为领导分忧，可你非但不如此，还给我添了不少麻烦！

王明（委屈地）：我觉得您可能对我有些误会，是不是因为在上次销售报告会议上我的提议与李部长发生冲突，弄得很不愉快……

吴总：你不要自己琢磨。你看看陈刚，人家是怎么处理同事关系的。

王明（心想：怨不得他各项考核结果都比我好）：吴总，陈刚是个老好人，自然人缘好；但我是个业务型的人，比较踏实肯干，喜欢独立承担责任，自然会得罪一些人……

吴总：好了，李总又该催我了，今天就这样吧。年轻人，要多学习，多领悟！

王明（依然一头雾水）：……

（吴总自顾陪客人吃饭去了，留下王明一个人愣在那里。）

案例讨论

1. 本案例中描述的情况是绩效管理中的哪个环节？该环节在绩效管理中的目的是什么？
2. 结合本案例，请你谈谈在实施该环节前吴总应该做好哪些准备？
3. 你认为吴总在与王明谈话中应注意什么？

【案例12-3】 Y企业考核结果评定及运用出了什么问题？

Y企业是一家生产型企业集团。甲在A部门工作，工作成绩在部门内部非常优异；乙在B部门工作，工作成绩一般。一个年度下来，由于A部门整体绩效水平偏低（比如说只有70分），因此甲的绩效得分上限是70分；而由于B部门整体绩效水平很高（比如说是100分），乙的绩效得分上限是100分。因此产生的问题是，从个人绩效而言，甲远远优于乙，但由于受到部门绩效的"连累"，最终的考评结果是甲不如乙。甲愤愤不平，觉得乙是"搭便车"。

不但如此，在Y企业的绩效考评中，A部门和C部门之间也出现了不平衡。甲和丙分别在A和C部门工作，成绩都很优异。一个年度下来，两部门绩效得分都是100分。但由于A部门的负责人要求严格，部门内个人绩效得分普遍偏低；C部门负责人要求相对较松，部门内部个人绩效得分普遍偏高。最终，虽然甲和丙个人及部门一样优秀，但甲的总考评结果却不如丙。

经过诊断，我们认为产生上述不合理现象的原因是：

(1) 部门负责人之间所存在的管理水平差异以及员工之间所存在的素质差异，导致职能部门之间整体绩效产生差异,从而影响最终的员工个人绩效和收入。

(2)管理者对下属以及员工对自身的要求有所区别,这种区别给绩效考核工作带来不可避免的主观性(在目标设定、考核过程中都是不可避免的)造成考核"基准线"的差异,从而影响最终的员工个人绩效和收入。

上述问题看似小事,但长期积累下去有可能动摇整个绩效管理体系的初衷,可能导致的结果是:

(1)整体绩效相对优秀的部门负责人为了维护本部门员工的积极性和相对公平,势必采取相应的方法拉近这种差距(因为绩效考核结果将与员工的薪酬、晋升、培训等相关因素相联系),从而降低对自己及下属工作要求的标准,以寻求与其他部门的相对平衡;员工则会因为感觉干好干坏一个样(与部门绩效较差的部门员工进行比较而言),而失去追求更高目标的热情和动力,向部门绩效较差的部门员工看齐。

(2)部门绩效相对较差的员工因为没有压力(考核结果已对其做出了相对肯定、与薪酬水平与部门绩效高的部门员工差别缩小),也不会主动寻找并持续改进自身所存在的问题,以至岗位工作难以提升。

以上结果的产生,都将使绩效考核工作流于形式,员工又重新回到"大锅饭"的年代,从而最终阻碍部门的持续发展,造成部门目标难以顺利实现(或不断降低部门目标以寻求平衡),使整个组织发展停滞甚至倒退。

案例讨论

1. 在案例中该如何协调部门绩效与个人绩效关系?
2. 团队/部门绩效和个人绩效之间是什么关系?
3. 团队/部门绩效和个人绩效直接挂钩中两种挂钩各是什么含义?
4. 团队/部门绩效和个人绩效间接挂钩如何操作?

参考文献

[1] 方振邦.绩效管理[M].北京:中国人民大学出版社,2003.
[2] 方振邦.战略性绩效管理[M].2版.北京:中国人民大学出版社,2007.
[3] 方振邦,罗海元.战略性绩效管理[M].3版.北京:中国人民大学出版社,2010.
[4] 方振邦.战略性绩效管理[M].2版.北京:中国人民大学出版社,2014.
[5] 付维宁.绩效与薪酬管理[M].北京:清华大学出版,2016.
[6] 吴刚.绩效管理[M].北京:清华大学出版社,2016.
[7] 兰兰,李彩云.绩效管理理论与实务[M].北京:清华大学出版社,2017.
[8] 葛玉辉,荣鹏飞.绩效管理[M].北京:清华大学出版社,2014.
[9] 林新奇,蒋瑞.绩效管理[M].北京:中国人民大学出版社,2020.
[10] 林新奇.绩效管理[M].2版.北京:中国人民大学出版社,2016.
[11] 林新奇.绩效管理(技术与应用)[M].北京:中国人民大学出版社,2012.
[12] 秦杨勇.平衡计分卡与绩效管理[M].北京:中国经济出版社,2004.
[13] 朋震,陈德峰.破解职能类员工绩效考核困局:关键事件举证法的运用[J].企业管理,2020(5):86-89.
[14] 韩伯棠.管理运筹学[M].北京:高等教育出版社,2000.
[15] 赵静.数学建模与数学实验[M].北京:高等教育出版社,2000.
[16] 朱勇国,谢强,甄梦蕊.人力资源管理专业技能实训教程[M].北京:清华大学出版社,2012.
[17] 莫寰,张延平,王满四.人力资源管理原理技巧与应用[M].北京:清华大学出版,2007.
[18] 张小兵,孔凡柱.人力资源管理[M].2版.北京:机械工业出版社,2013.
[19] 行金玲,贾隽.人力资源管理概论[M].西安:西北大学出版社,2010.
[20] 胥雅楠.企业绩效管理及其绩效辅导的实践路径[J].企业改革与管理,2019(4):107-108.
[21] 方振邦,徐东华.战略性人力资源管理[M].2版.北京:中国人民大学出版社,2015.
[22] 邵美莹.浅谈平衡计分卡在企业业绩评估中的应用:以可口可乐为例[J].企业技术开发,2015(11):26-28.
[23] 保罗·R.尼文.平衡计分卡实用手册[M].胡玉明,译.2版.北京:清华大学出版社,2013.
[24] 罗伯特·卡普兰,大卫·诺顿.平衡计分卡:化战略为行动[M].刘俊勇,译.广东:广东经济出版社,2004.
[25] 罗伯特·卡普兰,大卫·诺顿.战略地图:化无形资产为有形成果[M].刘俊勇,译.广东:广东经济出版社,2005.

[26]罗伯特·卡普兰,大卫·诺顿.平衡计分卡战略实践[M].上海博意门咨询有限公司,译.北京:中国人民大学出版社 2009.
[27]赫尔曼·阿吉斯.绩效管理[M].刘昕,译.3版.北京:中国人民大学出版社,2013.
[28]韦恩·蒙迪.人力资源管理[M].谢晓非,译.10版.北京:人民邮电出版社,2011.
[29]加里·德斯勒.人力资源管理纲要[M].吴雯芳,译.5版.北京:人民邮电出版社,2012.